경찰

형법총론

이정기 · 김철희

박영사

머리말

경찰의 오랜 숙원사업이었던 수사권 조정이 이루어진 지금 이로 인한 국민에 대한 절대적인 신뢰와 그에 따른 경찰의 역할은 사회적으로 매우 중요한 시점에 와있다. 우선 사실관계를 파악하는 수사는 기본이 되어야 하지만, 그에 따른 법에 대한 지식도 간과해서는 절대 안된다. 최근 신임경찰관들의 '법' 지식에 대한 수준은 크게 향상되었고, 일선 직원들의 법리적 해석 능력 또한, 수사를 하며 그에 뒷받침하기에 충분한 수준이 된 것으로 보인다. 저자도 수사부서 근무를 포함하여 경찰공무원 생활을 20여 년 정도 하고 대학으로 자리를 옮긴 지 3년이 되어간다. 경찰생활 중 마지막 6년간은 중앙경찰학교에서 교육생들에게 형법을 가르쳤다. 그리고 저자는 자리를 옮긴 후 경찰의 사회적 책무에 대한 중요한 시점에서 현직 경찰관들에게 기본법이 되는 형사법 중 형법을 쉽게 풀어서 그리고 많은 판례와 학자들의 다양한 주장을 소개하는 것이 도움을 줄 수 있다는 생각이 들었다. 그리고 직접 실무를 해 보았다는 것이 어느 정도 큰 힘이 되어주었다. 이에 중앙경찰학교에서 큰 인연이 되었던 공저자 김철희 님과 같이 논의한 끝에 시작하여 부끄럽지만 이 책을 출간하게 되었다.

우선, 책의 구성은 총·각론 공히 자세한 설명 및 관련 판례번호 등은 각주로 처리하였으며, 총론의 경우 되도록이면 내용을 간결히 쉽게 풀이하는 방식과 그에 대한 적용사례, 그리고 해당 내용과 관련된 판례들을 내용과 바로 이어서 정리함과 동시에 판례 내용은 일부가 아닌 판결요지 전체를 소개하는 방식으로 구성되었다. 전원합의체 판결의 경우 다수의견과 함께 반대의견도 같이 거론해 주었다. 각론의 경우는 실질적으로 실무에서 중요한 부분일 수 있는 만큼 다양한 학설과 풍부한 판례들을 총론과 같은 방식으로 소개하였다. 그리고 본문 내용에는 올 12월 9일 시행 예정인 형법 개정내용을 현재의 조문과 같이 비교할 수 있도록 구성하였고, 개정된 형법 조문 전체도 책 뒤에 부록으로 첨부하였다.

　　수사권 조정이 이루어진 상황에서 경찰관들에게 조금이나마 이 책이 도움이 되기를 진심으로 바라며, 앞으로도 우리 사회에서 경찰의 위상이 한층 높아지기를 조직구성원이었던 사람으로서 기대해 본다.

　　위에 언급한 것과 같이 중앙경찰학교에서 저자와 인연이 되어 같이 이 책을 출간하기 위해 힘쓰신 공저자 김철희 선생님에게도 감사의 뜻을 전하며, 저자의 정신적 지주인 아내 송성이 씨와 딸 진영, 그리고 얼마 전 세상을 떠나신 아버님과 홀로 계신 영원한 나의 편 어머님에게도 머리 숙여 깊은 감사의 인사를 드린다. 마지막으로, 늘 저와 함께 하시는 주님께 감사를 올린다.

2021년 8월
여름방학 中 한산한 캠퍼스 내 연구실에서(이정기)

20여 년 전 경찰이 되고 형법을 제대로 공부해야겠다는 생각에 무작정 찾아간 서울 신림동 거리에서 저자는 형법 책 한 권을 구입하여 집으로 돌아왔다. 하지만, 당시 기초 지식이 없었던 저자는 혼자서 책을 읽는데 금방 싫증이 났고, 잠시 동안은 책을 보지 않았다. 몇 달 후 다시 형법 책을 꺼내어 보면서 하나씩 의미를 알아가게 되었고, 지금은 부족하지만 저자가 되어 형법 책을 발간하게 되었다.

　　일일이 거론을 할 수는 없지만 저자가 공부를 할 수 있게 해준 기존의 많은 교수님들의 책이 오늘날 저자의 책의 근원이 되었고, 지금도 저자가 형법을 알고자 할 때 길라잡이가 되어주곤 한다.

　　현재, 경찰로 재직 중인 저자는 수사부서에 근무하면서 후배들에게 "예전에는 다는 아니지만 경찰이 시민들을 고문하고 폭행하여 자백을 받기도 했다. 미안하지만 그러한 분들이 너의 선배들이다. 너희들은 그러한 선배들을 부끄러워할 것이다. 하지만, 방법이 바뀌었을 뿐 너희들은 오늘날 새로운 방법으로 시민들을 고문하고 있다. 그것은 바로 형사사건을 제대로 해내지 못할 때이다. 법을 정확히 해석하고 사실관계를 명확히 파악하며 사건을 확인하여야 함에도,

공부를 게을리하여 법을 제대로 적용하지 못하고 진실을 밝히지 못함으로써 죄가 없음에도 아니면, 죄가 있음에도 이를 밝히지 못하는 상황이 발생할 수 있다. 이 또한 오늘날 국민들에게 새로운 고문이 될 것이다"라고 한 적이 있다.

공부에 끝이 없음을 새삼스럽게 느끼며 살고 있다. 책을 쓰기로 결심하였을 때 과연 어떤 식으로 써나가야 하는가에 대한 고민에만 몇 달을 소요한 것 같다. 그렇다고 고민한 만큼 멋진 책이 나왔는가에 대해서도 처음의 결심과 다르게 지금은 기대감과 소심함이 공존하고 있다. 다만, 이 책이 형법을 배웠고 또, 배우려는 사람들에게 조금이라도 도움이 되었으면 한다.

먼저, 책을 쓰는 데 있어 저자의 생각보다는 기존의 학설과 판례를 위주로 설명하였다. 다른 학자들의 학설을 소개함으로써 기본에 충실하도록 하였고, 판례를 다양하게 실어 오늘날 형법을 요하는 시험을 준비하는 데 부족함이 없도록 하려고 노력하였다. 각 파트별로 통설과 다수설 그리고 판례의 견해를 볼 수 있도록 하였다.

2020.12.8. 제22차 형법개정을 통하여 기존의 형법조문들이 알기 쉽게 변경되었다. 이 개정형법은 2021.12.9. 시행으로 본서에서는 기존의 조문을 토대로 기술되었으며, 개정된 조문은 별도로 기재하였다. 헌법재판소의 결정에 따라 효력이 상실된 낙태죄(제269조 제1항과 제270조 제1항), 그리고 최근 부동산의 양도담보 및 동산의 점유개정 방식으로의 양도담보 등에 대한 대법원 전원합의체 판결도 본서에 반영하려고 노력하였다.

이 책을 출간하기 위해 같이 고생한 대구수성대학교 이정기 교수님에게 감사의 뜻을 전하며, 저자에게 관심을 주었던 경찰 선배님, 후배님 그리고 동료들 모두에게 깊은 감사를 표한다.

2021년 8월
통일전망대가 보이는 저자의 작은 방에서(김철희)

끝으로 어려운 여건에서도 책의 출판을 허락해 주신 박영사 안종만 회장님과 안상준 대표님, 교재출판에 도움 주신 장규식 과장님, 그리고 어려운 편집작업을 꼼꼼히 세밀하게 수행해 주신 심성보 위원님께 감사드린다. 한국 법학의 발전을 함께해 온 박영사의 노력이 앞으로도 소중한 결실로 이루어지기를 희망한다.

2021년 8월
저자 일동 씀

차 례

제1편 서론

제1장 형법의 기본개념 ··· 3

　제1절 형법의 의의 ·· 3

　제2절 형법의 지위와 성격 ·· 3

　　Ⅰ. 형법의 법체계적 지위 ·· 3

　　Ⅱ. 규범적 성격 ··· 4

　제3절 형법의 기능 ·· 4

　제4절 형법의 보충성원칙 ·· 4

제2장 형법학파의 이론 ·· 5

제3장 죄형법정주의 ··· 6

　제1절 죄형법정주의의 의의 및 법적 근거 ···································· 6

　제2절 죄형법정주의의 내용 ·· 6

　　Ⅰ. 법률주의(관습형법의 금지) ·· 6

　　　1. 의미 ·· 6

　　　2. 예외 ·· 6

　　Ⅱ. 명확성의 원칙(절대적 부정기형의 금지) ····························· 11

　　　1. 의미 ·· 11

　　　2. 구체적 내용 ··· 11

　　Ⅲ. 소급효금지의 원칙(범죄와 형벌에만 적용) ·························· 18

　　　1. 의미 ·· 18

　　　2. 예외(소급할 수 있다 = 소급효금지원칙이 적용 안된다) ··········· 18

Ⅳ. 유추해석금지의 원칙(잘못한 해석 금지) ························· 22

Ⅴ. 적정성의 원칙(과잉금지의 원칙, 비례성의 원칙) ························· 42

제4장 형법의 적용범위 ························· 44

제1절 시간적 적용범위 ························· 44

Ⅰ. 행위시법주의(원칙) ························· 44

Ⅱ. 행위시법주의의 예외 : 재판시법주의 ························· 45

1. 형법 제1조 제2항 ························· 45

2. 형법 제1조 제3항 ························· 48

3. 형법 제1조 제2항 및 제3항의 적용배제 ························· 48

Ⅲ. 한시법 ························· 48

1. 의의 ························· 48

2. 한시법과 추급효 ························· 49

제2절 장소적 적용범위 ························· 57

Ⅰ. 입법주의 ························· 57

1. 속지주의(원칙) ························· 57

2. 속인주의 ························· 57

3. 기국주의 ························· 57

4. 보호주의(우리나라 법익 침해) ························· 58

5. 세계주의(각론상 약취·유인 및 인신매매죄에만 해당) ························· 59

Ⅱ. 외국에서 받은 형집행의 효력 ························· 59

제3절 인적 적용범위 ························· 63

제2편 범죄론

제1장 범죄의 기본개념 ························· 67

Ⅰ. 범죄의 성립요건과 가벌요건 ························· 67

1. 범죄의 성립요건 ························· 67

2. 범죄의 처벌조건 ·· 67

3. 범죄의 소추조건 ·· 67

Ⅱ. 범죄체계론 ·· 68

Ⅲ. 범죄의 형태 ·· 69

1. 결과범과 거동범(구별기준 - 구성요건적 결과발생 여부에 따라) 69

2. 침해범과 위험범(구별기준 - 보호법익에 대한 침해정도에 따라) 69

3. 즉시범, 계속범(구별기준 - 범죄행위의 시간적 계속성에 따라) ··· 69

4. 일반범, 신분범, 자수범 ·· 70

5. 목적범 ··· 70

6. 망각범[과실, 부작위범으로 처벌은 과실범 처벌(과실교통방해죄,

과실치사죄 등)] ··· 70

제2장 구성요건론 ··· 71

제1절 구성요건의 일반이론 ·· 71

Ⅰ. 구성요건의 의의 ··· 71

Ⅱ. 구성요건의 요소 ··· 71

1. 기술적 구성요건요소와 규범적 구성요건요소 ······························ 71

2. 객관적 구성요건요소와 주관적 구성요건요소 ······························ 72

Ⅲ. 소극적 구성요건표지이론(소극적 구성요건요소론) ··························· 72

Ⅳ. 형법상 불법의 의미(결과반가치, 행위반가치) ·································· 72

제2절 객관적 구성요건요소 ·· 72

Ⅰ. 행위의 주체(법인의 범죄능력) ·· 72

1. 법인의 범죄능력 ··· 73

2. 법인의 처벌(형벌능력) ·· 73

3. 양벌규정에 의한 법인처벌의 체계 ··· 73

Ⅱ. 행위의 객체와 보호법익 ·· 74

Ⅲ. 인과관계와 객관적 귀속 ·· 74

1. 인과관계와 객관적 귀속의 일반론 ··· 74

2. 인과관계에 관한 여러 가지 학설 ··· 74

제3절 주관적 구성요건요소 ·· 80
　Ⅰ. 고의 ·· 80
　　1. 고의의 의의(고의 = 인식 + 의사) ································· 80
　　2. 고의의 내용과 인식대상 ··· 80
　　3. 고의의 종류 ··· 81
　Ⅱ. 기타 주관적 구성요건요소 : 초과 주관적 구성요건요소 ·············· 81

제4절 구성요건의 착오(사실의 착오) ··· 82
　Ⅰ. 구성요건착오의 개념 ·· 82
　Ⅱ. 구성요건 착오의 효과 ·· 82
　　1. 일반적인 경우 ··· 82
　　2. 객체의 착오와 방법의 착오의 해결 ································· 83
　Ⅲ. 병발사례 ·· 83
　Ⅳ. 인과관계의 착오와 개괄적 고의 ·· 84
　　1. 인과관계의 착오 ··· 84
　　2. 개괄적 고의 ··· 84

제3장　위법성론 ·· 86

제1절 위법성 일반론 ·· 86
　Ⅰ. 위법성의 본질·판단 ··· 86
　　1. 위법성의 본질 ··· 86
　　2. 위법성의 판단방법 ··· 86
　Ⅱ. 주관적 위법성조각요소(주관적 정당화요소) ·································· 87
　　1. 의의 및 종류 ··· 87
　　2. 주관적 위법성조각(정당화)요소가 없는 경우의 효과 ···················· 87

제2절 정당방위 ·· 88
　Ⅰ. 의의 ·· 88
　Ⅱ. 성립요건 ·· 88
　　1. 자기 또는 타인의 법익 ··· 88
　　2. 현재의 부당한 침해 ··· 89

3. 방위행위의 종류 ·· 89

4. 상당한 이유 ·· 90

5. 사회윤리적 제한 ·· 90

6. 방위의사 ·· 90

Ⅲ. 과잉방위(정당방위×-위법○) ·· 90

제3절 긴급피난 ·· 92

Ⅰ. 긴급피난의 의의 ·· 92

1. 의의 ·· 93

2. 정당방위와의 구별 ·· 93

Ⅱ. 긴급피난의 성립요건 ·· 93

1. 자기 또는 타인의 법익 ·· 93

2. 현재의 위난 ·· 93

3. 피난행위 ·· 94

Ⅲ. 긴급피난의 효과 ·· 94

1. 위법성 조각 ·· 94

2. 긴급피난의 특칙 ·· 94

Ⅳ. 과잉피난 ·· 95

Ⅴ. 의무의 충돌 ·· 95

1. 개념 ·· 95

2. 성립요건 ·· 95

3. 효과 ·· 95

제4절 자구행위 ·· 96

Ⅰ. 자구행위의 의의 ·· 96

Ⅱ. 성립요건 ·· 97

Ⅲ. 과잉자구행위 ·· 97

제5절 피해자의 승낙 ·· 99

Ⅰ. 피해자의 승낙의 의의 ·· 99

Ⅱ. 양해와 승낙 ·· 99

1. 구별 ·· 99

2. 효과 ··· 99

Ⅲ. 추정적 승낙 ··· 99

제6절 정당행위 ·· 100

Ⅰ. 의의 ·· 100

Ⅱ. 법령에 의한 행위 ··· 100

1. 공무원의 직무집행행위 ·· 100

2. 징계행위 ·· 100

3. 사인의 현행범인 체포 ·· 101

4. 노동쟁의 행위 ··· 101

Ⅲ. 업무로 인한 행위 ··· 101

1. 의사의 치료행위 ··· 101

2. 변호사나 성직자의 업무행위 ·································· 101

3. 안락사 ·· 102

Ⅳ. 기타 사회상규에 반하지 않는 행위 ································ 102

1. 사회상규의 판단기준 ··· 102

2. 사회상규에 위배되지 않는 행위의 예(판례) ·················· 102

제4장 책임론 ··· 110

제1절 책임이론 ··· 110

Ⅰ. 책임의 의의와 책임주의 ··· 110

Ⅱ. 책임의 근거 ·· 110

1. 도의적 책임론(객관주의) ····································· 110

2. 사회적 책임론(주관주의) ····································· 111

3. 인격적 책임론(절충설) ······································· 111

Ⅲ. 책임의 본질 ·· 111

1. 심리적 책임론 ··· 111

2. 규범적 책임론 ··· 111

3. 순수한 규범적 책임론 ·· 111

4. 합일태적 책임론 ··· 112

제2절 책임능력 ·· 112

Ⅰ. 책임능력의 의의 및 규정방법 ······································· 112

1. 의의 ·· 112

2. 규정방법 ··· 112

Ⅱ. 책임무능력자 ··· 113

1. 형사미성년자 ·· 113

2. 심신상실자 ·· 114

Ⅲ. 한정책임능력자 ·· 114

1. 심신미약자 ·· 115

2. 농아자 ··· 115

Ⅳ. 원인에 있어서의 자유로운 행위 ····································· 115

1. 의의 ·· 115

2. 책임주의와의 관계 ·· 116

3. 가벌성의 이론적 근거 ·· 116

4. 형법 제10조 제3항의 해석 ·· 117

제3절 위법성의 인식 ··· 117

Ⅰ. 의의 ·· 117

Ⅱ. 위법성 인식의 체계적 지위 ·· 118

1. 고의설(판례입장) ··· 118

2. 책임설(통설) ·· 118

제4절 법률의 착오(위법성의 착오) ·· 119

Ⅰ. 의의 ·· 119

Ⅱ. 유형 ·· 119

1. 직접적 착오 ·· 119

2. 간접적 착오 ·· 120

Ⅲ. 금지착오의 처리 ·· 120

1. 형법 제16조의 해석 ·· 120

2. 위법성조각사유의 전제사실에 대한 착오 해결 ·············· 128

제5절 책임조각사유(기대가능성) ·· 129

Ⅰ. 의의 ·· 129

Ⅱ. 형법상 기대 불가능한 행위 ····························· 129

Ⅲ. 기대가능성의 판단기준 ···································· 130

Ⅳ. 강요된 행위 ·· 132

제5장 미수범 ·· 134

제1절 미수범 총설 ·· 134

Ⅰ. 개관 ·· 134

1. 개념 ··· 134

2. 종류 ··· 135

3. 효과 ··· 135

Ⅱ. 미수범 처벌규정이 없는 범죄 ························· 135

제2절 예비와 음모 ·· 136

Ⅰ. 의의 ·· 136

Ⅱ. 성립요건 ·· 137

1. 주관적 요건 ··· 137

2. 객관적 요건 ··· 137

Ⅲ. 처벌규정의 존재 ··· 137

Ⅳ. 관련문제 ·· 138

1. 예비죄의 중지 ·· 138

2. 예비의 공동정범 ··· 138

3. 예비의 교사 ··· 138

4. 예비의 방조범(종범) ·· 138

Ⅴ. 예비·음모·선동·선전 처벌규정 ····················· 139

제3절 장애미수 ·· 140

Ⅰ. 의의 ·· 140

Ⅱ. 성립요건 ·· 140

1. 주관적 요소 ··· 140

2. 처벌 ··· 140

제4절 중지미수 ··· 150

　Ⅰ. 의의 ·· 150

　Ⅱ. 성립요건 ··· 150

　　1. 주관적 요건 ··· 150

　　2. 객관적 요건 ··· 152

　Ⅲ. 처벌과 관련문제 ·· 153

　　1. 처벌 ·· 153

　　2. 관련 문제(공동정범과 중지미수) ·· 153

제5절 불능미수 ··· 153

　Ⅰ. 의의 ·· 153

　　1. 개념 ·· 153

　　2. 구별 ·· 154

　Ⅱ. 성립요건 ··· 154

　　1. 주관적 요건 ··· 154

　　2. 객관적 요건 ··· 154

　Ⅲ. 처벌 ·· 155

제6장　정범 및 공범 이론 ··· 157

제1절 공범의 일반이론 ··· 157

　Ⅰ. 공범의 의의 ·· 157

　　1. 광의의 공범 ··· 157

　　2. 협의의 공범(본래 의미의 공범) ·· 157

　　3. 공범의 분류 ··· 157

　Ⅱ. 공범과 정범의 구별 ··· 160

　　1. 정범개념 ··· 160

　　2. 정범과 공범의 구별기준 ·· 161

　　3. 공범의 정범에의 종속성 문제 ··· 161

제2절 공동정범 ··· 162

　Ⅰ. 의의 ·· 162

Ⅱ. 요건 ··· 162

　1. 주관적 요건 : 공동실행의 의사(공모) ················· 162

　2. 공동실행의 사실 ···································· 167

Ⅲ. 공동정범의 처벌 ·· 168

　1. 일부실행, 전부책임 ································· 168

　2. 결과적 가중범의 공동정범 ························· 168

　3. 공동정범 간의 범행초과(각자 책임) ··············· 168

제3절 간접정범 ·· 169

Ⅰ. 의의 ··· 169

Ⅱ. 간접정범의 성립요건 ····································· 169

　1. 피이용자의 범위 ···································· 169

　2. 이용행위(교사, 방조) ······························ 170

Ⅲ. 간접정범의 처벌 ·· 170

제4절 교사범 ·· 172

Ⅰ. 의의 ··· 172

Ⅱ. 성립요건 ··· 172

　1. 주관적 요소 ······································· 172

　2. 객관적 요소 ······································· 174

　3. 피교사자의 범죄실행 ······························ 174

Ⅲ. 교사범의 처벌 ··· 174

Ⅳ. 교사의 착오 ·· 174

　1. 피교사자에 대한 착오 ····························· 174

　2. 실행행위에 대한 착오(정범에 교사한 내용과 같은 범죄일 경우) 174

　3. 실행행위에 대한 착오(정범이 교사한 범죄와 다른 범죄를 저지른
　　경우) ··· 175

제5절 종범(방조범) ·· 175

Ⅰ. 의의 ··· 175

Ⅱ. 성립요건 ··· 176

　1. 주관적 요소 ······································· 176

      2. 방조행위 ·· 176

      3. 정범의 범죄 실행 ·· 178

  Ⅲ. 처벌 ·· 179

제6절 공범과 신분 ·· 180

  Ⅰ. 의의 ·· 180

  Ⅱ. 신분의 의의와 종류 ·· 180

      1. 신분의 의의 ·· 180

      2. 신분의 종류 ·· 180

  Ⅲ. 형법 제33조의 해석 ·· 181

      1. 형법 제33조 본문의 해석 ·· 181

      2. 형법 제33조 단서의 해석 ·· 181

      3. 관련 사례 ·· 182

  Ⅳ. 소극적 신분과 공범문제 ·· 183

제7장   부작위범 ·· 184

제1절 서설 ·· 184

  Ⅰ. 부작위의 의의 ·· 184

      1. 개념 ·· 184

      2. 작위와의 차이 ·· 184

  Ⅱ. 작위범과 부작위범의 구별방법 ···································· 185

      1. 구성요건의 규정형식에 따른 분류 ·························· 185

      2. 범죄의 현실적인 실현형태에 따른 분류 ················· 185

제2절 부작위범의 종류 ·· 185

  Ⅰ. 부작위범의 종류 ·· 185

      1. 진정부작위범 ·· 185

      2. 부진정부작위범 ·· 186

  Ⅱ. 부작위범의 성립요건 ·· 186

      1. 행위가능성 존재 ·· 186

      2. 보증인적 지위 ·· 186

3. 인과관계 : 부작위범에 있어서도 인과관계는 존재 ·················· 187
4. 작위와의 동가치성 ··· 187
Ⅲ. 보증인지위의 발생근거 ··· 187
1. 법령에 의한 작위의무 ·· 187
2. 계약(법률행위)에 의한 작위의무 ···································· 188
3. (위법한)선행행위에 의한 작위의무 ································· 189
4. 조리에 의한 작위의무 ·· 190
Ⅳ. 부진정부작위범의 처벌 ··· 191
Ⅴ. 관련문제 ··· 192
1. 부작위범의 미수 ··· 192
2. 부작위범과 공범 ··· 192

제8장 과실범 ··· 194

제1절 과실범 일반론 ·· 194
Ⅰ. 과실범의 의의 ·· 194
1. 과실범의 개념("모르고") ·· 194
2. 과실범의 본질 ··· 195
3. 과실범의 처벌 ··· 195
4. 형법상 과실범 처벌규정 ··· 195
Ⅱ. 과실의 종류 ··· 196
1. 인식 없는 과실과 인식 있는 과실 ··································· 196
2. 통상의 과실과 업무상 과실 ·· 196
3. 경과실과 중과실 ··· 197

제2절 과실범의 성립요건 ··· 198
Ⅰ. 객관적 주의의무위반 ·· 198
1. 의의 ··· 198
2. 주의의무의 발생 근거 ·· 198
Ⅱ. 객관적 주의의무의 제한원리 ·· 201
1. 허용된 위험 ·· 201

  2. 신뢰의 원칙 ·· 201

제3절 과실범과 관련된 문제 ·· 206
  Ⅰ. 과실범의 미수 ··· 206
  Ⅱ. 과실범의 공동정범 ··· 206
  Ⅲ. 과실에 의한 교사·방조 ·· 206
  Ⅳ. 과실범의 부작위범 ··· 206

제9장 결과적 가중범 ·· 207

제1절 서설 ··· 207
  Ⅰ. 결과적 가중범(결과적으로 중하게 가중되었다)의 의의 ················· 207
  Ⅱ. 가중처벌의 이유 ·· 208
  Ⅲ. 결과적 가중범의 구조 ·· 208

제2절 진정결과적 가중범과 부진정결과적 가중범 ····························· 208
  Ⅰ. 진정결과적 가중범 ··· 208
  Ⅱ. 부진정결과적 가중범 ··· 208

제3절 결과적 가중범의 성립요건 ·· 210
  Ⅰ. 고의에 의한 기본범죄 행위 ·· 210
  Ⅱ. 중한 결과의 발생 ·· 211
  Ⅲ. 인과관계(직접성의 원칙) ·· 211
  Ⅳ. 중한 결과에 대한 예견가능성 ·· 211
  Ⅴ. 결과적 가중범과 위법성 ·· 213
  Ⅵ. 결과적 가중범과 책임 ··· 213

제4절 관련문제 ·· 213
  Ⅰ. 결과적 가중범의 미수 ·· 213
  Ⅱ. 결과적 가중범의 공동정범 ·· 214
  Ⅲ. 결과적 가중범의 교사 ··· 215

제3편 죄수론

제1장 죄수 이론 ·· 219

    Ⅰ. 죄수론의 의의 ·· 219

    Ⅱ. 죄수 결정의 기준 ·· 219

제2장 일죄 ·· 223

    제1절 의의 ·· 223

    제2절 법조경합 ·· 224

        Ⅰ. 의의 ·· 224

        Ⅱ. 유형 ·· 224

        Ⅲ. 불가벌적 사후행위 ·· 226

            1. 의의 ·· 226

            2. 요건 ·· 227

            3. 불가벌적 사후행위의 예 ····························· 227

    제3절 포괄일죄 ·· 229

        Ⅰ. 의의 ·· 229

        Ⅱ. 유형 ·· 230

제3장 수죄(경합론) ·· 236

    제1절 개념 ·· 236

    제2절 상상적 경합 ·· 237

        Ⅰ. 의의 ·· 237

        Ⅱ. 요건 ·· 237

            1. 행위의 단일성(1개의 행위가 있을 것) ··············· 237

            2. 수개의 죄 ··· 238

        Ⅲ. 관련문제 ·· 239

        Ⅳ. 상상적 경합의 법적 효과 ·································· 240

　　　　1. 실체법적 효과 ··· 240

　　　　2. 소송법적 효과 ··· 240

　제3절 실체적 경합(경합범) ·· 243

　　Ⅰ. 의의 ·· 243

　　Ⅱ. 경합범의 요건 ·· 243

　　　　1. 동시적 경합범의 요건(제37조 전단) ······················· 243

　　　　2. 사후적 경합범의 요건(제37조 후단) ······················· 244

　　Ⅲ. 경합범의 처벌 ·· 245

　　　　1. 동시적 경합범의 처벌 ··································· 245

　　　　2. 사후적 경합범의 처벌 ··································· 246

제4편　형벌론

제1장　형벌의 의의와 종류 ·· 253

　Ⅰ. 형벌의 의의 ·· 253

　　　1. 개념 ·· 253

　　　2. 보안처분과 구별 ·· 253

　Ⅱ. 형벌의 종류(형법 제41조) ··· 254

　　　1. 개관 ·· 254

　　　2. 사형 ·· 254

　　　3. 자유형 ·· 255

　　　4. 재산형 ·· 256

　　　5. 명예형 ·· 265

　Ⅲ. 형의 경중 ··· 266

제2장　형의 양정 ·· 268

　제1절 의의 ··· 268

　제2절 형의 가중·감경 ·· 269

Ⅰ. 형의 가중 ··· 269

Ⅱ. 형의 감경 ··· 269

Ⅲ. 재판상 감경(작량감경) ·· 270

제3절 형의 가감례 ··· 270

Ⅰ. 형의 가중·감경의 순서 ··· 271

Ⅱ. 형의 가중·감경의 정도와 방법 ····································· 272

제4절 형의 면제 ··· 273

Ⅰ. 형의 감경·감면사유 ·· 273

Ⅱ. 자수·자복 ·· 274

   1. 자수 ·· 274

   2. 자복 ·· 276

   3. 자수·자백·자복의 구별 ·· 277

Ⅲ. 미결구금 ··· 278

Ⅳ. 판결의 공시 ··· 280

제5절 양형조건 ··· 281

Ⅰ. 의의 ·· 281

Ⅱ. 양형의 조건 ··· 281

제3장 누범 ·· 282

제1절 서설 ··· 282

Ⅰ. 의의 ·· 282

Ⅱ. 누범과 상습범 ··· 283

제2절 누범가중의 요건 ·· 284

Ⅰ. 전범의 요건 ··· 284

Ⅱ. 후범의 요건 ··· 285

Ⅲ. 누범의 효과 ··· 286

제4장   선고유예 · 집행유예 · 가석방 ················· 288

제1절 선고유예 ··································· 288
Ⅰ. 의의와 법적 성질 ····················· 289
1. 의의 ······························· 289
2. 요건(제59조 제1항) ················ 289
Ⅱ. 효과 및 실효 ························· 292

제2절 집행유예 ································· 293
Ⅰ. 의의와 법적 성질 ····················· 294
1. 의의 ······························· 294
2. 요건 ······························· 294
Ⅱ. 효과 및 실효와 취소 ················· 298
1. 효과 ······························· 298
2. 집행유예의 실효와 취소 ············ 298

제3절 가석방 ··································· 300
Ⅰ. 의의와 법적 성질 ····················· 301
1. 의의 ······························· 301
2. 요건 ······························· 301
Ⅱ. 효과 및 실효와 취소 ················· 303
1. 효과 ······························· 303
2. 가석방의 실효와 취소 ·············· 303

제4절 선고유예 · 집행유예 · 가석방 비교 ······· 304

제5장   형의 시효 · 소멸 · 기간 ················· 305
Ⅰ. 형의 시효 ····························· 305
1. 의의 ······························· 305
2. 시효기간 ··························· 305
3. 시효의 효과 ························· 306
4. 시효의 정지 ························· 306
5. 시효의 중단 ························· 307

Ⅱ. 형의 소멸, 형의 실효와 복권·사면 ················· 308
　1. 형의 소멸 ·········· 308
　2. 형의 실효와 복권 ··········· 308
　3. 사면(赦免) ·········· 310
Ⅲ. 형의 기간 ············· 310

제6장　보안처분 ············· 312
Ⅰ. 의의 ············· 312
Ⅱ. 형벌과 보안처분의 관계 ············· 313
　1. 입법주의 ·········· 313
　2. 검토 ·········· 313
Ⅲ. 현행법상 보안처분 ············· 314

참고문헌 ············· 315
부록: 형법조문 ············· 316
판례색인 ············· 360
사항색인 ············· 370

제1편 서 론

제1장 형법의 기본개념
제2장 형법학파의 이론
제3장 죄형법정주의
제4장 형법의 적용범위

제 1 장

형법의 기본개념

제1절 형법의 의의

형법은 범죄와 형벌을 규정한 법규범으로 이중 내용적으로 범죄와 형벌을 다루는 법이 실질적 의미의 형법(광의의 형법)이며, '형법'이라는 이름으로 되어 있는 법이 형식적 의미의 형법(협의의 형법)이다. 따라서, 형식적 의미의 형법은 형법전 1개뿐이며, 실질적 의미의 형법은 범죄와 형벌에 관한 내용으로 이루어지기만 하면 되므로 도로교통법 등 다수의 법이 있다. 참고로 형식적 의미의 형법은 실질적 의미의 형법이라 할 수 있으나, 그렇다고 형식적 의미의 형법 내용은 반드시 실질적 의미의 형법 내용으로만 되어 있는 것은 아니다.[1]

제2절 형법의 지위와 성격

I. 형법의 법체계적 지위

공법(公法)과 사법(私法),[2] 사법법(司法法),[3] 실체법(實體法)과 절차법(節次法)[4]

---

1) 제2조(국내범) 본법은 대한민국영역 내에서 죄를 범한 내국인과 외국인에게 적용한다. 제9조(형사미성년자) 14세 되지 아니한 자의 행위는 벌하지 아니한다 등
2) 국가가 관여하는 공법이 있고, 개인간의 법으로 사법인 민법이 있는데 현재는 국가의 관여

등으로 분류된다.

Ⅱ. 규범적 성격

행위규범인 동시에 의사결정규범5)(주관주의에서 강조)이며, 재판규범인 동시에 평가규범6)(객관주의에서 강조)이다.

가설적 규범(if)7)으로 이는 명령적 규범(종교, 윤리)과 대비된다.

제3절 형법의 기능

보장적 기능으로 이는 국가 형벌권 발동의 한계를 명확히 함으로써 일반 국민에 대한 자유 보장(보호적 기능에서)과 범죄행위 및 범죄자에 대한 과도한 형벌권을 보장(규제적 기능에서)한다. 형법은 이를 통하여 일반 국민의 대헌장 또는 범죄인의 대헌장(마그나 카르타(Magna Carta))이라고 불리워진다.

제4절 형법의 보충성원칙

윤리 등 형법 이외의 다른 수단에 의하여서는 불가능한 경우에 한해서 최후의 수단으로 적용될 것을 요구하는 원칙이다.

가 대부분 이루어지고 있으므로 사법의 공법화가 되어 굳이 구분할 필요가 없어졌다.
3) 재판 시 쓰이는 법
4) 내용을 다루는 실체법(형법)과 그 과정을 다루는 절차법(형사소송법)
5) 행위규범과 의사결정규범(죄가 되는 행위와 안되는 행위를 보고 일반 국민이 결정하는 규범)
6) 재판규범과 평가규범(법관이 재판에 사용하며 이를 평가하는 규범)
7) (만약에) "사람을 살해한 자"(구성요건)는 사형, 무기, 5년 이상의 징역

제 2 장

형법학파의 이론

○ 고전학파와 근대학파로 나뉜다.

		고전학파 (구파)	근대학파 (신파)
인간상		선택에 의한 자유의사로 외부세계의 변화를 일으킨다.	타고나는 것으로 의사결정론이며, 반사회적인 성향의 표출, 즉 악성이 드러나면 된다.
범죄론	원칙	객관주의	주관주의
	미수범	기수와 미수를 구별한다, (기수가 원칙)	악성만 드러나면 되기 때문에 기수와 미수를 구별 안한다.
	공범론	정범의 외부세계의 변화, 즉, 정범의 범죄에 따라 영향을 받는다(공범종속성설).	정범과 관계없다(공범독립성설).
	책임능력	범죄능력(14세)과 같다.	형벌능력(14세)과 같다. ※ 범죄능력은 0세(타고남)
형벌론	목 적	절대적 형벌이론 (응보형주의, 과거지향적)	상대적 형벌이론 (목적형주의)
	기 능		일반예방주의(일반 국민 범죄예방)[1] 특별예방주의(특별히 범죄자 개인 개화)[2]

※ 참고) 우리나라 형법은 1953년 제정되었으며, 독일의 영향을 받았다.

[1] 소극적 일반예방은 국민에게 위하력을 주어 움츠리게 하고, 적극적 일반예방의 경우 규범의식 강화
[2] 기초한 제도로 집행유예, 선고유예, 가석방, 상습범 가중, 단기자유형(6개월 미만)의 제한 등이 있다.

제3장

죄형법정주의

제1절 죄형법정주의의 의의 및 법적 근거

죄형법정주의란 '범죄(罪)와 형벌(刑)은 반드시 법률로 정하라'라는 원칙을 말한다. 이러한 죄형법정주의는 개인의 법적 안정성 보호와 국가형벌권의 자의적 행사로부터 개인의 자유와 권리를 보장하는 기능을 수행한다.

제2절 죄형법정주의의 내용

Ⅰ. 법률주의(관습형법의 금지)

1. 의미

범죄와 형벌은 국회에서 제정한 법률에 의해 정해져야 한다는 의미이다.[1]

2. 예외

형사처벌에 관련된 모든 법규를 예외 없이 법률에 의하여 규정한다는 것은

---

1) **헌법**(국민, 제1조 제2항), **법률**(국회), **명령**(대통령령 : 시행령, 총리령/부령(장관) : 시행규칙) → 법규성(국민의 권리제한 및 의무 부과)

사실상 불가능하기 때문에, ① 특히 긴급한 필요가 있거나, ② 미리 법률로써 자세히 정할 수 없는 부득이한 사정이 있는 경우에 한하여 구체적 위임으로 법규명령에 정할 수 있다.[2]

□ 위임입법의 한계 관련 판례

〈벗어난 경우〉

① 구 근로기준법 제30조 단서에서 임금·퇴직금 청산기일의 연장합의의 한도에 관하여 아무런 제한을 두고 있지 아니함에도 불구하고, 같은 법 시행령 제12조에 의하여 같은 법 제30조 단서에 따른 기일연장을 3월 이내로 제한한 것은 죄형법정주의의 원칙에 위배되고 위임입법의 한계를 벗어난 것으로서 무효이다(대판 1998.10.15. 98도1759 전원합의체).

② "약국을 관리하는 약사 또는 한약사는 보건복지부령으로 정하는 약국관리에 필요한 사항을 준수 하여야 한다"는 약사법 제19조 제4항의 규정은 헌법상 포괄위임입법금지 원칙 및 죄형법정주의의 명확성의 원칙에 위반된다(헌재 2000.7.20. 99헌가15). [부수적 논점 : 명확성 원칙에 위반]

③ 행형법상 징벌의 일종인 금치처분[3]을 받은 자에 대하여 금치기간 중 집필을 전면 금지한 행형법시행령 제145조 제2항 본문 부분은 금치처분을 받은 수형자의 집필에 관한 권리를 법률의 근거나 위임 없이 제한하는 것으로서 법률유보의 원칙에 위반된다(헌재 2005.2.24. 2003헌마289). [적정성의 원칙과 연결지어]

④ 일반적으로 법률의 시행령은 모법인 법률에 의하여 위임받은 사항이나, 법률이 규정한 범위 내에서 법률을 현실적으로 집행하는 데 필요한 세부적인 사항만을 규정할 수 있을 뿐, 법률의 위임 없이 법률이 규정한 개인의 권리·의무에 관한 내용을 변경·보충하거나 법률에서 규정하지 아니한 새로운 내용을 규정할 수 없는 것이고, 특히 법률의 시행령이 형사처벌에 관한 사항을 규정하면서 법률의 명시적인 위임 범위를 벗어나 그 처벌의 대상을 확장하는 것은 헌법 제12조 제1항과 제13조 제1항에서 천명하고 있는 죄형법정주의의 원칙에도 어긋나는 것으로 결코 허용될 수 없다고 할 것인데, 총포·도검·화약류등단속법 제2조 제1항은 총포에 관하여 규정하면서 총에 대하여는 일정 종류의 총을 총포에 해당하는 것으로 규정하면서 그 외의 장약총이나 공기총도 금속성 탄알이나 가스 등을 쏠 수 있는 성능이 있는 것은 총포에 해당한다고 규정하고 있으므로, 여기서 말하는 총은 비록 모든 부품을 다 갖추지는 않았더라도 적어도 금속성 탄알 등을 발사하는 성능을 가지고 있는 것을 가리키는 것이고, 단순히 총의 부품에 불과하여 금속성 탄알 등을 발사할 성능을 가지지 못한 것까지 총포로 규정하고 있는

---

2) 법률의 명시적인 위임범위를 벗어난 처벌 대상의 확장은 죄형법정주의의 원칙에 위배(포괄적 위임입법 금지)

것은 아니라고 할 것임에도 불구하고 같은법시행령 제3조 제1항은 같은 법 제2조 제1 항의 위임에 따라 총포의 범위를 구체적으로 정하면서도 제3호에서 모법의 위임 범위를 벗어나 총의 부품까지 총포에 속하는 것으로 규정함으로써, 같은 법 제12조 제1항 및 제70조 제1항과 결합하여 모법보다 형사처벌의 대상을 확장하고 있으므로, 이는 결국 위임입법의 한계를 벗어나고 죄형법정주의 원칙에 위배된 것으로 무효라고 하지 않을 수 없다(대판 1999.2.11. 98도2816 전원합의체).

⑤ [다수의견] 의료법(2016. 12. 20. 법률 제14438호로 개정되기 전의 것, 이하 같다) 제 41조는 "각종 병원에는 응급환자와 입원환자의 진료 등에 필요한 당직의료인을 두어야 한다."라고 규정하는 한편, 제90조에서 제41조를 위반한 사람에 대한 처벌규정을 두었다. 이와 같이 의료법 제41조는 각종 병원에 응급환자와 입원환자의 진료 등에 필요한 당직의료인을 두어야 한다고만 규정하고 있을 뿐, 각종 병원에 두어야 하는 당직의료 인의 수와 자격에 아무런 제한을 두고 있지 않고 이를 하위 법령에 위임하고 있지도 않다. 그런데도 의료법 시행령 제18조 제1항(이하 '시행령 조항'이라 한다)은 "법 제41 조에 따라 각종 병원에 두어야 하는 당직의료인의 수는 입원환자 200명까지는 의사·치과의사 또는 한의사의 경우에는 1명, 간호사의 경우에는 2명을 두되, 입원환자 200명을 초과하는 200명마다 의사·치과의사 또는 한의사의 경우에는 1명, 간호사의 경우에는 2명을 추가한 인원 수로 한다."라고 규정하고 있다. 의료법 제41조가 "환자의 진료 등에 필요한 당직의료인을 두어야 한다."라고 규정하고 있을 뿐인데도 시행령 조항은 당직의료인의 수와 자격 등 배치기준을 규정하고 이를 위반하면 의료법 제90조에 의한 처벌의 대상이 되도록 함으로써 형사처벌의 대상을 신설 또는 확장하였다. 그러므로 시행령 조항은 위임입법의 한계를 벗어난 것으로서 무효이다.

[대법관 이상훈, 대법관 김용덕의 별개의견] 의료법 제41조에서 "입원환자와 응급환자의 진료 등에 필요한 당직의료인"의 내용에 관하여 시행령에서 정하도록 직접 위임하는 규정을 두지 아니하였더라도, 그 제도의 시행을 위하여 각종 병원에 적합한 당직의료인의 자격과 수나 근무형태에 대하여 기준을 정하는 것은 허용되며, 시행령 조항이나 의료법 시행령 제18조 제2항에서 각종 병원별로 당직의료인의 자격과 수에 관하여 정하고 특히 정신병원, 재활병원, 결핵병원 등에 대하여는 해당 병원의 자체 기준에 따라 배치할 수 있도록 한 것은 이러한 취지에서 규정되었다 할 수 있다. 비록 시행령 조항에 대하여 구체적인 위임이 없음에 비추어 시행령 조항에서 정한 각종 병원별 "당직의료인의 자격과 수"가 의료기관 내지 병원의 당직의료인 배치 의무에 관한 내용을 직접 변경·보충하는 것으로 보아 직접적으로 의료기관에 의무를 지우거나 그 위반을 제재하는 근거 규정으로 삼기는 어렵더라도, 적어도 당직의료인 제도를 시행하거나 집행하기 위하여 필요한 지침이나 준칙으로서의 의미를 가진다.

한편 의료법 제90조는 제41조를 위반한 사람에 대하여 300만원 이하의 벌금에 처하도록 규정하고 있다. 의료법 제90조에 의한 처벌 대상은 제41조를 위반한 행위이므로, 각종 병원에서 응급환자와 입원환자의 진료 등에 필요한 당직의료인을 두지 아니한 경우에 처벌 대상이 된다. 그런데 시행령 조항이 의료법 제41조의 시행을 위하여 둔 규정이라 하더라도 의료법으로부터 구체적인 위임을 받지 아니하고 규정된 이상, 제90조의 적용과 관련하여서는 처벌 대상인 "진료 등에 필요한 당직의료인"을 두지 아니한 경우에 해당하는지를 가리는 직접적인 근거 규정이 될 수 없으므로 시행령 조항이 제41조와 결합하여 처벌의 근거 규정이 된다고도 볼 수 없고, 결국 제41조의 규정 자체의 해석에 의하여 "진료 등에 필요한 당직의료인"이라고 인정되는 범위 내에서 위반 여부가 판단되어야 하며, 그에 따라 위반으로 판단되는 행위에 대하여 제90조를 적용하여 처벌할 수 있다(대판 2017.2.16. 2015도16014 전원합의체).

〈벗어나지 않은 경우〉
① 농업협동조합중앙회를 '정부관리기업체'의 하나로 규정한 특정범죄 가중처벌 등에 관한 법률[4] 시행령 제2조 제48호는 위임입법의 한계를 벗어난 것으로 위헌·위법이라고 할 수 없다(대판 2008.4.11. 2007도8373).
② 수협중앙회와 그 회원조합은 특정범죄 가중처벌 등에 관한 법률 제4조 제1항 제2호가 규정하고 있는 정부관리기업체의 범주에 포함될 수 있어 같은 법 제4조 제2항의 위임을 받은 같은 법 시행령 제2조 제50호가 수산업협동조합중앙회와 그 회원조합을 같은 법 제4조 제1항 소정의 정부관리기업체의 하나로 규정한 것이 위임입법의 한계를 벗어난 위헌·위법한 규정이라고 할 수 없다(대판 2007.4.27. 2007도1038).
③ 공직선거및선거부정방지법 제90조 전문은 선거일 전 180일부터 선거에 영향을 미치게 하기 위하여 법정의 방법 이외의 방법으로 시설물설치 등을 하는 것을 금지한 규정으로서, 이는 선거의 부당한 과열경쟁으로 인한 사회경제적 손실을 막고 후보자 간의 실질적인 기회균등을 보장함과 동시에 탈법적인 선거운동으로 인하여 선거의 공정과 평온이 침해되는 것을 방지하고자 일정 범위의 선거운동방법에 대하여는 그 주체, 시간, 태양을 불문하고 일률적으로 이를 금지하는 것인바, 위와 같은 목적 달성을 위하여 달리 효과적인 수단을 상정할 수가 없고, 제한되는 자유의 범위도 예상되는 다양한 선거운동의 방법 중에서 특히 중대한 폐해를 초래할 우려가 크다고 인정되는 특정의 선거운동방법과 내용에 국한되는 것이며, 선거일 전 180일부터는 이미 사실상 선거운동의 준비작업이 시작되었다고 볼 수 있으므로, 이러한 제한은 폐해방지에 필요한 최소한의 정도를 넘지 아니하여 표현의 자유 등을 침해한다고 할 수 없고, 설치가 허용되는 간판의 규격과 같은 세부적이고 기술적인 사항을 중앙선거관리위원회 규칙에서 정하도록 위임하였다 하여 이를 죄형법정주의와 포괄위임금지의 원칙에 어긋난다고 볼 수도 없다(대판 2005.1.13. 2004도7360).
④ 게임물의 등급분류 및 경품의 종류와 경품 제공 방법 등에 관한 구 음반·비디오물 및 게임물에 관한 법률(2006. 4. 28. 법률 제7943호로 폐지되기 전의 것) 조항들의 내용

과 취지를 종합하여 보면, 문화관광부장관은 게임제공업자가 제공할 수 있는 경품의 종류와 경품 제공 방법에 관한 고시를 제정함에 있어 영상물등급위원회로부터 등급분류를 받은 게임물이라 할지라도 그 게임물의 운용형태 등에 비추어 사행성을 조장한다고 인정되는 경우 게임의 방법에 따라 게임시간이나 시간당 이용금액, 당첨액의 누적금액 등을 기준으로 하여 그 기준을 넘는 게임물에 대해서는 경품제공을 하지 않는 방법으로만 이용에 제공할 수 있도록 규정할 수 있다. 따라서 1시간당 총 이용금액이 90,000원을 초과하는 게임물, 최고당첨액이나 경품누적액이 경품한도액을 초과하는 게임물 등에 대하여 경품 제공을 금지하고 있는 '경품제공업소의 경품취급기준'(문화관광부 2004. 12. 31. 제2004-14호)은 문화관광부장관이 위 법 제32조 제3호의 위임에 따라 게임제공업자의 경품 제공의 방법을 규정한 것에 불과하므로, 그 위임의 한계를 벗어났다거나 영상물등급위원회의 게임물에 대한 등급분류 권한을 침해하는 등 법에 위배된다거나 또는 죄형법정주의나 행정규제기본법 제4조의 규제법정주의에 반하는 것으로 볼 수 없다(대판 2008.12.11. 2006도7642).

⑤ 게임산업진흥에 관한 법률 제32조 제1항 제7호가 '환전, 환전 알선, 재매입 영업행위를 금지하는 게임머니 및 이와 유사한 것'을 대통령령이 정하도록 위임하고 있는 것은 사회현상의 복잡다기화와 국회의 전문적·기술적 능력의 한계 및 시간적 적응능력의 한계로 인하여 형사처벌에 관련된 모든 법규를 예외 없이 형식적 의미의 법률에 의하여 규정한다는 것은 사실상 불가능할 뿐만 아니라 실제에 적합하지도 아니하기 때문에, 특히 긴급한 필요가 있거나 미리 법률로써 자세히 정할 수 없는 부득이한 사정이 있다는 고려에서 비롯된 것이다. 위 조항은 처벌대상인 행위의 객체인 '게임물의 이용을 통하여 획득한 유·무형의 결과물'에 관하여 "점수, 경품, 게임 내에서 사용되는 가상의 화폐로서 대통령령이 정하는 게임머니 및 대통령령이 정하는 이와 유사한 것을 말한다."라고 규정하고 있는데, 그 문언 자체에 의하더라도 누구나 게임물의 이용을 통하여 획득한 유·무형의 결과물이 무엇인지 이해할 수 있고, 대통령령에 위임될 사항이 어떠한 것인지도 예측할 수 있다. 그리고 같은 법 시행령 제18조의3 각 호에 규정된 '게임머니 및 이에 유사한 것'은 게임산업진흥에 관한 법률 제32조 제1항 제7호에 규정된 '게임물의 이용을 통하여 획득한 유·무형의 결과물'에 해당한다고 보인다. 따라서 게임산업진흥에 관한 법률 제32조 제1항 제7호, 같은 법 시행령 제18조의3은 형벌법규의 포괄위임입법금지 원칙이나 죄형법정주의에 위배되지 않는다(대판 2009.4.23. 2008도11017).

⑥ 유해화학물질관리법 제35조 제1항에서 금지하는 환각물질을 구체적으로 명확하게 규정하지 아니하고 다만 그 성질에 관하여 '흥분·환각 또는 마취의 작용을 일으키는 유해화학물질로서 대통령령이 정하는 물질'로 그 한계를 설정하여 놓고, 같은법시행령 제22조에서 이를 구체적으로 규정하게 한 취지는 과학 기술의 급격한 발전으로 말미암아 흥분·환각 또는 마취의 작용을 일으키는 유해화학물질이 수시로 생겨나기 때문에 이에 신속하게 대처하려는 데에 있으므로, 위임의 한계를 벗어난 것으로 볼 수 없고,

한편 그러한 환각물질은 누구에게나 그 섭취 또는 흡입행위 자체가 금지됨이 마땅하므로, 일반적으로 술을 마시는 행위 자체가 금지된 것이 아니라 주취상태에서의 자동차 운전행위만이 금지되는 도로교통법상의 주취상태를 판정하는 혈중알코올농도와 같이 그 섭취 기준을 따로 정할 필요가 있다고 할 수 없으므로, 같은 법 제35조 제1항의 '섭취 또는 흡입'의 개념이 추상적이고 불명확하다거나 지나치게 광범위하다고 볼 수도 없다(대판 2000.10.27. 2000도4187).

⑦ 금융시장이 복잡 다양하면서도 부단히 변동되고 있음에 비추어 새마을금고의 여유자금 운용에 관한 규정도 그에 대응하여야 하나 국회가 금융시장의 변화를 모두 예측하기 어렵고 그러한 변화에 대응하여 그 때마다 법률을 개정하는 것도 용이하지 아니하므로, 여유자금의 운용방법에 관한 규정을 미리 법률로써 자세히 정하지 아니하고 시행령에 위임하는 것은 불가피한 면이 있는 것이고, 구 새마을금고법(2007. 5. 25. 법률 제8485호로 전부 개정되기 전의 것) 제26조 제3항에서 정하는 '여유자금의 운용'의 개념은 사전적으로도 비교적 구체적 의미를 갖는 것이어서 처벌대상 행위에 대한 예측 가능성이 충분히 기대되며, 위 조항을 위반한 경우의 처벌조항인 같은 법 제66조에서는 형벌의 종류 및 그 상한과 폭을 명확히 규정하고 있는 점 등을 고려하면, 위 법 제26조 제3항이 새마을금고 여유자금의 운용에 관하여 구체적 방법을 정하지 아니한 채 시행령에 위임하였다거나, 위 시행령 제24조 제3호가 여유자금의 운용방법으로 국채, 지방채의 매입과 더불어 '연합회장이 정하는 유가증권의 매입'이라고 규정하였다 하더라도 죄형법정주의에 위반되거나 위임입법의 한계를 일탈한 것으로는 볼 수 없다고 한 사례(대판 2010.4.29. 2009도8537).

Ⅱ. 명확성의 원칙(절대적 부정기형의 금지)

1. 의미

법관의 자의적 해석이 허용되지 않도록 구체적으로 명확하게 규정하여야 한다는 원칙이다.

2. 구체적 내용

(1) 구성요건 및 형사제재의 명확

반사회적 행위(×)를 한 자는 5년 이하의 징역에 처한다, 타인의 재물을 절취

---

3) 독방에 감금하는 것으로 교도소 내 행정질서벌이고, 형기하고는 전혀 상관이 없다.
4) 제4조

한 자는 징역(×)에 처한다. 등

(2) 부정기형5)의 금지

부정기형은 형의 기간이 정해져 있지 않은, 즉 명확하지 아니한 경우에 해당하므로 죄형법정주의에 반한다. 이 중 형의 장기와 단기가 전혀 특정되지 않은 절대적 부정기형(예 : 징역에 처한다)과 장기와 단기가 특정되어 있는 상대적 부정기형6)이 있다. 다만, 형벌의 명확성의 요청에 반하는 것은 절대적 부정기형에 한하며, 상대적 부정기형은 죄형법정주의에 반하지 않는다. 이는 소년법에서 소년형에 대하여 상대적 부정기형을 인정하고 있기 때문이다(소년법 제60조).

□ 명확성의 원칙 관련 판례

〈반하는 경우〉

① 외국환관리규정 제6-15조의4 제2호 (나)목에 규정된 '도박 기타 범죄 등 선량한 풍속 및 사회질서에 반하는 행위'라는 요건은, 이를 한정할 합리적인 기준이 없다면, 형벌법규의 구성요건 요소로서는 지나치게 광범위하고 불명확하여, 죄형법정주의가 요구하는 형벌법규의 명확성의 원칙에 반한다고 할 것이다(대판 1998.6.18. 97도2231 전원합의체).

② 전기통신기본법 제47조 제1항은 "공익을 해할 목적"의 허위의 통신을 금지하는바, 여기서의 "공익"은 형벌조항의 구성요건으로서 구체적인 표지를 정하고 있는 것이 아니라, 헌법상 기본권 제한에 필요한 최소한의 요건 또는 헌법상 언론·출판의 자유의 한계를 그대로 법률에 옮겨 놓은 것에 불과할 정도로 그 의미가 불명확하고 추상적이어서 죄형법정주의의 명확성의 원칙에 위배된다[헌재 2010.12.28. 2008헌바157, 2009헌바88(병합)].

③ 전기통신사업법 제53조는, "공공의 안녕질서", "미풍양속"은 매우 추상적인 개념이어서 어떠한 표현행위가 과연 "공공의 안녕질서"나 "미풍양속"을 해하는 것인지, 아닌지에 관한 판단은 사람마다의 가치관, 윤리관에 따라 크게 달라질 수밖에 없고, 법집행자의 통상적 해석을 통하여 그 의미내용을 객관적으로 확정하기도 어렵다(헌재 2002.6.27. 99헌마480).

④ 구 대외무역법 제21조 제3항, 제4항 제2호의 위임에 의하여 산업자원부장관이 공고한 구 전략물자수출입공고(산업자원부 고시 제2002-123호)에서 수출제한지역으로 규정하는 '국제평화와 지역안전을 저해할 우려가 있는 지역' 부분이 죄형법정주의가 요구하는 명확성 원칙에 반하는지 여부(적극)(대판 2010.12.23. 2008도4233).

---

5) 이때 형은 '선고형'
6) 시점이 아니라 term을 정한 것이다. 예를 들면, '징역 1년에서 3년에 처한다.'라는 것으로 최소 1년은 형벌을 받아야 하며, 중간에라도 개전의 정이 있으면 남은 형을 집행하지 않겠다라는 뜻이다. 단, 소년법상 장기는 10년, 단기는 5년을 초과하지 못한다.

⑤ [미성년자보호법 제2조의2 제1호 등 위헌제청(동법 제6조의2, 제7조, 아동복지법 제
　18조 제11호, 제34조 제4호, 제37조)]

[1] 죄형법정주의는 범죄와 형벌이 법률로 정해져야 함을 의미하는 것이고, 이러한 죄
형법정주의에서 파생되는 명확성의 원칙은 누구나 법률이 처벌하고자 하는 행위가 무
엇이며 그에 대한 형벌이 어떠한 것인지를 예견할 수 있고 그에 따라 자신의 행위를 결
정할 수 있도록 구성요건이 명확할 것을 의미하는 것으로서, 처벌법규의 구성요건의
내용이 모호하거나 추상적이어서 불명확하면 무엇이 금지된 행위인지를 국민이 알 수
없고 범죄의 성립여부가 법관의 자의적인 해석에 맡겨져 죄형법정주의에 의하여 국민
의 자유와 권리를 보장하려는 법치주의의 이념은 실현될 수 없게 된다.

[2] 먼저 이 사건 미성년자보호법 조항의 불량만화에 대한 정의 중 전단 부분의 "음란
성 또는 잔인성을 조장할 우려"라는 표현을 보면, '음란성'은 법관의 보충적인 해석을
통하여 그 규범내용이 확정될 수 있는 개념이라고 할 수 있으나, 한편 '잔인성'에 대하
여는 아직 판례상 개념규정이 확립되지 않은 상태이고 그 사전적 의미는 "인정이 없고
모짊"이라고 할 수 있는바, 이에 의하면 미성년자의 감정이나 의지, 행동 등 그 정신생
활의 모든 영역을 망라하는 것으로서 살인이나 폭력 등 범죄행위를 이루는 것에서부터
윤리적·종교적·사상적 배경에 따라 도덕적인 판단을 달리할 수 있는 영역에 이르기까
지 천차만별이어서 법집행자의 자의적인 판단을 허용할 여지가 높고, 여기에 '조장' 및
'우려'까지 덧붙여지면 사회통념상 정당한 것으로 볼 여지가 많은 것까지 처벌의 대상
으로 할 수 있게 되는바, 이와 같은 경우를 모두 처벌하게 되면 그 처벌범위가 너무 광
범위해지고, 일정한 경우에만 처벌하게 된다면 어느 경우가 그에 해당하는지 명확하게
알 수 없다. 다음으로 불량만화에 대한 정의 중 후단 부분의 "범죄의 충동을 일으킬 수
있게"라는 표현은 그것이 과연 확정적이든 미필적이든 고의를 품도록 하는 것에만 한
정되는 것인지, 인식의 유무를 가리지 않고 실제로 구성요건에 해당하는 행위로 나아
가게 하는 일체의 것을 의미하는지, 더 나아가 단순히 그 행위에 착수하는 단계만으로
도 충분한 것인지, 결과까지 의욕하거나 실현하도록 하여야만 하는 것인지를 전혀 알
수 없어 그 규범내용이 확정될 수 없는 것이다. 그러므로, 이 사건 미성년자보호법 조
항은 법관의 보충적인 해석을 통하여도 그 규범내용이 확정될 수 없는 모호하고 막연
한 개념을 사용함으로써 그 적용범위를 법집행기관의 자의적인 판단에 맡기고 있으므
로, 죄형법정주의에서 파생된 명확성의 원칙에 위배된다.

[재판관 하경철, 재판관 송인준의 별개의견] 이 사건 미성년자보호법 조항은 법관의 보
충적인 해석을 통하여 그 규범내용이 확정될 수 있다고 생각하나, 음란성 또는 잔인성
을 조장할 우려나 범죄의 충동을 일으킬 수 있게 한다는 의심의 여지가 있는 한 특히
대학생과 같이 판단능력의 성숙도가 상당한 미성년자의 알 권리에 대한 과도한 규제에
해당하고, 또한 모든 표현물의 제작행위 등을 단지 그 수록 만화의 내용이 미성년자에
게 해로울 수 있다는 이유로 처벌할 수 있게 되므로 미성년자를 보호할 필요성이 아무

리 높다 하더라도 그 목적을 달성하기 위한 수단이 적절하지 못하고, 이로 인한 국민의 언론·출판의 자유 및 학문·예술의 자유에 대한 침해가 중대하며, 이로써 추구하고자 하는 공익과 침해되는 사익간의 균형을 갖추지 못한 과도한 규제에 해당한다.

[3] 이 사건 아동복지법 조항의 "어질고 너그러운 품성"을 뜻하는 '덕성'이라는 개념은 도덕이나 윤리가 품성으로 인격화된 것을 의미한다 할 것인바, 도덕이나 윤리는 국민 개개인마다 역사인식이나 종교관, 가치규범에 따라 자율적인 구속력을 지닌 내면적인 당위(當爲)로서 일의적으로 확정된 의미를 가진다고 보기 어려우므로 그 적용범위의 한계가 명확하다고 할 수 없고, 이에 덧붙인 "심히 해할 우려"라는 요소까지 고려하면 과연 무엇을 기준으로 그 덕성을 심히 해하는 경우와 다소 해하기는 하지만 심히 해하는 정도에까지 이르지 못하는 경우를 나눌 수 있을지 알 수 없으며, 나아가 심히 해하는 정도에까지 이르지 못하는 경우 중에서도 심히 해하지는 않을까 하는 우려가 인정되는 경우와 그러한 우려가 인정되지 않는 경우를 다시 나누는 것도 어렵다. 그러므로, 이 사건 아동복지법 조항 역시 법관의 보충적인 해석을 통하여도 그 규범내용이 확정될 수 없는 모호하고 막연한 개념을 사용함으로써 그 적용범위를 법집행기관의 자의적인 판단에 맡기고 있으므로, 죄형법정주의에서 파생된 명확성의 원칙에 위배된다(헌재 2002.2.28. 99헌가8).

⑥ [가정의례에관한법률 제4조 제1항 제7호 위헌확인]

죄형법정주의의 명확성 원칙은 법률이 처벌하고자 하는 행위가 무엇이며 그에 대한 형벌이 어떠한 것인지를 누구나 예견할 수 있고, 그에 따라 자신의 행위를 결정할 수 있게끔 구성요건을 명확하게 규정할 것을 요구한다. 하객들에 대한 음식접대에 있어서 "가정의례의 참뜻"이란 개념은, 결혼식 혹은 회갑연의 하객들에게 어떻게 음식이 접대되는 것이 그 참뜻에 맞는 것인지는 종래 우리 관습상 혼례식의 성격 등을 볼 때 쉽게 예상되기 어렵고, 그간 가정의례에관한법률이 오랫동안 시행되어 가정의례의 참뜻에 대한 인식은 확립되었다고 볼 수도 없어, 결국 그 대강의 범위를 예측하여 이를 행동의 준칙으로 삼기에 부적절하다. 또한 "합리적인 범위안"이란 개념도 가정의례 자체가 우리나라의 관습 내지 풍속에 속하고, 성격상 서구적 의미의 "합리성"과 친숙할 수 있는 것도 아니며, 또한 양과 질과 가격에 있어 편차가 많고 접대받을 사람의 범위가 다양하므로 주류 및 음식물을 어떻게 어느만큼 접대하는 것이 합리적인 범위인지를 일반국민이 판단하기란 어려울 뿐 아니라 그 대강을 예측하기도 어렵다. 이 사건 규정은 결국 죄형법정주의의 명확성 원칙을 위배하여 청구인 이병규의 일반적 행동자유권을 침해하였다(헌재 1998.10.15. 98헌마168).

〈반하지 않은 경우〉

① 일반적으로 법규는 그 규정의 문언에 표현력의 한계가 있을 뿐만 아니라 그 성질상 어느 정도의 추상성을 가지는 것은 불가피하고, 형법 제243조, 제244조에서 규정하는

"음란"은 평가적, 정서적 판단을 요하는 규범적 구성요건 요소이고, "음란"이란 개념이 일반 보통인의 성욕을 자극하여 성적흥분을 유발하고 정상적인 성적 수치심을 해하여 성적 도의관념에 반하는 것이라고 풀이되고 있음은 이를 불명확하다고 볼 수는 없다 (대판 1995.6.16. 94도2413).

② 청소년보호법 제26조의2 제8호 소정의 "풍기를 문란하게 하는 영업행위를 하거나 그를 목적으로 장소를 제공하는 행위" 건전한 상식과 통상적인 법감정을 통하여 판단할 수 있고, 구체적인 사건에서는 법관의 보충적인 해석을 통하여 그 규범내용이 확정될 수 있는 개념이라 할 것이어서 위 법률조항은 명확성의 원칙에 반하지 아니하여 실질적 죄형법정주의에도 반하지 아니한다(대판 2003.12.26. 2003도5980).

③ 구 식품위생법(1999. 5. 24. 법률 제5892호로 개정되기 전의 것) 제7조 제1항 소정의 식품 또는 식품첨가물은 지극히 다양할 뿐만 아니라 그 제조·가공·사용·조리 및 보존의 방법에 관한 기준과 그 성분에 관한 규격은 기술적, 전문적인 것이어서 입법기술상 이를 보건복지부장관(위 법률 개정 후부터는 식품의약품안전청장)으로 하여금 고시하도록 한 것은 부득이 하다 할 것이고, 또 위 조항에서 규정한 식품 또는 식품첨가물의 제조·가공·사용·조리 및 보존의 방법에 관한 기준과 그 성분에 관한 규격이란 개념은 비교적 구체성을 가져 그 내용에 관한 대강을 예측할 수 있다고 할 것이며, 한편 같은 법에 의한 보건복지부장관의 고시인 구 식품공전(1997. 8. 13. 보건복지부장관 고시 제1997-55호) 제3. 식품일반에 대한 공통기준 및 규격, 3. 원료 등의 구비요건, 1) 식품원료 (7)은 "다음에 해당하는 동·식물성 기타 원재료는 식품의 제조·가공·조리용으로 사용하여서는 아니된다. ① 일반인들의 전래적인 식생활이나 통념상 식용으로 하지 아니하는 것, ③ 식품원료로서 안전성 및 건전성이 입증되지 아니한 것"이라고 규정하고 있는바, 위 '일반인들의 전래적인 식생활이나 통념상 식용으로 하지 아니하는 것', '식품원료로서 안전성 및 건전성이 입증되지 아니한 것'의 개념이 다소 불명확하다고 보여지나, 일반인들이 식용으로 하는 것과 식용으로 하지 아니하는 것은 너무 다양하여 일일이 나열할 수 없고, 또 안전성 및 건전성이 입증되지 아니한 식품원료를 미리 예측하여 규정하는 것이 사실상 불가능한 점에 비추어 보면, 위 규정이 추상적이고 규범적인 개념을 사용한 것은 불가피하다 할 것이고, 또한 위 규정의 개념은 구 식품위생법의 입법목적과 건전한 상식 및 통상적인 법감정을 통하여 판단할 수 있음은 물론 구체적인 사건에서는 법관의 합리적인 해석에 의하여 판단할 수 있다고 할 것이어서 어떤 행위가 이에 해당하는지 의심을 가질 정도로 명확성을 결한 것이라고는 할 수 없다 (대판 2000.10.27. 2000도1007).

④ 수질환경보전법시행규칙 제3조 [별표 2]는 형벌조항인 수질환경보전법 제56조 제1호의 구성요건 중 한 요소인 특정수질유해물질 중의 한 종류로서 법관의 보충적 해석도 거의 필요가 없는 서술적 개념인 "구리(동) 및 그 화합물"을 규정하고 있는바, 위 규정 내용 자체는 사물의 변별능력을 제대로 갖춘 일반인의 이해와 판단으로서 그 의미

를 명확하게 파악할 수 있는 것이어서 어떤 물질이 "구리(동) 및 그 화합물"에 해당하는지에 관하여 수범자인 국민의 예측가능성이 충분히 보장되어 있을 뿐만 아니라 법집행자의 자의적 집행 가능성도 거의 없다고 봄이 상당하므로, 이를 두고 죄형법정주의가 요구하는 명확성의 원칙에 반하는 규정이라고 볼 수 없으며, 위 수질환경보전법시행규칙이 특정수질유해물질 중 하나로서 "구리(동) 및 그 화합물"을 규정하면서 그 기준수치를 정하지 않은 것은 모법의 기본적인 입법 목적, 폐수배출시설설치의 허가제도에 담긴 취지 등에 부합하는 것으로서, 이를 두고 모법의 위임범위에 벗어났다거나 개인의 자유와 권리를 합리적 근거 없이 자의적으로 제한하는 위헌적이고 위법한 규정이라고는 할 수 없다(대판 2005.1.28. 2002도6931).

⑤ 폭력행위 등 처벌에 관한 법률 제4조 제1항(이하 이 사건 법률조항이라고 함)에서 규정하고 있는 범죄단체 구성원으로서의 "활동"의 개념이 다소 추상적이고 포괄적인 측면이 있지만, 폭력행위 등 처벌에 관한 법률이 집단적·상습적인 폭력범죄를 엄히 처벌하기 위하여 제정되었고, 특히 이 사건 법률조항은 범죄단체의 사회적 해악의 중대성에 비추어 범죄의 실행 여부를 불문하고 범죄의 예비·음모의 성격을 갖는 범죄단체의 생성 및 존속 자체를 막으려는 데 그 입법 취지가 있는 점, 범죄단체활동죄는 범죄단체 구성·가입죄가 즉시범으로 공소시효가 완성된 경우에는 이들을 처벌할 수 없다는 불합리한 점을 감안하여 그 처벌의 근거를 마련한 것이라는 점에서 범죄단체의 구성·가입죄와 별도로 범죄단체활동죄를 처벌할 필요성이 있는 점, 어떠한 행위가 위 "활동"에 해당할 수 있는지는 구체적인 사건에 있어서 위 규정의 입법 취지 및 처벌의 정도 등을 고려한 법관의 합리적인 해석과 조리에 의하여 보충될 수 있는 점 등을 종합적으로 판단하면, 이 사건 법률조항 중 "활동" 부분이 죄형법정주의의 명확성의 원칙에 위배된다고 할 수 없다(대판 2008.5.29. 2008도1857).

⑥ 일반적으로 법규는 그 규정의 문언에 표현력의 한계가 있을 뿐만 아니라 그 성질상 어느 정도의 추상성을 가지는 것은 불가피하고, 구 정보통신망 이용촉진 및 정보보호 등에 관한 법률(2007. 1. 26. 법률 제8289호로 개정되기 전의 것) 제65조 제1항 제3호에서 규정하는 "불안감"은 평가적·정서적 판단을 요하는 규범적 구성요건요소이고, "불안감"이란 개념이 사전적으로 "마음이 편하지 아니하고 조마조마한 느낌"이라고 풀이되고 있어 이를 불명확하다고 볼 수는 없으므로, 위 규정 자체가 죄형법정주의 및 여기에서 파생된 명확성의 원칙에 반한다고 볼 수 없다(대판 2008.12.24. 2008도9581).

⑦ 공직선거법 제47조의2 제1항, 제230조 제6항의 문언내용과 체계, 공직선거법의 입법 취지 등을 종합하여 보면, 공직선거법 제47조의2 제1항에 규정된 '누구든지'란 일정한 신분이나 지위 등에 의하여 제한되는 것이 아닌 공직선거에 후보를 추천하는 정당을 포함한 모든 사람이나 단체를 의미하는 것이 명백하고, '후보자로 추천하는 일과 관련하여'란 금품 또는 재산상 이익의 제공이 후보자 추천의 대가 또는 사례에 해당하거나, 그렇지 않다 하더라도 후보자 추천에 있어서 정치자금의 제공이 어떠한 형태로

든 영향을 미칠 수 있는 경우를 의미한다. 따라서 공직선거법 제230조 제6항, 제47조의2 제1항의 의미·내용이 분명하여 처벌규정으로서의 명확성을 지니는 것이어서 헌법 제12조의 죄형법정주의의 명확성의 원칙에 위배된다고 할 수 없다(대판 2009.5.14. 2008도11040).

⑧ 건설공사의 수주 및 시공과 관련하여 발주자, 수급인, 하수급인 또는 이해관계인이 부정한 청탁에 의한 금품을 수수하는 것을 금지하고 형사처벌하는 건설산업기본법 제38조의2와 제95조의2의 입법 목적, 같은 법 제38조의2의 문언, 규정체계 등을 종합하여 볼 때, 같은 법 제38조의2의 '이해관계인'이란 건설공사를 도급 또는 하도급을 받을 목적으로 도급계약을 체결하기 위하여 경쟁하는 자로서 도급계약의 체결 여부에 직접적이고 법률적인 이해관계를 가진 자를 의미하고, 이러한 의미를 가진 '이해관계인' 규정이 죄형법정주의의 명확성의 원칙에 위배된다고 할 수 없다(대판 2009.9.24. 2007도6185).

⑨ 피의자 또는 변호인은 압수·수색영장의 집행에 참여할 수 있고(형사소송법 제219조, 제121조), 압수·수색영장을 집행함에는 원칙적으로 미리 집행의 일시와 장소를 피의자 등에게 통지하여야 하나(형사소송법 제122조 본문), '급속을 요하는 때'에는 위와 같은 통지를 생략할 수 있다(형사소송법 제122조 단서). 여기서 '급속을 요하는 때'라고 함은 압수·수색영장 집행 사실을 미리 알려주면 증거물을 은닉할 염려 등이 있어 압수·수색의 실효를 거두기 어려울 경우라고 해석함이 옳고, 그와 같이 합리적인 해석이 가능하므로 형사소송법 제122조 단서가 명확성의 원칙 등에 반하여 위헌이라고 볼 수 없다(대판 2012.10.11. 2012도7455).

⑩ 도시 및 주거환경정비법(이하 '도시정비법'이라고만 한다) 제81조 제1항은, 추진위원회 위원장 또는 사업시행자는 정비사업시행에 관하여 다음 각 호의 서류 및 관련 자료를 조합원·토지등소유자 또는 세입자가 알 수 있도록 인터넷과 그 밖의 방법을 병행하여 공개하여야 하며, 조합원 또는 토지등소유자의 열람·등사 요청이 있는 경우 즉시 이에 응하여야 한다고 규정하고, 제3호에서 추진위원회·주민총회·조합총회 및 조합의 이사회·대의원회 의사록을 규정하고 있으며, 제86조 제6호에서는 제81조 제1항을 위반하여 정비사업시행과 관련한 서류 및 자료를 인터넷과 그 밖의 방법을 병행하여 공개하지 아니하거나 조합원 또는 토지등소유자의 열람·등사 요청에 응하지 아니하는 추진위원회 위원장 또는 조합임원에 대해서는 1년 이하의 징역 또는 1천만원 이하의 벌금에 처하도록 규정하고 있다. 도시정비법 제81조 제1항 및 제86조 제6호의 입법 취지 및 관련 법조항 전체를 유기적·체계적으로 종합하면, 열람·등사의 적용범위가 구체화될 수 있으며, 조합원의 열람·등사 요청을 받은 추진위원회 위원장은 그 요청에 응할 수 없는 특별한 사유가 없는 한, 현장에서 곧바로 조합원이 요청한 서류 및 관련 자료를 열람하게 하거나 등사하여 주어야 한다는 것임을 충분히 알 수 있다(헌재 2011.4.28. 2009헌바90 전원재판부 참조). 따라서 도시정비법 제81조 제1항에서 열람·등사 요청에 응하여야 하는 자료의 범위와 즉시라는 것이 어느 정도의 시간적인 간격을 의미

하는지 불명확하므로 죄형법정주의의 명확성 원칙에 반한다는 상고이유의 주장은 받아들일 수 없다(대판 2012.2.23. 2010도8981).

Ⅲ. 소급효금지의 원칙(범죄와 형벌에만 적용)

1. 의미

행위가 끝난 이후 이 행위가 죄가 되는 법을 제정하거나 개정하여 법적 효력이 과거로 거슬러 올라가 발생하게 하는 효력으로서 이를 금지하는 원칙이다.[7] 국민의 예측가능성과 신뢰보호를 목적으로 한다.[8]

2. 예외(소급할 수 있다 = 소급효금지원칙이 적용 안된다)[9]

(1) 행위자에게 '유리한 경우'는 모두

□ 인지의 소급효가 친족상도례 규정에 미치는지의 여부

소정의 친족간의 범행에 관한 규정이 적용되기 위한 친족관계는 원칙적으로 범행 당시에 존재하여야 하는 것이지만, 부가 혼인 외의 출생자를 인지하는 경우에 있어서는 민법 제860조에 의하여 그 자의 출생시에 소급하여 인지의 효력이 생기는 것이며, 이와 같은 인지의 소급효는 친족상도례에 관한 규정의 적용에도 미친다고 보아야 할 것이므로, 인지가 범행 후에 이루어진 경우라고 하더라도 그 소급효에 따라 형성되는 친족관계를 기초로 하여 친족상도례의 규정이 적용된다(대판 1997.1.24. 96도1731).

---

7) 헌법 제13조(형벌 불소급의 원칙) : 사람의 처벌을 규정하는 형법에서는 사후입법(事後立法)의 소급효를 금지한다.
8) 참고로 법이 만들어져 없어질 때까지의 효력을 장래효(미래효)라고 하며, 이것이 원칙이다. 추급효는 뒤에서 설명하기로 한다.
9) 진정소급효는 당시에는 범죄가 아닌 행위로서 <u>행위가 종료된 이후</u> 이 행위에 대하여 죄가 되는 법이 만들어진 것이므로 소급할 수 없으나, 부진정소급효의 경우 범죄가 되지 않는 <u>행위가 행해지는 도중에</u> 이 행위가 죄가 되는 법이 만들어진 것으로 이를 중단하여야 함에도 계속하여 범죄행위가 이루어진 것이기 때문에 소급할 수 있다. 여기서는 '진정소급효'를 의미한다.

□ 관련 판례

헌법 제13조 제1항 전단과 형법 제1조 제1항은 형벌법규의 소급효금지 원칙을 밝히고 있고, 2007. 1. 19. 제8247호로 법률이 개정되면서 시행된 게임산업진흥에 관한 법률 제44조 제1항 제2호, 제32조 제1항 제7호와 2007. 5. 16. 제20058호로 대통령령이 개정되면서 신설된 법 시행령 제18조의3과 그 부칙 제1조에 의하면, 법 시행령 제18조의3의 시행일 이후 위 시행령 조항 각 호에 규정된 게임머니의 환전, 환전 알선, 재매입 영업행위가 처벌되는 것이므로, 그 시행일 이전에 위 시행령 조항 각 호에 규정된 게임머니를 환전, 환전 알선, 재매입한 영업행위를 처벌하는 것은 형벌법규의 소급효금지 원칙에 위배된다(대판 2009.4.23. 2008도11017).

(2) (불리한) 보안처분

형벌이 아닌 보안처분에 대해서도 소급효금지의 원칙이 적용될 것인지 문제가 된다. 이에 대해 판례는 보호관찰(동태감시)과 전자감시(발찌)에 대해서는 소급할 수 있으나, 사회봉사명령에 대해서는 법적 성질은 보안처분이나 형벌 대신 부과하는 것이므로 소급할 수 없다고 하였다(형벌불소급의 원칙 적용).

□ 소급효 관련 판례

〈인정한 경우〉

① 개정 형법 제62조의2 제1항에 의하면 형의 집행을 유예를 하는 경우에는 보호관찰을 받을 것을 명할 수 있고, 보호관찰은 형벌이 아니라 보안처분의 성격을 갖는 것으로서, 과거의 불법에 대한 책임에 기초하고 있는 제재가 아니라 장래의 위험성으로부터 행위자를 보호하고 사회를 방위하기 위한 합목적적인 조치이므로, 재판시의 규정에 의하여 보호관찰을 받을 것을 명할 수 있다고 보아야 할 것이고, 이와 같은 해석이 형벌불소급의 원칙 내지 죄형법정주의에 위배되는 것이라고 볼 수 없다(대판 1997.6.13. 97도703).

② 「특정 범죄자에 대한 위치추적 전자장치 부착 등에 관한 법률」에 의한 전자감시제도는, 성폭력범죄자의 재범방지와 성행교정을 통한 재사회화를 위하여 그의 행적을 추적하여 위치를 확인할 수 있는 전자장치를 신체에 부착하게 하는 부가적인 조치를 취함으로써 성폭력범죄로부터 국민을 보호함을 목적으로 하는 일종의 보안처분이다. 이러한 전자감시제도의 목적과 성격, 그 운영에 관한 위 법률의 규정 내용 및 취지 등을 종합해 보면, 전자감시제도는 범죄행위를 한 자에 대한 응보를 주된 목적으로 그 책임을 추궁하는 사후적 처분인 형벌과 구별되어 그 본질을 달리하는 것으로서 형벌에 관한 소급입법금지의 원칙이 그대로 적용되지 않으므로, 위 법률이 개정되어 부착명령

기간을 연장하도록 규정하고 있더라도 그것이 소급입법금지의 원칙에 반한다고 볼 수 없다(대판 2010.12.23. 2010도11996).

③ 아동·청소년의 성보호에 관한 법률에 정한 공개명령 제도는, 아동·청소년 대상 성범죄자의 성명, 나이, 주소 및 실제거주지(읍·면·동까지로 한다), 신체정보(키와 몸무게), 사진 및 아동·청소년 대상 성범죄 요지(이하 '공개정보'라 한다)를 일정기간 정보통신망을 이용하여 공개하도록 하는 조치를 취하여 성인인증 및 본인 확인을 거친 사람은 누구든지 인터넷을 통해 공개명령 대상자의 공개정보를 열람할 수 있도록 함으로써 아동·청소년 대상 성범죄를 효과적으로 예방하고 성범죄로부터 아동·청소년을 보호함을 목적으로 하는 일종의 보안처분이다. 이러한 공개명령 제도의 목적과 성격, 그 운영에 관한 위 법률의 규정 내용 및 취지 등을 종합해 보면, 공개명령 제도는 범죄행위를 한 자에 대한 응보 등을 목적으로 그 책임을 추궁하는 사후적 처분인 형벌과 구별되어 그 본질을 달리하는 것으로서 형벌에 관한 소급입법금지의 원칙이 그대로 적용되지 않으므로, 공개명령 제도가 시행된 2010. 1. 1. 이전에 범한 범죄에도 공개명령 제도를 적용하도록 아동·청소년의 성보호에 관한 법률이 2010. 7. 23. 법률 제10391호로 개정되었다고 하더라도 그것이 소급입법금지의 원칙에 반한다고 볼 수 없다(대판 2011.3.24. 2010도14393).

〈부정한 경우〉

「가정폭력범죄의 처벌 등에 관한 특례법」이 정한 보호처분 중의 하나인 사회봉사명령은 가정폭력범죄를 범한 자에 대하여 환경의 조정과 성행의 교정을 목적으로 하는 것으로서 형벌 그 자체가 아니라 보안처분의 성격을 가지는 것이 사실이다. 그러나 한편으로 이는 가정폭력범죄행위에 대하여 형사처벌 대신 부과되는 것으로서, 가정폭력범죄를 범한 자에게 의무적 노동을 부과하고 여가시간을 박탈하여 실질적으로는 신체적 자유를 제한하게 되므로, 이에 대하여는 원칙적으로 형벌불소급의 원칙에 따라 행위시법을 적용함이 상당하다(대결 2008.7.24. 2008어4).

(3) (불리한) 절차법의 변경

소급효금지의 원칙은 범죄의 성립과 처벌에 관한 실질적 의미의 형법에 대하여만 적용되고, 절차법인 형사소송법에 대하여는 적용되지 않는다(통설·판례).

□ 관련 판례

소급입법은 새로운 입법으로 이미 종료된 사실관계 또는 법률관계에 작용케 하는 진정소급입법과 현재 진행중인 사실관계 또는 법률관계에 작용케 하는 부진정소급입법으로 나눌 수 있는바, 부진정소급입법은 원칙적으로 허용되지만 소급효를 요구하는 공익상

의 사유와 신뢰보호의 요청 사이의 교량과정에서 신뢰보호의 관점이 입법자의 형성권
에 제한을 가하게 되는데 반하여, 기존의 법에 의하여 형성되어 이미 굳어진 개인의 법
적 지위를 사후입법을 통하여 박탈하는 것 등을 내용으로 하는 진정소급입법은 개인의
신뢰보호와 법적 안정성을 내용으로 하는 법치국가원리에 의하여 특단의 사정이 없는
한 헌법적으로 허용되지 아니하는 것이 원칙이고, 다만 일반적으로 국민이 소급입법을
예상할 수 있었거나 법적 상태가 불확실하고 혼란스러워 보호할 만한 신뢰이익이 적은
경우와 소급입법에 의한 당사자의 손실이 없거나 아주 경미한 경우 그리고 신뢰보호의
요청에 우선하는 심히 중대한 공익상의 사유가 소급입법을 정당화하는 경우 등에는 예
외적으로 진정소급입법이 허용된다(헌재 1999.7.22. 97헌바76).

(4) (불리한) 판례변경

□ 처벌대상이 아니었던 행위를 판례의 변경에 따라 처벌하는 경우

형사처벌의 근거가 되는 것은 법률이지 판례가 아니고, 형법 조항에 관한 판례의 변경
은 그 법률조항의 내용을 확인하는 것에 지나지 아니하여 이로써 그 법률조항 자체가
변경된 것이라고 볼 수는 없으므로, 행위 당시의 판례에 의하면 처벌대상이 되지 아니
하는 것으로 해석되었던 행위를 판례의 변경에 따라 확인된 내용의 형법 조항에 근거
하여 처벌한다고 하여 그것이 헌법상 평등의 원칙과 형벌불소급의 원칙에 반한다고 할
수는 없다(대판 1999.9.17. 97도3349).

(5) (불리한) '양형기준'의 변경

　　대법원 양형위원회가 설정한 '양형기준'이 발효하기 전에 공소가 제기된 범
죄에 대하여 위 '양형기준'을 참고하여 형을 양정한 사안에서, 소급적용금지의 원
칙을 위반한 것이 아니다.

□ 관련 판례

법원조직법 제81조의2 이하의 규정에 의하여 마련된 대법원 양형위원회의 양형기준
은 법관이 합리적인 양형을 정하는 데 참고할 수 있는 구체적이고 객관적인 기준으로
서 마련된 것이다(같은 법 제81조의6 제1항 참조). 위 양형기준은 법적 구속력을 가지
지 아니하고(같은 법 제81조의7 제1항 단서), 단지 위와 같은 취지로 마련되어 그 내
용의 타당성에 의하여 일반적인 설득력을 가지는 것으로 예정되어 있으므로 법관의
양형에 있어서 그 존중이 요구되는 것일 뿐이다. 그렇다면 법관이 형을 양정함에 있
어서 참고할 수 있는 자료에 달리 제한이 있는 것도 아닌 터에 원심이 위 양형기준이

발효하기 전에 법원에 공소가 제기된 이 사건 범죄에 관하여 형을 양정함에 있어서 위 양형기준을 참고자료로 삼았다고 하여, 거기에 상고이유로 주장하는 바와 같이 피고인에게 불리한 법률을 소급하여 적용한 위법이 있다고 할 수 없다(대판 2009.12.10. 2009도11448).

(6) 신법 적용을 배제하는 경과규정(입법자의 의도에 따라)[10]

형벌을 완화하는 개정을 하면서 이전의 행위에 대해서는 구법을 그대로 적용한다는 경과규정은 허용된다(통설·판례).

□ 신법에 경과규정을 두어 신법의 적용을 배제하는 것이 허용되는지 여부

형법 제1조 제2항 및 제8조에 의하면 범죄 후 법률의 변경에 의하여 형이 구법보다 경한 때에는 신법에 의한다고 규정하고 있으나 신법에 경과규정을 두어 이러한 신법의 적용을 배제하는 것도 허용된다(대판 1999.12.24. 99도3003).

Ⅳ. 유추해석금지의 원칙(잘못한 해석 금지)

모든 영역에 걸쳐 피고인에게 불리한 유추해석은 금지된다. 그러나, 피고인에게 유리한 유추해석은 허용되고(통설), 소송법규정에 대해서도 원칙적으로 유추해석이 적용된다.

확장해석과의 관계에서 다수설은 확장해석은 허용되고 유추적용은 금지된다는 입장이나 판례는 확장해석과 유추적용을 동일하게 보아 양자 모두 금지된다는 입장이다.[11]

---

10) 단, 범죄와 형벌에 관해서는 입법자의 의도와 상관없이 절대 소급해서는 안된다.

11) [다수의견] 형법 제170조 제2항에서 말하는 '자기의 소유에 속하는 제166조 또는 제167조에 기재한 물건'이라 함은 '자기의 소유에 속하는 제166조에 기재한 물건 또는 자기의 소유에 속하든, 타인의 소유에 속하든 불문하고 제167조에 기재한 물건'을 의미하는 것이라고 해석하여야 하며, 제170조 제1항과 제2항의 관계로 보아서도 제166조에 기재한 물건(일반건조물 등) 중 타인의 소유에 속하는 것에 관하여는 제1항에서 규정하고 있기 때문에 제2항에서는 그중 자기의 소유에 속하는 것에 관하여 규정하고, 제167조에 기재한 물건에 관하여는 소유의 귀속을 불문하고 그 대상으로 삼아 규정하고 있는 것이라고 봄이 관련조문을 전체적, 종합적으로 해석하는 방법일 것이고, 이렇게 해석한다고 하더라도 그것이 법규정의 가능한 의미를 벗어나 법형성이나 법창조행위에 이른 것이라고는 할 수 없어 죄형법정주의의 원칙상 금지되는 유추해석이나 확장해석에 해당한다고 볼 수는 없을 것이다.
[반대의견] 형법 제170조 제2항은 명백히 '자기의 소유에 속하는 제166조 또는 제167조에

□ 유추해석금지 원칙 관련 판례

〈반하는 경우〉

① [다수의견] 형벌법규의 해석에 있어서 법규정 문언의 가능한 의미를 벗어나는 경우에는 유추해석으로서 죄형법정주의에 위반하게 된다. 그리고 유추해석금지의 원칙은 모든 형벌법규의 구성요건과 가벌성에 관한 규정에 준용되는데, 위법성 및 책임의 조각사유나 소추조건, 또는 처벌조각사유인 형면제 사유에 관하여 그 범위를 제한적으로 유추적용하게 되면 행위자의 가벌성의 범위는 확대되어 행위자에게 불리하게 되는바, 이는 가능한 문언의 의미를 넘어 범죄구성요건을 유추적용하는 것과 같은 결과가 초래되므로 죄형법정주의의 파생원칙인 유추해석금지의 원칙에 위반하여 허용될 수 없다. 한편 형법 제52조나 국가보안법 제16조 제1호에서도 공직선거법 제262조에서와 같이 모두 '범행발각 전'이라는 제한 문언 없이 "자수"라는 단어를 사용하고 있는데 형법 제52조나 국가보안법 제16조 제1호의 "자수"에는 범행이 발각되고 지명수배된 후의 자진 출두도 포함되는 것으로 판례가 해석하고 있으므로 이것이 "자수"라는 단어의 관용적 용례라고 할 것인바, 공직선거법 제262조의 "자수"를 '범행발각 전에 자수한 경우'로 한정하는 풀이는 "자수"라는 단어가 통상 관용적으로 사용되는 용례에서 갖는 개념 외에 '범행발각 전'이라는 또 다른 개념을 추가하는 것으로서 결국은 '언어의 가능한 의미'를 넘어 공직선거법 제262조의 "자수"의 범위를 그 문언보다 제한함으로써 공직선거법 제230조 제1항 등의 처벌범위를 실정법 이상으로 확대한 것이 되고, 따라서 이는 단순한 목적론적 축소해석에 그치는 것이 아니라, 형면제 사유에 대한 제한적 유추를 통하여 처벌범위를 실정법 이상으로 확대한 것으로서 죄형법정주의의 파생원칙인 유추해석금지의 원칙에 위반된다.

[반대의견] 공직선거및선거부정방지법 제262조의 자수를 선거법위반행위의 발견 전에 행하여진 것에 한정된다고 해석하지 아니하고 그 시기에 있어서 제한 없이 체포 전에만 하면 이에 해당하여 형이 필요적으로 면제된다고 해석하게 되면, 첫째, 범행발견에 아무런 기여를 한 바가 없음에도 불구하고 같은 법 제262조의 특혜를 주는 것이 되어 같은 법 제262조가 자수에 대하여 형의 필요적 면제를 규정한 입법 취지에 반하고, 둘째, 범죄와 형벌의 균형에 관한 국민 일반의 법감정에 맞지 않아 정의와 형평에도 현저히 반하며, 셋째, 형법 제52조에 의하여 형이 임의적으로 감경되는 다른 범죄의 자수자, 특히 공직선거및선거부정방지법 제230조 제1항 등 3개 죄의 금품 등의 제공범행

기재한 물건'이라고 되어 있을 뿐 '자기의 소유에 속하는 제166조에 기재한 물건 또는 제167조에 기재한 물건'이라고는 되어 있지 아니하므로, 우리말의 보통의 표현방법으로는 '자기의 소유에 속하는'이라는 말은 '제166조 또는 제167조에 기재한 물건'을 한꺼번에 수식하는 것으로 볼 수밖에 없고, 같은 규정이 '자기의 소유에 속하는 제166조에 기재한 물건 또는, 아무런 제한이 따르지 않는 단순한, 제167조에 기재한 물건'을 뜻하는 것으로 볼 수는 없다(대결 1994.12.20. 94모32 전원합의체).

을 한 후 자수한 자와는 달리 위 3개 범죄의 범행을 하고 범행발각 후에 자수한 자만
아무런 합리적 이유도 없이 필요적 형면제라는 차별적 특혜를 받게 되어 헌법 제11조
제1항의 평등위반이라는 위헌의 소지도 있게 된다. 그러므로 공직선거및선거부정방
지법 제262조의 자수를 그 입법 취지와 목적에 비추어 위 규정과 형의 필요적 면제의
대상이 되지 아니하는 같은 법상의 다른 처벌규정 등을 전체적, 종합적으로 헌법에
합치되게 해석하려면 '범행발각 전에 수사기간에 자진출두하여 자백한 경우'만을 의
미하는 것으로 해석하여야 되는 것이다. 그리고 유추해석이란 법률에 규정이 없는 사
항에 대하여 그것과 유사한 성질을 가지는 사항에 관한 법률을 적용하는 것을 뜻하는
것인바, 공직선거및선거부정방지법 제262조의 자수를 위와 같이 '범행발각 전의 자수'
로 축소해석하는 것은 같은 법 제262조의 자수가 형법 제90조 제1항 단서나 제101조
제1항 단서의 자수와 유사하다고 하여 공직선거및선거부정방지법상의 자수에 위 형법
각 조항을 적용 또는 준용하려는 것이 아니라, 공직선거및선거부정방지법 제262조의
"자수"라는 문언에 포함될 수 있는 여러 경우(즉 '범행발각 전의 자진출두', '범행발각
후의 자진출두' 등) 중에서 같은 법 제262조가 그 조항의 입법 취지와 목적, 다른 처벌
규정과의 체계적 관련성에 의하여 내재적으로 한계지워져 있는 것을 풀이함으로써
'범행발각 전의 자진출두'로 제한한 것에 불과하여 이는 다수의견이 주장하는 것처럼
제한적 유추해석이 아니라 목적론적 축소해석에 불과하므로 죄형법정주의의 파생원칙
인 유추해석금지의 원칙에 위반되지 아니하는 것이다(대판 1997.3.20. 96도1167 전원
합의체).[12]
② 원심판결이유에 의하면 원심은 축산물가공처리법 제2조의 규정에 보면 "수축"이라
함은 소, 말, 양, 돼지, 닭, 오리 기타 대통령령으로 정하는 동물로 되어 있고, 위 법시
행령 제2조에는 거위, 칠면조, 사양하는 메추리, 꿩 기타 농수산부령으로 정하는 동물
로 되어 있고 위 시행령의 위임에 의한 동법 시행규칙 제2조에는 개 및 사양하는 사슴
과 비둘기로 되어 있어 위 어느 규정에도 염소는 포함되어 있지 아니하므로 염소는 축
산물가공처리법에서 말하는 "수축"에 해당된다고 볼 수 없고, 따라서 염소를 도살하거
나 해체하는 것은 축산물가공처리법 제21조 제1호 위반범죄의 구성요건에 해당하지 아
니한다하여 피고인에 대한 본건 염소를 도살한 행위는 범죄가 성립되지 아니한다고 보
아서 무죄를 선고하였는바, 살피건대 "양"과 "염소"는 다같이 우과에 속하는 반추하는
가축이기는 하나 같은 동물이라고는 할 수 없다 할 것인즉, 죄형법정주의의 정신에 미
루어서 보면 형벌법규인 축산물가공처리법소정의 "수축" 중의 하나인 "양"의 개념 속
에 "염소"가 당연히 포함되는 것으로 유추해석할 수는 없다고 봄이 상당하다 할 것이
므로 이와 같은 취지의 위 원심판단조치는 긍인되는 바라 할 것이니 이와 반대의 견해
에 입각한 논지는 모두 이유없다 할 것이다(대판 1977.9.28. 77도405).
③ 죄형법정주의로부터 파생된 유추해석금지 원칙과 국가보안법 제1조 제2항, 제7조

---

12) 자수는 체포되기 전까지 가능하다[범행발각된 후에 한 자수는 자수가 안된다(×)].

제1항, 제5항에 비추어 볼 때, '블로그', '미니 홈페이지', '카페' 등의 이름으로 개설된 사적(사적) 인터넷 게시공간의 운영자가 사적 인터넷 게시공간에 게시된 타인의 글을 삭제할 권한이 있는데도 이를 삭제하지 아니하고 그대로 두었다는 사정만으로 사적 인터넷 게시공간의 운영자가 타인의 글을 국가보안법 제7조 제5항에서 규정하는 바와 같이 '소지'하였다고 볼 수는 없다(대판 2012.1.27. 2010도8336).

④ 여러 가지 한약재를 혼합하지 아니하고 별개로 구분하여 포장한 후, 모아 종이상자에 넣어 다시 포장·판매한 것만으로는 약사법 소정의 의약품의 제조행위라고 볼 수 없다(대판 2003.7.22. 2003도2432).

⑤ 도로교통법 제43조는 무면허운전 등을 금지하면서 "누구든지 제80조의 규정에 의하여 지방경찰청장으로부터 운전면허를 받지 아니하거나 운전면허의 효력이 정지된 경우에는 자동차 등을 운전하여서는 아니된다"고 정하여, 운전자의 금지사항으로 운전면허를 받지 아니한 경우와 운전면허의 효력이 정지된 경우를 구별하여 대등하게 나열하고 있다. 그렇다면 '운전면허를 받지 아니하고'라는 법률문언의 통상적인 의미에 '운전면허를 받았으나 그 후 운전면허의 효력이 정지된 경우'가 당연히 포함된다고는 해석할 수 없다(대판 2011.8.25. 2011도7725).

⑥ '약국 개설자가 아니면 의약품을 판매하거나 판매 목적으로 취득할 수 없다'고 규정한 구 약사법 제44조 제1항의 '판매'에 무상으로 의약품을 양도하는 '수여'를 포함시키는 해석하는 것은 유추해석금지의 원칙에 반한다(대판 2003.3.28. 2001도2479).

⑦ 향토예비군설치법 제3조 제1항 제1호, 제2호, 제6조, 제6조의2 제1항의 규정 등을 종합하면, 같은 법 소정의 훈련소집 대상 예비군대원 본인이 소집통지서의 수령의무자가 된다는 점은 일반인의 이해와 판단으로서도 충분히 알 수 있다고 할 것이나, 이 '소집통지서를 수령할 의무가 있는 자'의 의미나 범위에 관하여 향토예비군 대원 본인 외에 '그와 동일 세대 내의 세대주나 가족 중 성년자 또는 그의 고용주'도 포함된다고 하기 위하여는 같은 법 제6조의2 제3항의 소집통지서 전달의무가 수령의무를 전제로 하는 것이고, 같은 조 제2항이 본인이 부재중인 때에는 '그와 동일 세대 내의 세대주나 가족 중 성년자 또는 그의 고용주'에게 소집통지서를 전달하도록 규정함으로써 전달의무자에게 수령의무를 부과한 것으로 확장 내지 유추해석할 수밖에 없지만, 이러한 해석방법은 같은 법 제15조 제9항, 제6조의2 제2항, 제3항의 법률문언이 갖는 통상적인 의미를 벗어난 것이거나 형벌법규 명확성의 원칙에 위배되는 것이라고 아니할 수 없으므로, 같은 법 제6조의2 제2항에 규정된 '그와 동일 세대 내의 세대주나 가족 중 성년자 또는 그의 고용주'는 같은 법 제15조 제9항 후문의 '소집통지서를 수령할 의무 있는 자'에 포함되지 아니한다(대판 2005.4.15. 2004도7977).

⑧ 군형법 제74조 소정의 군용물분실죄라 함은 같은 조 소정의 군용에 공하는 물건을 보관할 책임이 있는 자가 선량한 보관자로서의 주의의무를 게을리 하여 그의 '의사에 의하지 아니하고 물건의 소지를 상실'하는 소위 과실범을 말한다 할 것이므로, 군용물

분실죄에서의 분실은 행위자의 의사에 의하지 아니하고 물건의 소지를 상실한 것을 의미한다고 할 것이며, 이 점에서 하자가 있기는 하지만 행위자의 의사에 기해 재산적 처분행위를 하여 재물의 점유를 상실함으로써 편취당한 것과는 구별된다고 할 것이고, 분실의 개념을 군용물의 소지 상실시 행위자의 의사가 개입되었는지의 여부에 관계없이 군용물의 보관책임이 있는 자가 결과적으로 군용물의 소지를 상실하는 모든 경우로 확장해석하거나 유추해석할 수는 없다(대판 1999.7.9. 98도1719).

⑨ 형법 제225조의 공문서변조나 위조죄의 객체인 공문서는 공무원 또는 공무소가 그 직무에 관하여 작성하는 문서이고, 그 행위주체가 공무원과 공무소가 아닌 경우에는 형법 또는 기타 특별법에 의하여 공무원 등으로 의제되는 경우(예컨대 정부투자기관관리기본법 제18조, 지방공기업법 제83조, 한국은행법 제112조의2, 특정범죄가중처벌등에관한법률 제4조)를 제외하고는 계약 등에 의하여 공무와 관련되는 업무를 일부 대행하는 경우가 있다 하더라도 공무원 또는 공무소가 될 수는 없고, 특히 형벌법규의 구성요건을 법률의 규정도 없이 유추 확대해석하는 것은 죄형법정주의원칙에 반한다(대판 1996.3.26. 95도3073).

⑩ 형법 제229조, 제228조 제1항의 규정과 형벌법규는 문언에 따라 엄격하게 해석하여야 하고 피고인에게 불리한 방향으로 지나치게 확장해석하거나 유추해석하여서는 아니되는 원칙에 비추어 볼 때, 위 각 조항에서 규정한 '공정증서원본'에는 공정증서의 정본이 포함된다고 볼 수 없으므로 불실의 사실이 기재된 공정증서의 정본을 그 정을 모르는 법원 직원에게 교부한 행위는 형법 제229조의 불실기재공정증서원본행사죄에 해당하지 아니한다(대판 2002.3.26. 2001도6503).

⑪ 농업협동조합은 조합원들이 자신들의 이익을 옹호하기 위하여 자주적으로 결성한 임의단체로서 그 내부 운영에 있어서 조합 정관 및 다수결에 의한 자치가 보장되므로, 조합정관의 규정에 따라 조합이 자체적으로 마련한 임원선거규약은 일종의 자치적 법규범으로서 농업협동조합법 및 조합 정관과 더불어 법적 효력을 가진다고 할 것이고, 따라서 위 법률에서 선거인의 정의에 관한 규정을 두고 있지 않더라도 임원선거규약에서 그에 대한 규정들을 두고 있는 경우 같은 법 제50조 제1항 제1호, 제172조 제1항을 해석함에 있어서는 임원선거규약의 내용도 기초로 삼아야 할 것이므로, 농업협동조합의 경우 같은 법 제50조 제1항 제1호의 '선거인'인지의 여부가 임원선거규약의 규정에 따라 선거일 공고일에 이르러 비로소 확정된다면 같은 법 제172조 제1항, 제50조 제1항 제1호 위반죄는 선거일 공고일 이후의 금품 제공 등의 경우에만 성립하고, 그 전의 행위는 유추해석을 금지하는 죄형법정주의의 원칙상 선거인에 대한 금품제공이라고 볼 수가 없어 위 죄가 성립될 수 없다(대판 2003.7.22. 2003도2297).

⑫ 형법 제207조 제3항은 "행사할 목적으로 외국에서 통용하는 외국의 화폐, 지폐 또는 은행권을 위조 또는 변조한 자는 10년 이하의 징역에 처한다."고 규정하고 있는바, 여기에서 외국에서 통용한다고 함은 그 외국에서 강제통용력을 가지는 것을 의미하는 것

이므로 외국에서 통용하지 아니하는 즉, 강제통용력을 가지지 아니하는 지폐는 그것이 비록 일반인의 관점에서 통용할 것이라고 오인할 가능성이 있다고 하더라도 위 형법 제207조 제3항에서 정한 외국에서 통용하는 외국의 지폐에 해당한다고 할 수 없고, 만일 그와 달리 위 형법 제207조 제3항의 외국에서 통용하는 지폐에 일반인의 관점에서 통용할 것이라고 오인할 가능성이 있는 지폐까지 포함시키면 이는 위 처벌조항을 문언상의 가능한 의미의 범위를 넘어서까지 유추해석 내지 확장해석하여 적용하는 것이 되어 죄형법정주의의 원칙에 어긋나는 것으로 허용되지 않는다(대판 2004.5.14. 2003도3487).

⑬ 주민등록법 제21조 제2항 제3호는 같은 법 제7조 제4항의 규정에 의한 주민등록번호 부여 방법으로 허위의 주민등록번호를 생성하여 자기 또는 다른 사람의 재물이나 재산상의 이익을 위하여 이를 사용한 자를 처벌한다고 규정하고 있으므로, 피고인이 허위의 주민등록번호를 생성하여 사용한 것이 아니라 타인에 의하여 이미 생성된 주민등록번호를 단순히 사용한 것에 불과하다면, 피고인의 이러한 행위는 피고인에게 불리한 유추해석을 금지하는 법리에 비추어 위 법조 소정의 구성요건을 충족시켰다고 할 수 없다(대판 2004.2.27. 2003도6535).

⑭ 군형법 제64조 제1항의 상관면전모욕죄의 구성요건은 '상관을 그 면전에서 모욕하는' 것인데, 여기에서 '면전에서'라 함은 얼굴을 마주 대한 상태를 의미하는 것임이 분명하므로, 전화를 통하여 통화하는 것을 면전에서의 대화라고는 할 수 없다(대판 2002.12.27. 2002도2539).

⑮ 구 전통사찰보존법(1997. 4. 10. 법률 제5320호로 개정되기 전의 것) 제15조 제1호, 제6조 제1항 제2호에 의하면 전통사찰의 주지가 문화체육부장관의 허가를 받지 아니하고 대통령령이 정하는 부동산을 양도한 때에는 처벌하도록 되어 있고, 구 전통사찰보존법시행령(1997. 10. 2. 대통령령 제15493호로 개정되기 전의 것) 제7조 제2항은, 법 제6조 제1항 제2호에서 "대통령령이 정하는 부동산"이라 함은 당해 전통사찰의 경내지 안에 있는 당해 사찰 소유의 부동산을 말한다고 규정하고 있었는데, 개정된 전통사찰보존법시행령(1997. 10. 2. 대통령령 제15493호로 개정된 것) 제7조 제2항은 종전과 달리 "대통령령이 정하는 부동산"이라 함은 당해 전통사찰의 경내지 안에 있는 당해 사찰의 소유 또는 사찰소속 대표단체의 소유의 부동산을 말한다고 규정하여 문화체육부장관의 허가를 받아서 양도하여야 하는 대상 부동산에 사찰소속 대표단체의 소유의 부동산을 추가하고 있는바, 위와 같은 구 전통사찰보존법시행령 및 개정된 전통사찰보존법시행령의 규정내용을 대조하여 볼 때, 구 전통사찰보존법 제6조 제1항 제2호 소정의 문화체육부장관의 허가를 받아야 양도할 수 있는 부동산은 당해 전통사찰의 경내지 안에 있는 당해 사찰 소유의 부동산만이라고 해석함이 상당하다(대판 2002.4.12. 2002도150).

⑯ 형법 제243조는 음란한 문서, 도화, 필름 기타 물건을 반포, 판매 또는 임대하거나 공연히 전시 또는 상영한 자에 대한 처벌 규정으로서 컴퓨터 프로그램파일은 위 규정

에서 규정하고 있는 문서, 도화, 필름 기타 물건에 해당한다고 할 수 없으므로, 음란한 영상화면을 수록한 컴퓨터 프로그램파일을 컴퓨터 통신망을 통하여 전송하는 방법으로 판매한 행위에 대하여 전기통신기본법 제48조의2의 규정을 적용할 수 있음은 별론으로 하고, 형법 제243조의 규정을 적용할 수 없다(대판 1999.2.24. 98도3140).

⑰ 정보통신망이용촉진및정보보호등에관한법률 제65조 제1항 제3호에서 '정보통신망을 통하여 공포심이나 불안감을 유발하는 음향을 반복적으로 상대방에게 도달하게 한다는 것'은 상대방에게 전화를 걸어 반복적으로 음향을 보냄(송신)으로써 이를 받는(수신) 상대방으로 하여금 공포심이나 불안감을 유발케 하는 것으로 해석되고, 상대방에게 전화를 걸 때 상대방 전화기에서 울리는 '전화기의 벨소리'는 정보통신망을 통하여 상대방에게 송신된 음향이 아니므로, 반복된 전화기의 벨소리로 상대방에게 공포심이나 불안감을 유발케 하더라도 이는 같은 법 제65조 제1항 제3호 위반이 될 수 없다(대판 2005.2.25. 2004도7615).

⑱ 중개대상물의 거래당사자들로부터 수수료를 현실적으로 받지 아니하고 단지 수수료를 받을 것을 약속하거나 거래당사자들에게 수수료를 요구하는 데 그친 경우에는 구 부동산중개업법(2005. 7. 29. 법률 제7638호 공인중개사의 업무 및 부동산 거래신고에 관한 법률로 전문 개정되기 전의 것) 제2조 제2호 소정의 '중개업'에 해당한다고 할 수 없어 같은 법 제38조 제1항 제1호에 의한 처벌대상이 아니고, 또한 위와 같은 수수료 약속·요구행위를 별도로 처벌하는 규정 또는 같은 법 제38조 제1항 제1호 위반죄의 미수범을 처벌하는 규정도 존재하지 않으므로, 죄형법정주의의 원칙상 중개사무소 개설 등록을 하지 아니하고 부동산 거래를 중개하면서 그에 대한 수수료를 약속·요구하는 행위를 구 부동산중개업법 위반죄로 처벌할 수는 없다(대판 2006.9.22. 2006도4842).

⑲ 구 액화석유가스의 안전관리 및 사업법(2007. 4. 11. 법률 제8358호로 전문 개정되기 전의 것) 제2조 제2호, 제3조, 제6조, 제12조 제1항, 제45조 제3호 규정을 종합하여 보면, 같은 법 제12조 제1항에 정한 액화석유가스충전사업자는 결국 같은 법 제2조 제2호에서 정의하고 있는 ' 법 제3조의 규정에 의하여 액화석유가스충전사업의 허가를 받은 자'라고 해석하여야 하므로, 같은 법 제12조 제1항에 해당하는 시설기준 등 유지의무 위반행위를 한 자를 처단하는 같은 법 제45조 제3호는 위와 같은 신분에 있는 사업자의 행위를 처단하는 규정이라고 보아야 한다. 따라서 타인 명의로 허가받아 액화석유가스충전사업을 운영하는 자는 같은 법 제12조 제1항에 정한 액화석유가스충전사업자가 아니므로 같은 법 제45조 제3호 위반죄로 처벌할 수는 없다(대판 2008.5.8. 2008도533).

⑳ 구 아동복지법(2000. 1. 12. 법률 제6151호로 전문 개정되기 전의 것) 제18조 제5호는 '아동에게 음행을 시키는' 행위를 금지행위의 하나로 규정하고 있는바, 여기에서 '아동에게 음행을 시킨다'는 것은 행위자가 아동으로 하여금 제3자를 상대방으로 하여 음행을 하게 하는 행위를 가리키는 것일 뿐 행위자 자신이 직접 그 아동의 음행의 상대방이 되는 것까지를 포함하는 의미로 볼 것은 아니다(대판 2000.4.25. 2000도223).

㉑ 총 길이 338m, 갑판 높이 28.9m, 총 톤수 146,848톤, 유류탱크 13개, 평형수탱크 4개인 대형 유조선의 유류탱크 일부에 구멍이 생기고 선수마스트, 위성통신 안테나, 항해등 등이 파손된 정도에 불과한 것은 형법 제187조에 정한 선박의 '파괴'에 해당하지 않는다고 한 사례(대판 2009.4.23. 2008도11921).

㉒ 집행관사무소의 사무원은 법원 및 검찰청 9급 이상의 직에 근무한 자 또는 이와 동등 이상의 자격이 있다고 인정되는 자 중에서 소속지방법원장의 허가를 받아 대표집행관이 채용하는 자로서(집행관규칙 제21조 제2항), 법원일반직 공무원에 준하여 보수를 지급받는 한편 근무시간, 휴가 등 복무와 제척사유, 경매물건 등의 매수금지 의무 등에서는 집행관에 관한 법령의 규정이 준용된다는 점에서(같은 규칙 제3조 제1항, 제22조 제1항, 제25조) 형법 제129조 내지 제132조 및 구 변호사법(2007. 3. 29. 법률 제8321호로 개정되기 전의 것) 제111조의 경우 공무원으로 취급되는 집행관의 지위와 비슷한 면이 있기는 하지만, '지방법원에 소속되어 법률이 정하는 바에 따라 재판의 집행, 서류의 송달 그 밖에 법령에 따른 사무에 종사'하는 집행관(집행관법 제2조)과 달리 그에게 채용되어 업무를 보조하는 자에 불과할 뿐(같은 규칙 제21조 제1항), 그를 대신하거나 그와 독립하여 집행에 관한 업무를 수행하는 자의 지위에 있지는 않다. 앞서 본 법리와 위 각 법령의 규정, 그리고 피고인에게 불리한 형벌법규의 유추적용은 엄격히 제한되어야 한다는 점 등에 비추어 보면, 집행관사무소의 사무원이 집행관을 보조하여 담당하는 사무의 성질이 국가의 사무에 준하는 측면이 있다는 사정만으로는 형법 제129조 내지 제132조 및 구 변호사법 제111조에서 정한 '공무원'에 해당한다고 보기 어렵다(대판 2011.3.10. 2010도14394).

㉓ 피고인이 성폭력범죄로 소년법에 의한 보호처분을 받은 전력이 있는데 다시 강간상해죄를 범하여 '특정 범죄자에 대한 위치추적 전자장치 부착 등에 관한 법률' 제5조 제1항 제3호에 근거하여 부착명령이 청구된 사안에서, 피부착명령청구자가 피고사건 범죄사실인 강간상해죄를 1회 범한 것 외에 과거에 성폭력범죄로 소년보호처분을 받은 사실이 있다는 사유만으로는 위 규정에서 정한 '성폭력범죄를 2회 이상 범한 경우'에 해당하지 않는다고 보아 부착명령청구를 기각한 원심판단을 정당하다고 한 사례(대판 2012.3.22. 2011도15057, 2011전도249 전원합의체).

㉔ 피고인이 '기업구매전용카드'를 이용하여 물품의 판매 또는 용역의 제공을 가장하여 거래하는 방법으로 자금을 융통하여 줌으로써 구 여신전문금융업법(2010. 3. 12. 법률 제10062호로 개정되기 전의 것, 이하 같다)을 위반하였다는 내용으로 기소된 사안에서, 기업구매전용카드는 구 여신전문금융업법 제2조 제3호에서 규정한 '신용카드'처럼 실물 형태의 '증표'가 발행되는 것이 아니라 단지 구매기업이 이용할 수 있는 카드번호만이 부여될 뿐이며, 거래방법도 구매기업이 판매기업에 기업구매전용카드를 '제시'할 것이 요구되지 않고, 구매기업이 카드회사에 인터넷 등을 통하여 구매 사실을 통보하면 카드회사가 판매기업에 물품대금을 지급하여 결제가 이루어지게 하는 온라인거래 수단

을 지칭하는 데 지나지 않는 점, 구매기업은 카드회사와 가맹점가입계약을 체결한 모든 판매기업과 거래를 할 수 있는 것은 아니고 구매기업이 지정한 특정한 판매기업과 사이에서만 기업구매전용카드를 이용한 거래를 할 수 있을 뿐이므로, 판매기업을 일반 신용카드거래의 가맹점과 동일하게 보기 어려운 점 등을 종합할 때, 기업구매전용카드에 의한 거래는 구 여신전문금융업법 제70조 제2항 제2호에서 정한 '신용카드에 의한 거래'에 해당하지 않는다는 이유로, 기업구매전용카드가 '신용카드'에 해당하지 않는다고 보아 무죄를 인정한 원심판단의 결론을 정당하다고 한 사례(대판 2013.7.25. 2011도14687).

㉕ 구 도시 및 주거환경정비법(2009. 2. 6. 법률 제9444호로 개정되기 전의 것. 이하 '도시정비법'이라고 한다) 제84조는 "형법 제129조 내지 제132조의 적용에 있어서 조합의 임원과 정비사업전문관리업자의 대표자(법인인 경우에는 임원을 말한다)·직원은 이를 공무원으로 본다."라고 규정하고 있는데, 도시정비법은 정비사업전문관리업자가 법인인 경우 공무원으로 의제되는 '임원'에 관하여 더 이상의 자세한 규정을 두고 있지 아니하다. 따라서 위와 같은 '임원'에 해당하는지 여부는 민법, 상법, 기타의 실체법에 의하여 결정하여야 할 것인데, 그중 주식회사의 법률관계를 규율하고 있는 상법 제312조는 '임원의 선임'이라는 표제하에 "창립총회에서는 이사와 감사를 선임하여야 한다."고 하면서, 구 상법(2007. 8. 3. 법률 제8581호로 개정되기 전의 것) 제317조 제2항은 주식회사의 설립에 있어 등기하여야 할 사항으로 "이사와 감사의 성명 및 주민등록번호"(제8호), "회사를 대표할 이사의 성명·주민등록번호 및 주소"(제9호) 등을 규정하고 있다. 위와 같은 규정들의 문언·체계 및 그 취지 등을 종합하면, 도시정비법에서 정하는 '정비사업전문관리업자'가 주식회사인 경우 같은 법 제84조에 의하여 공무원으로 의제되는 '임원'은 형법 제129조 내지 제132조에 해당하는 수뢰행위 당시 상업등기부에 대표이사, 이사, 감사로 등기된 사람에 한정된다고 보아야 하며, 설령 실질적 경영자라고 하더라도 해당 주식회사의 임원으로 등기되지 아니한 사람까지 도시정비법 제84조에 의하여 공무원으로 의제되는 정비사업전문관리업자의 '임원'에 해당한다고 해석하는 것은 형벌법규를 피고인에게 불리한 방향으로 지나치게 유추하거나 확장해석하는 것으로서 죄형법정주의의 원칙에 어긋나는 것이어서 허용될 수 없다(대판 2014.1.23. 2013도9690).

㉖ 홍삼절편과 같은 농산물 가공품의 경우 특별한 사정이 없는 한 제조·가공한 지역의 명칭을 제품명에 사용하는 것도 법령상 허용되고 있다. 여기에다 인삼류는 농산물 품질관리법에서 명성·품질 등이 본질적으로 국내 특정 지역의 지리적 특성에 기인하는 농산물로는 취급되지 않고 있다는 점과 형벌법규는 문언에 따라 엄격하게 해석·적용하여야 하고 피고인에게 불리한 방향으로 확장해석하거나 유추해석하여서는 아니 된다는 점까지 더하여 보면, 국내 특정 지역의 수삼과 다른 지역의 수삼으로 만든 홍삼을 주원료로 하여 특정 지역에서 제조한 홍삼절편의 제품명이나 제조·판매자명에 특정 지역의 명칭을 사용하였다고 하더라도 이를 곧바로 '원산지를 혼동하게 할 우려가 있

는 표시를 하는 행위'라고 보기는 어렵다(대판 2015.4.9. 2014도14191).

㉗ 구 전자금융거래법(2015. 1. 20. 법률 제13069호로 개정되기 전의 것, 이하 '구 전자금융거래법'이라 한다)은 제6조 제3항 제2호에서 '대가를 주고 접근매체를 대여받거나 대가를 받고 접근매체를 대여하는 행위'를 금지하고, 제49조 제4항 제2호에서 '제6조 제3항 제2호를 위반하여 접근매체를 대여받거나 대여한 자'를 처벌하고 있었는데, 개정 전자금융거래법(2015. 1. 20. 법률 제13069호로 개정된 것, 이하 '개정 전자금융거래법'이라 한다)은 제6조 제3항 제2호에서 '대가를 수수·요구 또는 약속하면서 접근매체를 대여받거나 대여하는 행위 또는 보관·전달·유통하는 행위'를 금지하고, 제49조 제4항 제2호에서 '제6조 제3항 제2호 또는 제3호를 위반하여 접근매체를 대여받거나 대여한 자 또는 보관·전달·유통한 자'를 처벌하는 것으로 변경하여 규정하고 있다. 위와 같은 구 전자금융거래법 및 개정 전자금융거래법의 각 규정 내용과 취지에 비추어 볼 때, 대가를 약속받고 접근매체를 대여하는 행위를 처벌할 필요성이 있다고 하더라도 그러한 행위를 구 전자금융거래법 제49조 제4항 제2호, 제6조 제3항 제2호에서 정한 '대가를 받고 접근매체를 대여'함으로 인한 구 전자금융거래법 위반죄로 처벌하는 것은 형벌법규의 확장해석 또는 유추해석으로서 죄형법정주의에 반하여 허용될 수 없다(대판 2015.2.26. 2015도354).

㉘ 구 도시 및 주거환경정비법(2012. 12. 18. 법률 제11580호로 개정되기 전의 것, 이하 '구 도시정비법'이라 한다) 제86조 제6호와 제84조의3 제5호 위반죄의 범행주체인 '추진위원회 위원장'이란 같은 법 제13조 제2항, 제15조 제1항에 따라 정비사업조합을 설립하기 위하여 토지등소유자 과반수의 동의를 얻은 후 시장·군수의 승인을 얻어 구성된 조합설립추진위원회의 위원장을 의미하므로, 추진위원회의 부위원장이나 추진위원이었다가 추진위원회 위원장의 유고 등을 이유로 운영규정에 따라 연장자 순으로 추진위원회 위원장 직무대행자가 된 자를 구 도시정비법 제86조 제6호, 제81조 제1항, 제84조의3 제5호, 제14조 제2항에서 규정한 '추진위원회 위원장'에 해당하는 것으로 해석하는 것은 형벌법규를 피고인에게 불리한 방향으로 지나치게 확장 해석하거나 유추 해석하는 것으로서 죄형법정주의의 원칙에 어긋나 허용될 수 없다(대판 2015.3.12. 2014도10612).

㉙ 구 담배사업법(2014. 1. 21. 법률 제12269호로 개정되기 전의 것, 이하 '구 담배사업법'이라 한다) 제12조 제2항, 제16조 제1항, 제17조 제1항 제4호, 제2항, 제27조의3 제1호의 내용과 형식, 문언상 의미 등과 함께 형벌법규의 확장해석을 금지하는 죄형법정주의의 일반원칙 등에 비추어 보면, 구 담배사업법 제27조의3 제1호의 적용대상이 되는 '소매인 지정을 받지 아니한 자'는 처음부터 소매인 지정을 받지 않거나 소매인 지정을 받았으나 이후 소매인 지정이 취소되어 소매인 자격을 상실한 자만을 의미하는 것으로 보아야 하고, 영업정지처분을 받았으나 아직 적법하게 소매인 지정이 취소되지 않은 자는 여기에 해당하지 않는다(대판 2015.1.15. 2010도15213).

㉚ 성폭력범죄의 처벌 등에 관한 특례법 제13조는 "자기 또는 다른 사람의 성적 욕망을 유발하거나 만족시킬 목적으로 전화, 우편, 컴퓨터, 그 밖의 통신매체를 통하여 성적 수치심이나 혐오감을 일으키는 말, 음향, 글, 그림, 영상 또는 물건을 상대방에게 도달하게 한 사람은 2년 이하의 징역 또는 500만원 이하의 벌금에 처한다."고 규정하고 있다. 위 규정 문언에 의하면, 위 규정은 자기 또는 다른 사람의 성적 욕망을 유발하는 등의 목적으로 '전화, 우편, 컴퓨터나 그 밖에 일반적으로 통신매체라고 인식되는 수단을 이용하여' 성적 수치심 등을 일으키는 말, 글, 물건 등을 상대방에게 전달하는 행위를 처벌하고자 하는 것임이 문언상 명백하므로, 위와 같은 통신매체를 이용하지 아니한 채 '직접' 상대방에게 말, 글, 물건 등을 도달하게 하는 행위(성적수치심 등을 일으킬 수 있는 내용의 편지를 피해자의 주거지 출입문에 끼워 넣는 행위)까지 포함하여 위 규정으로 처벌할 수 있다고 보는 것은 법문의 가능한 의미의 범위를 벗어난 해석으로서 실정법 이상으로 처벌 범위를 확대하는 것이다(대판 2016.3.10. 2015도17847).

㉛ 공단이 선박안전법 제60조 제1항에 따라 해양수산부장관의 선박검사업무 등을 대행하면서 선박검사증서를 발급하더라도 그 업무를 수행하는 공단 임직원을 공문서의 작성 주체인 공무원으로 볼 수는 없다고 할 것이다. 이 경우에 관하여 선박안전법 제82조가 대행검사기관인 공단의 임직원을 형법 제129조 내지 제132조의 적용에 있어 공무원으로 의제하는 것으로 규정한다고 하여 이들이 공문서위조죄나 허위공문서작성죄에서의 공무원으로도 될 수 있다고 보는 것은 형벌법규를 피고인에게 불리하게 지나치게 확장해석하거나 유추해석하는 것이어서 죄형법정주의 원칙에 반한다. 따라서 공단이 해양수산부장관을 대행하여 이사장 명의로 발급하는 선박검사증서는 공무원 또는 공무소가 작성하는 문서라고 볼 수 없으므로 공문서위조죄나 허위공문서작성죄에서의 공문서에 해당하지 아니한다(대판 2016.1.14. 2015도9133).

㉜ [다수의견]

(가) 항공보안법 제42조는 "위계 또는 위력으로써 운항 중인 항공기의 항로를 변경하게 하여 정상 운항을 방해한 사람은 1년 이상 10년 이하의 징역에 처한다."라고 규정하고 있다. 같은 법 제2조 제1호는 '운항 중'을 '승객이 탑승한 후 항공기의 모든 문이 닫힌 때로부터 내리기 위하여 문을 열 때까지'로 정의하였다. 그러나 항공보안법에 '항로'가 무엇인지에 관하여 정의한 규정은 없다.

(나) 죄형법정주의는 국가형벌권의 자의적인 행사로부터 개인의 자유와 권리를 보호하기 위하여 범죄와 형벌을 법률로 정할 것을 요구한다. 그러한 취지에 비추어 보면 형벌법규의 해석은 엄격하여야 하고, 문언의 가능한 의미를 벗어나 피고인에게 불리한 방향으로 해석하는 것은 죄형법정주의의 내용인 확장해석금지에 따라 허용되지 아니한다. 법률을 해석할 때 입법 취지와 목적, 제·개정 연혁, 법질서 전체와의 조화, 다른 법령과의 관계 등을 고려하는 체계적·논리적 해석 방법을 사용할 수 있으나, 문언 자체가 비교적 명확한 개념으로 구성되어 있다면 원칙적으로 이러한 해석 방법은 활용할

필요가 없거나 제한될 수밖에 없다. 죄형법정주의 원칙이 적용되는 형벌법규의 해석에서는 더욱 그러하다.

(다) 법령에서 쓰인 용어에 관해 정의규정이 없는 경우에는 원칙적으로 사전적인 정의 등 일반적으로 받아들여진 의미에 따라야 한다. 국립국어원의 표준국어대사전은 항로를 '항공기가 통행하는 공로(空路)'로 정의하고 있다. 국어학적 의미에서 항로는 공중의 개념을 내포하고 있음이 분명하다. 항공기 운항과 관련하여 '항로'가 지상에서의 이동 경로를 가리키는 용어로 쓰인 예를 찾을 수 없다.

(라) 다른 법률에서 항로는 '항공로'의 뜻으로 사용되기도 하였다. 구 항공법(2016. 3. 29. 법률 제14116호로 폐지) 제115조의2 제2항은, 국토교통부장관이 항공운송사업자에게 운항증명을 하는 경우 '운항하려는 항로' 등 운항조건을 정하도록 규정하였다. 이 조문의 내용을 물려받은 항공안전법(2016. 3. 29. 법률 제14116호) 제90조 제2항은 '운항하려는 항로'를 '운항하려는 항공로'로 바꾸었으므로, 여기에서 '항로'는 항공로와 같은 뜻으로 쓰였음이 분명하다. 항공로의 법률적 정의는 '국토교통부장관이 항공기 등의 항행에 적합하다고 지정한 지구의 표면상에 표시한 공간의 길'로 규정되어 있으므로(항공안전법 제2조 제13호, 구 항공법에서의 정의도 같다), 항공기가 비행하면서 다녀야 항공로가 될 수 있다. 이처럼 항로가 법률용어로서 항공로와 혼용되기도 한 것을 볼 때, 입법자도 항로를 공중의 개념을 내포한 단어로 인식하였다고 볼 수 있다.

(마) 반면에 입법자가 유달리 본죄 처벌규정에서만 '항로'를 통상의 의미와 달리 지상에서의 이동 경로까지 포함하는 뜻으로 사용하였다고 볼 만한 입법자료는 찾을 수 없다. 본죄는 항공보안법의 전신인 구 항공기운항안전법(1974. 12. 26. 법률 제2742호) 제11조에서 처음으로 범죄로 규정되었다. 구 항공기운항안전법의 제정과정에서 법률안 심사를 위해 열린 1974. 11. 26. 국회 법제사법위원회 회의록은, 본죄의 처벌규정에 관하여는 아무런 논의가 없어서 '항로'의 의미를 알 수 있는 직접적인 단서가 되기 어렵다. 다만 제안이유에 관한 설명을 보면, 민간 항공기에 대한 범죄 억제를 위한 국제협약에 우리나라가 가입한 데 따른 협력의무의 이행으로 범죄행위자에 대한 가중처벌규정 등을 마련하기 위해 구 항공기운항안전법이 제정된 것임을 알 수 있다.

(바) 본죄의 객체는 '운항 중'의 항공기이다. 그러나 위계 또는 위력으로 변경할 대상인 '항로'는 별개의 구성요건요소로서 그 자체로 죄형법정주의 원칙에 부합하게 해석해야 할 대상이 된다. 항로가 공중의 개념을 내포한 말이고, 입법자가 그 말뜻을 사전적 정의보다 넓은 의미로 사용하였다고 볼 자료가 없다. 지상의 항공기가 이동할 때 '운항 중'이 된다는 이유만으로 그때 다니는 지상의 길까지 '항로'로 해석하는 것은 문언의 가능한 의미를 벗어난다.

(사) 지상에서 이동하는 항공기의 경로를 함부로 변경하는 것은 다른 항공기나 시설물과 충돌할 수 있어 위험성이 큰 행위임이 분명하다. 그러나 처벌의 필요성만으로 죄형법정주의 원칙을 후퇴시켜서는 안 된다. 그런 행위는 기장에 대한 업무방해죄로 처벌

할 수 있을 뿐만 아니라, 많은 경우 폭행·협박 또는 위계를 수반할 것이므로 10년 이하의 징역으로 처벌 가능한 직무집행방해죄(항공보안법 제43조) 등에 해당할 수 있어 처벌의 공백이 생기는 것도 아니다.

[대법관 박보영, 대법관 조희대, 대법관 박상옥의 반대의견]

(가) 국립국어원의 표준국어대사전에서는 항로를 '항공기가 통행하는 공로(공로). 항공로로 순화'라고 풀이하고, 또 공로(공로)는 '항공로'를 뜻하는 것으로, 항공로는 '일정하게 운항하는 항공기의 지정된 공중 통로'를 뜻하는 것으로 각 풀이하고 있다. 그런데 항공보안법 제42조의 처벌 대상은 운항 중인 항공기가 실제 운행하는 길을 변경하게 하는 것이지, 국토교통부장관이 지정한 공중 통로 자체를 변경하게 하는 것이 아니다.

(나) '항로'라는 표현은 법문의 문맥에 따라 지상에서의 항공기 이동 경로를 포함하는 개념으로도 해석될 수 있고, 실제 '항로'의 개념 속에 지상에서의 항공기 이동 경로가 포함되는지 논란이 되자, 구 항공법의 '항로'가 항공안전법에서 그 문맥에 맞는 표현인 '항공로'로 바뀐 것으로 보인다. 따라서 이 부분 다수의견의 논거는 오히려 항로와 항공로를 구별되는 개념으로 보는 반대의견에 부합하는 논거이다.

(다) 항로(항로)는 한자의 뜻에 따라 풀이하면 '배나 비행기(항) 길(로)'을 말한다. 배는 항구에서 항구로 바닷길을 따라 운행하는 반면, 항공기는 공항에서 공항으로 운행하는데, 주로 공중에서 운행하지만 이륙과 착륙을 위하여 공항 내 지상에서의 운행도 필연적으로 있을 수밖에 없다. 항공보안법 제2조 제1호는 '운항 중'이란 승객이 탑승한 후 항공기의 모든 문이 닫힌 때부터 내리기 위하여 문을 열 때까지를 말한다는 규정을 두고 있다. 국립국어원의 표준국어대사전에서도 운항을 '배나 비행기가 정해진 항로나 목적지를 오고 감'이라는 뜻으로 풀이하고 있다. 따라서 항로는 '항공기가 운항하는 길'로 이해하는 것이 무리가 없고 자연스럽다.

(라) 본죄의 항로가 운항과 밀접한 관계 속에서 사용되었음은 법문의 구조에서도 드러난다. 항공보안법의 전신인 구 항공기운항안전법에서부터 항로는 그 법 전체를 통틀어 오로지 본죄의 구성요건에서만 사용되었고, 바로 앞에서 '운항 중인 항공기의'라는 말이 수식하고 있다. 입법자가 항로의 정의규정을 따로 두지 않은 것을 볼 때, 수식어로 사용된 '운항'이 일반인이 인식할 수 있을 정도로 항로의 의미를 분명히 할 수 있는 것으로 여겼음을 알 수 있다.

이러한 연관관계에 비추어 볼 때, 본죄의 '항로'는 따로 떼어 해석할 것이 아니라 '운항 중인 항공기의 항로'라는 어구 속에서 의미를 파악함이 타당하다. 항공보안법에서 '운항 중'은 입법자가 지상의 항공기도 범죄로부터 보호하려는 명확한 의도로 통상의 말 뜻보다 의미를 넓힌 용어이다. 그렇다면 그와 어구를 이룬 '항로'도 지상과 공중을 불문하고 '운항 중인 항공기가 다니는 길'을 모두 포함하는 것으로 넓게 새겨도 가능한 의미의 범위를 벗어나지 아니한다.

(마) 지상에서 이동하는 항공기의 경로를 함부로 변경하게 하는 행위는 대형 참사로 이

어질 수 있는 위험성이 매우 크므로, 1년 이상 10년 이하의 징역형만을 규정한 본죄로 처벌해야 안전운항을 위협하는 행위에 대한 처벌의 강도를 높이려는 입법자의 의도에 들어맞는다. 항공기는 지상에서도 승객 안전을 위해 기장의 판단과 관제 당국의 통제 아래 최적의 경로를 따라 진행해야 함은 비행할 때와 다를 바 없고, 이를 방해하는 행위를 합당한 처벌로 억제할 필요가 있기 때문이다. 형법상 업무방해죄는 징역형의 상한이 5년에 불과할 뿐만 아니라 벌금형으로 처벌될 수도 있어 항공기 운항과 관련된 중대범죄를 처벌할 죄목에 걸맞지 않다. 항공보안법상 직무집행방해죄(제43조)는 행위 유형에 '위력'이 빠져 있어 이와 같은 행위를 포섭하지 못한다.

(바) 결론적으로, 승객이 탑승한 후 항공기의 모든 문이 닫힌 때부터 내리기 위하여 문을 열 때까지 항공기가 지상에서 이동하는 경로는 항공보안법 제42조의 '항로'에 포함된다고 해석하여야 한다(대판 2017.12.21. 2015도8335 전원합의체).

㉝ 전자금융거래법(이하 '법'이라 한다)은 '전자금융거래의 법률관계를 명확히 하여 전자금융거래의 안전성과 신뢰성을 확보함'을 목적으로 한 것으로(제1조), '대가를 수수·요구 또는 약속하면서 접근매체를 대여하는 행위'를 금지하고(제6조 제3항 제2호), 이를 위반하여 접근매체를 대여한 자를 처벌하고 있다(제49조 제4항 제2호). 여기에서 '접근매체'란 전자금융거래에서 거래지시를 하거나 이용자 및 거래내용의 진실성과 정확성을 확보하기 위하여 사용되는 전자식 카드 및 이에 준하는 전자적 정보[(가)목], 전자서명법 제2조 제4호의 전자서명생성정보 및 같은 조 제7호의 인증서[(나)목], 금융회사 또는 전자금융업자에 등록된 이용자번호[(다)목], 이용자의 생체정보[(라)목], (가)목 또는 (나)목의 수단이나 정보를 사용하는 데 필요한 비밀번호[(마)목] 중 어느 하나에 해당하는 수단 또는 정보를 말한다(법 제2조 제10호). '이용자'란 전자금융거래를 위하여 금융회사 또는 전자금융업자와 체결한 계약(이하 '전자금융거래계약'이라 한다)에 따라 전자금융거래를 이용하는 자를 말하며(같은 조 제7호), '거래지시'란 이용자가 전자금융거래계약에 따라 금융회사 또는 전자금융업자에게 전자금융거래의 처리를 지시하는 것을 말한다(같은 조 제17호). 이러한 규정의 문언과 내용에 따르면, 법 제6조 제3항 제2호에서 정한 '접근매체의 대여'는 대가를 수수·요구 또는 약속하면서 일시적으로 다른 사람으로 하여금 접근매체 이용자의 관리·감독 없이 접근매체를 사용해서 전자금융거래를 할 수 있도록 접근매체를 빌려주는 행위를 가리킨다. 전자금융거래 기능이 포함된 예금통장에서 접근매체로서 기능을 하는 것은 그 통장에 부착된 마그네틱 띠이므로, 이용자가 대가를 수수·요구 또는 약속하면서 제3자에게 예금통장에 부착된 마그네틱 띠에 포함된 전자정보를 이용하여 전자금융거래를 할 수 있도록 예금통장을 빌려주었다면 이는 접근매체의 대여에 해당한다. 그러나 예금통장에 기재된 계좌번호가 포함된 면을 촬영하도록 허락한 것에 지나지 않는다면 이는 접근매체를 용도대로 사용하는 것이 애초에 불가능하므로, 접근매체의 대여에 해당한다고 볼 수 없다(대판 2017.8.18. 2016도8957).

㉞ 자동차관리법 제6조, 제12조 제1항, 제3항, 제80조 제2호의 내용과 취지 등을 종합할 때, 자동차관리법 제12조 제3항에서 말하는 '자동차를 양수한 자'란 매매나 증여를 비롯한 법률행위 등에 의하여 자동차의 소유권을 이전받는 자를 뜻한다. 따라서 채권자가 채무자에게서 그 소유의 자동차를 인도받았더라도 소유권 이전의 합의 없이 단순히 채권의 담보로 인도받은 것에 불과하거나 또는 채권의 변제에 충당하기 위하여 자동차를 대신 처분할 수 있는 권한만 위임받은 것이라면, 그러한 채권자는 자동차관리법 제12조 제3항의 '자동차를 양수한 자'라고 할 수 없다(대판 2016.6.9. 2013도8503).

㉟ 동물보호법 제33조 제1항은 '제32조 제1항 제1호부터 제3호까지의 규정에 따른 영업을 하려는 자', 즉 농림축산식품부령으로 정하는 개·고양이·토끼 등 가정에서 반려의 목적으로 기르는 동물(이하 '반려동물'이라 한다)과 관련된 동물장묘업, 동물판매업, 동물수입업을 하려는 자는 농림축산식품부령으로 정하는 바에 따라 시장·군수·구청장에게 등록하여야 한다고 규정하고 있고, 동물보호법 제46조 제4항 제1호는 '제33조 제1항에 따른 등록을 하지 아니하고 영업을 한 자는 100만원 이하의 벌금에 처한다.'고 규정하고 있다. 그리고 동물보호법 제32조 제2항은 "제1항 각 호에 따른 영업의 세부 범위는 농림축산식품부령으로 정한다."라고 규정하고 있는데, 그 위임에 따라 동물보호법 시행규칙(이하 '시행규칙'이라 한다) 제36조 제2호는 동물판매업을 '소비자에게 반려동물을 판매하거나 알선하는 영업'으로, 제3호는 동물수입업을 '반려동물을 수입하여 동물판매업자, 동물생산업자 등 영업자에게 판매하는 영업'으로, 제4호는 동물생산업을 '반려동물을 번식시켜 동물판매업자, 동물수입업자 등 영업자에게 판매하는 영업'으로 각각 규정하고 있다. 소비자란 일반적으로 '재화를 소비하는 사람'을 의미한다. 그리고 시행규칙은 동물판매업의 판매·알선 상대방을 '소비자'로, 동물수입업과 동물생산업의 판매 상대방을 '영업자'로 분명하게 구분하여 규정하고 있다. 만일 동물판매업의 판매·알선 상대방인 '소비자'의 범위를 반려동물 유통구조에서 최종 단계에 있는 소비자에 한정하지 아니하고 다른 동물판매업자 등 영업자도 이에 포함된다고 보면 동물판매업의 판매·알선 상대방의 범위에 아무런 제한이 없다고 보는 셈이 되고, 결국 시행규칙 제36조 제2호가 판매·알선 상대방을 '소비자'로 규정한 것이 불필요한 문언으로 된다. 동물보호법과 시행규칙의 규정 내용, 소비자의 통상적인 의미 등을 관련 법리에 비추어 살펴보면, 시행규칙 제36조 제2호에 규정한 '소비자'는 반려동물을 구매하여 가정에서 반려 목적으로 기르는 사람을 의미한다. 여기서의 '소비자'에 동물판매업자 등 반려동물을 구매하여 다른 사람에게 판매하는 영업을 하는 자도 포함된다고 보는 것은 '소비자'의 의미를 피고인에게 불리한 방향으로 지나치게 확장해석하거나 유추해석하는 것으로서 죄형법정주의에 어긋나므로 허용되지 아니한다(대판 2016.11.24. 2015도18765).

〈반하지 않는 경우〉

① 약사법 제5조 제3항에서 금지하는 '면허증의 대여'라 함은, 다른 사람이 그 면허증을 이용하여 그 면허증의 명의자인 약사(약사)인 것처럼 행세하면서 약사(약사)에 관한 업무를 하려는 것을 알면서도 면허증 그 자체를 빌려 주는 것을 의미한다고 해석함이 상당하다(대판 2003.6.24. 2002도6829).

② 총포·도검·화약류 등 단속법 제72조 제6호, 제18조 제4항 및 같은 법 시행령 제23조의 입법목적이 꽃불류의 설치 및 사용과정에서의 안전관리상의 주의의무 위반으로 인한 위험과 재해를 방지하고자 하는 것으로, 다른 꽃불류에 비하여 위험성의 정도가 높은 쏘아 올리는 꽃불류의 경우에는 같은 법 시행령 제23조 제1항 각 호에서 정한 기준을 준수하는 것만으로는 위와 같은 입법목적을 달성하기 어렵다고 보아 제2항에서 그 사용을 화약류관리보안책임자의 책임하에 하여야 한다고 별도로 규정하고 있는 것으로 보이는 점 등에 비추어, 위 법 시행령 제23조 제2항에서의 '사용'에는 쏘아 올리는 꽃불류의 '설치행위'도 포함되는 것으로 해석되고, 이러한 해석이 형벌법규의 명확성의 원칙에 반하는 것이거나 죄형법정주의에 의하여 금지되는 확장해석이나 유추해석에 해당하는 것으로 볼 수는 없다(대판 2010.5.13. 2009도13332).

③ 구 아동·청소년의 성보호에 관한 법률들 제2조 제5호에서 말하는 '아동·청소년이용음란물'은 '아동·청소년'이나 '아동·청소년 또는 아동·청소년으로 인식될 수 있는 사람이나 표현물'이 등장하여 그 아동·청소년 등이 제2조 제4호 각 목의 행위나 그 밖의 성적 행위를 하거나 하는 것과 같다고 평가될 수 있는 내용을 표현하는 것이어야 한다(대판 2013.9.12. 2013도502).

④ 정보통신망에 의하여 처리·보관 또는 전송되는 타인의 정보를 훼손하거나 타인의 비밀을 침해·도용 또는 누설하는 행위를 금지·처벌하는 규정인 정보통신망 이용촉진 및 정보보호 등에 관한 법률 제49조 및 제62조 제6호의 '타인'에는 생존하는 개인뿐만 아니라 이미 사망한 자도 포함된다(대판 2007.6.14. 2007도2162).

⑤ 구 약사법(2007. 10. 17. 법률 제8643호로 개정되기 전의 것, 이하 '구 약사법'이라 한다) 제2조 제1호가 약사법에서 사용되는 '약사(약사)'의 개념에 대해 정의하면서 '판매(수여를 포함한다. 이하 같다)'라고 규정함으로써 구 약사법 제44조 제1항을 포함하여 위 정의규정 이하 조항의 '판매'에는 '수여'가 포함됨을 명문으로 밝히고 있는 점, 구 약사법은 약사(약사)에 관한 일들이 원활하게 이루어질 수 있도록 필요한 사항을 규정하여 국민보건 향상에 기여하는 것을 목적으로 하고(제1조), 약사 또는 한약사가 아니면 약국을 개설할 수 없도록 하며(제20조 제1항), 의약품은 국민의 보건과 직결되는 것인 만큼 엄격한 의약품 관리를 통하여 의약품이 남용 내지 오용되는 것을 막고 의약품이 비정상적으로 유통되는 것을 막고자 구 약사법 제44조 제1항에서 약국 개설자가 아니면 의약품을 판매하거나 또는 판매 목적으로 취득할 수 없다고 규정한 것인데, 국내에 있는 불특정 또는 다수인에게 무상으로 의약품을 양도하는 수여의 경우를 처벌대

상에서 제외한다면 약사법의 위와 같은 입법목적을 달성하기 어려울 것이고, 따라서 이를 처벌대상에서 제외하려는 것이 입법자의 의도였다고 보기는 어려운 점 등을 종합하면, 결국 국내에 있는 불특정 또는 다수인에게 무상으로 의약품을 양도하는 수여행위도 구 약사법 제44조 제1항의 '판매'에 포함된다고 보는 것이 체계적이고 논리적인 해석이라 할 것이고, 그와 같은 해석이 죄형법정주의에 위배된다고 볼 수 없다(대판 2011.10.13. 2011도6287).

⑥ 구 식품위생법 시행령(2005. 7. 27. 대통령령 제18978호로 개정되기 전의 것) 제7조 제8호 (라)목에서 유흥주점영업을 '주로 주류를 조리·판매하는 영업으로서 유흥종사자를 두거나 유흥시설을 설치할 수 있고 손님이 노래를 부르거나 춤을 추는 행위가 허용되는 영업'이라고 규정하고 있는바, 여기서 '유흥종사자를 둔다'고 함은 부녀자에게 시간제로 보수를 지급하고 손님과 함께 술을 마시거나 노래 또는 춤으로 손님의 유흥을 돋우게 하는 경우도 포함되고, 한편 특정다방에 대기하는 이른바 '티켓걸'이 노래연습장에 티켓영업을 나가 시간당 정해진 보수를 받고 그 손님과 함께 춤을 추고 노래를 불러 유흥을 돋우게 한 경우, 손님이 직접 전화로 '티켓걸'을 부르고 그 티켓비를 손님이 직접 지급하였더라도 업소주인이 이러한 사정을 알고서 이를 용인하였다면 위 법령의 입법 취지에 비추어 '유흥종사자를 둔' 경우에 해당하는 경우로 죄형법정주의에 위배된다고 볼 수는 없다(대판 2006.2. 4. 2005도9114).

⑦ 구 화물자동차 운수사업법(2008. 2. 29. 법률 제8852호로 개정되기 전의 것, 이하 '법'이라 한다) 제48조 제4호는 '법 제39조의 규정에 위반하여 자가용화물자동차를 유상으로 화물운송용에 제공하거나 임대한 자'를 처벌하도록 규정하고 있는데, 위 법은 화물의 원활한 운송을 도모함으로써 공공복리의 증진에 기여함을 목적으로 하고 있고 (법 제1조), '화물자동차 운수사업'이란 화물자동차 운송사업, 화물자동차 운송주선사업 및 화물자동차 운송가맹사업만을 의미하는 것이어서(법 제2조 제2항) 화물자동차 대여사업은 이에 포함되지 않을 뿐 아니라, 여객자동차 운수사업법 제30조와 그 시행규칙 제67조에서도 화물자동차는 자동차대여사업에 사용할 수 있는 자동차의 범위에 포함되어 있지 않은 점, 화물의 원활한 운송 및 공공복리의 증진이라는 화물자동차 운수사업법의 목적 및 이를 달성하기 위해 국내 물류운송 시장의 건전한 발전과 그 과정의 왜곡을 방지하고자 하는 위 규정들의 취지, 그 밖에 관련 법률의 체계와 상호관계 및 화물자동차 운수사업과 관련된 입법정책 등을 종합해 보면, 법 제48조 제4호, 제39조의 처벌대상이 되는 '자가용화물자동차를 유상으로 화물운송용에 제공하거나 임대하는 행위'란 자가용화물자동차를 '유상으로 화물운송용에 제공하는 행위'와 '임대하는 행위'를 의미한다고 보아야 한다(대판 2011.4.14. 2008도6693).

⑧ 음란한 부호 등으로 링크를 해 놓는 행위자의 의사의 내용, 그 행위자가 운영하는 웹사이트의 성격 및 사용된 링크기술의 구체적인 방식, 음란한 부호 등이 담겨져 있는 다른 웹사이트의 성격 및 다른 웹사이트 등이 음란한 부호 등을 실제로 전시한 방법 등

모든 사정을 종합하여 볼 때, 링크를 포함한 일련의 행위 및 범의가 다른 웹사이트 등을 단순히 소개·연결할 뿐이거나 또는 다른 웹사이트 운영자의 실행행위를 방조하는 정도를 넘어, 이미 음란한 부호 등이 불특정·다수인에 의하여 인식될 수 있는 상태에 놓여 있는 다른 웹사이트를 링크의 수법으로 사실상 지배·이용함으로써 그 실질에 있어서 음란한 부호 등을 직접 전시하는 것과 다를 바 없다고 평가되고, 이에 따라 불특정·다수인이 이러한 링크를 이용하여 별다른 제한 없이 음란한 부호 등에 바로 접할 수 있는 상태가 실제로 조성되었다면, 그러한 행위는 전체로 보아 음란한 부호 등을 공연히 전시한다는 구성요건을 충족한다고 봄이 상당하며, 이러한 해석은 죄형법정주의에 반하는 것이 아니라, 오히려 링크기술의 활용과 효과를 극대화하는 초고속정보통신망 제도를 전제로 하여 신설된 구 전기통신기본법 제48조의2(2001. 1. 16. 법률 제6360호 부칙 제5조 제1항에 의하여 삭제, 현행 정보통신망이용촉진및정보보호등에관한법률 제65조 제1항 제2호 참조) 규정의 입법 취지에 부합하는 것이라고 보아야 한다(대판 2003.7.8. 2001도1335).

⑨ 군형법 제28조 초병의 수소이탈죄에서 말하는 초병에는 실제로 수소에 배치되어 근무하는 자는 물론이고, 초병근무명령을 받아 경계근무감독자에게 신고하고 근무시간에 임박하여 경계근무의 복장을 갖춘 자도 포함된다고 해석하는 것(대판 2006.6.30. 2005도8933).

⑩ 미성년자의제강간·강제추행죄를 규정한 형법 제305조가 "13세 미만의 부녀를 간음하거나 13세 미만의 사람에게 추행을 한 자는 제297조, 제298조, 제301조 또는 제301조의2의 예에 의한다"로 되어 있어 강간죄와 강제추행죄의 미수범의 처벌에 관한 형법 제300조를 명시적으로 인용하고 있지 아니하나, 형법 제305조의 입법 취지는 성적으로 미성숙한 13세 미만의 미성년자를 특별히 보호하기 위한 것으로 보이는바 이러한 입법 취지에 비추어 보면 동조에서 규정한 형법 제297조와 제298조의 '예에 의한다'는 의미는 미성년자의제강간·강제추행죄의 처벌에 있어 그 법정형뿐만 아니라 미수범에 관하여도 강간죄와 강제추행죄의 예에 따른다는 취지로 해석되고, 이러한 해석이 형벌법규의 명확성의 원칙에 반하는 것이거나 죄형법정주의에 의하여 금지되는 확장해석이나 유추해석에 해당하는 것으로 볼 수 없다(대판 2007.3.15. 2006도9453).

⑪ 자신의 뇌물수수 혐의에 대한 결백을 주장하기 위하여 제3자로부터 사건 관련자들이 주고받은 이메일 출력물을 교부받아 징계위원회에 제출한 사안에서, 이메일 출력물 그 자체는 정보통신망 이용촉진 및 정보보호 등에 관한 법률에서 말하는 '정보통신망에 의하여 처리·보관 또는 전송되는' 타인의 비밀에 해당하지 않지만, 이를 징계위원회에 제출하는 행위는 '정보통신망에 의하여 처리·보관 또는 전송되는 타인의 비밀'인 이메일의 내용을 '누설하는 행위'에 해당한다고 본 사례(대판 2008.4.24. 2006도8644).

⑫ 피고인의 광고 내용인 화상채팅 서비스가 청소년보호법 제8조 등에 의한 청소년보호위원회 고시에서 규정하는 '불건전 전화 서비스 등'에 포함된다고 해석하는 것이 형

벌법규의 명확성 원칙에 반하거나 죄형법정주의에 의하여 금지되는 확장해석 내지 유추해석에 해당하지 아니한다고 한 사례(대판 2006.5.12. 2005도6525).

⑬ 카메라 등 이용 촬영죄를 정한 성폭력범죄의 처벌 및 피해자보호 등에 관한 법률 제14조의2 제1항 규정의 문언과 그 입법 취지 및 연혁, 보호법익 등에 비추어, 위 규정에서 말하는 '그 촬영물'이란 성적 욕망 또는 수치심을 유발할 수 있는 타인의 신체를 그 의사에 반하여 촬영한 영상물을 의미하고, 타인의 승낙을 받아 촬영한 영상물은 포함되지 않는다고 해석된다(대판 2009.10.29. 2009도7973).

⑭ 자동차관리법 제10조 제5항은 '누구든지 등록번호판을 가리거나 알아보기 곤란하게 하여서는 아니되며 그러한 자동차를 운행하여서는 아니된다'고 규정하고 있는바, 여기서 '알아보기 곤란하게 한다'는 의미는 사람이 육안으로 보아 알아보기 곤란하게 하는 경우뿐만 아니라 무인교통단속카메라와 같은 기계장치에 의한 인식 또는 판독을 곤란하게 하는 경우도 포함된다고 해석함이 상당하다(대판 2008.3.27. 2008도563).

⑮ 공중밀집장소에서의 추행죄를 규정한 성폭력범죄의 처벌 및 피해자보호 등에 관한 법률 제13조의 입법 취지, 위 법률 조항에서 그 범행장소를 공중이 '밀집한' 장소로 한정하는 대신 공중이 '밀집하는' 장소로 달리 규정하고 있는 문언의 내용, 그 규정상 예시적으로 열거한 대중교통수단, 공연·집회 장소 등의 가능한 다양한 형태 등에 비추어 보면, 여기서 말하는 '공중이 밀집하는 장소'에는 현실적으로 사람들이 빽빽이 들어서 있어 서로간의 신체적 접촉이 이루어지고 있는 곳만을 의미하는 것이 아니라 이 사건 찜질방 등과 같이 공중의 이용에 상시적으로 제공·개방된 상태에 놓여 있는 곳 일반을 의미한다. 또한, 위 공중밀집장소의 의미를 이와 같이 해석하는 한 그 장소의 성격과 이용현황, 피고인과 피해자 사이의 친분관계 등 구체적 사실관계에 비추어, 공중밀집장소의 일반적 특성을 이용한 추행행위라고 보기 어려운 특별한 사정이 있는 경우에 해당하지 않는 한, 그 행위 당시의 현실적인 밀집도 내지 혼잡도에 따라 그 규정의 적용 여부를 달리한다고 할 수는 없다(대판 2009.10.29. 2009도5704).

⑯ 주택법 제41조의2(주택의 전매행위 제한 등) 제1항에서는 주택의 입주자로 선정된 지위 등의 '전매행위'를 금지한다고 규정하고 있는바, 여기서 입주자로 선정된 지위를 전매한 자라고 함은 그러한 지위를 전매한 매도인만을 의미하고 그러한 지위를 매수한 매수인은 해당하지 않는다고 해석하는 것(대판 2010.5.13. 2009도10477).

⑰ 특정경제범죄 가중처벌 등에 관한 법률 제9조의 입법 취지를 감안하면, 같은 조 제1항에 정해진 "저축을 하는 자"에는 사법상 법률효과가 귀속되는 '저축의 주체'가 아니라고 하더라도, '저축과 관련된 행위를 한 자'도 포함되고, 그러한 자가 금융기관 임직원들의 유치 활동의 대상이 되어 당해 저축과 관련하여 특별한 이익을 수수하였다면 그 구성요건에 해당된다고 할 것이며, 이러한 해석이 "저축을 하는 자"라는 문언의 의미 한계를 넘어선 해석은 아니므로 죄형법정주의에 위반된 해석이라고 할 수도 없다 (대판 2006.3.9. 2003도6733).

⑱ 아동·청소년의 성보호에 관한 법률 제10조 제2항은 '아동·청소년의 성을 사기 위하여 아동·청소년을 유인하거나 성을 팔도록 권유한 자'를 처벌하도록 규정하고 있는데, 위 법률조항의 문언 및 체계, 입법 취지 등에 비추어, 아동·청소년이 이미 성매매 의사를 가지고 있었던 경우에도 그러한 아동·청소년에게 금품이나 그 밖의 재산상 이익, 직무·편의제공 등 대가를 제공하거나 약속하는 등의 방법으로 성을 팔도록 권유하는 행위도 위 규정에서 말하는 '성을 팔도록 권유하는 행위'에 포함된다고 보아야 한다(대판 2011.11.10. 2011도3934).

⑲ 구 전자금융거래법(2008. 12. 31. 법률 제9325호로 개정되기 전의 것, 이하 같다) 제2조 제10호는 금융계좌에 관한 접근매체의 종류로 '전자식 카드 및 이에 준하는 전자적 정보', '금융기관 또는 전자금융업자에 등록된 이용자번호' 등을 규정하고 있고, 제6조 제3항은 접근매체를 양도·양수하는 행위를 원칙적으로 금지하고 있으며, 제49조 제5항 제1호는 '제6조 제3항의 규정을 위반하여 접근매체를 양도·양수한 자는 1년 이하의 징역 또는 1천만원 이하의 벌금에 처한다'고 규정하고 있다. 일반적으로 양도라고 하면 권리나 물건 등을 남에게 넘겨주는 행위를 지칭하는데, 형벌법규의 해석은 엄격하여야 하고 명문규정의 의미를 피고인에게 불리한 방향으로 지나치게 확장 해석하거나 유추 해석하는 것은 죄형법정주의 원칙상 허용되지 않는 점, 민법상 양도와 임대를 별개의 개념으로 취급하고 있는 점, 이른바 '대포통장'을 활용한 범죄에 적극 대처하기 위하여 2008. 12. 31. 법률 제9325호로 구 전자금융거래법을 개정하면서 '대가를 매개로 접근매체를 대여받거나 대여하는 행위'에 대한 금지 및 처벌 조항을 신설한 점(제6조 제3항 제2호, 제49조 제4항 제2호) 등에 비추어 보면, 구 전자금융거래법에서 말하는 '양도'에는 단순히 접근매체를 빌려 주거나 일시적으로 사용하게 하는 행위는 포함되지 아니한다고 보아야 한다(대판 2012.7.5. 2011도16167).

⑳ '게임산업진흥에 관한 법률'(이하 '게임산업법'이라고 한다) 제32조 제1항 제7호는 "누구든지 게임물의 이용을 통하여 획득한 유·무형의 결과물(점수, 경품, 게임 내에서 사용되는 가상의 화폐로서 대통령령이 정하는 게임머니 및 대통령령이 정하는 이와 유사한 것을 말한다)을 환전 또는 환전알선거나 재매입을 업으로 하는 행위를 하여서는 아니된다"고 정하고 있다. 여러 사정을 종합하여 보면, 위 조항이 정한 '환전'에는 '게임결과물을 수령하고 돈을 교부하는 행위'뿐만 아니라 '게임결과물을 교부하고 돈을 수령하는 행위'도 포함되는 것으로 해석함이 상당하고, 이를 지나친 확장해석이나 유추해석이라고 할 수 없다(대판 2012.12.13. 2012도11505).

㉑ 군형법상 상관모욕죄는 상관에 대한 사회적 평가, 즉 외부적 명예 외에 군 조직의 질서 및 통수체계 유지 역시 보호법익으로 하는 점, 상관모욕죄의 입법 취지, 앞서 본 바와 같은 법규범의 체계적 구조 등을 종합하면, 상관모욕죄에서의 '상관'에 대통령이 포함된다고 해석하는 것(대판 2013.12.12. 2013도4555).

Ⅴ. 적정성의 원칙(과잉금지의 원칙, 비례성의 원칙)

범죄와 형벌을 규정하는 법률의 내용[13]은 인간의 존엄과 가치를 실질적으로 보장할 수 있도록 적정하여야 한다는 원칙이다.

□ 적정성의 원칙 관련 판례

〈반하는 경우〉

① 「특정범죄 가중처벌 등에 관한 법률」 제5조의3 제2항(도주차량 운전자의 가중처벌)에서 과실로 사람을 치상하게 한 자가 구호행위를 하지 아니하고 도주하거나 고의로 유기함으로써 치사의 결과에 이르게 한 경우에 살인죄와 비교하여 그 법정형을 더 무겁게 한 것은 형벌체계상의 정당성과 균형을 상실한 것으로서 헌법 제10조의 인간으로서의 존엄과 가치를 보장한 국가의 의무와 헌법 제11조의 평등의 원칙 및 헌법 제37조 제2항의 과잉입법금지의 원칙에 반한다(헌재 1992.4.28. 90헌바24).

② 구 반국가행위자의 처벌에 관한 특별조치법 제8조는 피고인의 소환불응에 대하여 전재산 몰수를 규정한바, 설사 반국가행위자의 고의적인 소환불응을 범죄행위라고 규정하는 취지라 해도 이러한 행위에 대해 전재산의 몰수라는 형벌은 행위책임의 법리를 넘어서 자의적이고 심정적인 처벌에의 길을 열어 둠으로써 형벌체계상 정당성과 균형을 벗어나 적법절차 및 과잉금지의 원칙에 어긋난다(헌재 1996.1.25. 95헌가5).

③ 상관을 살해한 경우 사형만을 유일한 법정형으로 규정하고 있는 군형법(1962. 1. 20. 법률 제1003호로 제정된 것) 제53조 제1항(이하 '이 사건 법률조항'이라 한다)이 형벌과 책임 간의 비례원칙에 위배된다(헌재 2007.11.29. 2006헌가13).

④ 금치처분을 받은 자에 대하여 집필의 목적과 내용 등을 묻지 않고, 또 대상자에 대한 교화 또는 처우상 필요한 경우까지도 예외 없이 일체의 집필행위를 금지하고 있음은 입법목적 달성을 위한 필요최소한의 제한이라는 한계를 벗어난 것으로서 과잉금지의 원칙에 위반된다(헌재 2005.2.24. 2003헌마289). [법률주의와 연결지어]

〈반하지 않는 경우〉

주택재건축사업이 공공성을 지니고 있을 뿐만 아니라 주택재건축조합의 임원은 그 조합원들의 재산권에 대하여 중대한 영향을 미칠 수 있기 때문에 공무원에 버금가는 고도의 청렴성과 업무의 불가매수성이 요구되는바, 그 임원이 직무와 관련하여 금품을 수수하는 등의 비리를 저질렀을 경우에는 이를 공무원으로 보아 엄중하게 처벌함으로써 주택재건축사업의 정상적인 운영과 조합 업무의 공정성 보장을 도모할 필요성이 있으므로 도시 및 주거환경정비법 제84조가 주택재건축조합의 임원을 뇌물죄의 적용에

---

13) 입법자에게

있어서 공무원으로 의제한 것은 그 목적이 정당하고, 그 목적 달성을 위하여 적절하고 필요한 수단이라 할 것이며, 이러한 제한으로 인하여 보호하려는 공익과 침해되는 사익 사이에 불균형이 발생한다고 할 수 없으므로 과잉금지의 원칙에 위반된다고 볼 수도 없다(대판 2007.4.27. 2007도694).

제 4 장

형법의 적용범위

제1절 시간적 적용범위

Ⅰ. 행위시법주의(원칙)

> **제1조【범죄의 성립과 처벌】**① 범죄의 성립과 처벌은 행위시의 법률에 의한다.
>
> **제1조【범죄의 성립과 처벌】**① 범죄의 성립과 처벌은 행위 시의 법률에 따른다.
> [전문개정 2020. 12. 8.]
> [시행일 : 2021. 12. 9.] 제1조

　　결심－준비－시작－실행행위종료－결과의 단계로 분류한다면 이때 '행위시'란 범죄행위의 종료(실행행위종료)시를 말한다.[1)]

---

1) 형법 제1조 제1항의 '행위시'란 범죄행위의 종료시를 말한다고 본다(대판 1994.5.10. 94도563).

Ⅱ. 행위시법주의의 예외 : 재판시법주의

1. 형법 제1조 제2항

> 제1조【범죄의 성립과 처벌】② 범죄 후 법률의 변경에 의하여 그 행위가 범죄를 구성하지 아니하거나 형이 구법보다 경한 때에는 신법에 의한다.
>
> 제1조【범죄의 성립과 처벌】② 범죄 후 법률이 변경되어 그 행위가 범죄를 구성하지 아니하게 되거나 형이 구법(舊法)보다 가벼워진 경우에는 신법(新法)에 따른다.
> [전문개정 2020. 12. 8.]
> [시행일 : 2021. 12. 9.] 제1조

(1) 범죄 후 법률의 변경

'범죄 후'란 실행행위 종료시 이후를 의미하며, '법률의 변경'은 형법 이외의 법도 해당 형법에 영향을 미치면 포함된다는 의미로 여기서의 법률은 법률·명령·규칙을 불문하며 반드시 형법일 것을 요하지 않는다.[2]

(2) 범죄를 구성하지 아니하는 경우

이 경우 공소제기가 있으면 법원은 면소판결을 선고해야 한다.

(3) 형이 구법보다 경한 경우

'형이 구법보다 경한 경우'란 경한 형으로 법률이 변경된 경우를 의미한다. 따라서 신법의 형이 구법의 형보다 경한 경우에는 경한 신법인 재판시법이 적용된다.

중한 형으로 법률이 변경되거나 형의 경중에 차이가 없는 때에는 행위시법주의의 원칙에 의해 제1조 제1항에 의하여 구법인 행위시법이 적용된다.

범죄 후 수차례 법률이 변경되어 행위시와 재판시 사이에 중간시법이 있는 경우에는 모든 법을 비교하여 가장 경한 법률을 적용한다.

형의 경중은 제50조를 기준으로 한다. 형의 경중의 비교대상은 법정형이며, 주형뿐만 아니라 몰수 등 부가형도 포함되고, 가중·감면사유와 병과형·선택형의 가능성도 비교해야 한다.

---

2) 총체적 법률상태[ex, 민법상 1990년 12월 기준으로 의붓아버지가 그 이전에는 법률상의 직계존속 관계(존속살해죄)이었으나, 이후에는 부정(보통살인죄)되므로 보통살인죄 적용]

□ 경한 형으로 변경된 경우

① 양벌규정에 면책규정이 신설된 것이 범죄 후 법률의 변경에 의하여 그 행위가 범죄를 구성하지 않거나 형이 구법보다 경한 경우에 해당한다(대판 2011.3.24. 2009도7230).
② 구 정보통신망 이용촉진 및 정보보호 등에 관한 법률의 양벌규정이 개정되어 법인에 대한 면책규정이 추가된 것이 형법 제1조 제2항에서 정한 '범죄 후 법률의 변경에 의하여 그 행위가 범죄를 구성하지 아니하거나 형이 구법보다 경한 경우'에 해당한다(대판 2012.5.9. 2011도11264).
③ 피고인이 사기죄로 인하여 취득하거나 제3자로 하여금 취득하게 한 재산상이익의 가액이 1억원 이상 10억원 미만인 때에 해당한다는 이유로 구 특정경제범죄가중처벌등에관한법률 제3조 제1항 제3호를 적용하여 가중처벌하는 항소심판결이 선고된 뒤인 1990.12.31. 법률 제4292호로 위 법률이 개정되어 위의 이득액이 5억원 이상인 때에만 그 죄를 범한 자를 가중 처벌할 수 있도록 규정됨과 아울러 제3조 제1항 제3호가 삭제되었으므로 위 공소사실에 관하여는 형사소송법 제383조 제2호 소정의 "판결 후 형의 변경이 있는 때"에 해당하는 사유가 있다고 보아야 한다(대판 1991.1.25. 90도2560).

□ 형의 변경이 아닌 경우

① 외국환관리규정의 개정으로 인하여 거주자의 집중의무의 면제범위가 확대되었다고 하여도 이는 범죄후 법률의 변경에 의하여 그 집중의무위반의 범죄행위가 범죄를 구성하지 않게 되거나 형이 가볍게 된 경우에 해당하는 것이 아니므로 형법 제1조 제2항이 적용될 여지가 없다(대판 1989.5.23. 89도570).
② 무단반출한 물품에 대한 세율이 범행 당시는 100퍼센트였으나 그 후 관세법의 개정으로 40퍼센트로 변경되었다고 하더라도 세율의 변경은 형의 변경이라고 할 수도 없어 포탈세액을 종전의 세율에 따라 산정한 것은 적법하다(대판 1984.12.26. 83도1988).
③ 외국환관리규정의 개정으로 일정한 범위의 외화의 사용과 투자가 허용되었다고 하여도 이는 범죄 후 법률의 변경에 의하여 범죄를 구성하지 않거나 형이 가볍게 된 경우에 해당하는 것이 아니므로 형법 제1조 제2항이 적용될 여지가 없다(대판 1989.2.14. 88도2211).

□ 형의 경중에 차이가 없는 경우

특정경제범죄가중처벌등에관한법률 제3조 제1항의 개정 전후를 통하여 형의 경중은 없으므로 행위시법인 개정 전 법률을 적용하여야 한다(대판 1991.10.8. 91도1911).

□ 수차 법률의 변경이 있는 경우

① 행위시와 재판시 사이에 수차 법령의 변경이 있는 경우에는 이 점에 관한 당사자의 주장이 없더라도 본조 제2항에 의하여 직권으로 행위시법과 제1, 2 심판시법의 세가지 규정에 의한 형의 경중을 비교하여 그중 가장 형이 경한 법규정을 적용하여 심판하여야 한다(대판 1968.12.17. 68도1324).
② 특강법 제2조 제1항 제3호는 2011. 3. 7. 법률 제10431호로 개정됨으로써 2010. 3. 31. 개정되기 전의 특강법과 같이 단순 강간행위에 의한 상해·치상죄도 '특정강력범죄'의 범위에 포함시켰으나, 범죄행위 시와 재판 시 사이에 여러 차례 법령이 개정되어 형의 변경이 있는 경우에는 형법 제1조 제2항에 의하여 직권으로 그 전부의 법령을 비교하여 그중 가장 형이 가벼운 법령을 적용하여야한다(대판 2012.9.13. 2012도7760).

□ 형의 경중의 판단 방법

① 형의 경중의 비교는 원칙적으로 법정형을 표준으로 할 것이고 처단형이나 선고형에 의할 것이 아니며, 법정형의 경중을 비교함에 있어서 법정형 중 병과형 또는 선택형이 있을 때에는 이 중 가장 중한 형을 기준으로 하여 다른 형과 경중을 정하는 것이 원칙이다(대판 1992.11.13. 92도2194).[3]
② 구 형법의 같은 조항의 법정형이 "5년 이하의 징역"이었던 것이 "5년 이하의 징역 또는 1천만원 이하의 벌금"이 되어 벌금형이 추가됨으로써 원심판결 후에 형이 가볍게 변경되었음이 분명하다(대판 1996.7.26. 96도1158).

감금행위가 계속되는 감금죄(포괄일죄)의 경우와 같이 구법과 신법의 시행 전후에 감금행위가 걸쳐 있을 때에는 범죄의 실행행위가 종료된 시점인 행위시법이 신법에 걸쳐 있으므로 이 경우 무조건 신법을 적용한다.

□ 관련 판례

① 재심이 개시된 사건에서 재심대상판결 당시의 법령이 변경된 경우 법원이 범죄사실에 대하여 적용하여야 할 법령은 재심판결 당시의 법령이다(대판 2011.1.20. 2008재도11 전원합의체).
② 포괄일죄인 뇌물수수 범행이 특정범죄 가중처벌 등에 관한 법률 제2조 제2항의 시

---

3) '3년 이하의 징역'에서 '5년 이하의 징역 또는 1,000만원 이하의 벌금'으로 변경된 경우 중한 형을 기준으로 판단하므로 3년 이하보다 5년 이하가 더 중하므로 행위시법(3년 이하의 징역) 적용

행 전후에 걸쳐 행하여진 경우, 위 조항에 규정된 벌금형 산정 기준이 되는 수뢰액의 범위는 시행 이후에 수수한 금액으로 한정된다(대판 2011.6.10. 2011도4260).

2. 형법 제1조 제3항

제1조【범죄의 성립과 처벌】③ 재판확정 후 법률의 변경에 의하여 그 행위가 범죄를 구성하지 아니하는 때에는 형의 집행을 면제한다.

제1조【범죄의 성립과 처벌】③ 재판이 확정된 후 법률이 변경되어 그 행위가 범죄를 구성하지 아니하게 된 경우에는 형의 집행을 면제한다.
[전문개정 2020. 12. 8.]
[시행일 : 2021. 12. 9.] 제1조

'재판확정 후'란 재판이 통상의 불복신청방법으로 다툴 수 없게 되고, 그 재판의 내용을 변경할 수 없는 상태에 이른 후를 의미한다. 이 경우에는 재판이 확정되지 않은 자와의 공평을 기하기 위하여 형의 집행을 면제한다.[4] 그러나 유죄판결 그 자체는 유효하므로 누범전과가 된다. 그리고 구법보다 경한 경우의 상황은 고려하지 않는다.

3. 형법 제1조 제2항 및 제3항의 적용배제

형법 제1조 제2항과 제3항은 다른 법령에 특별한 규정이 있는 때에는 적용되지 않는다(제8조 단서). 즉, 신법에 경과규정을 두어 유리한 신법의 적용을 배제하는 것은 가능하다.[5]

Ⅲ. 한시법

1. 의의

한시법(限時法)이란[6] 미리 일정한 유효기간이 명시된 법률이나, 형벌법규의

---

4) 형면제×(형집행의 면제와 형면제의 차이는 뒤에 형벌론에서 설명)
5) 형을 종전보다 가볍게 개정하면서 그 부칙으로 개정법 시행 전의 범죄에 대하여 종전의 법을 적용하도록 규정하는 것이 형벌불소급원칙이나 신법우선주의에 반하지 않는다(대판 1999.7.9. 99도1695).

폐지 이전에 유효기간이 정해진 법률을 의미한다는 협의설(통설)과, 협의의 한시법 이외에 법령의 내용이나 목적이 일시적 특수사정에 대처하기 위한 임시법도 한시법에 포함시키는 광의설(판례)이 대립되어 있다.

2. 한시법과 추급효

(1) 문제점

한시법의 유효기간 중의 위반행위에 대하여 그 유효기간이 경과한 후에도 처벌할 수 있는가, 즉 추급효[7]를 인정할 수 있는가가 문제된다.

(2) 추급효 인정여부

추급효를 인정하는 명문규정이 없는 한 유효기간이 경과함과 동시에 한시법은 실효되므로 그 이후에는 처벌할 수 없다는 견해가 통설이었으나, 판례는 한시법의 폐지가 법제정의 이유로 된 법률이념의 변경에 따라 종래의 처벌 그 자체가 부당하였다는 반성적 고려에서 기인한 경우에 한하여 제1조 제2항을 적용하여 구법의 추급효를 부정하고, 사실관계의 변화에 따른 법률의 변경인 경우에는 제1조 제1항을 적용하여 구법의 추급효를 인정할 수 있다고 판시하는 동기설을 취하고 있다.[8]

□ 법률이념 변화(반성적 고려) 판례

① 피고인이 운영한 여관은 구 청소년보호법(1999. 2. 5. 법률 제5817호로 개정되기 전의 것) 제2조 제5호 소정의 청소년유해업소에 해당하여 피고인의 청소년 숙박업소출입 허용행위도 범행 당시에는 같은 법 제51조 제7호 및 제24조 제2항에 해당되어 처벌받도록 규정되어 있었으나, 종전부터 청소년의 숙박업소 출입을 전면적으로 금지하는 것이 과연 합리적이고 바람직스러운 것인지 문제되어 왔다고 보일 뿐만 아니라, 1999. 2. 5.자 제14125호 관보에 의하면 청소년보호를 강화하려는 사회적 분위기에 맞추어, 청소년을 각종 유해행위로부터 보호하기 위하여 청소년유해행위에 대한 처벌규정을 신설하

---

6) 시간의 한정이 있는 법
7) 법의 실효기일이 지나 재판시에 실효된 법을 적용하는 것.
8) 판례 : 동기설[법령 폐지의 동기가 법률이념의 변화(반성적 고려)인지, 단순 사실관계의 변화인지에 따라]
　• 추급효부정설(제1조 제2항 근거) : 면소판결/형의 폐지/범죄를 구성하지 않음/가벌성 소멸[반성적 고려]
　• 추급효인정설(제1조 제1항 근거) : 행위시법으로 처벌/법률의 실효성 확보 목적[단순 사실관계의 변화]
9) 본래 혼숙 금지의 취지

고, 사회문제화되고 있는 청소년폭력과 학대 등으로부터 청소년의 보호를 강화하는 등 종합적이고 실효성 있게 청소년을 보호하려는 내용으로 같은 법이 법률 제5817호로 개정되었다는 것인데 구 청소년보호법(1999. 2. 5. 법률 제5817호로 개정되기 전의 것)과 달리 1999. 7. 1.부터 시행된 청소년보호법에서는 오히려, 숙박업은 청소년유해업소 중 청소년의 출입은 가능하나 고용은 유해한 것으로 인정되는 업소에 해당하는 것으로 변경된 점[청소년보호법 제2조 제5호 (나)목 (2) 참조] 및 같은 법 개정 당시 그 부칙 등에 같은 법 시행 전의 위와 같은 출입허용행위에 대한 벌칙의 적용에 있어서는 이에 대한 아무런 경과규정을 두지 아니한 점 등을 종합하여 보면, 그 변경은 청소년의 숙박행위까지 처벌대상으로 삼은 종전의 조치가 부당하다는 데서 나온 반성적 조치라고 보아야 할 것이므로 이는 범죄 후 법률의 변경에 의하여 그 행위가 범죄를 구성하지 아니한 경우에 해당한다(대판 2000.12.8. 2000도2626).9)

② 식육점 경영자가 사전검사를 받지 않고 견육을 판매목적으로 진열한 행위는 행위시법에 따르면 축산물가공처리법 위반행위가 되나 원심에서 유죄판결이 선고된 후 동법 시행규칙 개정으로 "개"에 대하여는 동법의 적용을 받지 않게 되었고 이는 이와 같은 경우를 처벌대상으로 삼은 종전 조처가 부당하다는데서 온 반성적 조처로 볼 것이므로 위 사유는 형사소송법 제383조 제2호의 판결 후 형의 폐지가 있는 때에 해당되며 또한 이건은 범죄 후 법령개폐로 형이 폐지된 때에 해당되어 같은 법 제326조 제4호에 정한 면소사유가 된다(대판 1979.2.27. 78도1690).

③ 피고인의 건축법위반행위가 범행 당시에는 구 건축법(1991. 5. 31. 법률 제4381호로 개정되기 전의 것) 제55조 제3호, 제7조의3 제1항에 해당되어 처벌받도록 규정되어 있었으나, 그 후 재판 당시에는 같은 법률의 개정된 시행령에 의하여 당해 용도에 쓰이는 바닥면적 300m² 미만의 종교집회장과 대중음식점은 허가를 받아야 하는 용도변경이 아닌 것으로 변경되었다면, 이는 소규모 종교집회장에 대하여 특별히 용도변경의 허가를 받지 않아도 되는데 이를 처벌대상으로 삼은 종전의 조치가 부당하다는 데서 나온 반성적 조치라고 보아야 할 것이므로 범죄 후 법령의 개정으로 형이 폐지된 경우에 해당한다(대판 1992.11.27. 92도2106).

④ 피고인의 이건 범행당시의 계량법시행령(1970. 9. 2. 대통령령 제5323호 전문개정) 제42조 제1항 제5호 (나)목에 의하여 화학용 부피계가 검정대상 계량기로서 검인을 위조, 행사한 점은 형법 제238조 제1항 및 동 제2항에, 검정을 받지 아니하고 화학용 부피계를 양도한 점은 계량법 제38조 제2호, 동 제24조 제1호에 해당하나, 원심판결 선고 후 전문개정된 현행 계량법시행령 제24조 제3호 및 동 제25조에 의하여 화학용 부피계에 대하여는 검정제도를 폐지한 것은 본건과 같은 경우를 처치대상으로 삼은 종전의 조처가 부당한데서 나온 반성적 조처라고 볼 것이므로, 이 건과 같은 행위를 처벌할 수 없게 되었으므로 이 건은 범죄 후의 법령의 개폐로 형이 폐지 되었을 때에 해당한다(대판 1983.2.8. 81도165).

⑤ 정당한 사유 없이 명시기일에 출석하지 아니한 사람에 대하여 3년 이하의 징역 또는 500만원 이하의 벌금에 처하도록 규정하고 있던 구 민사소송법 제524조의8 제1항이 2002. 7. 1.부터 시행된 민사집행법 제68조 제1항 제1호에서 법원의 결정으로 20일 이내의 감치에 처하는 것으로 개정되었고, 이러한 법률의 개정은 민사채무불이행에 대한 간접강제수단으로서의 성격을 가지고 있는 재산명시신청절차에서 법원의 출석 요구 등에 따르지 아니한 채무자에 대하여 바로 형벌을 과하는 것이 부당하다는 반성적 고려에서 이루어진 것으로서 형사소송법 제326조 제4호의 범죄 후의 법령개폐로 형이 폐지되었을 때에 해당한다(대판 2002.9.24. 2002도4300).

⑥ 구 자동차관리법시행규칙(2003. 1. 2. 건설교통부령 제346호로 개정되기 전의 것) 제138조 제1항 제1호가 삭제되면서 제138조 제3항, 제4항이 신설되어 폐차 과정에서 회수되어 자동차 수리용으로 재사용되는 중고 부품은 자동차안전기준 등에 저촉되지 아니하여야 하고, 폐차업자는 재사용되는 원동기 등 기능성장치 또는 부품에 업체명, 전화번호, 사용된 차종, 그 형식 및 연식, 부품의 명칭, 주행거리 등이 기재된 표지를 부착하도록 하였는데, 그 취지는 자동차 생산기술의 발달로 그 부품의 성능과 품질이 향상됨에 따라 폐차되는 자동차의 원동기를 재사용할 필요가 있고 이를 일정한 조건 아래에서 허용하더라도 별다른 문제가 발생할 여지가 많지 않음에도 불구하고 폐차시 원동기를 압축·파쇄 또는 절단하도록 한 종전의 조치가 부당하다는 데에서 나온 반성적 조치라고 보아야 한다(대판 2003.10.10. 2003도2770).

⑦ 공직선거및선거부정방지법의 개정 경과에 비추어 고비용의 정치구조를 개혁하자는 취지에서 명함을 선거운동에 사용하지 못하도록 전면적으로 제한하였다가 선거기간 중 후보자가 명함을 직접 주는 행위까지 처벌대상으로 삼은 종전의 조치가 부당하였다는 반성적 고려에서 구 공직선거및선거부정방지법(2002. 3. 7. 법률 제6663호로 개정되고 2004. 3. 12. 법률 제7189호로 개정되기 전의 것) 제93조 제1항 단서가 신설된 것으로 보이는 점 및 위 단서의 신설로 후보자가 명함을 '직접 주는' 행위만 허용되었을 뿐 같은 법 제93조 제1항 본문에 의하여 선거에 영향을 미치게 하기 위하여 명함을 '배부'하는 행위 일반은 여전히 금지되고 있는 점 등을 종합하여 보면, 위와 같이 신설된 같은 법 제93조 제1항 단서가 시행된 2002. 3. 7.부터는 선거기간 중 후보자가 명함을 직접 주는 경우에 한하여 예외적으로 금지대상에서 제외된 것으로 볼 것이고, 이와 달리 선거에 영향을 미치게 하기 위하여 명함을 아파트 현관의 세대별 우편함에 넣어두거나 아파트 출입문 틈새 사이로 밀어 넣어 안으로 투입하거나 틈새 사이에 끼워 놓은 경우에는 설령 그 투입행위 자체를 후보자 본인이 하였다고 하더라도 명함을 직접 준 것과 동일시할 수 없으므로 여전히 같은 법 제93조 제1항 본문 위반행위에 해당한다(대판 2004.8.16. 2004도3062).

⑧ 구 의료법(2007. 1. 3. 법률 제8203호로 개정되기 전의 것)이 약효에 관한 광고를 허용하고 그에 대한 벌칙조항을 삭제하면서 부칙에 그 시행 전의 약효에 관한 광고행위

에 대한 벌칙의 적용에 관하여 아무런 경과규정을 두지 않은 것은 약효에 대한 광고행위까지 처벌대상으로 삼은 종전의 조치가 부당하다는 반성적 고려에 의한 것이어서, 범죄 후 법률의 변경에 의하여 그 행위가 범죄를 구성하지 아니하는 경우에 해당하여 형법 제1조 제2항에 따라 신법을 적용하여야 함에도 구법을 적용한 조치가 위법하다고 한 사례(대판 2009.2.26. 2006도9311).

⑨ 범행당시에는 자동차운수사업법(1981. 12. 31 법률 제3513호) 제75조 제3호, 제56조 제1항에 해당되어 형벌인 벌금형에 처하게끔 규정되어 있다가 원심판결 당시에는 위 같은 법률(1986. 12. 31 법률 제3913호, 1987.7.1 시행) 제75조 제1항 제5호, 제56조 제1항에 의하여 행정벌인 과태료에 처하여지도록 변경된 취지는 형벌로서 처벌대상으로 삼은 종전의 조치가 부당하다는 데서 나온 반성적 조치라고 보아야 할 것이므로 위 법개정당시 그 부칙 등에 위법 시행전의 행위에 대한 벌칙의 적용에 있어서는 종전의 규정에 의한다는 규정을 두지 아니하는 한 이는 범죄후의 법령의 개폐로 형이 폐지된 경우에 해당한다(대판 1988.3.22. 88도47).

⑩ 구 군형법(2009. 11. 2. 법률 제9820호로 개정되기 전의 것) 제79조는 "허가 없이 근무장소 또는 지정장소를 일시이탈하거나 지정한 시간 내에 지정한 장소에 도달하지 못한 자는 1년 이하의 징역이나 금고에 처한다"고 규정하였으나, 원심판결 선고 후 시행된 군형법 제79조는 "허가 없이 근무장소 또는 지정장소를 일시적으로 이탈하거나 지정한 시간까지 지정한 장소에 도달하지 못한 사람은 1년 이하의 징역이나 금고 또는 300만원 이하의 벌금에 처한다"고 규정하여 벌금형이 법정형으로 추가되었는바, 그 취지는 무단이탈의 형태와 동기가 다양함에도 불구하고 죄질이 경미한 무단이탈에 대하여도 반드시 징역형 내지 금고형으로 처벌하도록 한 종전의 조치가 과중하다는 데에서 나온 반성적 조치라고 보아야 할 것이어서, 이는 형법 제1조 제2항의 '범죄 후 법률의 변경에 의하여 형이 구법보다 경한 때'에 해당한다고 한 사례(대판 2010.3.11. 2009도12930).

⑪ 구 특정범죄 가중처벌 등에 관한 법률(2013. 4. 5. 법률 제11731호로 개정되기 전의 것) 제5조의2 제4항은 "형법 제288조·제289조 또는 제292조 제1항의 죄를 범한 사람은 무기 또는 5년 이상의 징역에 처한다."고 규정하고, 구 형법(2013. 4. 5. 법률 제11731호로 개정되기 전의 것) 제288조 제1항은 "추행, 간음 또는 영리의 목적으로 사람을 약취 또는 유인한 자는 1년 이상의 유기징역에 처한다."고 규정하였으나, 원심판결 선고 전 시행된 특정범죄 가중처벌 등에 관한 법률(2013. 4. 5. 법률 제11731호로 개정된 것)에는 제5조의2 제4항이 삭제되고, 형법(2013. 4. 5. 법률 제11731호로 개정된 것) 제288조 제1항은 "추행, 간음, 결혼 또는 영리의 목적으로 사람을 약취 또는 유인한 사람은 1년 이상 10년 이하의 징역에 처한다."고 규정하여 추행 목적의 유인죄에 대한 법정형이 변경되었는데, 그 취지는 추행 목적의 유인의 형태와 동기가 다양함에도 불구하고 무기 또는 5년 이상의 징역으로 가중처벌하도록 한 종전의 조치가 과중하다는 데서 나온 반

제 4 장 형법의 적용범위 **53**

성적 조치라고 보아야 할 것이어서, 이는 형법 제1조 제2항의 '범죄 후 법률의 변경에 의하여 그 행위가 범죄를 구성하지 아니하거나 형이 구법보다 경한 때'에 해당한다(대판 2013.7.11. 2013도4862, 2013전도101).

⑫ 구 정보통신망 이용촉진 및 정보보호 등에 관한 법률(2007. 1. 26. 법률 제8289호로 개정되어 2007. 7. 27. 시행되기 전의 것) 제66조의 양벌규정은 법인에 대한 면책규정을 두지 아니하였는데, 같은 법률이 2007. 12. 21. 법률 제8778호로 개정되면서 위 양벌규정이 제75조로 대체된 후 다시 2010. 3. 17. 법률 제10138호로 개정되면서 같은 조 단서에 법인이 그 대리인, 사용인, 그 밖의 종업원의 위반행위를 방지하기 위하여 해당 업무에 관하여 상당한 주의와 감독을 게을리하지 아니한 경우에는 법인을 처벌하지 아니하도록 하는 면책규정이 추가되었는바, 이는 범죄 후 법률의 변경에 의하여 그 행위가 범죄를 구성하지 아니하거나 형이 구법보다 경한 경우에 해당한다고 할 것이어서 형법 제1조 제2항에 따라 피고인에게는 위와 같이 개정된 정보통신망 이용촉진 및 정보보호 등에 관한 법률의 양벌규정이 적용되어야 할 것이다(대판 2012.5.9. 2011도11264).

⑬ 행위시법인 구 정치자금법 제12조 제1항에 따라 2004년도 이월금을 포함한 연간 모금한도액 1억 5천만원을 초과한 이후의 모금행위가 구 정치자금법에 따른 범죄구성요건에 해당된다고 하더라도, 그 후 2006. 3. 2. 개정된 정치자금법이 전년도 이월금을 연간 모금한도액에서 제외하는 것으로 규정하면서 경과규정을 별도로 두지 않고 있는 점에 비추어 볼 때, 그 개정 취지는 범죄구성요건인 연간 모금한도액을 규정함에 있어 전년도 이월금을 포함하도록 하고 있는 구법의 처벌규정이 부당하다는 데에서 나온 반성적 조치라고 봄이 상당하므로, 이 사건 공소사실 중 2004년도 이월금에 해당하는 한도 초과 모금행위 부분은 형법 제1조 제2항의 '범죄 후 법령의 변경에 의하여 그 행위가 범죄를 구성하지 아니한 때'에 해당한다고 보아야 할 것이다(대판 2010.7.15. 2007도7523).

⑭ 형법 제257조 제1항(상해)의 가중적 구성요건을 규정하고 있던 구 폭력행위 등 처벌에 관한 법률 제3조 제1항을 삭제하는 대신에 같은 구성요건을 형법 제258조의2 제1항(특수상해)에 신설하면서 법정형을 구 폭력행위 등 처벌에 관한 법률 제3조 제1항보다 낮게 규정한 것이 종전의 형벌규정이 과중하다는 데에서 나온 반성적 조치로서 형법 제1조 제2항의 '범죄 후 법률의 변경에 의하여 형이 구법보다 경한 때'에 해당하는지 여부(적극)(대판 2016.3.24. 2016도1131).

□ 단순 사실관계 변화 판례

① 계엄이 선포되었다가 해제되어 계엄포고문이 그 효력을 상실하게 되는 것과 같이 법률 이념의 변경에 의한 것이 아니고 계엄의 목적수행 등 사정의 변천에 따라 그때의 특수한 필요에 대처하기 위하여 계엄령이 해제된 경우 계엄선포 당시의 상황에서 범해

진 위반행위에 대한 가벌성을 소멸시키거나 축소시킬 아무런 이유가 없다고 할 것이므로 비록 계엄령의 해제로 계엄포고문이 개폐되었다고 하더라도 행위 당시의 계엄법 및 계엄선포문에 따라 그 위반 행위는 처벌되어야 한다(대판 1982.10.26. 82도1861).

② 계엄은 국가비상사태에 당하여 병력으로써 국가의 안전과 공공의 안녕질서를 유지할 필요가 있을 때에 선포되고 평상상태로 회복되었을 때에 해제하는 것으로서 계엄령의 해제는 사태의 호전에 따른 조치이고 계엄령은 부당하다는 반성적 고찰에서 나온 조치는 아니므로 계엄이 해제되었다고 하여 계엄하에서 행해진 위반행위의 가벌성이 소멸된다고는 볼 수 없는 것으로서 계엄기간중의 계엄포고위반의 죄는 계엄해제후에도 행위당시의 법령에 따라 처벌되어야 하고 계엄의 해제를 범죄후 법령의 개폐로 형이 폐지된 경우와 같이 볼 수 없다(대판 1985.5.28. 81도1045 전원합의체).

③ 종전에 허가를 받거나 신고를 하여야만 할 수 있던 행위의 일부를 허가나 신고 없이 할 수 있도록 법령이 개정되었다 하더라도 이는 법률 이념의 변천으로 과거에 범죄로서 처벌하던 일부 행위에 대한 처벌 자체가 부당하다는 반성적 고려에서 비롯된 것이라기보다는 사정의 변천에 따른 규제 범위의 합리적 조정의 필요에 따른 것이라고 보이므로, 위 개발제한구역의 지정 및 관리에 관한 특별조치법과 같은 법 시행규칙의 신설 조항들이 시행되기 전에 이미 범하여진 개발제한구역 내 비닐하우스 설치행위에 대한 가벌성이 소멸하는 것은 아니다(대판 2007.9.6. 2007도4197).

④ 도로교통법상의 지정차로 제도가 한때 폐지된 일이 있었으나 그 폐지는 법률이념의 변천으로 종래의 규정에 따른 처벌 자체가 부당하다는 반성적 고려에서 비롯된 것이라기 보다는 당시의 특수한 필요에 대처하기 위한 정책적 조치에 따른 것이라고 판단되므로 그 제도 폐지 전에 이미 범하여진 위반행위에 대한 가벌성은 소멸되지 않는 것이다(대판 1999.11.12. 99도3567).

⑤ 에너지이용합리화법 시행규칙 제2조 별표 제1의 열사용기자재 중 온수보일러에 가스용은 제외한다는 규정은 1983. 6. 1 위 시행규칙의 개정(동력자원부령 제57호)에 의한 것이고 이 사건 범행당시에 시행하던 개정전 시행규칙 제2조 별표 제1에서는 열사용 기자재로서의 온수보일러에서 가스용을 제외하고 있지 않음이 뚜렷한바, 무릇 법률은 그 실시 이전의 사실에 효력을 미치지 않음이 원칙이고 그 불소급의 원칙에 대한 예외로서의 형법 제1조 제2항의 규정은 형벌법령제정의 이유가 된 법률이념의 변천에 따라 과거에 있어서 범죄로 본 행위에 대한 현재의 평가가 달라짐에 따라 이를 범죄로 인정하고 처벌한 그 자체가 부당하였다거나 또는 과형이 과중하였다는 반성적 고려에서 법령을 개폐하였을 경우에 적용되어야 하고 이와 같은 법률이념의 변경에 의한 것이 아닌 다른 사정의 변천에 따라 그때 그때의 특수한 필요에 대처하기 위하여 법령을 개폐하는 경우에는 이미 그 전에 성립한 위법행위를 현재로서 관찰하여도 행위당시의 행위로서는 가벌성이 있는 것이어서 그 법령이 개폐되었다 하여도 그에 대한 형이 폐지된 것이라고는 할 수 없다 할 것이다(대판 1984.12.11. 84도413).

⑥ 식품위생법 제7조 제1항의 위임에 따른 관계 장관의 식품제조기준에 관한 고시에서 액상차의 필요한 성분배합기준이 유자차의 경우 유자성분 30% 이상을 배합하도록 규정하고 있던 것을 1994. 7. 22.자로 각 업소별 배합기준에 의하도록 변경고시된 경우, 이러한 고시의 변경은 법률이념의 변천으로 종래의 규정에 따른 처벌 자체가 부당하다는 반성적 고려에서 비롯된 것이라기보다는 식품제조 원료의 공급상태, 생산식품의 품질향상, 제조기술 발전상태 등에 따른 정책의 변화 등 특수한 필요에 대처하기 위하여 취하여진 당국의 조치에 불과한 것이므로, 이와 같이 유자차의 성분배합기준이 제조업자의 자율에 맡겨지게 되었다 하더라도 그 고시가 변경되기 이전에 범하여진 위반행위에 대한 가벌성이 소멸되는 것은 아니다(대판 1996.10.29. 96도1324).

⑦ 식품위생법 제30조의 규정에 의하여 단란주점의 영업시간을 제한하고 있던 보건복지부 고시가 유효기간 만료로 실효되어 그 영업시간 제한이 해제됨으로써 그 후로는 이 사건과 같은 영업시간제한 위반행위를 더 이상 처벌할 수 없게 되기는 하였으나, 이와 같은 영업시간제한의 해제는 법률 이념의 변천으로 종래의 규정에 따른 처벌 자체가 부당하다는 반성적 고려에서 비롯된 것이라기보다는 사회상황의 변화에 따른 식품접객업소의 영업시간제한 필요성의 감소와 그 위반행위의 단속과정에서 발생하는 부작용을 줄이기 위한 특수한 정책적인 필요 등에 대처하기 위하여 취하여진 조치에 불과하므로, 위와 같이 영업시간제한이 해제되었다고 하더라도 그 이전에 범하여진 피고인의 이 사건 위반행위에 대한 가벌성이 소멸되는 것은 아니다(대판 2000.6.9. 2000도764).

⑧ 구 부동산중개업법(1999. 3. 31. 법률 제5957호로 개정되기 전의 것) 제6조 제2항, 같은법시행령(1999. 6. 30. 대통령령 제16462호로 개정되기 전의 것) 제8조 제1항에 의하여 부동산중개업자가 둘 수 있는 중개보조원의 인원수가 제한되어 있었다가 위의 개정된 법령에 의하여 위의 각 규정들이 삭제됨으로써 부동산중개업자가 인원수의 제한 없이 중개보조원을 고용할 수 있게 되었으나, 이러한 법령의 개정은 법률이념의 변천으로 종래의 규정에 따른 처벌 자체가 부당하다는 반성적 고려에서 비롯된 것이라기보다는 사회·경제상황의 변화에 따라 부동산중개업자의 중개보조원 고용인원수를 제한할 필요성이 감소됨으로써 취하여진 정책적인 조치에 불과한 것이라고 판단되고 위의 개정된 법률에서 그 법 시행 전의 범죄에 대한 벌칙 적용의 경과규정을 두지 않았다 하여 달리 볼 것은 아니므로, 중개보조원 고용인원수제한 규정이 폐지되었다고 하더라도 그 이전에 이미 범하여진 위반행위에 대한 가벌성이 소멸되는 것은 아니다(대판 2000.8.18. 2000도2943).

⑨ 외국환관리규정의 개정으로 인하여 거주자가 허가 등을 받지 아니하고 휴대·출국할 수 있는 해외여행 기본경비가 증액되었다고 하여도 이는 범죄 후 법률의 변경에 의하여 범죄를 구성하지 않게 되거나 형이 가볍게 된 경우에 해당하는 것이 아니므로 형법 제1조 제2항이 적용될 여지는 없다(대판 1996.2.23. 95도2858).

⑩ '납세의무자가 정당한 사유 없이 1회계연도에 3회 이상 체납하는 경우'를 처벌하는

구 조세범 처벌법 제10조의 삭제는 경제·사회적 여건 변화를 반영한 정책적 조치에 따른 것으로 보일 뿐 법률이념의 변천에 따른 반성적 고려에서 비롯된 것이라고 보기 어려우므로, 위 규정 삭제 이전에 범한 위반행위의 가벌성이 소멸되지 않는다고 본 원심 판단을 수긍한 사례(대판 2011.7.14. 2011도1303).

⑪ 2005. 1. 27. 법률 제7383호로 개정된 개발제한구역의 지정 및 관리에 관한 특별조치법에서 신설한 제11조 제3항은 "건설교통부령이 정하는 경미한 행위는 허가 또는 신고를 하지 아니하고 행할 수 있다"고 규정하고 있고 그 부칙에 의하여 공포 후 6개월이 경과한 날부터 시행되었으며, 2005. 8. 10. 건설교통부령 제464호에서 신설한 같은 법 시행규칙 제7조의2와 [별표 3의2]는 그러한 경미한 행위들을 열거하여 규정하고 있으나, 이와 같이 종전에 허가를 받거나 신고를 하여야만 할 수 있던 행위의 일부를 허가나 신고 없이 할 수 있도록 법령이 개정되었다 하더라도 이는 법률 이념의 변천으로 과거에 범죄로서 처벌하던 일부 행위에 대한 처벌 자체가 부당하다는 반성적 고려에서 비롯된 것이라기보다는 사정의 변천에 따른 규제 범위의 합리적 조정의 필요에 따른 것이라고 보이므로, 위 개발제한구역의 지정 및 관리에 관한 특별조치법과 같은 법 시행규칙의 신설 조항들이 시행되기 전에 이미 범하여진 개발제한구역 내 비닐하우스 설치행위에 대한 가벌성이 소멸하는 것은 아니다(대판 2007.9.6. 2007도4197).

⑫ 외국환거래규정의 개정으로 인하여 거주자가 수출대금의 영수를 위하여 외국통화표시수표를 휴대수입 이외의 방법으로 수입하는 경우에 한국은행총재의 허가를 받을 필요가 없게 된 경우, 위 규정의 개정 전에 범하여진 위반행위에 대한 가벌성이 소멸된 것으로 볼 수 있는지 여부(소극)(대판 2005.1.14. 2004도5890).

⑬ 한국전기통신공사법폐지법률로서 한국전기통신공사법을 폐지하고, 공기업의경영구조개선및민영화에관한법률 제3조 제2항에서 한국전기통신공사를 더 이상 정부투자기관관리기본법이 정하는 '정부투자기관'으로 보지 아니하도록 정한 것은, 법률이념의 변천으로 종래 한국전기통신공사의 임직원이 수뢰를 하였을 때에 그들을 공무원으로 의제하여 형법의 해당 조문을 적용하여 처벌하던 것이 부당하다는 반성적 고려에서 비롯된 것이라고 볼 수 없고, 한국전기통신공사를 상법상의 주식회사로 전환하고, 이를 민영화하여 위와 같은 경제정책적인 목표를 달성하기 위하여 취하여진 조치임이 명백하다. 그러므로 한국전기통신공사법폐지법률과 공기업의경영구조개선및민영화에관한법률이 시행되어 이제는 한국전기통신공사를 정부투자기관관리기본법 제18조가 정하는 '정부투자기관'으로 볼 수 없게 되었다 하더라도 그 이전에 범한 피고인들의 이 사건 뇌물수수 행위에 대한 가벌성이 없어지거나 줄어든 것은 아니므로, 피고인들의 행위에 대하여 형의 폐지나 변경이 있었던 것이라고 볼 수 없다(대판 1997.12.9. 97도2682).

제2절 장소적 적용범위[10]

Ⅰ. 입법주의

1. 속지주의(원칙)

> **제2조【국내범】** 본법은 대한민국 영역 내에서 죄를 범한 내국인과 외국인에게 적용한다.

제2조에서 '대한민국의 영역'이란 한반도와 그 부속도서를 말하며, '죄를 범한'이란[11] 행위와 결과의 어느 것이라도 대한민국의 영역 내에서 발생하면 족하다.

2. 속인주의

> **제3조【내국인의 국외범】** 본법은 대한민국 영역 외[12]에서 죄를 범한 내국인에게 적용한다.

제3조에서 '내국인'이란 범행 당시에 대한민국의 국적을 가진 자를 뜻한다.

□ 대한민국 내의 미국문화원에서 범죄행위를 한 자에 대한 대한민국의 재판권 유무

국제협정이나 관행에 의하여 대한민국내에 있는 미국문화원이 치외법권지역이고 그 곳을 미국영토의 연장으로 본다 하더라도 그 곳에서 죄를 범한 대한민국 국민에 대하여 우리 법원에 먼저 공소가 제기되고 미국이 자국의 재판권을 주장하지 않고 있는 이상 속인주의를 함께 채택하고 있는 우리나라의 재판권은 동인들에게도 당연히 미친다 할 것이며 미국문화원측이 동인들에 대한 처벌을 바라지 않았다고 하여 그 재판권이 배제되는 것도 아니다(대판 1986.6.24. 86도403).

3. 기국주의

> **제4조【국외에 있는 내국선박 등에서 외국인이 범한 죄】** 본법은 대한민국 영역 외에 있는 대한민국의 선박 또는 항공기[13] 내에서 죄를 범한 외국인에게 적용한다.

---

10) 속지주의(원칙) → 속인주의(예외)) → 기국주의(예외)) → 보호주의(예외) 순서대로 적용
11) 기준 : 공모, 예비·음모, 실행의 착수(행위), 결과발생 중 어느 일부라도 해당하면 된다.
12) 公海를 포함한다.
13) 등록지 기준

제4조에서 '대한민국의 영역 외'는 외국 또는 무국적지를 불문한다.

4. 보호주의(우리나라 법익 침해)

(1) 제5조

> 제5조【외국인의 국외범】본법은 대한민국 영역 외에서 다음에 기재한 죄를 범한 외국인
> 에게 적용한다.
> 1. 내란의 죄
> 2. 외환의 죄
> 3. 국기에 관한 죄
> 4. 통화에 관한 죄
> 5. 유가증권, 우표와 인지에 관한 죄
> 6. 문서에 관한 죄 중 제225조 내지 제230조(공문서)
> 7. 인장에 관한 죄 중 제238조(공인장)

위 죄에 해당하는 경우 조건 없이 무조건 처벌한다.[14]

(2) 제6조

> 제6조【대한민국과 대한민국국민에 대한 국외범】본법은 대한민국 영역 외에서 대한민국 또
> 는 대한민국국민에 대하여 전조에 기재한 이외의 죄를 범한 외국인에게 적용한다. 단,
> 행위지의 법률에 의하여 범죄를 구성하지 아니하거나 소추 또는 형의 집행을 면제할
> 경우에는 예외로 한다.

제6조는 제5조에 규정된 범죄 이외의 죄에 대한 외국인의 국외범에 대해서
도 보호주의에 입각하여 우리 형법이 적용되는 경우이다.[15]

---

14) Ex) 미국에서 미국인이 엔화를 위조한 경우 보호주의(제5조)를 적용하여 우리나라 통화위
    조죄로 처벌한다.
15) 2가지 조건 동시 충족 :
    그 나라(행위지)에서 처벌가능(상호주의) + 대한민국 국가나 국민에 대한 직접적인 침해
    (문서위조 등 간접적 침해에 해당하는 사회적 법익은 ×)
    Ex) 1) 미국에서 중국인이 한국사람을 폭행한 경우 보호주의(제6조)로 처벌가능
       2) 우리나라에서 간통죄가 폐지된 2015년 이전 미국에서 중국인이 한국사람과 간통
          한 경우 대한민국 국민의 법익을 직접적으로 침해하였지만, 행위지인 미국에서는
          간통죄가 없으므로 중국인을 처벌할 수 없다. 단, 간통한 한국인은 속인주의(제3
          조)로 처벌 가능하다.

□ 행위가 외국에서 이루어졌더라도 우리 법원에 재판권이 있는지 여부

법인 소유의 자금에 대한 사실상 또는 법률상 지배·처분 권한을 가지고 있는 대표자 등은 법인에 대한 관계에서 그 자금의 보관자 지위에 있다고 할 것이므로, 법인이 특정 사업의 명목상의 주체로 특수목적법인을 설립하여 그 명의로 자금 집행 등 사업진행을 하면서도 자금의 관리·처분에 관하여는 실질적 사업주체인 법인이 의사결정권한을 행사하면서 특수목적법인 명의로 보유한 자금에 대하여 현실적 지배를 하고 있는 경우에는, 사업주체인 법인의 대표자 등이 특수목적법인의 보유 자금을 정해진 목적과 용도 외에 임의로 사용하면 위탁자인 법인에 대하여 횡령죄가 성립할 수 있다. 이는 법인의 대표자 등이 외국인인 경우에도 마찬가지이므로, 내국 법인의 대표자인 외국인이 그 내국 법인이 외국에 설립한 특수목적법인에 위탁해 둔 자금을 정해진 목적과 용도 외에 임의로 사용한 데 따른 횡령죄의 피해자는 당해 금전을 위탁한 내국 법인이라고 보아야 한다. 따라서 그 행위가 외국에서 이루어진 경우에도 행위지의 법률에 의하여 범죄를 구성하지 아니하거나 소추 또는 형의 집행을 면제할 경우가 아니라면 그 외국인에 대해서도 우리 형법이 적용되어(형법 제6조), 우리 법원에 재판권이 있다(대판 2017.3.22. 2016도17465).

5. 세계주의(각론상 약취·유인 및 인신매매죄에만 해당)

2013. 3. 5. 개정된 형법은 약취·유인 및 인신매매의 죄는 인류 일반의 보편타당한 인권을 유린하는 범죄라는 점에서 "제287조부터 제292조까지 및 제294조는 대한민국 영역 밖에서 죄를 범한 외국인에게도 적용한다"라고 규정하여 명시적으로 세계주의를 도입하였다.[16)]

Ⅱ. 외국에서 받은 형집행의 효력

제7조 【외국에서 집행된 형의 산입】 죄를 지어 외국에서 형의 전부 또는 일부가 집행된 사람에 대해서는 그 집행된 형의 전부 또는 일부를 선고하는 형에 산입한다.

제7조에서 '외국에서 집행된 형'이란 '외국 법원의 유죄판결에 의하여 형의 전부 또는 일부가 집행된 사람'을 의미한다. 따라서 외국에서 형사사건으로 외국

---

16) Ex) 중국에서 중국인1이 중국인2를 인신매매한 경우에도 우리나라에서 중국인1 처벌 가능, 참고로 중국에서 중국인이 한국인을 인신매매한 경우는 보호주의(제6조)로 처벌한다.

법원에 기소되었다가 무죄판결을 받은 사람은 설령 그가 무죄판결을 받기까지 상당기간 미결구금되었다 하더라도 제7조에 의한 산입대상이 될 수 없다. 또한, 외국에서 형이 집행된 것이 아니라 단지 미결구금되었다가 무죄판결을 받은 사람의 미결구금일수를 형법 제7조의 유추적용에 의하여 그가 국내에서 같은 행위로 인하여 선고받은 형에 산입하여야 한다는 것은 허용되기 어렵다.

□ 관련 판례

[다수의견]

(가) 형법 제7조는 "죄를 지어 외국에서 형의 전부 또는 일부가 집행된 사람에 대해서는 그 집행된 형의 전부 또는 일부를 선고하는 형에 산입한다."라고 규정하고 있다. 이 규정의 취지는, 형사판결은 국가주권의 일부분인 형벌권 행사에 기초한 것이어서 피고인이 외국에서 형사처벌을 과하는 확정판결을 받았더라도 그 외국 판결은 우리나라 법원을 기속할 수 없고 우리나라에서는 기판력도 없어 일사부재리의 원칙이 적용되지 않으므로, 피고인이 동일한 행위에 관하여 우리나라 형벌법규에 따라 다시 처벌받는 경우에 생길 수 있는 실질적인 불이익을 완화하려는 것이다. 그런데 여기서 '외국에서 형의 전부 또는 일부가 집행된 사람'이란 문언과 취지에 비추어 '외국 법원의 유죄판결에 의하여 자유형이나 벌금형 등 형의 전부 또는 일부가 실제로 집행된 사람'을 말한다고 해석하여야 한다.

따라서 형사사건으로 외국 법원에 기소되었다가 무죄판결을 받은 사람은, 설령 그가 무죄판결을 받기까지 상당 기간 미결구금되었더라도 이를 유죄판결에 의하여 형이 실제로 집행된 것으로 볼 수는 없으므로, '외국에서 형의 전부 또는 일부가 집행된 사람'에 해당한다고 볼 수 없고, 그 미결구금 기간은 형법 제7조에 의한 산입의 대상이 될 수 없다.

(나) 미결구금은 공소의 목적을 달성하기 위하여 어쩔 수 없이 피고인 또는 피의자를 구금하는 강제처분이어서 형의 집행은 아니지만 신체의 자유를 박탈하는 점이 자유형과 유사하기 때문에, 형법 제57조 제1항은 인권 보호의 관점에서 미결구금일수의 전부를 본형에 산입한다고 규정하고 있다.

그러나 외국에서 무죄판결을 받고 석방되기까지의 미결구금은, 국내에서의 형벌권 행사가 외국에서의 형사절차와는 별개의 것인 만큼 우리나라 형벌법규에 따른 공소의 목적을 달성하기 위하여 필수불가결하게 이루어진 강제처분으로 볼 수 없고, 유죄판결을 전제로 한 것이 아니어서 해당 국가의 형사보상제도에 따라 구금 기간에 상응하는 금전적 보상을 받음으로써 구제받을 성질의 것에 불과하다. 또한 형사절차에서 미결구금이 이루어지는 목적, 미결구금의 집행 방법 및 피구금자에 대한 처우, 미결구금에 대한 법률적 취급 등이 국가별로 다양하여 외국에서의 미결구금으로 인해 피고인이 받는 신체적 자유 박탈에 따른 불이익의 양상과 정도를 국내에서의 미결구금이나 형의 집행과 효과 면에서 서로 같거나 유사하다고 단정할 수도 없다. 따라서 위와 같이 외국에서 이루어진 미결구금을 형법 제57조 제1항에서 규정한 '본형에 당연히 산입되는 미결구금'과 같다고 볼 수 없다.

결국 미결구금이 자유 박탈이라는 효과 면에서 형의 집행과 일부 유사하다는 점만을 근거로, 외국에서 형이 집행된 것이 아니라 단지 미결구금되었다가 무죄판결을 받은 사람의 미결구금일수를 형법 제7조의 유추적용에 의하여 그가 국내에서 같은 행위로 인하여 선고받는 형에 산입하여야 한다는 것은 허용되기 어렵다.

(다) 한편 양형의 조건에 관하여 규정한 형법 제51조의 사항은 널리 형의 양정에 관한 법원의 재량사항에 속하고, 이는 열거적인 것이 아니라 예시적인 것이다. 피고인이 외국에서 기소되어 미결구금되었다가 무죄판결을 받은 이후 다시 그 행위로 국내에서 처벌받는 경우, 공판 과정에서 외국에서의 미결구금 사실이 밝혀진다면, 양형에 관한 여러 사정들과 함께 그 미결구금의 원인이 된 사실과 공소사실의 동일성의 정도, 미결구금 기간, 해당 국가에서 이루어진 미결구금의 특수성 등을 고려하여 필요한 경우 형법 제53조의 작량감경 등을 적용하고, 나아가 이를 양형의 조건에 관한 사항으로 참작하여 최종의 선고형을 정함으로써 적정한 양형을 통해 피고인의 미결구금에 따른 불이익을 충분히 해소할 수 있다. 형법 제7조를 유추적용하여 외국에서의 미결구금을 확정된 형의 집행 단계에서 전부 또는 일부 산입한다면 이는 위 미결구금을 고려하지 아니하고 형을 정함을 전제로 하므로, 오히려 위와 같이 미결구금을 양형 단계에서 반영하여 그에 상응한 적절한 형으로 선고하는 것에 비하여 피고인에게 더 유리하다고 단정할 수 없다.

[대법관 고영한, 대법관 김창석, 대법관 조희대, 대법관 김재형, 대법관 조재연의 반대의견]
형법 제7조의 문언상 외국에서 유죄판결에 의하여 형의 전부 또는 일부가 집행된 사람이 아니라 단순히 미결구금되었다가 무죄판결을 받은 사람에 대하여 위 법조를 직접 적용할 수 없다는 것은 다수의견이 지적하는 바와 같지만, 유추적용을 통하여 그 미결구금일수의 전부 또는 일부를 국내에서 선고하는 형에 산입하여야 한다. 그 이유는 다음과 같다.

(가) 피고인이 외국에서 미결구금되었다가 무죄판결을 받았음에도 다시 국내에서 같은 행위로 기소되어 우리나라 형벌법규에 의하여 처벌받을 때 이를 전혀 고려하지 않는다면 피고인의 신체의 자유에 대한 과도한 침해가 될 수 있다. 이러한 경우에는 형법 제7조를 유추적용하여 그 미결구금일수의 전부 또는 일부를 국내에서 선고하는 형에 산입함으로써 형벌권의 행사를 정당한 한도 내로 제한함이 타당하다. 이렇게 보는 것이 신체의 자유를 보장하기 위하여 적법절차의 원칙을 선언하고 있는 헌법 정신에 부합한다. 또한 형법 제7조의 입법 취지는 국내외에서의 실질적 이중처벌로 인하여 피고인이 입

을 수 있는 불이익을 완화함으로써 피고인의 신체의 자유를 최대한으로 보장한다는 것이다. 이는 외국에서 유죄판결에 의하여 형의 집행을 받은 피고인뿐만 아니라 외국에서 미결구금되었다가 무죄판결을 받은 피고인에 대하여도 충분히 고려되어야 할 사항이다. 형법 제7조의 적용 여부가 쟁점이 되었을 때는 그 입법 취지를 최대한 반영하여 해석함이 타당하므로, 피고인이 외국에서 미결구금되었다가 무죄판결을 받은 경우에도 형법 제7조의 유추적용을 긍정할 필요가 있다.

(나) 형법 제57조 제1항에 의하여서는 외국에서 무죄판결을 받고 석방되기까지의 미결구금일수를 국내에서 선고하는 형에 산입할 수 없으므로, 위 조항과 형법 제7조에 공통적으로 담긴 인권 보호의 정신을 살려 외국에서 유죄판결에 의하여 형이 집행된 피고인뿐만 아니라 외국에서 미결구금되었다가 무죄판결을 받은 피고인에 대하여도 다시 같은 행위로 국내에서 형을 선고할 경우에는 형법 제7조를 유추적용하여야 할 필요성이 더욱 크다.

다만 형법 제57조 제1항에 의하여 본형에 산입되는 국내에서의 판결선고 전 구금일수는 공소의 목적을 달성하기 위하여 어쩔 수 없이 이루어진 강제처분기간에 한정된다는 것이 대법원의 일관된 태도이므로, 이러한 해석과의 균형을 위하여, 형법 제7조의 유추적용으로 선고하는 형에 산입할 외국에서의 미결구금은 외국에서 공소의 목적을 달성하기 위하여 이루어진 것에 한정하여야 한다.

(다) 현행 법 체계에 비추어 보면, 판결확정 전의 구금은 형의 내용을 정할 때, 즉 양형 단계에서가 아니라 형의 집행 단계에서 고려하여야 할 사항이라는 것이 입법자의 결단이다. 외국에서의 미결구금 역시 판결확정 전의 구금에 해당하고, 나아가 외국에서의 미결구금이 외국에서의 형 집행과 본질적으로 차이가 없으므로, 외국에서 미결구금된 경우 이를 양형 사유로 참작하는 것보다는 형의 집행 문제로 해결할 수 있도록 형법 제7조를 유추적용하는 것이 현행법 체계에 부합하고 일관된다.

국내외에서의 이중 처벌에 따른 피고인의 불이익을 완화시킨다는 형법 제7조의 입법 취지를 충분히 달성하기 위하여는 외국에서의 미결구금을 양형인자의 하나로 보아 법관의 양형 판단에 의존하는 방식보다 형법 제7조의 유추적용에 의한 방식이 더 타당하다.

(라) 외국에서 유죄판결이 선고되어 형이 집행된 경우에는 그 집행된 형의 전부 또는 일부를 선고하는 형에 직접 산입해 줌으로써 형기를 단축시켜 주는 방법으로 피고인에게 최대한 유리하게 취급해 주는 반면에, 외국에서 무죄판결로 사건이 종결되었을 경우에는 외국에서 형사보상을 받을 기회가 있었다거나 형사보상을 받았다는 이유만으로 애초부터 그 무죄판결 이전의 미결구금을 형법 제7조에 의한 형 산입의 적용 대상에서 제외시키는 것은 합리적이라고 보기 어렵다(대판 2017.8.24. 2017도5977 전원합의체).

제3절 인적 적용범위

　　형법은 원칙적으로 시간적·장소적 효력이 미치는 범위에서 모든 사람에게 적용된다. 다만 예외적으로 대통령은 내란 또는 외환의 죄를 범한 경우를 제외하고는 재직 중 형사상의 소추를 받지 아니하며, 국회의원은 국회에서 직무상 행한 발언과 표결에 관하여 국회외에서 책임을 지지 아니한다는 예외가 있다. 또한 외교관과 같은 치외법권을 가진 자는 형사관할권의 면제를 누리며, 'SOFA'협정에 의하여 공무중의 미군범죄에 대해서는 한국 형법의 적용이 배제된다.

□ 관련 판례

한반도의 평시상태에서 미합중국 군 당국은 미합중국 군대의 군속에 대하여 형사재판권을 가지지 않으므로, 미합중국 군대의 군속이 범한 범죄에 대하여 대한민국의 형사재판권과 미합중국 군 당국의 형사재판권이 경합하는 문제는 발생할 여지가 없고, 대한민국은 대한민국과 아메리카합중국 간의 상호방위조약 제4조에 의한 시설과 구역 및 대한민국에서의 합중국 군대의 지위에 관한 협정(1967. 2. 9. 조약 제232호로 발효되고, 2001. 3. 29. 조약 제553호로 최종 개정된 것) 제22조 제1항 (나)에 따라 미합중국 군대의 군속이 대한민국 영역 안에서 저지른 범죄로서 대한민국 법령에 의하여 처벌할 수 있는 범죄에 대한 형사재판권을 바로 행사할 수 있다(대판 2006.5.11. 2005도798).

제2편 범죄론

제1장 범죄의 기본개념

제2장 구성요건론

제3장 위법성론

제4장 책임론

제5장 미수범

제6장 정범 및 공범 이론

제7장 부작위범

제8장 과실범

제9장 결과적 가중범

제 1 장

범죄의 기본개념

I. 범죄의 성립요건과 가벌요건[1]

1. 범죄의 성립요건

범죄의 성립요건은 구성요건해당성, 위법성, 책임(순서대로 확인)이다.

2. 범죄의 처벌조건

객관적 처벌조건과 인적 처벌 조각사유가 있으며, 객관적 처벌조건의 의미는 일단 성립한 범죄의 가벌성만을 좌우하는 것으로 사전수뢰죄에 있어서 '공무원 또는 중재인이 된 사실'(제129조 제2항)은 공무원이 되지 않았을 때에 사전수뢰죄는 성립하지만 처벌받지 않는 경우이다. 인적 처벌 조각사유란 이미 성립한 범죄에 대하여 행위당시에 존재하는 행위자의 특별한 신분관계로 인해 형벌권이 발생되지 않는 경우로 친족상도례에 있어서의 일정한 친족, 국회의원의 면책특권 등이 있다.

3. 범죄의 소추조건

친고죄(정지조건[2]부범죄)와 반의사불벌죄(해제조건[3]부범죄)가 있으며, 친고죄

---

1) 범죄체계 槪觀 : 행위 → 범죄성립요건(3가지) → 가벌요건(처벌조건, 소추조건)
2) 어떤 조건이 성립되면 법률행위의 효력이 발생하는 조건이다.
3) 어떤 조건이 이루어짐에 따라 법률행위의 효력을 소멸시키는 조건이다.

는 범죄피해자의 고소가 있어야 공소제기가 가능한 범죄로 사자명예훼손죄, 모욕죄, 프라이버시범죄(비밀침해죄, 업무상비밀누설죄), 상대적친고죄(재산죄)4)가 있다. 반의사불벌죄5)는 피해자의 명시한 의사에 반하여는 처벌할 수 없는 범죄로 폭행·존속폭행죄, 협박·존속협박죄, 과실치상죄, 명예훼손죄, 출판물 등에 의한 명예훼손죄, 외국국기·국장모독죄, 외국원수·사절에 대한 폭행·협박·모욕죄가 있다.

□ 관련 판례

[1] 속칭 '생일빵'을 한다는 명목하에 피해자를 가격하여 사망에 이르게 한 사안에서, 폭행과 사망 간에 인과관계는 인정되지만 폭행 당시 피해자의 사망을 예견할 수 없었다는 이유로 폭행치사의 공소사실에 대하여 무죄를 선고한 원심판단을 수긍한 사례[폭행치사(일부 인정된 죄명 : 폭행)]
[2] 속칭 '생일빵'을 한다는 명목하에 피해자를 가격하였다면 폭행죄가 성립하고, 가격행위의 동기, 방법, 횟수 등 제반 사정에 비추어 사회상규에 위배되지 아니하는 정당행위에 해당하지 않는다고 한 원심판단을 수긍한 사례
[3] 폭행죄 등 반의사불벌죄에서 처벌불원의 의사표시는 의사능력 있는 피해자가 단독으로 할 수 있는지 여부(적극) 및 피해자 사망 후 상속인이 그 의사표시를 대신할 수 있는지 여부(소극)
[대판 2010.5.27. 2010도2680]

Ⅱ. 범죄체계론

200여 년의 역사를 가진 근대적 의미의 형법은 다음의 역사적 진행 과정을 거치며 발전해 왔다.

---

4) 친족상도례의 경우와 같이 범인과 피해자 사이에 일정한 신분관계가 있음으로써 비로소 친고죄로 되는 것을 말하며, 이는 신분관계의 여하를 묻지 않고 항상 친고죄로 되는 범죄인 절대적 친고죄(사자명예훼손죄 등)와 구별된다. 양자를 구별하는 이유는 절대적 친고죄의 경우 고소불가분의 원칙이 적용되므로 따로 범인을 지정할 필요가 없으나, 상대적 친고죄는 범인을 지정하고 고소하지 않는 한 다른 공범자를 고소하더라도 그 효과는 친족인 공범자에게 미치지 않는 데 있다.
5) 반의사불벌죄에서 피해 청소년이 처벌불원 여부 등의 의사표시를 하는 데에 법정대리인의 동의가 필요 없다.

구분	고전적 범죄체계 (객관주의)	신고전적 범죄체계 (객관주의)	목적적 범죄체계 (주관주의)	합일태적 범죄체계 (절충설)
구성요건 해당성	객관적 요소 (사실)	좌동	객관적(사실), **주관적 : 고의(사실인식)**	객관적(사실) 주관적 : 고의(사실인식)6)
위법성	구성요건 해당하면 있다고 추정	좌동	-	-
책임	책임능력(14세), 고의7) (사실인식과 위법성인식)	책임능력, 고의 (사실인식과 위법성인식), **기대가능성8)**	책임능력, **위법성의 인식**, 기대가능성	책임능력, 위법성의 인식, 기대가능성, **(책임)고의**

Ⅲ. 범죄의 형태

1. 결과범과 거동범(구별기준 - 구성요건적 결과발생 여부에 따라)

2. 침해범과 위험범(구별기준 - 보호법익에 대한 침해정도에 따라)

침해범		보호법익에 대한 현실적인 침해가 있어야 구성요건이 충족되는 범죄로 살인죄, 상해죄, 절도죄 등이 있다.
위험범	구체적 위험범	법익침해의 현실적 위험이 야기된 경우에 구성요건이 충족되는 범죄로 자기소유일반건조물방화죄(제166조 제2항 : '공공의 위험'), 일반물건방화죄(제167조 : '공공의 위험'), 중상해죄(제258조 : '생명에 대한 위험') 등이 있다.
	추상적 위험범	법익침해의 현실적 위험성을 요하지 않고 일반적 위험성만으로 구성요건이 충족되는 범죄로 현주건조물방화죄, 일반물건방화죄 등이 있다.

3. 즉시범, 계속범(구별기준 - 범죄행위의 시간적 계속성에 따라)

---

6) 고의의 이중적 지위 : 구성요건해당성의 고의는 '행위가 나쁜'의 뜻으로, 책임고의는 '마음이 나쁜'의 뜻으로 구별되는 의미이다(오상방위 : 책임고의가 없는 경우).
7) 고의＝인식＝예견, 과실＝인식가능성＝예견가능성
8) 적법행위를 할 기대가능성[제12조(강요된 행위) : 강요된 행위는 벌하지 아니한다.]

4. 일반범, 신분범, 자수범

일반범		누구나 행위자(정범)가 될 수 있는 범죄이다.
신분범	진정신분범	일정한 신분이 있는 자만이 정범이 될 수 있는 범죄이다.
		① 공무원범죄 : 직무유기죄, 직권남용권리행사방해죄(제123조), 불법체포·감금죄(학설대립), 독직폭행·가혹행위죄(학설대립), 피의사실공표죄, 공무상 비밀누설죄, 선거방해죄, 제3자뇌물공여죄, 수뢰후 부정처사죄, 알선수뢰죄, 허위공문서작성죄 ② 도주죄(구금되어 있는 자) ③ 위증죄(선서한 자) ④ 허위진단서작성죄(의사) ⑤ 유기죄(법률상·계약상 의무있는 자) ⑥ 횡령죄(타인의 재물을 보관하는 자) ⑦ 배임죄(타인의 사무를 처리하는 자) ⑧ 업무상비밀누설죄(의사, 변호사, 성직자 등)
	부진정 신분범	행위자의 신분이 형의 가중·감경요소로 되는 범죄이다.
		존속살해죄, 영아살해죄, 영아유기죄, 업무상횡령죄(이중적 신분), 업무상배임죄(이중적신분), 업무상낙태죄, 업무상과실치사상죄, 상습도박죄 등 ※ 이중적 신분이란 진정신분범과 부진정신분범이 합체된 경우를 말한다.
자수범 (自手犯)		신분자 혼자만이 당해 범죄를 저지를 수 있는 범죄(직접 해야 되는 것)이다(위증죄 등). ※ 간접정범, 공동정범, 부작위범은 성립 안된다.

5. 목적범

목적범	구성요건상 고의 이외에 일정한 행위의 목적(미래)을 필요로 하는 범죄이다.
	범죄단체조직죄, 다중불해산죄, 내란죄, 출판물에 의한 명예훼손죄, 통화위조죄, 유가증권위조죄, 소인말소죄, 문서위조죄, 허위공문서작성죄, 법정모욕죄, 음행매개죄, 무고죄, 도박개장죄, 영리목적 약취·유인죄, 국기·국장모독죄, 준점유강취죄

6. 망각범[과실, 부작위범으로 처벌은 과실범 처벌(과실교통방해죄, 과실치사죄 등)]

제 2 장

구성요건론

제1절 구성요건의 일반이론

Ⅰ. 구성요건의 의의

구성요건이란 형법상 금지 또는 요구되는 행위가 무엇인가를 일반적·추상적으로 기술해 놓은 것을 말한다. 구성요건의 기능은 구체적인 범죄에 특징을 부여하여 다른 범죄와 구별되는 그 범죄의 정형적인 불법내용을 명백히 하는데 있다.

Ⅱ. 구성요건의 요소

1. 기술적 구성요건요소와 규범적 구성요건요소

종류	내용	
기술적 구성요건요소	가치판단을 요하지 않는다(사람, 건조물, 부녀, 불, 재물 등). ※ 오늘날 대부분 가치판단을 요하고 있으므로 실질적으로 무의미함.	
규범적 구성요건요소	가치판단을 요한다.	
	구분	공무원, 배우자, 직계존속, 타인의 재물, 유가증권 등

2. 객관적 구성요건요소와 주관적 구성요건요소

종류	내용
객관적 구성요건요소	구성요건의 객관적 요소는 외계에 나타난 현상을 기술한 것으로 주관적 요소와 독립하여 외부적으로 그 존재를 인식할 수 있는 요소이다(행위의 주체, 행위의 객체, 행위, 결과, 인과관계, 방법).
주관적 구성요건요소	구성요건의 주관적 요소는 행위자의 내심에 속하는 심리적·정신적 현상을 기술한 요소이다(고의, 과실, 목적, 경향, 표현, 불법영득의사).

Ⅲ. 소극적 구성요건표지이론(소극적 구성요건요소론)

3단계 범죄체계(구성요건해당성, 위법성, 책임)에서 구성요건만 해당이 되면 통상 위법성도 추정이 되므로 이를 합쳐 총체적 불법 구성요건해당성으로 1단계, 책임을 2단계로 하는 2단계 범죄체계를 말한다. 여기서 소극적 구성요건이란 소위 위법성을 제외시켜 주는 위법성조각사유를 말하며, 표지는 '요소'란 의미이다.

Ⅳ. 형법상 불법[3]의 의미(결과반가치, 행위반가치)

구분	결과반가치(객관주의와 연결)	행위반가치(주관주의와 연결)
고의·과실	책임요소[1]	불법요소[2]

제2절 객관적 구성요건요소

Ⅰ. 행위의 주체(법인의 범죄능력)

범죄행위의 주체는 '자연인'만 될 수 있다. 또한, 형법상의 구성요건도 모두 인간의 정신활동의 소산인 범죄행위를 그 처벌대상으로 하고 있다. 그렇다면 '법

---

1) 고전적, 신고전적 범죄체계와 연결
2) 목적적 범죄체계와 연결
3) 구성요건해당성과 위법성까지 있음(책임은×, 일명 "나쁘다"란 의미로 반가치 또는 무가치).
   Ex) 12세 소년이 살인을 한 경우 불법("나쁘다")이 있지만 책임이 없어 무죄,
       정당방위의 경우 위법성이 없으므로 나쁘지 않다, 즉, 불법에 해당하지 않는다.

인'도 행위의 주체가 될 수 있는지 문제가 된다.

1. 법인의 범죄능력

범죄능력 부정설	범죄능력 긍정설
① 자유의사가 없다. ② 책임주의 위배[4]이다. ③ 자유형(징역 등)과 생명형(사형)을 근간으로 하는 현행 형벌체계는 법인에게는 적용이 불가능하다. ④ 정관에 의해 법인의 목적은 제한 받으므로, 불법행위의 내용은 정관에 없다.	㉠ 법인도 구성원 등 기관을 통하여 의사를 결정하고 실현한다. ㉡ 책임주의 원칙에 위배되지 않는다(법인도 감독상의 과실 인정). ㉢ 자유형은 영업정지로, 생명형은 해산으로 가능하다. ㉣ 법인은 그 정관목적에 따른 행위를 수행하는 과정에서 범법행위가 발생할 가능성이 존재한다. ㉤ 자격형, 재산형, 특히 벌금형은 법인에 대하여 매우 효과적이다.

2. 법인의 처벌(형벌능력)

실제에 있어서 각종의 행정형법에서는 행위자 이외에 법인도 처벌하는 양벌규정을 두고 있는데, 이 경우 법인에게 형벌능력을 인정할 수 있는가가 문제된다. 이러한 법인처벌의 근거를 판례는 종래 무과실책임에서 찾는 견해를 취하여 왔으나, 최근 판례에 따르면 과실책임설을 취하고 있으며, 헌법재판소도 과실책임설을 따르고 있다(헌재 2007.11.29. 2005헌가10).[5]

3. 양벌규정에 의한 법인처벌의 체계

위반행위의 '업무관련성' 여부	영업주 등 대표	선임감독 의무	다했으면	처벌×
			못했으면	처벌○
	법인	선임감독 의무	다했으면	처벌×
			못했으면	처벌○

---

4) 자기가 한 것이 아닌데 처벌하는 것은 위배
5) 법인의 범죄능력 :
   범죄능력 긍정설 → <u>과실책임설</u> → 자기책임
   범죄능력 부정설 → 무과실책임설 → 대위책임(전가책임)

Ⅱ. 행위의 객체와 보호법익

행위객체는 보호되는 법익과 구별된다. 구성요건 중에는 행위객체가 없는 범죄도 있지만, 보호법익이 없는 범죄는 있을 수 없다. 또한, 행위의 객체는 고의의 인식대상(객관적 구성요건요소)이지만, 보호법익은 객관적 구성요건요소가 아니기 때문에 고의의 인식대상이 아니다.

Ⅲ. 인과관계와 객관적 귀속

> 형법 제17조【인과관계】어떤 행위라도 죄의 요소되는 위험발생에 연결되지 아니한 때에는 그 결과로 인하여 <u>벌하지 아니한다</u>.[6]

1. 인과관계와 객관적 귀속의 일반론

인과관계론	인과관계란 행위와 결과 사이의 자연과학적(사실적)인 관계를 의미한다(행위 → 결과).
객관적 귀속론	객관적 귀속론은 규범적(가치판단)으로 결과를 원인행위로의 귀속관계(결과를 행위자의 탓으로 돌릴 수 있는가)로 설명하는 것을 말한다(결과 → 행위).

2. 인과관계에 관한 여러 가지 학설

(1) 조건설

내용	• 조건설은 만일 행위(조건)가 없었더라면 그러한 결과도 없었으리라고 생각되는 경우에 그러한 모든 조건을 결과발생의 원인으로 본다.
비판	• 택일적 인과관계의 경우에는 인과관계가 부당하게 부정되는 불합리한 결과를 가져오게 된다. 즉, 실제로 원인이 된 행위가 없는 경우에도 다른 원인행위에 의해 결과발생이 가능하기 때문이다.[7] • 인과관계가 지나치게 확장된다(범인의 아버지도 인과관계는 있게 된다).

---

6) 기수×(처벌규정 있을 때 미수로)
7) 갑과 을이 서로 알지 못한 채 병을 향해 총을 발사하여 병이 갑과 을의 총에 모두 맞아 사망한 경우 갑이 없어도 병이 사망하고 을이 없어도 병이 사망하게 되는 것이다.

(2) 조건설의 수정이론(제한이론)

(가) 합법칙적 조건설(통설의 입장)

결과가 행위에 시간적으로 뒤따르면서 그 행위와 자연법칙적으로 연관되어 있을 때 행위와 결과간에 인과관계가 인정된다는 견해이다. 이때 별도의 객관적 귀속판단이 필요하다.

(나) 상당인과관계설(판례의 입장)

사회생활의 일반경험칙상 그러한 행위로부터 그러한 결과가 발생하는 것이 상당하다고 인정되는 조건만이 인과관계를 가진다고 보는 견해이다. 여기서 상당성이란 고도의 가능성(개연성)을 의미한다고 본다. 즉, 무제한적인 인과관계의 범위를 '상당성'이라는 척도에 의해 제한하고자 하는 이론이다. 또한, 객관적 귀속판단을 포함한 인과관계 개념으로 별도의 객관적 귀속 논의는 필요가 없다.

□ 관련 판례(상당인과관계 인정)

① 폭력조직원들에 대하여 보복을 하기로 결의한 후, 피고인들이 각목과 쇠파이프로 피해자들의 머리와 몸을 마구 때리고, 낫으로 팔과 다리 등을 닥치는 대로 여러 차례 힘껏 내리찍어 급성신부전증이 야기되었고, 이에 음식과 수분의 섭취를 철저히 억제하여야 함에도 불구하고 피해자가 콜라와 김밥 등을 함부로 먹은 탓으로 합병증이 유발하여 사망한 경우 살인의 실행행위가 피해자의 사망이라는 결과를 발생하게 한 유일한 원인이거나 직접적인 원인이어야만 되는 것은 아니므로, 살인의 실행행위와 피해자의 사망과의 사이에 다른 사실이 개재되어 그 사실이 치사의 직접적인 원인이 되었다고 하더라도 그와 같은 사실이 통상 예견할 수 있는 것에 지나지 않는다면 살인의 실행행위와 피해자의 사망과의 사이에 인과관계가 있는 것으로 보아야 한다(대판 1994.3.22. 93도3612).

② 피고인이 자신이 경영하는 속셈학원의 강사로 피해자를 채용하고 학습교재를 설명하겠다는 구실로 유인하여 호텔 객실에 감금한 후 강간하려 하자, 피해자가 완강히 반항하던 중 피고인이 대실시간 연장을 위해 전화하는 사이에 객실 창문을 통해 탈출하려다가 지상에 추락하여 사망한 사안에서, 피고인의 강간미수행위와 피해자의 사망과의 사이에 상당인과관계가 있다고 보아 피고인을 강간치사죄로 처단한 원심의 판단을 수긍한 사례(대판 1995.5.12. 95도425).

③ 선행차량에 이어 피고인 운전 차량이 피해자를 연속하여 역과하는 과정에서 피해자가 사망한 경우, 피고인 운전차량(후행차량)의 역과와 피해자의 사망 사이의 인과관계를 인정한 사례(대판 2001.12.11. 2001도5005).

④ 피고인이 야간에 오토바이를 운전하다가 도로를 무단횡단하던 피해자를 충격하여 피해자로 하여금 위 도로상에 전도케 하고, 그로부터 약 40초 내지 60초 후에 다른 사

람이 운전하던 타이탄트럭이 도로 위에 전도되어 있던 피해자를 역과하여 사망케 한 경우, 피고인이 전방좌우의 주시를 게을리한 과실로 피해자를 충격하였고 나아가 이 사건 사고지점 부근 도로의 상황에 비추어 야간에 피해자를 충격하여 위 도로에 넘어 지게 한 후 40초 내지 60초 동안 그대로 있게 한다면 후속차량의 운전사들이 조금만 전 방주시를 태만히 하여도 피해자를 역과할 수 있음이 당연히 예상되었던 경우라면 피고 인의 과실행위는 피해자의 사망에 대한 직접적 원인을 이루는 것이어서 양자간에는 상 당인과관계가 있다(대판 1990. 5. 22. 90도580).

⑤ 운전자가 차를 세워 시동을 끄고 1단 기어가 들어가 있는 상태에서 시동열쇠를 끼 워놓은 채 11세 남짓한 어린이를 조수석에 남겨두고 차에서 내려온 동안 동인이 시동 열쇠를 돌리며 악셀러레이터 페달을 밟아 차량이 진행하여 사고가 발생한 경우, 비록 동인의 행위가 사고의 직접적인 원인이었다 할지라도 그 경우 운전자로서는 위 어린이 를 먼저 하차시키던가 운전기기를 만지지 않도록 주의를 주거나 손브레이크를 채운 뒤 시동열쇠를 빼는 등 사고를 미리 막을 수 있는 제반조치를 취할 업무상 주의의무가 있 다 할 것이어서 이를 게을리 한 과실은 사고결과와 법률상의 인과관계가 있다고 봄이 상당하다(대판 1986. 7. 8. 86도1048).

⑥ 자기집 안방에서 취침하다가 일산화탄소(연탄가스) 중독으로 병원 응급실에 후송되 어 온 환자를 진단하여 일산화탄소 중독으로 판명하고 치료한 담당의사에게 회복된 환 자가 이튿날 퇴원할 당시 자신의 병명을 문의하였는데도 의사가 아무런 요양방법을 지 도하여 주지 아니하여, 환자가 일산화탄소에 중독되었던 사실을 모르고 퇴원 즉시 사 고 난 자기 집 안방에서 다시 취침하다 전신피부파열 등 일산화탄소 중독을 입은 것이 라면, 위 의사에게는 그 원인 사실을 모르고 병명을 문의하는 환자에게 그 병명을 알려 주고 이에 대한 주의사항인 피해장소인 방의 수선이나 환자에 대한 요양의 방법 기타 건강관리에 필요한 사항을 지도하여 줄 요양방법의 지도의무가 있는 것이므로 이를 태 만한 것으로서 의사로서의 업무상과실이 있고, 이 과실과 재차의 일산화탄소 중독과의 사이에 인과관계가 있다고 보아야 한다(대판 1991. 2. 12. 90도2547).

⑦ 임차인이 자신의 비용으로 설치·사용하던 가스설비의 휴즈콕크를 아무런 조치 없 이 제거하고 이사를 간 후 가스공급을 개별적으로 차단할 수 있는 주밸브가 열려져 가 스가 유입되어 폭발사고가 발생한 경우, 구 액화석유가스의안전및사업관리법상의 관련 규정 취지와 그 주밸브가 누군가에 의하여 개폐될 가능성을 배제할 수 없다는 점 등에 비추어 그 휴즈콕크를 제거하면서 그 제거부분에 아무런 조치를 하지 않고 방치하면 주밸브가 열리는 경우 유입되는 가스를 막을 아무런 안전장치가 없어 가스 유출로 인 한 대형사고의 가능성이 있다는 것은 평균인의 관점에서 객관적으로 볼 때 충분히 예 견할 수 있다는 이유로 임차인의 과실과 가스폭발사고 사이의 상당인과관계를 인정한 사례(대판 2001. 6. 1. 99도5086).

⑧ 자동차의 운전자가 그 운전상의 주의의무를 게을리하여 열차건널목을 그대로 건너

는 바람에 그 자동차가 열차좌측 모서리와 충돌하여 20여 미터쯤 열차 진행방향으로 끌려가면서 튕겨나갔고 피해자는 타고가던 자전거에서 내려 위 자동차 왼쪽에서 열차가 지나가기를 기다리고 있다가 위 충돌사고로 놀라 넘어져 상처를 입었다면 비록 위 자동차와 피해자가 직접 충돌하지는 아니하였더라도 자동차운전자의 위 과실과 피해자가 입은 상처 사이에는 상당한 인과관계가 있다(대판 1989.9.12. 89도866).

⑨ 피고인들이 의도적으로 피해자를 술에 취하도록 유도하고 수차례 강간한 후 의식불명 상태에 빠진 피해자를 비닐창고로 옮겨 놓아 피해자가 저체온증으로 사망한 사안에서, 위 피해자의 사망과 피고인들의 강간 및 그 수반행위와의 인과관계 그리고 피해자의 사망에 대한 피고인들의 예견가능성이 인정되므로, 위 비닐창고에서 피해자를 재차 강제추행, 강간하고 하의를 벗겨 놓은 채 귀가한 피고인이 있다 하더라도 피고인들은 피해자의 사망에 대한 책임을 면한다고 볼 수 없어 강간치사죄가 인정된다고 한 사례(대판 2008.2.29. 2007도10120).

⑩ 피고인들이 공동하여 피해자를 폭행하여 당구장 3층에 있는 화장실에 숨어 있던 피해자를 다시 폭행하려고 피고인 갑은 화장실을 지키고, 피고인 을은 당구치는 기구로 문을 내려쳐 부수자 위협을 느낀 피해자가 화장실 창문 밖으로 숨으려다가 실족하여 떨어짐으로써 사망한 경우에는 피고인들의 위 폭행행위와 피해자의 사망 사이에는 인과관계가 있다고 할 것이므로 폭행치사죄의 공동정범이 성립된다(대판 1990.10.16. 90도1786).

⑪ 피고인이 결혼을 전제로 교제하던 여성 갑의 임신 사실을 알고 수회에 걸쳐 낙태를 권유하였다가 거부당하자, 갑에게 출산 여부는 알아서 하되 더 이상 결혼을 진행하지 않겠다고 통보하고, 이후에도 아이에 대한 친권을 행사할 의사가 없다고 하면서 낙태할 병원을 물색해 주기도 하였는데, 그 후 갑이 피고인에게 알리지 아니한 채 자신이 알아본 병원에서 낙태시술을 받은 사안에서, 피고인은 갑에게 직접 낙태를 권유할 당시뿐만 아니라 출산 여부는 알아서 하라고 통보한 이후에도 계속 낙태를 교사하였고, 갑은 이로 인하여 낙태를 결의·실행하게 되었다고 보는 것이 타당하며, 갑이 당초 아이를 낳을 것처럼 말한 사실이 있다는 사정만으로 피고인의 낙태교사행위와 갑의 낙태 결의 사이에 인과관계가 단절되는 것은 아니라는 이유로, 피고인에게 낙태교사죄를 인정한 원심판단을 정당하다고 한 사례(대판 2013.9.12. 2012도2744).

⑫ 피고인이 고속도로 2차로를 따라 자동차를 운전하다가 1차로를 진행하던 갑의 차량 앞에 급하게 끼어든 후 곧바로 정차하여, 갑의 차량 및 이를 뒤따르던 차량 두 대는 연이어 급제동하여 정차하였으나, 그 뒤를 따라오던 을의 차량이 앞의 차량들을 연쇄적으로 추돌케 하여 을을 사망에 이르게 하고 나머지 차량 운전자 등 피해자들에게 상해를 입힌 사안에서, 편도 2차로의 고속도로 1차로 한가운데에 정차한 피고인은 현장의 교통상황이나 일반인의 운전 습관·행태 등에 비추어 고속도로를 주행하는 다른 차량 운전자들이 제한속도 준수나 안전거리 확보 등의 주의의무를 완전하게 다하지 않을 수

도 있다는 점을 알았거나 충분히 알 수 있었으므로, 피고인의 정차 행위와 사상의 결과 발생 사이에 상당인과관계가 있고, 사상의 결과 발생에 대한 예견가능성도 인정된다는 이유로, 피고인에게 일반교통방해치사상죄를 인정한 원심판단이 정당하다고 한 사례 (대판 2014.7.24. 2014도6206).

□ 관련 판례(상당인과관계 부정)

① 강간을 당한 피해자가 집에 돌아가 음독자살하기에 이르른 원인이 강간을 당함으로 인하여 생긴 수치심과 장래에 대한 절망감 등에 있었다 하더라도 그 자살행위가 바로 강간행위로 인하여 생긴 당연의 결과라고 볼 수는 없으므로 강간행위와 피해자의 자살 행위 사이에 인과관계를 인정할 수는 없다(대판 1982.11.23. 82도1446).

② 피고인이 선단의 책임선인 제1○○호의 선장으로 조업중이었다 하더라도 피고인으로서는 종선의 선장에게 조업상의 지시만 할 수 있을 뿐 선박의 안전관리는 각 선박의 선장이 책임지도록 되어 있었다면 그 같은 상황하에서 피고인이 풍랑중에 종선에 조업 지시를 하였다는 것만으로는 종선의 풍랑으로 인한 매몰사고와의 사이에 인과관계가 성립할 수 없다고 한 원심의 판단은 타당하다(대판 1989.9.12. 89도1084).

③ 탄광덕대인 피고인이 화약류취급책임자 면허가 없는 갑에게 화약고 열쇠를 맡기었던바, 갑이 경찰관의 화약고 검열에 대비하여 임의로 화약고에서 뇌관, 폭약 등을 꺼내어 이를 노무자 숙소 아궁이에 감추었고, 이 사실을 모르는 자가 위 아궁이에 불을 때다 위 폭발물에 인화되어 폭발위력으로 사람을 사상에 이르게 한 경우에는 피고인으로서는 위와 같은 사고를 예견할 수 있었다고 보기 어려울 뿐 아니라 피고인이 갑에게 위 열쇠를 보관시키고 화약류를 취급하도록 한 행위와 위 사고발생 간에는 인과관계가 있다고 할 수 없다(대판 1981.9.8. 81도53).

④ 피고인 운전의 차가 이미 정차하였음에도 뒤쫓아오던 차의 충돌로 인하여 앞차를 충격하여 사고가 발생한 경우, 설사 피고인에게 안전거리를 준수치 않은 위법이 있었다 할지라도 그것이 이 사건 피해결과에 대하여 인과관계가 있다고 단정할 수 없다(대판 1983.8.23. 82도3222).

⑤ 피고인이 트럭을 도로의 중앙선 위에 왼쪽 바깥 바퀴가 걸친 상태로 운행하던 중 피해자가 승용차를 운전하여 피고인이 진행하던 차선으로 달려오다가 급히 자기 차선으로 들어가면서 피고인이 운전하던 트럭과 교행할 무렵 다시 피고인의 차선으로 들어와 그 차량의 왼쪽 앞 부분으로 트럭의 왼쪽 뒷바퀴 부분을 스치듯이 충돌하고 이어서 트럭을 바짝 뒤따라 가던 차량을 들이받았다면, 설사 피고인이 중앙선 위를 달리지 아니하고 정상 차선으로 달렸다 하더라도 사고는 피할 수 없다 할 것이므로 피고인 트럭의 왼쪽 바퀴를 중앙선 위에 올려놓은 상태에서 운전한 것만으로는 위 사고의 직접적인 원인이 되었다고 할 수 없다(대판 1991.2.26. 90도2856).

⑥ 공장에서 동료 사이에 말다툼을 하던 중 피고인의 삿대질을 피하려고 뒷걸음치던 피해자가 장애물에 걸려 넘어져 두개골절로 사망한 경우 사망의 결과에 대한 예견가능성 유무

이 사건에서 피고인이 물건을 손에 들고 피해자의 면전에서 삿대질을 하여두어 걸음 뒷걸음치게 만든 행위는 피해자에 대한 유형력의 행사로서 폭행에 해당하므로 피해자가 뒤로 넘어지면서 시멘트 바닥에 머리를 부딪쳐 두개골골절 등의 상해를 입고 사망하였다면 위 폭행과 사망의 결과 사이에 인과관계가 있다고 할 수 있다.[8]

그러나 그 사망의 결과에 대하여 피고인에게 폭행치사의 죄책을 물으려면 피고인이 위와 같은 사망의 결과발생을 예견할 수 있었음이 인정되어야 할 것인바, 피고인이 피해자에게 상당한 힘을 가하여 넘어뜨린 것이 아니라 단지동료 사이에 말다툼을 하던중 피고인이 삿대질하는 것을 피하고자 피해자 자신이 두어걸음 뒷걸음치다가 장애물에 걸려 넘어진 정도라면, 당시 피해자가 서있던 바닥에 원심판시와 같은 장애물이 있어서 뒷걸음치면 장애물에 걸려 넘어질 수 있다는 것까지는 예견할 수 있었다고 하더라도, 그 정도로 넘어지면서 머리를 바닥에 부딪쳐 두개골절로 사망한다는 것은 이례적인 일이어서 통상적으로 일반인이 예견하기 어려운 결과라고 하지 않을 수 없다(대판 1990.9.25. 90도1596).

⑦ 요추 척추후궁절제 수술도중에 수술용 메스가 부러지자 담당의사가 부러진 메스조각(3×5mm)을 찾아 제거하기 위한 최선의 노력을 다하였으나 찾지 못하여 부러진 메스조각을 그대로 둔 채 수술부위를 봉합한 경우, 같은 수술과정에서 메스 끝이 부러지는 일이 흔히 있고, 부러진 메스가 쉽게 발견되지 않을 경우 수술과정에서 무리하게 제거하려고 하면 부가적인 손상을 줄 우려가 있어 일단 봉합한 후에 재수술을 통하여 제거하거나 그대로 두는 경우가 있는 점에 비추어 담당의사의 과실을 인정할 수 없다고 한 사례(대판 1999.12.10. 99도3711).

⑧ 술을 마시고 찜질방에 들어온 갑이 찜질방 직원 몰래 후문으로 나가 술을 더 마신 다음 후문으로 다시 들어와 발한실(발한실)에서 잠을 자다가 사망한 사안에서, 갑이 처음 찜질방에 들어갈 당시 술에 만취하여 목욕장의 정상적 이용이 곤란한 상태였다고 단정하기 어렵고, 찜질방 직원 및 영업주에게 손님이 몰래 후문으로 나가 술을 더 마시고 들어올 경우까지 예상하여 직원을 추가로 배치하거나 후문으로 출입하는 모든 자를 통제·관리하여야 할 업무상 주의의무가 있다고 보기 어렵다는 이유로, 위 찜질방 직원 및 영업주가 공중위생영업자로서의 업무상 주의의무를 위반하였다고 본 원심판단에 법리오해 및 심리미진의 위법이 있다고 한 사례(대판 2010.2.11. 2009도9807).

⑨ 한의사인 피고인이 피해자에게 문진하여 과거 봉침을 맞고도 별다른 이상반응이 없었다는 답변을 듣고 알레르기 반응검사(skin test)를 생략한 채 환부인 목 부위에 봉침시술을 하였는데, 피해자가 위 시술 직후 아나필락시 쇼크반응을 나타내는 등 상해를 입은 사안에서, 피고인에게 과거 알레르기 반응검사 및 약 12일 전 봉침시술에서도 이

상반응이 없었던 피해자를 상대로 다시 알레르기 반응검사를 실시할 의무가 있다고 보기는 어렵고, 설령 그러한 의무가 있다고 하더라도 제반 사정에 비추어 알레르기 반응검사를 하지 않은 과실과 피해자의 상해 사이에 상당인과관계를 인정하기 어렵다는 이유로, 같은 취지의 원심판단을 수긍한 사례(대판 2011.4.14. 2010도10104).

제3절 주관적 구성요건요소

Ⅰ. 고의

1. 고의의 의의(고의 = 인식 + 의사)

제13조【범의】 죄의 성립요소인 사실을 인식하지 못한 행위는 벌하지 아니한다. 단, 법률에 특별한 규정이 있는 경우에는 예외로 한다.[9]

제13조【고의】 죄의 성립요소인 사실을 인식하지 못한 행위는 벌하지 아니한다. 다만, 법률에 특별한 규정이 있는 경우에는 예외로 한다.
[전문개정 2020. 12. 8.]
[시행일 : 2021. 12. 9.] 제13조

2. 고의의 내용과 인식대상

객관적 구성요건을 인식하는 것이 고의의 성립요건인바, 객관적 구성요건이 아닌 것은 고의의 인식대상이 아님을 주의하여야 한다.[10]

---

8) 여기서의 인과관계는 통설의 입장인 합법칙적 조건설에서의 인과관계를 의미하며, 이 판례의 결론은 통상적으로 일반인이 예견하기 어렵다는 객관적 귀속이 없으므로 객관적 귀속판단을 포함하는 상당인과관계가 부정되는 것이다.
9) 과실범 처벌
10) 고의(생각)와 객관적 구성요건요소(범죄에 따라 다름)는 일치해야 한다. 일치하지 않으면 착오(사실의 착오=구성요건의 착오)의 문제가 발생한다. 착오이면 고의가 아니므로 과실범으로 처벌해야 하기에 그 범위가 무척 좁아진다. 아울러 객관적 구성요건요소를 모두 갖추면 기수이고, 이중 인과관계(객관적 귀속)나 결과가 없으면 미수가 된다.

고의의 인식대상 - ○ 객관적 구성요건요소(범죄사실) - ○	고의의 인식대상 - × 객관적 구성요건요소(범죄사실) - ×
1) 주체(예 : 수뢰죄의 공무원) 2) 객체 3) 방법 4) 결과(예 : 사망) 5) 행위정황(예 : 야간, 공연성) 6) 구체적 위험범에서의 위험 7) 가중적·감경적 구성요건요소인 존속살인죄의 존속, 영아살해죄의 영아 8) 재물의 타인성과 같은 규범적 구성요건요소 9) 부진정결과적가중범의 중한 결과 10) 인과관계	1) 주관적 구성요건요소인 고의·과실 2) 객관적 처벌조건인 사전수뢰죄에 있어서의 공무원 또는 중재인이 된 사실 3) 인적처벌조각사유인 친족상도례에서의 친족인 신분(객관적으로만 존재하면 가능) 4) 소추조건인 친고죄에서의 고소, 반의사 불벌죄에서의 피해자의 처벌희망의 의사 5) 책임의 요소인 책임능력과 기대가능성 6) 추상적 위험범의 위험 7) 상습성(법관의 판단) 8) 형벌법규 9) 행위의 가벌성 10) 결과적 가중범의 중한 결과는 인식의 필요는 없고, 예견가능성(과실)으로도 족함.

3. 고의의 종류

구분		내용	인식(지적요소)[11]	의사(외적요소)[12]	비고
고의[13]		의도적 고의	○	○	가장 강한 의사
		지정 고의	○	○	일반적
		미필적 고의	○	○	약한 내심의 의사, 용인(판례), 감수(학자) [~해도 어쩔 수 없다.]
과실		인식있는 과실	○	×	의사 결여 [~일리 없다.]
		인식없는 과실	×	×	-

Ⅲ. 기타 주관적 구성요건요소 : 초과 주관적 구성요건요소

목적범에서의 목적 등이 기타의 주관적 구성요건요소라고 하는데, 이는 고의와 달리 객관적 구성요건요소와 일치할 필요가 없다.[14]

---

11) 아는 것(예를 들면 살인죄에서 "사람을 죽이고 있다")
12) 오늘날은 인식 외에 의사까지 요구하고 있다(예를 들면 살인죄에서 "죽이고 싶다").
13) 사전고의나 사후고의는 고의가 아니다. 반드시 행위 당시의 고의만 인정된다(사실의 인식).
14) 고의 + <u>목적</u>

제4절 구성요건의 착오(사실의 착오)

Ⅰ. 구성요건착오의 개념

구성요건착오란 행위자가 주관적으로 인식하고 실현하려는 범죄사실과 실제로 발생한 범죄사실이 일치하지 않는 경우를 말한다. 주의할 점은 행위자가 인식한 사실도 범죄구성요건에 해당하는 사실이어야 하고, 실제 발생한 사실도 범죄구성요건에 해당하는 사실이어야 구성요건착오가 된다는 점이다.15) 또한, 구성요건의 착오에 해당하는 법조항은 한 가지16)가 있다. 이것은 같은 죄에 해당하며 특별히 중한 부분이 발생한 경우에만 적용하는 것이다. 예를 들어 아저씨를 죽이려 총을 쏘았으나 빗나가서 옆에 있던 아버지가 맞아 사망한 경우 중한 존속살해죄가 아닌 보통살인죄의 기수가 된다.

Ⅱ. 구성요건 착오의 효과

1. 일반적인 경우

구성요건적 착오가 있으면 일반적으로 고의를 조각시킨다. 즉, 발생한 결과에 대한 고의범이 성립되지 않으며 과실범으로 처벌한다.

---

15) 착오가 아닌 경우 :
    갑을 죽이려고 총을 쏘았으나 빗나가서 옆에 있던 돌에 맞은 경우(살인미수만 해당),
    포획구역 안에서 노루를 죽이려고 총을 쏘았으나 빗나가서 옆에 있던 사람이 사망한 경우
    (과실치사만 해당)
16) 제15조【사실의 착오】 ① 특별히 중한 죄가 되는 사실을 인식하지 못한 행위는 중한 죄로 벌하지 아니한다.
    제15조【사실의 착오】 ① 특별히 무거운 죄가 되는 사실을 인식하지 못한 행위는 무거운 죄로 벌하지 아니한다.
    [전문개정 2020. 12. 8.]
    [시행일 : 2021. 12. 9.] 제15조

2. 객체의 착오[18]와 방법의 착오[19]의 해결

구분	종류	구체적 부합설	법정적 부합설 (통설, 판례)	추상적 부합설 (거의 사용 X)
구체적 사실의 착오 (동가 치)	객체의 착오	착오× (발생사실에 대한 고의 인정)	착오× (발생사실에 대한 고의 인정)	착오× (발생사실에 대한 고의 인정)
	방법의 착오[17]	착오○ (**인식**사실에 대한 **미수**와 **발생**사실에 대한 **과실**의 상상적 경합)	착오○ (**인식**사실에 대한 **미수**와 **발생**사실에 대한 **과실**의 상상적 경합)	• 중한 고의로 경한 결과 발생한 경우 ⇒ **중죄 미수**와 **경죄 기 수**의 상상적 경합 • 경한 고의로 중한 결과 발생한 경우 ⇒ **경죄 기수**와 **중죄 과 실**의 상상적 경합
추상적 사실의 착오 (이가 치)	객체의 착오			
	방법의 착오			

사례) 갑이 을에 대한 살인의 고의로 총을 쏘았으나 빗나가서 옆에 있던 병에게 상해를 입힌 경우 갑의 죄책은?[20]

Ⅲ. 병발사례[21]

(A에 대한 살인고의로) A가 **사망**하고 옆에 있던 B도 **사망**한 경우	구체적 부합설	A에 대한 살인기수와 B에 대한 과실치 사죄의 상상적 경합
	법정적 부합설	

---

17) 학설의 차이 부분
18) '잘못알고, 오인하여'의 형태로 나타남(목적으로 하는 대상자가 현장에 없음).
19) '빗나가서'의 형태로 나타남(목적으로 하는 대상자가 현장에 있음).
20) '동가치'와 '방법의 착오'로써 구체적 부합설의 경우 착오에 해당하므로 을에 대한 살인미수
    와 병에 대한 과실치상의 상상적 경합이 된다. 법정적 부합설의 경우 착오가 아니므로 발
    생사실에 대한 고의로서 병에 대한 살인미수가 된다. 상해의 고의가 아닌 살인의 고의이
    었기 때문에 상해가 아닌 살인미수가 된다.
21) 원래 목표로 하였던 목적을 달성하였으므로 착오가 아니며, 추가로 발생한 것이기에 같이
    일어났다는 의미의 '병발사례'라고 한다. 구체적 부합설의 경우 '인식한 대로' 해석하면 되
    고, 법정적 부합설의 경우 두 번째 사안까지만 구체적 부합설과 같이 '인식한 대로'의 모습
    으로 해석하면 되며, 세 번째 사안의 경우 4가지 의견이 있기에 견해대립이 있다고 기억해
    두면 되겠다.

(A에 대한 살인고의로) A는 **사망**하고 옆에 있던 B는 **상해**를 입은 경우	구체적 부합설	A에 대한 살인기수와 B에 대한 과실치상죄의 상상적 경합
	법정적 부합설	
(A에 대한 살인고의로) A에게 **상해**를 입히고 옆에 있던 B는 **사망**케 한 경우 (학설의 차이 부분)	구체적 부합설	A에 대한 살인미수[22]죄와 B에 대한 과실치사죄의 상상적 경합
	법정적 부합설 (견해대립)	㉠ A에 대한 살인미수죄와 B에 대한 살인기수죄의 상상적 경합이 된다는 견해 ㉡ A에 대한 과실치상죄와 B에 대한 살인기수죄의 상상적 경합이 된다는 견해 ㉢ A에 대한 살인미수죄와 B에 대한 과실치사죄의 상상적 경합이 된다는 견해 ㉣ B에 대한 살인기수죄만 성립한다는 견해 등이 대립

Ⅳ. 인과관계의 착오와 개괄적 고의

1. 인과관계의 착오

(1) 개념

행위자가 행위와 결과 사이의 인과경과를 인식하지 못한 경우, 즉 인식한 사실과 발생한 사실은 일치하지만 그 결과에 이르는 인과과정이 행위자가 인식했던 인과과정과 다른 경우를 말한다. 이는 고의조각 여부가 문제되므로 구성요건적 착오의 한 형태이다.[23]

(2) 해결

행위자의 인과관계의 착오가 본질적(중대한)인가 아니면 비본질적(경미한) 착오인가를 구분하여 본질적 착오인 경우에만 착오로 고의를 조각(과실○)하고, 비본질적 착오는 착오가 아니므로 고의가 인정된다.[24]

2. 개괄적 고의

(1) 의의

행위자가 첫 번째의 행위에 의하여 이미 결과가 발생했다고 믿었으나 실제

---

22) 살인의 고의이기에 살인미수가 됨.
23) 익사시키려고 다리에서 밀었으나 교각에 머리를 부딪쳐 뇌진탕으로 사망한 경우
24) 교각사례의 경우는 비본질적인 착오로 보는 것이 일반적인 입장이므로 과실치사가 아닌 살인죄가 인정된다.

로는 두 번째의 행위에 의하여 결과가 야기된 사례군을 지칭하는 개념

<개괄적 고의의 사례>

갑은 을을 죽일려고 목을 졸랐지만 을은 기절하였다. 이를 죽은 줄 알았던 갑은 을을 땅에 파묻었다. 결국 을은 땅에 파묻혀 질식사한 경우의 사례

→ 이 경우 한 개의 고의기수범인가, 아니면 제1행위에 대한 살인미수와 제2행위에 대한 과실치사의 실체적 경합범인가가 문제된다.

---

(2) 법적 취급

개괄적 고의를 인정하여 해결하려는 입장[25]	행위의 전 과정이 일원적인 범죄의사의 연속으로 인정되는 경우 고의기수를 인정한다. 즉, 행위 전체에 미치는 하나의 개괄적 고의가 인정된다고 보는 견해이다(살인죄 기수).

---

25) 제1행위의 고의가 제2행위까지에도 미치는 경우를 말함.

제 3 장

위법성론

제1절 위법성 일반론

I. 위법성의 본질·판단

1. 위법성의 본질

구성요건해당 행위를 저지르고 이를 정당화하는 위법성조각사유[1]가 없다면 위법하다는 입장이 형식적 위법성론으로 판례와 통설의 입장이다.

2. 위법성의 판단방법

(1) 주관적 위법성론(행위자의 시각 기준)
정신병자의 부당한 침해는 위법한 행위가 되지 못하므로, 정당방위는 불가능하나 긴급피난은 가능하다.
(2) 객관적 위법성론(일반인의 시각 기준, 우리나라의 경우)
정신병자의 부당한 침해는 객관적으로 위법하므로, 이에 대해 정당방위와 긴급피난은 가능하다.

---

1) 적용 순서(통설의 입장) : 피해자승낙 → 추정적 승낙 → 정당방위 → 긴급피난 → 자구행위 → 정당행위

□ 관련 사례

문) 12세의 소년 甲은 실탄이 있는 권총을 장난감 권총으로 오인하고, 乙을 향하여 방아쇠를 당기려 하자 乙은 자기의 생명을 방위하기 위하여 의자를 甲에게 던졌고, 그 결과 甲은 얼굴에 중상을 입게 되었다.

답) 이 경우 객관적 위법성론에 따르면 乙의 행위는 정당방위에 해당하나, 주관적 위법성론에 따르면 乙의 행위는 정당방위는 성립하지 않고, 긴급피난만 성립 가능하다.

Ⅱ. 주관적 위법성조각요소(주관적 정당화요소)

1. 의의 및 종류

(1) 의의

위법성조각사유는 객관적 요소와 주관적 요소로 구분된다. 정당방위의 경우 객관적 요소는 '현재의 부당한 침해'이며, 주관적 요소는 방위 의사를 말한다. 이 두 가지를 모두 갖춘 경우가 정당방위이다.

(2) 종류

주관적 요소는 정당방위의 '방위의사', 긴급피난의 '피난의사', 자구행위의 '자력구제의사', 피해자의 승낙의 '피해자의 승낙이 있다는 사실의 인식', 추정적 승낙의 '면밀한 양심적 심사' 등이 있다.

2. 주관적 위법성조각(정당화)요소가 없는 경우의 효과

객관적 위법성조각요소는 갖추었으나 주관적 위법성조각요소는 갖추지 못한 경우에는 자신이 인식하지 못하고 상황이 발생했다는 의미에서 '우연'이라는 수식어를 붙인다(ex. 우연방위, 우연피난). 이에 반하여 객관적 위법성조각요소는 갖추지 못하였으나 주관적 위법성조각요소를 갖춘 경우에는 잘못 생각하고 행위를 하였다는 의미에서 '오상(誤想)'이라는 수식어를 붙인다(ex. 오상방위, 오상피난).[2]

주관적 위법성조각요소를 갖추지 못한 경우[3] 그 효과에 대해서는 주관적 위

---

2) 오상방위는 책임파트에서 다루기로 한다.
3) 우연방위(어떤 사람을 공격하였는데 알고 보니 그 사람도 나를 공격하고 있었던 경우), 우연피난 등

법성조각요소가 위법성조각사유의 요건이므로 이를 결한 경우에는 우연방위는 정당방위가 아니므로 위법한 행위로 보아 기수범이 된다는 필요설(기수범설)[주관주의(행위반가치론)], 주관적 위법성조각요소는 위법성조각사유를 이루는 요건이 아니므로 객관적 위법성조각요소만으로 위법성이 조각되어 우연방위는 정당방위가 되어'무죄'가 된다는 불요설(객관주의, 결과반가치론), 결과반가치는 없으나[4] 행위반가치는 있으므로[5] 불능미수[6]의 규정을 준용하여 불능미수로 처벌하자는 절충설이 대립한다.

제2절 정당방위

Ⅰ. 의의

> 제21조 【정당방위】 ① 자기 또는 타인의 법익에 대한 현재의 <u>부당한 침해</u>를 방위하기 위한 행위는 상당한 이유가 있는 때에는 벌하지 아니한다.
>
> 제21조 【정당방위】 ① 현재의 부당한 침해로부터 자기 또는 타인의 법익(法益)을 방위하기 위하여 한 행위는 상당한 이유가 있는 경우에는 벌하지 아니한다.
> [전문개정 2020. 12. 8.]
> [시행일 : 2021. 12. 9.] 제21조

Ⅱ. 성립요건

1. 자기 또는 타인의 법익

자기 또는 타인의 법익은 개인적 법익에 한정되며, 국가적 법익이나 사회적 법익에 대해서는 예외적으로 인정한다. 아울러 정당방위의 상대방은 현재의 부당한 침해를 한 자(침해자)에 한한다.

---

4) 객관적 위법성조각요소가 있기 때문이다.
5) 주관적 위법성조각요소가 없기 때문이다.
6) 시체를 칼로 찌른 경우(임의적 감면사유)

2. 현재의 부당한 침해

침해의 현재성은 현재 침해가 행하여지고 있거나, 목전에 임박한 경우로 예방적 정당방위나 지속적 침해에 대한 정당방위는 인정되지 않는다. 다만, 장래의 침해에 대비하여 설치해 둔 자동보안장치는 작동하는 순간에는 침해가 있으므로 정당방위로 인정될 수 있다.

침해는 사람의 침해이다. 법인이나 동물 혹은 자연현상에 의한 침해는 포함되지 않는다. 그러나 동물이 도구로 이용된 경우에는 동물에 대해서도 정당방위가 가능하다. 침해행위는 작위, 부작위,[7) 고의, 과실[8) 모두가 대상이 된다.

침해행위의 부당성, 즉 부당한 침해행위란 구성요건에 해당하고 위법성이 인정되는(불법한) 침해를 의미한다. 따라서 책임무능력자의 침해도 여기에서의 부당한 침해에 해당된다. 또한, 정당방위나 긴급피난 행위는 위법성이 조각되므로 이에 대항한 정당방위는 인정되지 않는다. 단, 긴급피난은 가능하다. 그리고 침해행위는 반드시 형법상 구성요건에 해당할 필요는 없다.[9)

3. 방위행위의 종류

침해행위에 대한 수비적 방어행위인 방어적 정당방위와 침해행위자에 대한 적극적 반격행위인 공격적 정당방위가 있다.

□ 관련 판례

정당방위가 성립하려면 침해행위에 의하여 침해되는 법익의 종류, 정도, 침해의 방법, 침해행위의 완급과 방위행위에 의하여 침해될 법익의 종류, 정도 등 일체의 구체적 사정들을 참작하여 방위행위가 사회적으로 상당한 것이어야 하고, 정당방위의 성립요건으로서의 방어행위에는 순수한 수비적 방어뿐 아니라 적극적 반격을 포함하는 반격방어의 형태도 포함되나, 그 방어행위는 자기 또는 타인의 법익침해를 방위하기 위한 행위로서 상당한 이유가 있어야 한다(대판 1992.12.22. 92도2540).

---

7) 물에 빠진 어린 자식을 구하지 않는 아버지를 폭행하고 그 자식을 구한 경우
8) 기르는 맹견의 묶어놓은 끈이 단단히 안 묶여 이를 맹견이 풀고 사람을 공격한 경우
9) 과실손괴나 사용절도 등 형법상 죄에 해당하지 않는 행위에 대한 정당방위도 가능하다.

4. 상당한 이유

정당방위는 보충성의 원칙이 적용되지 않는다. 따라서 방위자에게 다른 방법이 가능하더라도 방위행위를 할 수 있다. 아울러 균형성의 원칙과 관련하여 정당방위에는 법익균형이 적용되지 않는다.

5. 사회윤리적 제한

행위불법이나 책임이 결여·감소된 침해행위로 회피가능성이 있는 경우에는 피하거나(보충성), 피할 수 없는 막다른 상황에서도 보호방위에 그쳐야 한다.[10)]

방위행위자에게 상반된 보호의무가 인정되는 경우 긴밀한 인적 관계에 있는 자 상호간에는 방위자의 침해자에 대한 특수한 보호의무 때문에 법질서수호의 이익이 약화된다.[11)]

침해법익과 보호법익 간의 현저한 불균형은 권리남용에 해당하므로 정당방위가 허용되지 않는다(단순절도범을 흉기로 찔러 도품을 회수한 경우).

정당방위상황을 이용하여 공격자를 침해할 목적으로 공격을 유발한 경우, 정당방위를 의도적으로 남용하는 자에게는 법수호자의 자격이 상실되고 자기보호의 이익도 인정할 수 없으므로 정당방위가 허용되지 않는다(싸움 등).

6. 방위의사

정당방위의 주관적 위법성조각요소로서 방위의사가 필요하다는 것이 통설, 판례의 입장이다.

Ⅲ. 과잉방위[12)](정당방위×-위법○)

제21조【정당방위】② 방위행위가 그 정도를 초과한 때에는 정황에 의하여 그 형을 감경 또는 면제할 수 있다.[13)]
③ 전항의 경우에 그 행위가 야간 기타 불안스러운 상태하에서 공포, 경악, 흥분 또는

---

10) 어린아이, 정신병자, 만취자 등 책임능력이 결여된 자로부터 공격을 받았을 경우
11) 특별한 의무관계 : 부부, 친족 등과 같이 밀접한 개인적 관계 등
12) 책임요소인 기대가능성 파트에서 검토, 즉, 과잉방위는 위법성이 조각되지 않고 위법하다. 따라서 과잉방위에 대해서는 정당방위가 가능하다.

당황으로 인한 때에는 벌하지 아니한다.[14]

제21조【정당방위】 ② 방위행위가 그 정도를 초과한 경우에는 정황(情況)에 따라 그 형을 감경하거나 면제할 수 있다.
③ 제2항의 경우에 야간이나 그 밖의 불안한 상태에서 공포를 느끼거나 경악(驚愕)하거나 흥분하거나 당황하였기 때문에 그 행위를 하였을 때에는 벌하지 아니한다.
[전문개정 2020. 12. 8.]
[시행일 : 2021. 12. 9.] 제21조

☐ **관련 판례**

〈정당방위가 인정된 경우〉

① 싸움을 함에 있어서 격투를 하는 자 중의 한 사람의 공격이 그 격투에서 당연히 예상할 수 있는 정도를 초과하여 살인의 흉기 등을 사용하여온 경우에는 이를 '부당한 침해'라고 아니할 수 없으므로 이에 대하여는 정당방위를 허용하여야 한다고 해석하여야 할 것이다(대판 1968.5.7. 68도370).
② 갑과 을이 공동으로 인적이 드문 심야에 혼자 귀가중인 병녀에게 뒤에서 느닷없이 달려들어 양팔을 붙잡고 어두운 골목길로 끌고들어가 담벽에 쓰러뜨린 후 갑이 음부를 만지며 반항하는 병녀의 옆구리를 무릎으로 차고 억지로 키스를 함으로 병녀가 정조와 신체를 지키려는 일념에서 엉겁결에 갑의 혀를 깨물어 설절단상을 입혔다면 병녀의 범행은 자기의 신체에 대한 현재의 부당한 침해에서 벗어나려고 한 행위로서 그 행위에 이르게 된 경위와 그 목적 및 수단, 행위자의 의사등 제반사정에 비추어 위법성이 결여된 행위이다(대판 1989.8.8. 89도358). [정당방위에서는 균형성을 요하지 아니함]

〈정당방위가 부정된 경우〉

① 피고인 김보은이 약 12살 때부터 의붓아버지인 피해자의 강간행위에 의하여 정조를 유린당한 후 계속적으로 이 사건 범행무렵까지 피해자와의 성관계를 강요받아 왔고, 그 밖에 피해자로부터 행동의 자유를 간섭받아 왔으며, 또한 그러한 침해행위가 그 후에도 반복하여 계속될 염려가 있었다면, 피고인들의 이 사건 범행 당시 피고인 김보은의 신체나 자유등에 대한 현재의 부당한 침해상태가 있었다고 볼 여지가 없는 것은 아

---

13) 임의적 감면 사유로서의 과잉방위 : 과잉방위는 위법성이 조각되지 않지만, 긴급상황으로 인하여 적법행위의 기대가능성이 감소·소멸되기 때문에 책임이 감소·소멸되어 형을 감경 또는 면제할 수 있다.
14) 특수상황에서의 과잉방위 : 과잉방위 행위가 야간 기타 불안스러운 상태 하에서 공포, 경악, 흥분 또는 당황으로 인한 때에는 벌하지 아니한다고 규정하고 있는데, 이러한 상황에서는 적법행위의 기대가능성이 없기 때문에 책임이 조각된다(무죄).
15) 판례는 상당성(수단) 결여, 학자들은 현재성 결여 입장

니나, 그렇다고 하여도 피고인이 상피고인과 사전에 공모하여 범행을 준비하고 의붓아버지가 제대로 반항할 수 없는 상태에서 식칼로 심장을 찔러 살해한 행위는 사회통념상 상당성을 결여하여 형법 제21조 소정의 정당방위나 과잉방위에 해당한다고 하기는 어렵다(대판 1992.12.22. 92도2540).[15]

② 쟁투하다가 패주하는 피해자를 추격하여 그가 소지하였던 식도를 탈취하여 급박한 상태를 면하였음에도 불구하고 다만 반항한다 하여 그를 찔러 죽인 행위는 형법 제21조 소정의 정당방위, 초과방위 또는 불안상태의 행위라 할 수 없다(대판 1959.7.24. 4291형상556).[16]

③ 형법 제21조 소정의 정당방위가 성립하려면 침해행위에 의하여 침해되는 법익의 종류, 정도, 침해의 방법, 침해행위의 완급과 방위행위에 의하여 침해될 법익의 종류, 정도 등 일체의 구체적 사정들을 참작하여 방위행위가 사회적으로 상당한 것이어야 한다 (대판 2004.6.25. 2003도4934). [언어에 의한 명예훼손에 정당방위 불가]

④ 피고인과 피해자 사이에 상호시비가 벌어져 싸움을 하는 경우에는 그 투쟁행위는 상대방에 대하여 방어행위인 동시에 공격행위를 구성하며, 상대방의 행위를 부당한 침해라고 하고 피고인의 행위만을 방어행위라고는 할 수 없다(대판 1984.5.22. 83도3020).

⑤ 임차인이 임대차 기간이 만료된 방을 비워주지 못하겠다고 억지를 쓰며 폭언을 하자 임대인의 며느리가 홧김에 그 방의 창문을 쇠스랑으로 부수자, 이에 격분하여 임차인이 배척(속칭 빠루)을 들고 나와 마당에서 이 장면을 구경하다 미처 피고인을 피하여 도망가지 못한 마을주민을 배척으로 때려 각 상해를 가한 경우, 침해행위에서 벗어난 후에 분을 풀려는 목적에서 나온 공격행위는 정당방위에 해당하지 아니한다(대판 1996.4.9. 96도241).[17]

제3절 긴급피난

I. 긴급피난의 의의

제22조【긴급피난】① 자기 또는 타인의 법익에 대한 <u>현재의 위난</u>을 피하기 위한 행위는 상당한 이유가 있는 때에는 벌하지 아니한다.

---

16) 현재의 침해가 아님.
17) 방위행위의 상대방, 즉, 침해자가 아님.

1. 의의

긴급피난이란 자기 또는 타인의 법익에 대한 현재의 위난을 피하기 위한 상당한 이유가 있는 행위를 말한다.

2. 정당방위와의 구별

정당방위는 위법한 침해를 전제로 하고, 방위행위는 직접적인 침해자를 대상으로 하기 때문에 부정 대 정의 관계로 표현되지만, 긴급피난은 위난의 원인의 위법·적법을 불문하고,[18] 피난행위도 위난을 야기시킨 자뿐만 아니라 이와 무관한 제3자에게도 가능[19]하다.

정당방위에는 이익교량의 원칙이 적용되지 않으나,[20] 긴급피난에는 이익교량의 원칙이 적용된다.

Ⅱ. 긴급피난의 성립요건

1. 자기 또는 타인의 법익

자기 또는 타인의 모든 개인적 법익이 긴급피난에 의하여 보호될 수 있고, 국가적·사회적 법익을 위한 긴급피난도 가능하다.

2. 현재의 위난

위난의 원인에는 제한이 없으므로 사람의 행위, 동물, 전쟁, 천재지변에 의한 것이건 불문하며, 위법성 유무를 불문한다.

위난이 피난자의 귀책사유로 초래된 경우에도 상당성이 인정되는 한 원칙적으로 긴급피난이 가능하다. 그러나 처음부터 피난행위를 할 목적으로 위난을 자초하거나 고의로 위난을 자초한 경우에는 긴급피난이 허용되지 않는다.

위난으로 인한 손해발생이 목전에 임박한 것은 아니나 피난행위를 미룰 경우에 그 피해가 훨씬 증대될 것으로 예상되는 경우에 현재성이 인정되며(예방적 긴급피난), 위험상태가 오랫동안 반복되어 앞으로도 같은 침해가 예상되는 지속적

---

18) 정 대 정, 부정 대 정
19) 이 때문에 균형성(우월적이익 원칙), 최소침해원칙, 보충성(최후수단성)이 지켜져야 한다.
20) 균형성의 원칙이 포함되지 않음.

위난의 경우에도 현재성이 인정된다.

3. 피난행위

긴급피난 상황에 대한 인식과 우월적 이익을 보호한다는 의사가 있어야 한 다.[21)]

위난을 유발한 당사자의 법익을 침해하여 법익을 보전하는 방어적 긴급피난 과 위난과 관계없는 제3자의 법익을 희생시키고 법익을 보전하는 공격적 긴급피 난이 있다.

Ⅲ. 긴급피난의 효과

1. 위법성 조각

긴급피난의 요건을 구비한 경우에는 피난행위가 비록 범죄의 구성요건에는 해당하더라도 위법성이 조각되어 처벌받지 않는다.

2. 긴급피난의 특칙

> 제22조【긴급피난】② 위난을 피하지 못할 책임이 있는 자에 대하여는 전항의 규정을 적 용하지 아니한다.

위난을 피하지 못할 책임이 있는 자, 즉 그 의무를 수행함에 있어서 마땅히 일정한 위난을 감수해야 할 의무가 있는 자에게는 긴급피난이 허용되지 않는다 (예 : 군인, 소방관, 경찰관, 의사). 그러나 특별의무자들에게도 언제나 희생의무가 있는 것은 아니므로, 자신의 감수범위를 넘는 자기의 위난에 대해서는 긴급피난 이 가능하다.

---

21) 양 법익이 동가치이면 <u>면책적 긴급피난</u>으로 위법성조각적 긴급피난과 이분하며, 일반적 위 법성조각 긴급피난에 대하여는 위법성이 없으므로 이에 대한 정당방위를 할 수는 없지만, 면책적 긴급피난의 경우 책임(기대가능성)이 없고, 위법성은 있기에 이에 대한 정당방위 는 가능하다.

Ⅳ. 과잉피난

> **제22조 ③** 전조 제2항(과잉방위)과 제3항(일정한 상황하의 과잉방위)의 규정은 본조에 준용한다.

Ⅴ. 의무의 충돌

1. 개념

수개의 의무를 동시에 이행할 수 없는 긴급상태에서 그중 어느 한 의무를 이행하고 다른 의무를 방치한 결과, 그 방치한 의무불이행이 구성요건에 해당하는 가벌적 행위가 되는 경우를 말한다.

2. 성립요건

의무의 충돌은 두 개 이상의 법적 의무가 서로 충돌하여야 한다. 법적 의무는 실정법뿐만 아니라 관습법상의 의무도 포함하며, 충돌이란 하나의 의무를 이행함으로써 다른 의무를 이행하는 것이 불가능한 실질적 충돌을 말하고, 의무의 불이행이 형법의 구성요건에 해당해야 한다.

행위자는 충돌하는 의무 중 하나를 이행하여야 하며, 그 의무의 이행에 상당한 이유가 있어야 한다. 충돌하는 의무 중에서 고가치의 의무를 이행하였을 때 원칙적으로 상당한 이유가 인정되며, 의무의 충돌에 있어서는 최소한 어느 하나의 의무이행이 강제되는 결과 부득이 다른 동가치의 의무의 불이행이 초래되는 것을 법질서는 허용해야 한다. 따라서 이 경우에도 위법성이 조각된다(다수설).

주관적 요소로 의무의 충돌상황에서 행위자는 의무의 충돌상황에 대한 인식과 고가치나 적어도 동가치의 의무를 이행한다는 의사를 가지고 행위를 하여야 한다.

3. 효과

의무의 충돌의 요건을 구비한 경우에는 부작위가 비록 범죄의 구성요건에는 해당한다고는 하나 위법성이 조각되어 범죄가 성립하지 않는다.

□ 관련 판례

〈긴급피난이 인정된 경우〉

① 임신의 지속이 모체의 건강을 해칠 우려가 현저할 뿐더러 기형아 내지 불구아를 출산할 가능성마저도 없지 않다는 판단하에 부득이 취하게된 산부인과 의사의 낙태 수술 행위는 정당행위 내지 긴급피난에 해당되어 위법성이 없는 경우에 해당된다(대판 1976.7.13. 75도1205).

② 선박이동에 필요한 관련 허가와 예인선에 소요되는 비용 때문에 A배를 이동하지 못하는 사이에 갑자기 태풍이 내습하게 되었는데, 갑과 을이 위 A배가 전복되는 것을 막기 위하여 닻줄을 5샤클(125미터)에서 7샤클(175미터)로 늘어 놓아서, 태풍이 도래하여 심한 풍랑이 이는 과정에서 위 A배의 늘어진 닻줄이 A의 양식장 바다 밑을 쓸고 지나가면서 피조개 양식장에 막대한 피해가 발생하게 된 경우(대판 1987.1.20. 85도221)

〈긴급피난이 부정된 경우〉

피고인이 스스로 야기한 강간범행의 와중에서 피해자가 피고인의 손가락을 깨물며 반항하자 물린 손가락을 비틀며 잡아 뽑다가 피해자에게 치아결손의 상해를 입힌 소위를 가리켜 법에 의하여 용인되는 피난행위라 할 수 없다(대판 1995.1.12. 94도2781).[22]

제4절 자구행위

I. 자구행위의 의의

제23조【자구행위】① 법정절차에 의하여 청구권을 보전하기 불능한 경우에 그 청구권의 실행불능 또는 현저한 실행곤란을 피하기 위한 행위는 상당한 이유가 있는 때에는 벌하지 아니한다.

제23조【자구행위】① 법률에서 정한 절차에 따라서는 청구권을 보전(保全)할 수 없는 경우에 그 청구권의 실행이 불가능해지거나 현저히 곤란해지는 상황을 피하기 위하여 한 행위는 상당한 이유가 있는 때에는 벌하지 아니한다.
[전문개정 2020. 12. 8.]
[시행일 : 2021. 12. 9.] 제23조

---

22) 강간치상죄로 이중 긴급피난으로 상해는 인정하지 못한다는 주장에 대하여 자초위난 인정

II. 성립요건

자구행위가 성립하기 위해서는 청구권에 대한 불법한 침해가 있고, 법정절차에 의해서는 청구권 보전이 불가능하다는 상황이 존재해야 한다. 또한, 자구행위는 보전이 가능한 청구권(돈)만을 대상으로 한다. 따라서 원상회복이 불가능한 청구권(생명, 명예)은 여기의 청구권에 포함되지 않는다. 정당방위나 긴급피난과 달리 타인의 청구권을 위한 자구행위는 인정되지 않는다.

청구권에 대한 불법한 침해는 과거에 발생한 침해로서 사후적 긴급행위를 의미한다.[23)]

법정절차에 의한 청구권 보전의 불가능으로 법정절차는 민사집행법상의 가압류·가처분과 같은 청구권 보전절차를 의미하며, 자구행위는 시간·장소관계로 공적 구제를 기다릴 여유가 없고, 후일 공적 수단에 의할지라도 그 실효를 거두지 못할 긴급한 사정이 있는 경우에 한하여 할 수 있다(보충성의 원칙).

III. 과잉자구행위

제23조 【자구행위】 ② 전항의 행위가 그 정도를 초과한 때에는 정황에 의하여 형을 감경 또는 면제할 수 있다.[24)]

제23조 【자구행위】 ② 제1항의 행위가 그 정도를 초과한 경우에는 정황에 따라 그 형을 감경하거나 면제할 수 있다.
[전문개정 2020. 12. 8.]
[시행일 : 2021. 12. 9.] 제23조

□ 관련 판례

〈자구행위가 인정된 경우〉

① 갑 종중 대표자인 피고인이 임야의 소유명의자인 을과 소유권에 관한 분쟁 중인데도, 을이 임야에 식재되어 있는 소나무를 반출하려고 하자 이를 저지할 목적으로 래커

---

23) 본장 각주 1) 통설의 입장(적용 순서)에서 현재의 부당한 침해를 구성요건으로 하는 정당방위가 먼저 적용되므로 자구행위는 과거의 침해로 해석한다.
24) 자구행위는 과거의 침해(정당방위나 긴급피난의 경우처럼 현재가 아님)이므로 제21조 제3항(일정한 상황하의 과잉방위)의 규정은 적용되지 않는다.

를 이용하여 을 소유인 소나무 31주에 종중재산이라는 취지의 문구를 기재함으로써 재물을 손괴하였다는 내용으로 기소된 사안에서, 소나무가 식재되어 있는 임야의 소유권에 관한 분쟁 및 갑 종중이 가지는 분묘기지권의 범위 문제 등으로 소나무의 소유권 자체에 다툼의 여지가 있었던 점, 갑 종중이 을을 상대로 소나무 등 반출금지가처분 결정을 받아둔 상태였고, 가처분에 반하여 일단 소나무가 반출되고 나면 양수인의 선의취득, 소나무의 고사 등으로 원상회복이 곤란할 수 있는 점 등을 종합하면, 피고인의 행위는 형법 제20조의 정당행위에 해당하거나 또는 형법 제23조의 자구행위에 해당한다는 이유로 무죄를 선고(창원지방법원 2016.9.29. 2015노2836)

② 갑이 집회 장면을 카메라로 촬영하자 집회참가자인 피고인이 영상을 지워달라고 요구하면서 갑이 메고 있던 가방 줄을 붙잡고 밀고 당기는 등의 폭행을 하였다는 내용으로 기소된 사안에서, 갑은 적법하게 집회신고를 한 후 집회활동을 하고 있던 피고인 등 집회참가자들의 동의 없이 얼굴을 불과 1~2m 거리를 두고 근접하여 촬영한 점, 당시 피고인은 사이비종교 피해자들 약 50여 명과 사이비종교단체의 위험성을 알리는 취지의 집회를 하였는데, 집회참가자들의 신체적 정보가 담긴 영상이 사이비종교단체에 전송되면 이들 단체의 보복행위 대상이 되는 것이 염려되어 얼굴이 촬영된 영상을 삭제해 달라고 요청하였으나 응하지 아니하였고, 주변에 있던 경찰관의 도움을 받아 촬영한 영상을 삭제하도록 재차 요구하였으나 완강히 거부한 점 등에 비추어 볼 때, 피고인의 행위는 형법 제20조의 정당행위 또는 형법 제23조의 자구행위에 해당하여 위법성이 없다는 이유로 무죄를 선고(부산지방법원 2015.9.11. 2015노1466)

〈자구행위가 부정된 경우〉

중소기업체 사장 등이 고의로 부도를 내고 잠적한 거래업자를 찾아내어 감금한 후 약속어음 등을 강취하고 지불각서 등을 강제로 작성하게 한 행위가, 사기 피해액 상당의 민사상 청구권을 통상의 민사소송절차 등 법정 절차로 보전하기가 사실상 불가능한 경우에 그 청구권의 실행불능 내지 현저한 실행곤란을 피하기 위한 행위로서 상당한 이유가 있으나, 위법성이 조각되는 자구행위의 정도를 초과하였으므로 과잉자구행위에 해당한다(서울고등법원 2005.5.31. 2005노502).

제5절 피해자의 승낙

I. 피해자의 승낙의 의의

> 제24조 【피해자의 승낙】 처분할 수 있는 자의 승낙에 의하여 그 법익을 훼손한 행위는 법률에 특별한 규정이 없는 한 벌하지 아니한다.[25]

II. 양해와 승낙[26]

1. 구별

법익의 주체가 타인에게 자기의 법익에 대한 침해를 허용하는 것이 구성요건을 조각하는 경우를 양해라고 하며, 위법성을 조각하는 경우를 피해자의 승낙이라고 한다(통설).

2. 효과

원칙적으로 국가적 법익과 사회적 법익[27]에는 적용이 안된다.

개인적 법익의 경우 양해에 해당하는 경우[28]와 승낙에 해당하는 경우,[29] 구성요건이 변경되는 경우,[30] 아무런 효과가 없는 경우(즉, 그대로 처벌)[31]가 있다.

III. 추정적 승낙

추정적 승낙이란 피해자의 현실적인 승낙은 없었으나 행위 당시의 객관적 사정에 비추어서 만일 피해자 내지 승낙권자가 그 사태를 인식하였더라면 당연히 승낙할 것으로 기대되는 구성요건 실현행위의 위법성이 조각되는 경우를 말한다.

---

25) 정당방위, 긴급피난, 자구행위와 달리 법조문에 <u>상당한 이유</u>가 없다(상당성×).
26) 양해와 승낙은 피해자의 동의
27) 예외적(무죄) : 문서나 유가증권 위조
28) 절도(판례), 강간, 강제추행, 주거침입
29) 상해, 폭행
30) 살인죄가 승낙살인죄로, 낙태죄가 동의낙태죄로 변경
31) 미성년자의제강간죄, 피구금자간음죄, 아동혹사죄

승낙의 추정은 모든 사정을 객관적[32]으로 평가해 볼 때 피해자가 행위의 내용을 알았거나 승낙이 가능했더라면 반드시 승낙했을 것이 분명한 경우라야 한다.

제6절 정당행위

Ⅰ. 의의

> 제20조 【정당행위】 법령에 의한 행위 또는 업무로 인한 행위 기타 사회상규에 위배되지 아니하는 행위는 벌하지 아니한다.

Ⅱ. 법령에 의한 행위

1. 공무원의 직무집행행위

공무원이 법령에 의하여 요구된 직무를 수행하기 위하여 법익 침해적인 강제력을 행사하는 행위는 정당행위로서 위법성을 조각한다(사형집행, 구속, 압수수색, 민사소송법에 의한 강제집행 등).

법령상의 근거에 의하여[33] 적법하게 내려진 상관의 명령에 복종한 행위는 정당행위로서 위법성이 조각된다. 단, 구속력 없는 위법명령에 복종한 행위는 위법성·책임이 조각되지 않는다.

2. 징계행위

법령상 허용된 징계권의 적정한 행사로 간주되는 행위는 정당행위로서 위법성이 조각된다(학교장의 징계·지도 : 초중등교육법 제18조 제1항).[34]

친권자[35]의 징계행위는 법령에 의한 행위로[36] 위법성이 조각된다.

---

32) 피의자나 피해자의 입장이 아닌 일반인의 입장에서 봐야 됨.
33) 국가공무원법 제57조
34) 교사의 징계행위는 학교장으로부터 위임받은 것으로 해석.
35) 미성년자의 부모
36) 민법 제915조

3. 사인의 현행범인 체포

사인이 현행범인을 체포하는 행위는 법령에 의한[37] 행위로서 위법성이 조각된다. 단, 타인의 주거에 침입하는 행위는 위법성이 조각되지 않는다.

4. 노동쟁의 행위

(1) 정당행위가 되는 경우

노동조합이 노동위원회에 노동쟁의 조정신청을 하여 조정절차나 조정기간이 끝난 경우, 노동위원회의 조정결정이 없더라도 조정절차를 거친 것으로 볼 수 있다.[38]

(2) 정당행위가 부정되는 경우

노동조합측이 단체교섭에 임하는 대표자가 최종적인 결정권한을 갖고 있음을 사용자에게 확인시키지 않은 채 단체교섭만을 요구한 경우 그리고 정리해고나 부서, 조직의 통폐합 등 구조조정의 실시자체를 반대하기 위하여 하는 쟁의행위, 또한, 부당한 요구사항을 뺐더라면 쟁의행위를 하지 않았을 것이라고 인정되는 경우[39] 등이다.

Ⅲ. 업무로 인한 행위

1. 의사의 치료행위

2. 변호사나 성직자의 업무행위

변호사가 법정에서 변론의 필요상 명예훼손죄 등의 구성요건에 해당하는 행위를 하는 경우나 성직자의 고해성사 등 범죄불고지는 업무로 인한 행위로 위법성이 조각된다. 그러나 적극적으로 범인을 은닉하거나 도피하게 하는 것은 위법성이 조각되지 않는다.

---

37) 형사소송법 제212조
38) 실질적(○), 형식적(×)
39) 정당한 부분(임금인상, 근로시간 단축, 복지향상 등)에 부당한 요구사항, 즉 정당하지 못한 부분(정리해고, 구조조정 등)을 포함시킨 경우

3. 안락사

생명연장을 위한 적극적인 수단을 취하지 않음으로써 환자로 하여금 빨리
죽음에 이르도록 하는 경우[40]이다.

Ⅳ. 기타 사회상규에 반하지 않는 행위

1. 사회상규의 판단기준

행위동기나 목적의 정당성, 행위의 수단이나 방법의 상당성, 보호법익과 침
해법익의 법익 균형성, 행위의 긴급성, 최후수단으로서의 보충성을 참작하여야
한다.[41]

2. 사회상규에 위배되지 않는 행위의 예(판례)

상대방의 도발이나 폭행 또는 강제연행 등을 피하기 위한 소극적인 저항으
로서 사회통념상 허용될 만한 정도의 상당성이 있는 소극적 방어(저항)행위이다
(강제연행을 모면하기 위하여 소극적으로 상대방을 밀어붙인 행위, 채무변제를 요구하며
행패를 부리는 자를 뿌리치는 행위 등).

법령상의 징계권이 없는 자의 징계행위로서 객관적으로 징계의 범위 내이고
주관적으로 교육의 목적으로 행한 행위를 말한다(타인의 자에 대한 징계행위, 교사
의 징계행위 등).

□ 관련 판례(정당행위 인정)

① 집달관이 압류집행을 위하여 채무자의 주거에 들어가는 과정에서 상해를 가한 것을
상당성이 있는 행위로서 위법성이 조각된다고 본 사례(대판 1993.10.12. 93도875).
② 피고인이 이 사건 시장번영회의 회장으로서 시장번영회에서 제정하여 시행중인 관
리규정을 위반하여 칸막이를 천장에까지 설치한 일부 점포주들에 대하여 단전조치를
하여 위력으로써 그들의 업무를 방해하였다는 공소사실에 대하여, 피고인이 이러한 행
위에 이르게 된 경위가 단전 그 자체를 궁극적인 목적으로 한 것이 아니라 위 관리규정
에 따라 상품진열 및 시설물 높이를 규제함으로써 시장기능을 확립하기 위하여 적법한
절차를 거쳐 시행한 것이고 그 수단이나 방법에 있어서도 비록 전기의 공급이 현대생

---

40) 소극적 안락사
41) 대판 1994.4.15. 93도2899.

활의 기본조건이기는 하나 위 번영회를 운영하기 위한 효과적인 규제수단으로서 회원들의 동의를 얻어 시행되고 있는 관리규정에 따라 전기공급자의 지위에서 그 공급을 거절한 것이므로 정당한 사유가 있다고 볼 것이고, 나아가 제반사정에 비추어 보면 피고인의 행위는 법익균형성, 긴급성, 보충성을 갖춘 행위로서 사회통념상 허용될 만한 정도의 상당성이 있는 것이므로 피고인의 각 행위는 형법 제20조 소정의 정당행위에 해당한다고 판단하였는바, 이를 기록과 대조하여 살펴보면 원심의 이러한 판단은 정당하고 거기에 정당행위에 관한 법리를 오해한 위법이 있다고 할 수 없다(대판 1994.4.15. 93도2899). [업무방해죄×]

③ 시장번영회 회장이 이사회의 결의와 시장번영회의 관리규정에 따라서 관리비 체납자의 점포에 대하여 실시한 단전조치는 정당행위로서 업무방해죄를 구성하지 아니한다고 한 사례(대판 2004.8.20. 2003도4732).

④ 가. 교회담임목사를 출교처분한다는 취지의 교단산하 재판위원회의 판결문은 성질상 교회나 교단 소속신자들 사이에서는 당연히 전파, 고지될 수 있는 것이므로 위 판결문을 복사하여 예배를 보러온 신도들에게 배포한 행위에 의하여 그 목사의 개인적인 명예가 훼손된다 하여도 그것은 진실한 사실로서 오로지 교단 또는 그 산하교회 소속 신자들의 이익에 관한 때에 해당하거나 적어도 사회상규에 위배되지 아니하는 행위에 해당하여 위법성이 없다.

나. 가항의 경우 피고인들의 소행에 피해자를 비방할 목적이 함께 숨어 있었다고 하더라도 그 주요한 동기가 공공의 이익을 위한 것이라면 형법 제310조의 적용을 배제할 수 없다(대판 1989.2.14. 88도899). [정당행위 내지 제310조에 의한 위법성 조각]

⑤ 연립주택 아래층에 사는 피해자가 위층 피고인의 집으로 통하는 상수도관의 밸브를 임의로 잠근 후 이를 피고인에게 알리지 않아 하루 동안 수돗물이 나오지 않은 고통을 겪었던 피고인이 상수도관의 밸브를 확인하고 이를 열기 위하여 부득이 피해자의 집에 들어간 행위가 정당행위에 해당한다고 한 사례(대판 2004.2.13. 2003도7393).

⑥ 아파트 입주자대표회의의 임원 또는 아파트관리회사의 직원들인 피고인들이 기존 관리회사의 직원들로부터 계속 업무집행을 제지받던 중 저수조 청소를 위하여 출입문에 설치된 자물쇠를 손괴하고 중앙공급실에 침입한 행위는 정당행위에 해당하나, 관리비 고지서를 빼앗거나 사무실의 집기 등을 들어낸 행위는 정당행위에 해당하지 않는다고 한 원심의 판단을 수긍한 사례(대판 2006.4.13. 2003도3902).

⑦ 건설업체 노조원들이 '임·단협 성실교섭 촉구 결의대회'를 개최하면서 차도의 통행방법으로 신고하지 아니한 삼보일배 행진을 하여 차량의 통행을 방해한 사안에서, 그 시위 방법이 장소, 태양, 내용, 방법과 결과 등에 비추어 사회통념상 용인될 수 있는 다소의 피해를 발생시킨 경우에 불과하고, 구 집회 및 시위에 관한 법률(2006. 2. 21. 법률 제7849호로 개정되기 전의 것)에 정한 신고제도의 목적 달성을 심히 곤란하게 하는 정도에 이른다고 볼 수 없어, 사회상규에 위배되지 않는 정당행위에 해당한다고 한 사

례(대판 2009.7.23. 2009도840).

⑧ '회사의 직원이 회사의 이익을 빼돌린다'는 소문을 확인할 목적으로, 비밀번호를 설정함으로써 비밀장치를 한 전자기록인 피해자가 사용하던 '개인용 컴퓨터의 하드디스크'를 떼어내어 다른 컴퓨터에 연결한 다음 의심이 드는 단어로 파일을 검색하여 메신저 대화 내용, 이메일 등을 출력한 사안에서, 피해자의 범죄 혐의를 구체적이고 합리적으로 의심할 수 있는 상황에서 피고인이 긴급히 확인하고 대처할 필요가 있었고, 그 열람의 범위를 범죄 혐의와 관련된 범위로 제한하였으며, 피해자가 입사시 회사 소유의 컴퓨터를 무단 사용하지 않고 업무 관련 결과물을 모두 회사에 귀속시키겠다고 약정하였고, 검색 결과 범죄행위를 확인할 수 있는 여러 자료가 발견된 사정 등에 비추어, 피고인의 그러한 행위는 사회통념상 허용될 수 있는 상당성이 있는 행위로서 형법 제20조의 '정당행위'라고 본 원심의 판단을 수긍한 사례(대판 2009.12.24. 2007도6243).

⑨ 호텔 내 주점의 임대인이 임차인의 차임 연체를 이유로 계약서상 규정에 따라 위 주점에 대하여 단전·단수조치를 취한 경우, 약정 기간이 만료되었고 임대차보증금도 차임 연체 등으로 공제되어 이미 남아있지 않은 상태에서 미리 예고한 후 단전·단수조치를 하였다면 형법 제20조의 정당행위에 해당하지만, 약정 기간이 만료되지 않았고 임대차 보증금도 상당한 액수가 남아있는 상태에서 계약해지의 의사표시와 경고만을 한 후 단전·단수조치를 하였다면 정당행위로 볼 수 없다고 한 사례(대판 2007.9.20. 2006도9157).

⑩ 골프클럽 경기보조원들의 구직편의를 위해 제작된 인터넷 사이트 내 회원 게시판에 특정 골프클럽의 운영상 불합리성을 비난하는 글을 게시하면서 위 클럽담당자에 대하여 한심하고 불쌍한 인간이라는 등 경멸적 표현을 한 사안에서, 게시의 동기와 경위, 모욕적 표현의 정도와 비중 등에 비추어 사회상규에 위배되지 않는다고 보아 모욕죄의 성립을 부정한 사례(대판 2008.7.10. 2008도1433).

⑪ 신문기자인 피고인이 고소인에게 2회에 걸쳐 증여세 포탈에 대한 취재를 요구하면서 이에 응하지 않으면 자신이 취재한 내용대로 보도하겠다고 말하여 협박하였다는 취지로 기소된 사안에서, 피고인이 취재와 보도를 빙자하여 고소인에게 부당한 요구를 하기 위한 취지는 아니었던 점, 당시 피고인이 고소인에게 취재를 요구하였다가 거절당하자 인터뷰 협조요청서와 서면질의 내용을 그 자리에 두고 나왔을 뿐 폭언을 하거나 보도하지 않는 데 대한 대가를 요구하지 않은 점, 관할 세무서가 피고인의 제보에 따라 탈세 여부를 조사한 후 증여세를 추징하였다고 피고인에게 통지한 점, 고소인에게 불리한 사실을 보도하는 경우 기자로서 보도에 앞서 정확한 사실 확인과 보도 여부 등을 결정하기 위해 취재 요청이 필요했으리라고 보이는 점 등 제반 사정에 비추어, 위 행위가 설령 협박죄에서 말하는 해악의 고지에 해당하더라도 특별한 사정이 없는 한 기사 작성을 위한 자료를 수집하고 보도하기 위한 것으로서 신문기자의 일상적 업무 범위에 속하여 사회상규에 반하지 아니하는 행위라고 보는 것이 타당한데도, 이와 달리 본 원심판단에 정당행위에 관한 법리오해의 위법이 있다고 한 사례(대판 2011.7.14.

2011도 639). [협박죄×]

⑫ 피고인은 실내 어린이 놀이터 벽에 기대어 앉아 자신의 딸(4세)이 노는 모습을 보고 있었는데, 피해자가 다가와 딸이 가지고 놀고 있는 블록을 발로 차고 손으로 집어 들면서 쌓아놓은 블록을 무너뜨리고, 이에 딸이 울자 피고인이 피해자에게 '하지 마, 그러면 안 되는 거야'라고 말하면서 몇 차례 피해자를 제지한 사실, 그러자 피해자는 피고인의 딸을 한참 쳐다보고 있다가 갑자기 딸의 눈 쪽을 향해 오른손을 뻗었고 이를 본 피고인이 왼손을 내밀어 피해자의 행동을 제지하였는데, 이로 인해 피해자가 바닥에 넘어져 엉덩방아를 찧은 사실, 그 어린이 놀이터는 실내에 설치되어 있는 것으로서, 바닥에는 충격방지용 고무매트가 깔려 있었던 사실, 한편 피고인의 딸은 그 전에도 또래 아이들과 놀다가 다쳐서 당시에는 얼굴에 손톱 자국의 흉터가 몇 군데 남아 있는 상태였던 사실 등을 알 수 있다. 이러한 사실관계에서 알 수 있는 피고인의 이 사건 행위의 동기와 수단 및 그로 인한 피해의 정도 등의 사정을 앞서 본 법리에 비추어 살펴보면, 피고인의 이러한 행위는 피해자의 갑작스런 행동에 놀라서 자신의 어린 딸이 다시 얼굴에 상처를 입지 않도록 보호하기 위한 것으로 딸에 대한 피해자의 돌발적인 공격을 막기 위한 본능적이고 소극적인 방어행위라고 평가할 수 있고, 따라서 이를 사회상규에 위배되는 행위라고 보기는 어렵다고 할 것이다. 그럼에도 원심은 그 판시와 같은 사정만을 들어서 피고인의 이러한 행위가 사회상규에 위배되어 폭행죄에 해당한다고 판단하였으니, 원심의 이러한 판단에는 사회상규에 위배되지 않는 행위에 관한 법리를 오해하여 판결에 영향을 미친 위법이 있다고 할 것이고, 이를 지적하는 피고인의 상고이유 주장에는 정당한 이유가 있다. 그렇다면 원심판결 중 유죄 부분은 파기되어야 할 것인데, 원심이 무죄로 인정한 폭행치상의 점은 유죄 부분인 폭행죄의 성립을 전제로 하는 것으로서 위 파기 부분과 일죄의 관계에 있으므로 함께 파기될 수밖에 없다(대판 2014.3.27. 2012도11204).

□ 관련 판례(정당행위 부정)

① 형법 제20조 소정의 '사회상규에 위배되지 아니하는 행위'라 함은 법질서 전체의 정신이나 그 배후에 놓여 있는 사회윤리 내지 사회통념에 비추어 용인될 수 있는 행위를 말하고, 어떠한 행위가 사회상규에 위배되지 아니하는 정당한 행위로서 위법성이 조각되는 것인지는 구체적인 사정 아래서 합목적적, 합리적으로 고찰하여 개별적으로 판단하여야 할 것인바, 이와 같은 정당행위를 인정하려면 첫째 그 행위의 동기나 목적의 정당성, 둘째 행위의 수단이나 방법의 상당성, 셋째 보호이익과 침해이익과의 법익균형성, 넷째 긴급성, 다섯째 그 행위 외에 다른 수단이나 방법이 없다는 보충성 등의 요건을 갖추어야 한다. 이러한 법리에 의하면, 강제입원 당시 피고인이 운영하던 △△식품의 기숙사에서 기거하면서 처인 피고인과 별거상태에 있던 피해자가 피고인 등 가족에

게 위해를 가하는 구체적 행동을 하였다고 인정할 만한 자료가 없어 그들의 안전이 위협받는 급박한 상태에 있었다고 보기 어렵고, 또한 위 강제입원에 앞서 피해자의 어머니나 여동생 등을 통하여 자발적으로 정신과 치료를 받도록 설득하여 보거나 그것이 여의치 않을 경우 정신과전문의와 상담하여 구 정신보건법 제25조가 정한 바에 따라 시·도지사에 의한 입원절차를 취하든지 긴급한 경우에는 경찰공무원에게 경찰관직무집행법 제4조 제1항에 기하여 정신병원에의 긴급구호조치를 취하도록 요청할 수 있었다고 여겨지는 이 사건에서, 피고인의 위 강제입원조치가 사회상규에 위배되지 아니하는 정당한 행위로서 위법성이 조각된다고 평가하기도 어렵다 할 것이다. 원심이 그 이유는 달리하였으나 피고인이 공소외 1을 정신병원에 강제입원시키는 과정에서 그를 감금한 행위가 형법 제20조 소정의 정당행위에 해당하지 않는다고 판단한 결론은 정당하다(대판 2001.2.23. 2000도4415).

② 피고인이 피해자의 처에 대한 채권을 회수하기 위하여 피해자의 처와 공모하여 제3자를 매수인으로 내세워 피해자와의 사이에 피해자 소유의 부동산에 관한 매매계약을 체결하고, 그 매매대금을 위 채권에 충당한 행위는 사회상규상 정당한 권리행사의 범위를 벗어난 것으로서 재산상의 거래관계에 있어서 거래당사자가 지켜야 할 신의와 성실의 의무를 저버린 기망행위가 된다고 하여 사기죄의 성립을 인정한 사례(대판 1991.9.10. 91도376).

③ 간통 현장을 직접 목격하고 그 사진을 촬영하기 위하여 상간자의 주거에 침입한 행위가 정당행위에 해당하지 않는다고 한 사례(대판 2003.9.26. 2003도3000).

④ 후보자가 선거구 내 거주자에 대한 결혼축의금으로서 중앙선거관리위원회규칙이 정한 금액인 금 30,000원을 초과하여 금 50,000원을 지급한 사유가 후보자가 모친상시 그로부터 받은 같은 금액의 부의금에 대한 답례취지이었다 하더라도 그것이 미풍양속으로서 사회상규에 위배되지 않는다고 볼 수 없다(대판 1999.5.25. 99도983).

⑤ 총포·도검·화약류등단속법(1995. 12. 6. 법률 제4989호로 개정되기 전의 것, 이하 총포등단속법이라 한다) 제10조는 "누구든지 다음 각호의 1에 해당하는 경우를 제외하고는 허가 없이 총포·도검·화약류·분사기·전자충격기를 소지하여서는 아니된다"고 규정하면서, 그 제1호에서 제외 사유의 하나로 "법령에 의하여 직무상 총포·도검·화약류·분사기·전자충격기를 소지하는 경우"를 들고 있고, 한편 경찰공무원법 제20조 제2항은 "경찰공무원은 직무수행을 위하여 필요한 때에는 무기를 휴대할 수 있다"고 규정하고 있다. 그런데, 위 경찰공무원법의 규정 취지는 경찰공무원이 직무수행을 위하여 필요하다고 인정되는 경우에 한하여 무기를 휴대할 수 있다는 것뿐이지, 경찰관이라 하여 허가 없이 개인적으로 총포 등을 구입하여 소지하는 것을 허용하는 것은 아니라 할 것이다. 그러므로, 원심이 피고인의 이 사건 분사기 소지는 개인적으로 이루어진 것이라고 보고 경찰공무원법 등에 의하여 허가 없이 소지할 수 있는 경우에 해당되지 아니한다고 판단한 것은 정당하다(대판 1996.7.30. 95도2408).

⑥ 형법상 업무방해죄의 보호대상이 되는 '업무'라 함은 직업 또는 계속적으로 종사하는 사무나 사업을 말하는 것으로서 타인의 위법한 행위에 의한 침해로부터 보호할 가치가 있는 것이면 되고, 그 업무의 기초가 된 계약 또는 행정행위 등이 반드시 적법하여야 하는 것은 아니라고 할 것이다. 공유수면관리법 제4조에 의하면 공유수면을 점용하려는 자는 관리청으로부터 점용허가를 받도록 규정되어 있고, 이 사건에 있어서 위 회사는 관리청으로부터 위 선착장에 대한 공유수면점용허가를 받지 아니하기는 하였으나, 한편 위 법 제8조, 동 시행령 제5조에 의하면 위 점용허가를 받은 자는 관리청의 허가를 받아 허가받은 권리를 이전할 수 있도록 규정하고 있고, 기록에 의하면 위 회사는 관리청인 고흥군으로부터 따로 선착장에 대한 점용허가를 받음이 없이 고흥군의 지시에 따라 선착장점용허가권자인 마을주민 대표들과 임대차계약을 체결하고 위 선착장을 이용하여 왔던 사실을 알 수 있음에 비추어, 위 회사의 폐석운반 업무를 업무방해죄에 의하여 보호하여야 할 대상이 되지 못하는 업무라고 단정하기는 어렵다고 할 것이다. 그리고 어떠한 행위가 정당한 행위로서 위법성이 조각되는 것인지는 구체적인 경우에 따라서 합목적적, 합리적으로 가려져야 할 것인바, 정당행위를 인정하려면 첫째, 그 행위의 동기나 목적의 상당성, 둘째, 행위의 수단이나 방법의 상당성, 셋째, 보호이익과 침해이익과의 법익균형성, 넷째, 긴급성, 다섯째, 그 행위 외에 다른 수단이나 방법이 없다는 보충성 등의 요건을 갖추어야 한다고 할 것이다. 그런데 이 사건에 있어 기록에 의하면 피고인이 고의로 위 회사의 폐석운반 업무를 방해할 의사로 선착장 앞에 위치한 자신의 어업구역 내에 양식장을 설치한다는 구실로 밧줄을 매어 선박의 출입을 방해하였음을 알 수 있는 이상, 피고인의 위 행위를 정당행위에 해당한다고 보기는 어렵다고 할 것이다(대판 1996.11.12. 96도2214).

⑦ 남편을 상대로 한 제소행위에 대하여 응소하는 행위가 처의 일상가사대리권에 속한다고 할 수 없음은 물론이고, 행방불명된 남편에 대하여 불리한 민사판결이 선고되었다 하더라도 그러한 사정만으로써는 적법한 다른 방법을 강구하지 아니하고 남편 명의의 항소장을 임의로 작성하여 법원에 제출한 행위가 사회통념상 용인되는 극히 정상적인 생활형태의 하나로서 위법성이 없다 할 수 없다고 한 사례(대판 1994.11.8. 94도1657).

⑧ 새마을금고 이사장이 구 새마을금고법 및 정관에 반하여 비회원인 회사에게 대출해 준 경우, 그 회사가 위 대출금으로 회원인 회사근로자들의 상여금을 지급하였다 하더라도 정당행위에 해당하지 않는다고 본 사례(대판 1999.2.23. 98도1869).

⑨ 회사의 관리사원으로 근무하는 자들이 해고에 항의하는 농성을 제지하기 위하여 그 주동자라고 생각되는 해고근로자들을 다른 근로자와 분산시켜 귀가시키거나 불응시에는 경찰에 고발, 인계할 목적으로 간부사원회의의 지시에 따라 위 근로자들을 봉고차에 강제로 태운 다음 그곳에서 내리지 못하게 하여 감금행위를 한 것이라고 하더라도 이를 정당한 업무행위라거나 사회상규에 위배되지 않는 정당한 행위라고 보기는 어렵고 또 현재의 부당한 침해를 방위하기 위하여 상당성이 인정되는 정당방위 행위라고

볼 수도 없다(대판 1989.12.12. 89도875).

⑩ 기도원운영자가 정신분열증 환자의 치료 목적으로 안수기도를 하다가 환자에게 상해를 입힌 사안에서, 장시간 환자의 신체를 강제로 제압하는 등 과도한 유형력을 행사한 것으로서 '사회상규상 용인되는 정당행위'에 해당하지 않는다고 한 사례(대판 2008.8.21. 2008도2695).

⑪ 2인 이상이 하나의 공간에서 공동생활을 하고 있는 경우에는 각자 주거의 평온을 누릴 권리가 있으므로, 사용자가 제3자와 공동으로 관리·사용하는 공간을 사용자에 대한 쟁의행위를 이유로 관리자의 의사에 반하여 침입·점거한 경우, 비록 그 공간의 점거가 사용자에 대한 관계에서 정당한 쟁의행위로 평가될 여지가 있다 하여도 이를 공동으로 관리·사용하는 제3자의 명시적 또는 추정적인 승낙이 없는 이상 위 제3자에 대하여서까지 이를 정당행위라고 하여 주거침입의 위법성이 조각된다고 볼 수는 없다(대판 2010.3.11. 2009도5008).

⑫ 갑 주식회사 임원인 피고인들이 회사 직원들 및 그 가족들에게 수여할 목적으로 전문의약품인 타미플루 39,600정 등을 제약회사로부터 매수하여 취득하였다고 하여 구 약사법(2007. 10. 17. 법률 제8643호로 개정되기 전의 것) 위반죄로 기소된 사안에서, 불특정 또는 다수인에게 무상으로 의약품을 양도하는 수여행위도 '판매'에 포함되므로 위와 같은 행위가 같은 법 제44조 제1항 위반행위에 해당한다는 전제에서, 사회상규에 위배되지 아니하는 정당행위로서 위법성이 조각된다는 취지의 피고인들 주장을 배척한 원심의 조치를 정당하다고 한 사례(대판 2011.10.13. 2011도6287).

⑬ 갑 정당 당직자인 피고인들 등이 국회 외교통상 상임위원회 회의장 앞 복도에서 출입이 봉쇄된 회의장 출입구를 뚫을 목적으로 회의장 출입문 및 그 안쪽에 쌓여있던 책상, 탁자 등 집기를 손상하거나, 국회의 심의를 방해할 목적으로 소방호스를 이용하여 회의장 내에 물을 분사한 사안에서, 피고인들의 위와 같은 행위는 공용물건손상죄 및 국회회의장소동죄의 구성요건에 해당하고, 국민의 대의기관인 국회에서 서로의 의견을 경청하고 진지한 토론과 양보를 통하여 더욱 바람직한 결론을 도출하는 합법적 절차를 외면한 채 곧바로 폭력적 행동으로 나아 가 방법이나 수단에 있어서도 상당성의 요건을 갖추지 못하여 이를 위법성이 조각되는 정당행위나 긴급피난의 요건을 갖춘 행위로 평가하기 어렵다고 한 사례(대판 2013.6.13. 2010도 13609).

⑭ 갑 주식회사 감사인 피고인이 회사 경영진과의 불화로 한 달 가까이 결근하다가 자신의 출입 카드가 정지되어 있는데도 이른 아침에 경비원에게서 출입증을 받아 컴퓨터 하드디스크를 절취하기 위해 회사 감사실에 들어간 사안에서, 위 방실침입 행위가 정당행위에 해당하지 않는다고 본 원심판단을 수긍한 사례(대판 2011.8.18. 2010도9570).

⑮ 한의사인 피고인이 자신이 운영하는 한의원에서 진단용 방사선 발생장치인 X−선 골밀도측정기를 이용하여 환자들을 상대로 발뒷꿈치 등 성장판검사를 하였다고 하여 구 의료법(2008. 2. 29. 법률 제8852호로 개정되기 전의 것, 이하 '구 의료법'이라 한다)

위반으로 기소된 사안에서, 진단용 방사선 발생장치의 설치·운영에 관한 구 의료법 제37조 제1항과 구 의료법 제37조의 위임에 따라 제정된 '진단용 방사선 발생장치의 안전관리에 관한 규칙' 제10조의 제1항 [별표 6]의 규정 내용과 취지에 비추어, 피고인이 측정기를 이용하여 환자들에게 성장판검사를 한 행위가 한의사의 면허된 것 이외의 의료행위에 해당한다는 이유로, 피고인에게 유죄를 인정한 원심판단을 수긍한 사례(대판 2011.5.26. 2009도6980).

제 4 장

책임론

제1절 책임이론

I. 책임의 의의와 책임주의

책임이란 불법을 결의하고 행위를 하였다는 것에 대한 비난가능성[1]으로 정의된다. 책임론의 출발점이 되는 원칙은 "책임 없으면 형벌도 없다"라는 책임주의로써 이는 형벌을 과하기 위해서는 행위자의 책임이 전제되어야 하며 형벌은 어떠한 경우에도 책임을 넘어서는 안 된다는 원칙을 말한다.

II. 책임의 근거

1. 도의적 책임론(객관주의)

자유의사론에 입각하여, 책임의 근거를 인간의 자유의사에 두고, 적법행위를 할 수 있었음에도 불구하고 위법행위를 한 자에게 가해지는 도덕적 비난이라고 보는 견해이다.

---

[1] 기대가능성은 책임을 판단하기 위해 사용되는 하나의 요소이나, 비난가능성은 책임의 모든 요소를 전부 판단하여 산출된 그 결과물이라고 할 수 있다.

2. 사회적 책임론(주관주의)

결정론에 입각하여 책임의 근거를 행위자의 반사회적 성향의 표출에 두고, 그런 행위자가 처분을 받아야 할 지위를 책임이라고 보는 견해이다.

3. 인격적 책임론(절충설)

도의적 책임론과 사회적 책임론을 종합한 입장이다.

Ⅲ. 책임의 본질

1. 심리적 책임론

고전적 범죄체계에서 주장된 이론으로서 책임을 결과에 대한 행위자의 심리적 관계로 이해하여 책임의 본질은 행위자의 심리적 관계인 고의·과실에 있다고 보아 범죄의 모든 객관적 요소(외적요소)는 불법에 속하고, 주관적 요소(내적요소)는 책임요소에 해당하는 것으로 보는 견해이다. 이 견해에 의하면 책임의 요소는 고의·과실 그리고 책임능력으로 구성되어진다고 보는 고전적 범죄체계에서 주장된 이론이다.

2. 규범적 책임론

신고전적 범죄체계에서 주장된 이론으로서 규범적 책임론은 심리적 책임론이 오직 고의·과실이라는 심리적 요소만을 책임요소로 판단하는 한계를 극복하고자 대두된 이론이다. 이에 의하면 책임의 본질을 행위에 대한 규범적 가치판단으로 이해한다. 행위자가 행위 당시에 적법한 행위를 할 수 있었음에도 불구하고 불법한 행위로 나아간 것에 대한 비난, 즉 기대가능성을 책임의 본질로 파악하는 것이다. 이 견해에 의하면 책임의 요소는 고의·과실, 책임능력 그리고 기대가능성으로 구성되어진다.

3. 순수한 규범적 책임론

목적적 범죄체계론에서 주장된 이론으로서 고의·과실이라는 심리적 사실은 가치판단 혹은 평가의 대상이기 때문에 책임요소가 될 수 없으므로 고의·과실을 책임요소가 아닌 구성요건요소로 구성하면서 위법성인식을 고의로부터 분리하여 독자적인 책임요소로 구성하였다. 이 견해에 의하면 책임의 요소는 책임능력, 위법성인식, 기대가능성으로 이루어진다.

4. 합일태적 책임론

고의·과실이 구성요건요소만이 아니라 책임요소도 될 수 있다고 보는 견해이다. 즉, 고의·과실의 이중적 기능을 인정하여 고의·과실의 심리적 사실관계는 불법평가의 대상이 되고, 고의·과실의 심정적 반가치는 책임평가의 대상이 된다고 한다. 이 견해에 의하면 책임의 요소는 고의·과실, 책임능력, 위법성인식, 기대가능성으로 이루어져 있고. 현재의 다수설이다.

제2절 책임능력

Ⅰ. 책임능력의 의의 및 규정방법

1. 의의

형법은 책임능력의 의미에 관한 규정을 적극적으로 두고 있지 않다. 행위자에게 책임능력이 없으면 비난가능성이 없으므로 책임은 책임능력을 전제로 한다.

2. 규정방법

책임능력 유무를 판단하는 방법으로서 생물학적 방법과, 심리학적 방법 그리고 혼합적 방법이 있다.

(1) **생물학적 방법**으로 연령, 정신박약, 간질, 명정(만취)상태, 자폐, 치매, 백치, 각종 우울증 등과 같은 생물학적 요인을 가지고 판단하는 방법이다(형법 제9조, 제11조).2)

(2) **심리학적 방법**으로 사물변별능력 또는 의사결정능력의 유무를 가지고 판단하는 방법이다.

---

2) 원칙적으로 소아기호증, 생리기간 등 충동조절장애는 포함이 안되나, 상태가 매우 심각하여 원래의 정신병을 가진 사람과 동등하다고 판단될 때에는 예외로 인정한다.

(3) **혼합적 방법**은 생물학적 요인과 심리적 요인을 가지고 판단하는 방법이다(형법 제10조 제1항, 제2항).

Ⅱ. 책임무능력자

1. 형사미성년자

> 제9조【형사미성년자】14세가 되지 않은 자의 행위는 벌하지 아니한다.

(1) 원칙

형사미성년자는 14세 미만자로 생물학적 방법에 의한 규정이며, 실제나이를 기준으로 하는것이 판례 입장이다.

(2) 소년법상 예외

책임능력이 있는 14세 이상의 소년이라 할지라도 19세 미만의 자는 소년법의 적용을 받는다. 소년(19세 미만자)인지의 여부의 판단은 원칙적으로 심판시, 즉 사실심 판결 선고시(1심과 2심 재판 선고시)를 기준으로 하여야 한다.[3] 만 14세 이상 만 19세 미만인 때 죄를 범한 소년이 사실심 판결 선고 당시에 만 19세 이상이 된 경우에는 소년법을 적용하여 형을 감경할 수 없다는 취지이다. 즉, 소년법 제60조 제2항은 '소년'이라는 상태를 중시하여 소년이 건전하게 성장하도록 돕기 위해 특별히 감경을 인정하는 것인데, 판결 선고 당시 더 이상 '소년'이 아닌 경우에는 위와 같은 감경을 인정할 필요가 없다는 것이다.

(가) 10세 이상 14세 미만

형사미성년에게 형벌을 과할 수 없으나 소년법에 의한 보호처분은 가능하다(동법 제4조 제1항).

(나) 14세 이상 18세 미만

죄를 범할 당시 18세 미만인 소년에 대하여 사형 또는 무기형으로 처할 경우에는 15년의 유기징역으로 한다(동법 제59조). 또한 18세 미만인 소년에게는 「형법」 제70조에 따른 유치선고를 하지 못한다(동법 제62조).

(다) 14세 이상 19세 미만

소년이 법정형으로 장기 2년 이상의 유기형에 해당하는 죄를 범한 경우에는

---

3) 대판 2000.8.18. 2000도2704.

그 형의 범위에서 장기와 단기를 정하여 선고한다. 이때 장기는 10년, 단기는 5년을 초과하지 못한다(소년법 제60조 제1항). 다만, 형의 집행유예나 선고유예를 선고할 때에는 정기형으로 선고한다(동법 동조 제3항).

2. 심신상실자

> 제10조 ① 심신장애로 인하여 사물을 변별할 능력이 없거나 의사를 결정할 능력이 없는 자의 행위는 벌하지 아니한다.

(1) 심신상실자의 요건(혼합적 방법)

심신상실자로 판정되기 위해서는 심신장애(생물학적 방법)[4]와 사물을 변별할 능력 또는 의사를 결정할 능력(심리학적 방법)[5] 모두를 갖추어야 심신상실이 인정된다.

(2) 판단주체와 판단시기

(가) 심신장애 유무 판단

심신장애의 유무 및 정도의 판단은 법률적 판단으로서 반드시 전문감정인의 의견에 기속되어야 하는 것은 아니고, 또한 전문가의 감정이 없다고 하더라도 법원의 독자적인 책임능력 판단은 적법하며,[6] 전문가의 감정이 있었다고 하더라도 그 감정결과에 구속될 필요는 없다.[7]

(나) 판단기준

심신상실 여부를 판단하는 기준시점은 행위자의 범죄 행위시이다. 따라서 평소에는 정신병이 있더라도 범행시에는 정상상태였던 경우에는 심신장애를 문제삼을 수 없다.[8]

Ⅲ. 한정책임능력자

제한적인 범위 내에서만 책임능력이 인정되는 한정책임능력자에는 심신미약

---

4) 평상시 기준
5) 행위당시 기준
6) 대판 1998.3.13. 98도159.
7) 대판 1994.5.13. 94도581.
8) 대판 1983.10.11. 83도1897.

자와 농아자가 있다.

1. 심신미약자

> 제10조 ② 심신장애로 인하여 전항의 능력(사물변별능력이나 의사결정능력)이 미약한 자의 행위는 형을 감경할 수 있다.

심신미약자란 심신장애(생물학적 요인)로 인하여 사물변별능력 또는 의사결정 능력(심리학적 요인)이 미약한 자를 말한다(혼합적 방법). 임의적 감경사유이다.

2. 농아자

> 제11조 농아자의 행위는 형을 감경한다.
>
> 제11조【청각 및 언어 장애인】 듣거나 말하는 데 모두 장애가 있는 사람의 행위에 대해서는 형을 감경한다.
> [전문개정 2020. 12. 8.]
> [시행일 : 2021. 12. 9.] 제11조

농아자란 청각기능과 발음기능 모두 장애가 있는 자이다(생물학적 방법). 따라서 청각기능 또는 발음기능 중 하나만 결여된 자는 농아자가 아니다. 청각과 발음 장애가 선천적이든 후천적이든 불문한다. 필요적 감경사유이다.

IV. 원인에 있어서의 자유로운 행위

1. 의의

원인에 있어서 자유로운 행위(actio libera in causa)란 행위자가 고의 또는 과실로 심신장애(심신상실 또는 심신미약)의 상태를 야기하고 이 상태에서 범죄행위를 하는 경우를 말한다.[9]

---

9) 종류 :
   - 고의에 의한 원인에 있어서의 자유로운 행위(술마실 때 사람을 죽이려는 의도가 있을 경우)
   - 과실(대표적으로 음주운전 사고, 즉 업무상과실치사상)
   - 작위(술마시고 사람을 칼로 찔러 죽였을 때)
   - 부작위(술마시고 물에 빠진 자식을 구하지 않았을 때)

2. 책임주의와의 관계

형법상 책임을 묻기 위해서는 행위시에 책임능력이 있어야 한다. 그런데 행위시에 책임능력이 갖추어져 있지 않았던 경우에는 원칙적으로 처벌할 수 없다. 이를 행위와 책임(능력)의 동시존재의 원칙이라 한다. 따라서 이 원칙에 입각하면 원인에 있어서 자유로운 행위는 행위시의 심신장애로 인하여 책임이 감면되어야 한다. 따라서 원인에 있어서 자유로운 행위에 대하여 형사책임을 묻기 위해서 형법 제10조 제3항은 이를 명문으로 규정하고 있다.

3. 가벌성의 이론적 근거

형법 제10조 제3항이 원인에 있어서 자유로운 행위를 처벌하도록 규정하고 있으나 가벌성의 근거에 관하여는 견해의 대립이 있다.[10)]

(1) 실행의 착수[11)] 시기를 원인행위시로 보는 견해(원칙을 관철시키는 입장, 주관주의)

행위와 책임의 동시존재의 원칙에 충실하면서 원인에 있어서의 자유로운 행위의 가벌성을 인정하기 위해서는 원인행위시, 즉 예를 들면 술마실 때에 가벌성이 있다고 보는 견해이다. 이 견해는 원인에 있어서 자유로운 행위가 간접정범[12)]과 같은 법적 구조를 가지고 있다고 한다.[13)]

(2) 실행의 착수 시기를 실행행위시로 보는 견해(예외를 인정하자는 입장, 객관주의)

이는 행위와 책임의 동시존재의 원칙은 예외가 인정될 수 있는 것으로, 심신장애 상태에서의 범죄 실행행위에서 가벌성을 찾아야 한다는 견해이다.[14)]

---

10) 원인행위시에는 책임은 있으나 범죄행위가 없고, 실행행위시에는 범죄는 있으나 책임이 없으므로 모두 처벌할 수 없는 상황이 발생한다. 그러나 제10조 제3항은 처벌할 수 있다는 취지의 해석으로 이에 대한 모순이 발생한다. 따라서 그에 따른 견해가 있다. 참고로 견해대립과 관련하여 객관주의 인간상은 외부세계의 변화이며, 주관주의 경우는 반사회적 성향의 표출이다.

11) 범죄의 시작

12) 자신을 도구로 이용한 간접정범의 형태

13) 이에 대한 비판은 2가지가 있다. 먼저, 가벌성(처벌범위)의 확대이다. 예를 들면 술마시고 사람을 살해하였을 때 술만 마시면 살인의 실행의 착수를 인정하게 되는 것이다. 둘째는 구성요건의 정형성을 무시한다. 예를 들어 술마시고 살인, 절도, 강간 등 범죄를 저질렀을 때 이런 모든 범죄에서 술마시는 때를 공히 실행의 착수로 인정한다는 것이다.

14) 음주상태에서 칼로 사람을 찌른 때에 실행의 착수가 있는 것으로 본다.

(3) 원인행위와 범죄실행행위의 불가분적 연관성으로 보는 견해(역시 예외를 인
    정하자는 입장, 절충설)

원인행위 자체가 범죄실행행위는 아니지만 원인행위시에 의도한 범죄실행의
의사가 실행행위에 연결되어 있으며 원인행위와 실행행위는 동일한 의사를 실현
한다는 의미에서 불가분의 관련성을 가지고 있다는 입장이다. 단, 여기서도 객관
주의 입장과 같이 실행의 착수시기는 실행행위시로 본다.

□ 연습

① 구성요건의 정형성을 무시하는 입장은 실행의 착수시기를 원인행위시로 보는 입장
이다. (O)
② 실행의 착수시기를 실행행위시로 보는 입장에 따르면 원인에 있어서의 자유로운 행
위는 행위와 책임의 동시존재 원칙을 관철시키는 입장이다. (×)[15]

4. 형법 제10조 제3항의 해석

위험의 발생을 예견하고 자의로 심신장애를 야기한 자의 행위에는 전 2항(심
신상실, 심신미약)의 규정을 적용하지 아니한다. 여기서 "예견하고"는 고의의 의미
이다. 그러나 판례는 예견가능성(과실)까지 포함한 규정이라고 본다.

제3절 위법성의 인식

I. 의의

위법성 인식은 자신의 행위가 실질적으로 위법하다는 행위자의 의식이다. 위
법의 인식은 그 범죄사실이 사회정의와 조리에 어긋난다는 것을 인식하는 것으로
서 족하고 구체적인 해당 법조문까지 인식할 것을 요하는 것은 아니다.[16]

---

15) 객관주의와 절충설(원칙의 예외를 인정하자는 입장)
16) 대판 1987.3.24. 86도2673.

Ⅱ. 위법성 인식의 체계적 지위

1. 고의설(판례입장)

고의설은 위법성 인식을 고의의 요소로 보는 견해이다. 이 견해에 따르게 되면 위법성 인식이 없는 행위는 고의가 인정되지 않는다. 그러므로 과실범 처벌규정이 있고 과실이 인정되는 경우에만 처벌할 수 있게 된다. 고의설은 다시 엄격고의설과 제한적 고의설로 나뉜다.

(1) 엄격고의설

고의가 성립하기 위해서는 범죄사실의 인식과 위법성 인식이 필요하다는 견해이다. 그러나 이 두 가지의 인식가능성은 인정하지 않는다. 따라서 상습범의 경우 위법성 인식이 없는 경우에 해당하므로 고의범으로 처벌할 수 없는 문제점이 발생한다.

(2) 제한고의설

위법성 인식에 대하여 현실적 위법성 인식만을 요구하는 것이 아니라 적어도 위법성을 인식할 가능성도 인정된다는 견해이다. 즉, 위법성 인식이 없더라도 위법성 인식의 가능성만 있으면 고의를 인정한다.

2. 책임설(통설)

고의는 주관적 구성요건요소이고 위법성 인식은 독립적인 책임의 요소라고 보는 견해이다. 이 학설은 '위법성 조각사유 전제사실에 대한 착오(오상방위 등)'의 문제에 대하여 견해가 나누어진다.

(1) 엄격책임설

위법성 인식은 책임요소이기 때문에 위법성에 관한 착오[17]는 모두 책임 영역에서 취급되어야 한다는 견해이다. 이에 따르면 위법성 조각사유 전제사실에 대한 착오도 금지착오로 취급된다.

(2) 제한책임설

위법성 조각사유 전제사실에 대한 착오를 금지착오로 보지 않고, 구성요건적 착오와 유사한 성격을 가지고 있다고 보는 견해이다.

---

17) 위법성 인식이 없다는 의미

제4절 법률의 착오(위법성의 착오)[18]

Ⅰ. 의의

행위자가 무엇을 행하는가는 알았지만 그것이 위법함을 알지 못한 경우, 즉 구성요건적 사실에 대한 인식은 있었으나 착오로 그 사실의 위법성을 인식하지 못한 경우를 의미한다.

Ⅱ. 유형

1. 직접적 착오

직접적 착오는 법규정, 즉 법조문에 대한 착오를 말한다.

(1) 법률의 부지

행위자가 법규정의 존재 자체를 인식하지 못한 경우이다. 통설은 이를 금지 착오로 보지만 판례는 금지착오로 보지 않아 유죄로 처벌한다. 유흥접객업소의 업주가 경찰당국의 단속대상에서 제외되어 있는 만 18세 이상의 고등학생이 아닌 미성년자는 출입이 허용되는 것으로 알고 미성년자를 출입시키고 주류를 판매한 경우[19]와 같이 판례는 법률의 부지를 금지의 착오로 보지 않는다.

(2) 효력의 착오

효력의 착오는 적용범위에 대하여 착오을 일으킨 경우이다. 가령, 병역법은 헌법상 양심의 자유를 침해하는 것이기에 위헌이라고 생각하고 입대를 거부한 경

---

18) 이 외에도 '금지착오', '위법성의 소극적 착오' 모두 같은 뜻으로 위법성 인식이 없다는 의미이다. 참고로 위법성의 소극적 착오는 객관적으로는 위법한데 주관적(內心)으로 위법하지 않다고 생각하는 것이고, 위법성의 적극적 착오는 반대로 객관적으로는 위법하지 않은데 내심 위법하다고 생각하는 것이다. 적극적 착오의 한 예인 동성연애 등은 사회에서는 객관적으로 처벌규정이 없는데 내심 처벌받는다고 생각하는 것으로 이러한 위법성의 적극적 착오를 환각범이라 하며 객관적으로 위법하지 않기 때문에 처벌받지 않는다.

19) 유흥접객업소의 업주가 경찰당국의 단속대상에서 제외되어 있는 만 18세 이상의 고등학생이 아닌 미성년자는 출입이 허용되는 것으로 알고 있었더라도 이는 미성년자보호법 규정을 알지 못한 단순한 법률의 부지에 해당하고 특히 법령에 의하여 허용된 행위로서 죄가 되지 않는다고 적극적으로 그릇 인정한 경우는 아니므로 비록 경찰당국이 단속대상에서 제외하였다 하여 이를 법률의 착오에 기인한 행위라고 할 수는 없다(대판 1985.4.9. 85도25).

우이다.

(3) 포섭의 착오

포섭의 착오는 법률해석에 대한 착오이다. 교장이 도교육위원회의 지시에 따라 교과내용으로 되어 있는 꽃 양귀비를 교과식물로 비치하기 위하여 양귀비종자를 사서 교무실 앞 화단에 심은 경우이다.[20]

2. 간접적 착오

위법성조각사유와 관련하여 착오를 일으키는 경우이다.

(1) 위법성조각사유 존재에 대한 착오

법률이 규정하고 있지 아니한 위법성조각사유를 존재하는 것으로 행위자가 오신하고 행위를 한 경우이다. 가령, 남편이 부인에 대한 징계권이 있는 줄 잘못 알고 부인에게 체벌을 가한 경우이다.

(2) 위법성조각사유 한계에 대한 착오

행위자가 위법성을 조각하는 행위상황은 바로 알았으나 그에게 허용된 한계를 초과한 경우이다. 가령, 사인이 현행범 체포하는 과정에서 살해해도 된다고 생각하고 살해한 경우이다.

(3) 위법성조각사유 전제사실에 대한 착오

행위자가 위법성조각사유의 객관적 전제사실이 존재하지 않음에도 불구하고 존재한다고 착오를 일으켜 행위를 한 경우로 우체부가 벨을 누르는 것을 보고 도둑이라고 생각하고 머리를 내려친 경우이다. 이른바 오상방위, 오상피난, 오상자구행위 등이다.

Ⅲ. 금지착오의 처리

1. 형법 제16조의 해석

> 제16조 【법률의 착오】 자기의 행위가 법령에 의하여 죄가 되지 아니하는 것으로 오인한 행위는 그 오인에 정당한 이유가 있는 때에 한하여 벌하지 아니한다.

여기서 정당한 이유가 있는 때란 행위자에게 착오의 회피가능성이 없는 경

---

20) 대판 1972.3.31. 72도64.

우, 즉 착오가 불가피한 경우를 의미한다(통설). 판례는 오인에 과실이 없는 경우라고도 하고 있다.

□ 관련 판례

① 피고인이 1975.4.1자 서울특별시 공문, 1975.12.3자 동시의 식품제조허가지침, 동시의 1976.3.29자 제분업소허가권 일원화에 대한 지침 및 피고인이 가입되어 있는 서울시 식용유협동조합 도봉구 지부의 질의에 대한 도봉구청의 1977.9.1자 질의회시 등의 공문이 곡물을 단순히 볶아서 판매하거나 가공위탁자로부터 제공받은 고추, 참깨, 들깨, 콩 등을 가공할 경우 양곡관리법 및 식품위생법상의 허가대상이 아니라는 취지이어서 사람들이 물에 씻어 오거나 볶아온 쌀 등을 빻아서 미싯가루를 제조하는 행위에는 별도의 허가를 얻을 필요가 없다고 믿고서 미싯가루 제조행위를 하게 되었다면, 피고인은 자기의 행위가 법령에 의하여 죄가 되지 않는 것으로 오인하였고 또 그렇게 오인함에 어떠한 과실이 있음을 가려낼 수 없어 정당한 이유가 있는 경우에 해당한다(대판 1983.2.22. 81도2763).

② 형법 제16조에서 자기가 행한 행위가 법령에 의하여 죄가 되지 아니한 것으로 오인한 행위는 그 오인에 정당한 이유가 있는 때에 한하여 벌하지 아니한다고 규정하고 있는 것은 일반적으로 범죄가 되는 경우이지만 자기의 특수한 경우에는 법령에 의하여 허용된 행위로서 죄가 되지 아니한다고 그릇 인식하고 그와 같이 그릇 인식함에 정당한 이유가 있는 경우에는 벌하지 아니한다는 취지이고, 이러한 정당한 이유가 있는지 여부는 행위자에게 자기 행위의 위법의 가능성에 대해 심사숙고하거나 조회할 수 있는 계기가 있어 자신의 지적능력을 다하여 이를 회피하기 위한 진지한 노력을 다하였더라면 스스로의 행위에 대하여 위법성을 인식할 수 있는 가능성이 있었음에도 이를 다하지 못한 결과 자기 행위의 위법성을 인식하지 못한 것인지 여부에 따라 판단하여야 할 것이고, 이러한 위법성의 인식에 필요한 노력의 정도는 구체적인 행위정황과 행위자 개인의 인식능력 그리고 행위자가 속한 사회집단에 따라 달리 평가되어야 한다(대판 2006.3.24. 2005도3717).

□ 관련 판례(정당한 이유 인정)

① 국민학교 교장이 도 교육위원회의 지시에 따라 교과내용으로 되어 있는 꽃양귀비를 교과식물로 비치하기 위하여 양귀비 종자를 사서 교무실 앞 화단에 심은 것이라면 이는 죄가 되지 아니하는 것으로 오인한 행위로서 그 오인에 정당한 이유가 있는 경우에 해당한다고 할 것이다(대판 1972.3.31. 72도64).

② 피고인이 1975.4.1자 서울특별시 공문, 1975.12.3자 동시의 식품제조허가지침, 동시

의 1976.3.29자 제분업소허가권 일원화에 대한 지침 및 피고인이 가입되어 있는 서울시 식용유협동조합 도봉구 지부의 질의에 대한 도봉구청의 1977.9.1자 질의회시 등의 공문이 곡물을 단순히 볶아서 판매하거나 가공위탁자로부터 제공받은 고추, 참깨, 들깨, 콩 등을 가공할 경우 양곡관리법 및 식품위생법상의 허가대상이 아니라는 취지이어서 사람들이 물에 씻어 오거나 볶아온 쌀 등을 빻아서 미싯가루를 제조하는 행위에는 별도의 허가를 얻을 필요가 없다고 믿고서 미싯가루 제조행위를 하게 되었다면, 피고인은 자기의 행위가 법령에 의하여 죄가 되지 않는 것으로 오인하였고 또 그렇게 오인함에 어떠한 과실이 있음을 가려낼 수 없어 정당한 이유가 있는 경우에 해당한다(대판 1983.2.22. 81도2763).

③ 관할관청이 장의사영업허가를 받은 상인에게 장의소요기구, 물품을 판매하는 도매업에 대하여는 가정의례에관한법률 제5조 제1항의 영업허가가 필요없는 것으로 해석하여 영업허가를 해 주지 않고 있어 피고인 역시 영업허가 없이 이른바 도매를 해 왔다면 동인에게는 같은 법률위반에 대한 인식이 있었다고 보기 어렵다(대판 1989.2.28. 88도1141).

④ 경제의 안정과 성장에 관한 긴급명령 공포 당시 기업사채의 정의에 대한 해석이 용이하지 않았던 사정하에서 겨우 국문정도 해득할 수 있는 60세의 부녀자가 채무자로부터 사채신고권유를 받았지만 지상에 보도된 내용을 참작하고 관할 공무원과 자기가 소송을 위임하였던 변호사에게 문의 확인한 바 본건 채권이 이미 소멸되었다고 믿고 또는 그렇지 않다고 하더라도 신고하여야 할 기업사채에 해당하지 않는다고 믿고 신고를 하지 아니한 경우에는 이를 벌할 수 없다고 할 것이다(대판 1976.1.13. 74도3680).

⑤ 사단법인 한국교통사고상담센타는 자동차사고에 관한 손해배상문제의 적정하고 신속한 처리를 위하여 피해자의 상담에 응함과 동시에 가해자와 사이에 합의가 이루어지지 아니하는 경우 피해자의 요청에 의하여 위 손해배상을 조정하는 것을 목적사업으로 하여 교통부장관의 허가를 얻어 설립된 법인으로서 교통부장관으로부터 조정수수료의 승인을 받아 그에 따른 위 손해배상의 조정업무를 행하게 되어있음을 알수 있는 바 이렇다면 그 하부직원인 피고인이 피해자의 요청으로 이 사건 화해의 중재나 알선을 하고 피해자로부터 조정수수료를 받은 것은 상사의 지시에 따라 한 그 맡은 바 직무수행상의 행위로 보여지고 다른 사정있음이 인정되지 아니하는 한 동 피고인에게 위법의 인식을 기대하기 어렵다할 것이고 적어도 형법 제16조에 이른바 자기의 행위가 법령에 의하여 범죄가 되지 아니하는 것으로 오인한 행위로서 그 오인에 정당한 이유가 있는 경우라고 봄이 상당하다(대판 1975.3.25. 74도2882).

⑥ 가감삼십전대보초와 한약 가지수에만 차이가 있는 십전대보초를 제조하고 그 효능에 관하여 광고를 한 사실에 대하여 이전에 검찰의 혐의없음 결정을 받은 적이 있다면, 피고인이 비록 한의사 약사 한약업사 면허나 의약품판매업 허가가 없이 의약품인 가감삼십전대보초를 판매하였다고 하더라도 자기의 행위가 법령에 의하여 죄가 되지 않는

것으로 믿을 수밖에 없었고, 또 그렇게 오인함에 있어서 정당한 이유가 있는 경우에 해당한다고 한 사례(대판 1995.8.25. 95도717).

⑦ 주민등록법 제17조의 7에 의하여 주민등록지를 공법관계에 있어서의 주소로 볼 것이므로 주민등록지를 이전한 이상 향토예비군설치법 제3조 4항 동법시행령 제22조 1항 4호에 의하여 대원신고를 하여야 할 것이기는 하나 이 사건의 경우 위에서 본 바와 같이 이미 같은 주소에 대원신고가 되어 있었으므로 피고인이 재차 동일주소에 대원신고(주소이동)를 아니하였음이 향토예비군설치법 제15조 6항에 말한 정당한 사유가 있다고 오인한데서 나온 행위였다면 이는 법률착오가 범의를 조각하는 경우라고 보아서 좋을 것이다(대판 1974.11.12. 74도2676).

⑧ 특허나 의장권 관계의 법률에 관하여는 전혀 문외한인 피고인으로서는 대법원판결이 있을 때까지는 자신이 제조하는 양말이 의장권을 침해하는 것이 아니라고 믿을 수밖에 없었다고 할 것이니, 위 양말을 제조 판매하는 행위가 법령에 의하여 죄가 되지 않는다고 오인함에 있어서 정당한 이유가 있는 경우에 해당하여 처벌할 수 없다(대판 1982.1.19. 81도646).

⑨ 행정청의 허가가 있어야 함에도 불구하고 허가를 받지 아니하여 처벌대상 행위를 한 경우, 허가를 담당하는 공무원이 허가를 요하지 않는 것으로 잘못 알려 주어 이를 믿었기 때문에 허가를 받지 아니하였다면, 허가를 받지 않더라도 죄가 되지 않는 것으로 착오를 일으킨 데 대하여 정당한 이유가 있는 경우에 해당하여 처벌할 수 없다(대판 1995.7.11. 94도1814).

□ 관련 판례(정당한 이유 부정)

① 부동산중개업자가 아파트 분양권의 매매를 중개하면서 중개수수료 산정에 관한 지방자치단체의 조례를 잘못 해석하여 법에서 허용하는 금액을 초과한 중개수수료를 수수한 경우가 법률의 착오에 해당하지 않는다고 한 사례(대판 2005.5.27. 2004도62).

② 약 23년간 경찰공무원으로 근무하여 왔고, 이 사건 범행당시에는 관악경찰서 형사과 형사계에 근무하고 있는 사람으로서 일반인들 보다도 형벌법규를 잘 알고 있으리라 추단이 되고 이러한 피고인이 검사의 수사지휘만 받으면 허위로 공문서를 작성하여도 죄가 되지 아니하는 것으로 그릇 인식하였다는 것은 납득이 가지 아니하고, 가사 피고인이 그러한 그릇된 인식이 있었다 하여도 피고인의 직업 등에 비추어 그러한 그릇된 인식을 함에 있어 정당한 이유가 있다고 볼 수도 없다(대판 1995.11.10. 95도2088).

③ 피고인이 공소외 사단법인의 정관에 따라 무도교습소를 운영하였고, 위 협회가 소속회원을 교육함에 있어서는 학원설립인가를 받을 필요가 없다고 한 검찰의 무혐의결정내용을 통지받은 사실만으로 피고인이 인가를 받지 않고 교습소를 운영한 것이 법률의 착오에 해당한다고 볼 수 없다고 한 사례(대판 1992.8.18. 92도1140).

④ 검사가 피고인들의 행위에 대하여 범죄혐의 없다고 무혐의 처리하였다가 고소인의 항고를 받아들여 재기수사명령에 의한 재수사 결과 기소에 이른 경우, 피고인들의 행위가 불기소처분 이전부터 저질러졌다면 그 무혐의 처분결정을 믿고 이에 근거하여 이루어진 것이 아님이 명백하고, 무혐의 처분일 이후에 이루어진 행위에 대하여도 그 무혐의 처분에 대하여 곧바로 고소인의 항고가 받아들여져 재기수사명령에 따라 재수사되어 기소에 이르게 된 이상, 피고인들이 자신들의 행위가 죄가 되지 않는다고 그릇 인식하는 데 정당한 이유가 있었다고 할 수 없다고 본 사례(대판 1995.6.16. 94도1793).

⑤ 형법 제16조에 자기의 행위가 법령에 의하여 죄가 되지 아니하는 것으로 오인한 행위는 그 오인에 정당한 이유가 있는 때에 한하여 벌하지 아니한다고 규정하고 있는 것은 단순한 법률의 부지의 경우를 말하는 것이 아니고, 일반적으로 범죄가 되는 경우이지만 자기의 특수한 경우에는 법령에 의하여 허용된 행위로서 죄가 되지 아니한다고 그릇 인식하고 그와 같은 그릇 인식함에 정당한 이유가 있는 경우에는 벌하지 아니한다는 취지이므로, 부동산중개업자가 부동산중개업협회의 자문을 통하여 인원수의 제한 없이 중개보조원을 채용하는 것이 허용되는 것으로 믿고서 제한인원을 초과하여 중개보조원을 채용함으로써 부동산중개업법 위반행위에 이르게 되었다고 하더라도 그러한 사정만으로 자신의 행위가 법령에 저촉되지 않는 것으로 오인함에 정당한 이유가 있는 경우에 해당한다거나 범의가 없었다고 볼 수는 없다(대판 2000.8.18. 2000도2943).

⑥ 피고인이 경제기획원 발행의 서비스업통계조사지침서와 통계청 발행의 총사업체통계조사보고서에 탐지, 감시 등을 업으로 하는 탐정업이 적시되어 있는 것을 보고 민원사무담당 공무원에게 문의하여 탐정업이 인·허가 또는 등록사항이 아니라는 대답을 얻었으며 세무서에 탐정업 및 심부름 대행업에 관한 사업자등록을 하였다 하더라도, 신용조사업법에서 금지하고 있는 특정인의 소재를 탐지하거나 사생활을 조사하는 행위 등을 제외하더라도 탐정업이 하나의 사업으로 존재할 수 있는 것이므로 탐정업이 정부기관에 의하여 하나의 업종으로 취급되고 있다거나 세무서에서 사업자등록을 받아 주었다고 하여 그것이 위 법률에서 금지하는 행위까지를 할 수 있다는 취지는 아님이 분명하고 그렇다면 피고인이 특정인 소재탐지, 사생활조사 등의 행위가 죄가 되지 않는다고 믿은 데에 정당한 이유가 있었다고는 할 수 없다(대판 1994.8.26. 94도780).

⑦ 유선비디오 방송업자들의 질의에 대하여 체신부장관이 1985.7.12. 또는 그 후에 한 회신에서 유선비디오 방송이 전기통신기본법이 정하는 자가전기통신설비로 볼 수 없어 같은법 제15조제1항 소정의 허가대상이 되지 아니한다는 견해를 밝힌 바 있다 하더라도 그 견해가 법령의 해석에 관한 법원의 판단을 기속하는 것은 아니므로 그것만으로 피고인에게 원판시 범행에 범의가 없었다고 할 수 없다. 결국 원심판결에 범의에 관한 법리를 오해한 잘못이 있다는 상고논지는 이유없다. 또한, 피고인과 같은 사업자들이 유선비디오 방송시설을 허가대상이 되는 자가전기통신설비가 아닌 것으로 알고 그 사업을 계속하였는데도 당국이 이를 단속하기 위한 행정지도를 하지 아니하였다 하여 이

사건 행위가 범죄가 안된다고 볼 수 없고 피고인이 이렇게 오인한데 대하여 정당한 이유가 있는 것으로 보기 어렵다(대판 1989.2.14. 87도1860).

⑧ 압류물을 집달관의 승인 없이 임의로 그 관할구역 밖으로 옮긴 행위를 하면서 변호사 등에게 문의하여 자문을 받았다는 사정만으로는 자신의 행위가 죄가 되지 않는다고 믿는 데에 정당한 이유가 있다고 할 수 없다고 한 사례(대판 1992.5.26. 91도894).

⑨ 건축업면허없이 시공할 수 없는 건축공사를 피고인이 타인의 건설업면허를 대여받아 그 명의로 시공하였다면 비록 위 면허의 대여가 감독관청의 주선에 의하여 이루어졌다 하더라도 그와 같은 사정만으로서는 피고인의 소위를 사회상규에 위배되지 않는 적법 행위로 볼 수는 없을 뿐만 아니라, 설사 피고인으로서는 이를 적법행위로 오인하였다 하더라도 위와 같은 사정만으로서는 그 오인에 정당한 이유가 있다고 볼 수도 없다(대판 1987.12.22. 86도1175).

⑩ 관할 환경청이 비록 폐기물 배출업자가 차량을 임차하여 폐기물을 수집·운반하는 경우에도 '스스로 폐기물을 수집·운반하는 경우'에 해당하는 것으로 해석하고, 관련 규정에 따라 그 임차차량에 대하여 특정폐기물 수집·운반차량증을 발급해 주고 있었다 하더라도, 그러한 사정만으로는 관할 환경청이 폐기물 배출업자가 폐기물의 수집·운반만을 위하여 무허가 업자로부터 폐기물 운반차량을 그 운전사와 함께 임차하는 형식을 취하면서 실질적으로는 무허가 업자에게 위탁하여 폐기물을 수집·운반하게 하는 행위까지 적법한 것으로 해석하였다고 볼 수 없으므로, 피고인이 피고인 회사의 폐기물 수집·운반 방법이 죄가 되지 아니하는 것으로 믿었다 하더라도 그와 같이 믿는데 정당한 이유가 있었다고 보기 어렵다고 본 사례(대판 1998.6.23. 97도1189).

⑪ 한국간행물윤리위원회나 정보통신윤리위원회가 이 사건 만화들 중 '에로 2000'을 제외한 나머지 만화에 대하여 심의하여 음란성 등을 이유로 청소년유해매체물로 판정하였을 뿐 더 나아가 전기통신사업법 시행령 제16조의4 제1항에 따라 시정요구를 하거나 청소년보호법 제8조 제4항에 따라 관계기관에 형사처벌 또는 행정처분을 요청하지 않았다 하더라도, 위 위원회들이 시정요구나 형사처벌 등을 요청하지 아니하고 청소년유해매체물로만 판정하였다는 점이 곧 그러한 판정을 받은 만화가 음란하지 아니하다는 의미는 결코 아니라고 할 것이므로, 피고인들의 나이, 학력, 경력, 직업, 지능 정도 등 제반 사정에 비추어 보면 피고인들의 행위가 죄가 되지 아니하는 것으로 오인한 데 정당한 이유가 있다고 볼 수 없다(대판 2006.4.28. 2003도4128).

⑫ ○○농산은 남원시로부터 식품위생법 제22조 제1항, 동법시행규칙 제22조의 규정에 의하여 즉석판매제조가공 영업을 허가받고 이 사건 '녹동달오리골드'를 제조하였다는 것인바, 그와 같은 사유만으로 피고인의 이 사건 무면허 의약품 제조행위로 인한 보건범죄단속에관한특별조치법위반죄의 범행이 형법 제16조에서 말하는 '그 오인에 정당한 이유가 있는 때'에 해당한다고 할 수 없으니, 피고인의 행위가 형법 제16조에 의하여 죄가 되지 않는다는 상고이유의 주장은 이유 없다(대판 2004.1.15. 2001도1429).

⑬ 구 건설폐기물의 재활용촉진에 관한 법률 제16조 제1항의 위반행위를 하면서 이를 판단하는 데 직접적인 자료가 되지 않는 환경부의 질의회신을 받은 것만으로는 정당한 이유가 있는 법률의 착오에 해당하지 않는다고 본 사례(대판 2009.1.30. 2008도8607).

⑭ 공무원이 그 직무에 관하여 실시한 봉인 등의 표시를 손상 또는 은닉 기타의 방법으로 그 효용을 해함에 있어서 그 봉인 등의 표시가 법률상 효력이 없다고 믿은 것은 법규의 해석을 잘못하여 행위의 위법성을 인식하지 못한 것이라고 할 것이므로 그와 같이 믿은 데에 정당한 이유가 없는 이상, 그와 같이 믿었다는 사정만으로는 공무상표시무효죄의 죄책을 면할 수 없다고 할 것이다(대판 2000.4.21. 99도5563).

⑮ 수사처리의 관례상 일부 상치된 내용을 일치시키기 위하여 적법하게 작성된 참고인진술조서를 찢어버리고 진술인의 진술도 듣지 아니하고 그 내용을 일치시킨 새로운 진술조서를 작성한 행위는 그 행위를 적법한 것으로 잘못 믿었다고 할지라도 그렇게 잘못 믿은데 대하여 정당한 이유가 있다고 볼 수 없다(대판 1978.6.27. 76도2196).

⑯ 피고인 또는 충청남도가 장례식장의 식당(접객실) 부분을 증축함에 있어 홍성군과 그 증축에 관한 협의 과정을 거쳤고 건설교통부에 관련 질의도 했던 것으로 보이나, 홍성군과의 협의는 증축부분이 장례식장이 아닌 '병원'의 부속건물임을 전제로 한 것이고 그에 관한 건축물대장에의 기재나 사용승인 또한 마찬가지이며, 건설교통부의 질의회신도 종합병원의 경우 일반적으로 장례식장의 설치나 운영이 그 부속시설로서 허용된다는 취지가 아니라 종합병원에 입원한 환자가 사망한 경우 그 장례의식을 위한 시설의 설치는 부속용도로 볼 수 있다는 취지에 불과하므로, 위와 같은 협의나 질의를 거쳤다는 사정만으로 이 사건 장례식장의 설치·운영에 관하여 피고인이 자신의 행위가 죄가 되지 아니하는 것으로 오인하였거나 그와 같은 오인에 정당한 이유가 있었다고 할 수 없다고 본 원심의 판단을 수긍한 사례(대판 2009.12.24. 2007도1915).

⑰ 피고인이 제약회사에 근무한다는 자로부터 마약이 없어 약을 제조하지 못하니 구해달라는 거짓 부탁을 받고 제약회사에서 쓰는 마약은 구해 주어도 죄가 되지 아니하는 것으로 믿고 생아편을 구해 주었다 하더라도 피고인들이 마약취급의 면허가 없는 이상 위와 같이 믿었다 하여 이러한 행위가 법령에 의하여 죄가 되지 아니하는 것으로 오인하였거나, 그 오인에 정당한 이유가 있는 경우라고 볼 수 없다(대판 1983.9.13. 83도1927).

⑱ 기공원을 운영하면서 환자들을 대상으로 척추교정시술행위를 한 자가 정부 공인의 체육종목인 '활법'의 사회체육지도자 자격증을 취득한 자라 하여도 자신의 행위가 무면허 의료행위에 해당되지 아니하여 죄가 되지 않는다고 믿은 데에 정당한 사유가 있었다고 할 수 없다고 한 사례(대판 2002.5.10. 2000도2807).

⑲ 자격기본법에 의한 민간자격관리자로부터 대체의학자격증을 수여받은 자가 사업자등록을 한 후 침술원을 개설하였다고 하더라도 국가의 공인을 받지 못한 민간자격을 취득하였다는 사실만으로는 자신의 행위가 무면허 의료행위에 해당되지 아니하여 죄가

되지 않는다고 믿는 데에 정당한 사유가 있었다고 할 수 없다(대판 2003.5.13. 2003도 939).

⑳ 식품위생법 제21조 제2항, 식품위생법시행령 제7조 제8호 (나)목은 일반음식점 영업을 '음식류를 조리·판매하는 영업으로서 식사와 함께 부수적으로 음주행위가 허용되는 영업'이라고 규정하고 있지만, 청소년보호법 제2조 제5호는 청소년고용금지업소 등 청소년유해업소의 구분은 그 업소가 영업을 함에 있어서 다른 법령에 의하여 요구되는 허가·인가·등록·신고 등의 여부에 불구하고 실제로 이루어지고 있는 영업행위를 기준으로 하도록 규정하고 있으므로, 음식류를 조리·판매하면서 식사와 함께 부수적으로 음주행위가 허용되는 영업을 하겠다면서 식품위생법상의 일반음식점 영업허가를 받은 업소라고 하더라도 실제로는 음식류의 조리·판매보다는 주로 주류를 조리·판매하는 영업행위가 이루어지고 있는 경우에는 청소년보호법상의 청소년고용 금지업소에 해당하며, 나아가 일반음식점의 실제의 영업형태 중에서는 주간에는 주로 음식류를 조리·판매하고 야간에는 주로 주류를 조리·판매하는 형태도 있을 수 있는데, 이러한 경우 음식류의 조리·판매보다는 주로 주류를 조리·판매하는 야간의 영업형태에 있어서의 그 업소는 위 청소년보호법의 입법취지에 비추어 볼 때 청소년보호법상의 청소년고용 금지업소에 해당한다. 형법 제16조에 자기가 행한 행위가 법령에 의하여 죄가 되지 아니한 것으로 오인한 행위는 그 오인에 정당한 이유가 있는 때에 한하여 벌하지 아니한다고 규정하고 있는 것은 단순한 법률의 부지를 말하는 것이 아니고, 일반적으로 범죄가 되는 경우이지만 자기의 특수한 경우에는 법령에 의하여 허용된 행위로서 죄가 되지 아니한다고 그릇 인식하고, 그와 같이 그릇 인식함에 정당한 이유가 있는 경우에는 벌하지 않는다는 취지이다(대판 2004.2.12. 2003도6282).

㉑ 이미 무선설비의 형식승인을 받은 다른 수입업자가 있음을 이용하여 동일한 제품을 형식승인 없이 수입·판매한 행위는 무선설비에 대한 관계 법령의 취지 및 내용에 비추어 볼 때 전파법 위반죄에 해당하고, 무선설비의 납품처 직원으로부터 형식등록이 필요 없다는 취지의 답변을 들었다는 사정만으로는 형법 제16조의 법률의 착오에 해당하지 않는다고 한 사례(대판 2009.6.11. 2008도10373).

㉒ 스크린 스크래핑 프로그램 제작자가 변호사에게 위 프로그램을 통한 고객 정보 수집의 적법 여부만을 검토한 것만으로는 금융실명거래 및 비밀보장에 관한 법률 제4조 제1항 위반행위에 정당한 이유가 없어 법률의 착오에 해당하지 않는다고 한 사례(대판 2009.5.28. 2008도3598).

㉓ 사무실 임차인이 임대차계약 종료 후 갱신계약 여부에 관한 의사표시나 명도의무를 지체하고 있다는 이유로 임대인이 단전조치를 취하여 업무방해죄로 기소된 사안에서, 피해자의 승낙, 정당행위, 법률의 착오 주장을 모두 배척한 사례(대판 2006.4.27. 2005도8074).

㉔ 운전교습용 비디오 카메라 장치의 특허권자에게 대가를 지불하고 사용승낙을 받았

다고 하여 불법 교육이 허용되는 것으로 오인할 만한 정당한 이유가 있었다고 할 수는 없다(대판 2006.1.13. 2005 도8873).

㉕ 공직선거 및 선거부정방지법에 관하여 비전문가인 스스로의 사고에 의하여 피고인의 행위들이 의례적인 행위로서 합법적이라고 잘못 판단하였다는 사정만으로는 피고인의 행위가 죄가 되지 아니하는 것으로 오인한 데 정당한 이유가 있다고 볼 수 없다(대판 1996.5.10. 96도620).

2. 위법성조각사유의 전제사실에 대한 착오 해결

(1) 고의설[21]

엄격고의설에 의하면 행위자에게 현실적 위법성 인식이 없기 때문에 고의가 조각되고 과실범의 책임을 지지만, 제한적 고의설에 의하면 위법성 인식 가능성이 있으므로 고의가 인정되고 정당한 이유가 있다면 책임이 조각되지만 정당한 이유가 없다면 고의범의 책임을 진다.

(2) 책임설[22]

(가) 엄격책임설

법률의 착오 유형(위 6가지)을 모두 금지착오로 본다. 따라서 위법성조각사유 전제사실에 대한 착오도 위법성과 관련된 착오이기 때문에 정당한 이유가 있으면 책임이 조각되어 무죄이지만, 정당한 이유가 없으면 책임이 조각되지 않고 고의범의 책임을 진다.

(나) 제한책임설

고의·과실의 이중적 기능을 인정하는 견해로서 위법성조각사유 전제사실에 대한 착오를 구성요건적 착오에 관한 규정인 형법 제15조 제1항을 유추적용하여 구성요건 단계에서 고의가 조각되어 과실범 성부를 검토하는 (구성요건착오)유추적용설이 있고, 구성요건적 고의가 조각되지는 않고 책임고의가 조각되어 역시 과실범 성부를 검토하는 법효과 제한적 책임설(통설)[23]이 대립되어 있다.

---

21) 위법성인식을 고의의 한 부분으로 보는 견해(고전적, 신고전적 범죄체계)
22) 고의는 주관적 구성요건요소이고, 위법성 인식은 고의와는 별개의 독자적인 책임요소로 보는 견해(목적적, 합일태적 범죄체계)
23) 엄격책임설과 법효과 제한적 책임설은 위법성조각사유 전제사실에 대한 착오의 공범성립이 가능하다.

(3) 소극적 구성요건표지이론

2단계 범죄체계로 첫 단계인 총체적 불법 구성요건 해당성에 위법성조각사유가 포함되므로 구성요건적 착오에 해당하여 고의가 조각되어 과실범 성부를 검토한다.

제5절 책임조각사유(기대가능성)

Ⅰ. 의의

기대가능성이란 행위시의 구체적 사정으로 보아 행위자가 범죄행위를 하지 않고 적법한 행위를 기대할 가능성[24]을 말한다. 책임비난은 행위자에게 적법행위를 기대할 수 있을 것을 전제로 하기 때문에 행위자에게 적법행위를 기대할 수 없는 경우에는 책임이 배제된다. 기대가능성을 초법규적 책임조각사유로 볼 것인지에 대하여 이를 긍정하는 것이 통설과 판례의 입장이다.

Ⅱ. 형법상 기대 불가능한 행위

형법총칙과 각칙에서 기대가능성이 없거나 감소의 이유로 책임이 조각되거나 감경되는 경우를 규정하고 있다.

형법이 총칙 부분에서 기대가능성이 없기 때문에 책임을 조각하여 처벌하지 않는 규정으로는 과잉방위(제21조 제2항 및 제3항),[25] 과잉피난(제22조 제3항),[26] 과잉자구행위(제23조 제2항), 면책적 긴급피난, 강요된 행위(제12조), 기대가능성(초법규적 책임조각사유)이 있고, 각칙에서는 친족간 범인은닉죄(제151조 제2항), 증거인멸죄(제155조 제4항) 등이 이에 해당된다. 하지만 영아살인죄(제251조), 영아유기죄(제272조), 위조통화취득후지정행사죄(제210조), 단순도주죄(제145조)는 기대가능성이 감소되어 형벌이 감경되는 경우이다.[27]

---

24) 기대가능성이 있으면 책임이 있어 유죄, 기대가능성이 없으면 책임이 없어 무죄
25) 과잉방위, 특수과잉방위
26) 과잉피난, 특수과잉피난
27) 참고) 책임은 합일태적 범죄체계에 따르면 책임능력, 위법성 인식, 기대가능성, 책임고의로

Ⅲ. 기대가능성의 판단기준

행위 당시의 구체적 상황하에 행위자 대신 사회적 평균인을 두고 이 평균인의 관점에서 그 기대가능성 유무를 판단해야 한다고 보는 것이 판례[28]와 다수설의 입장이다.

□ 관련 판례

〈기대가능성이 없는 경우〉

① 입학시험에 응시한 수험생으로서 자기 자신이 부정한 방법으로 탐지한 것이 아니고 우연한 기회에 미리 출제될 시험문제를 알게 되어 그에 대한 답을 암기하였을 경우 그 암기한 답에 해당된 문제가 출제되었다 하여도 위와 같은 경위로서 암기한 답을 그 입학시험 답안지에 기재하여서는 아니된다는 것을 그 일반수험생에게 기대한다는 것은 보통의 경우 도저히 불가능하다 할 것이다(대판 1966.3.22. 65도1164).

② 수학여행을 온 대학교 3학년생 34명이 지도교수의 인솔하에 피고인 경영의 나이트클럽에 찾아와 단체입장을 원하므로 그들 중 일부만의 학생증을 제시받아 확인하여 본즉 그들이 모두 같은 대학교 같은 학과 소속의 3학년 학생들로서 성년자임이 틀림없어 나머지 학생들의 연령을 개별적, 기계적으로 일일이 증명서로 확인하지 아니하고 그들의 단체입장을 허용함으로써 그들 중에 섞여 있던 미성년자(19세 4개월 남짓된 여학생) 1인을 위 업소에 출입시킨 결과가 되었다면 피고인이 단체입장하는 위 학생들이 모두 성년자일 것으로 믿은데에는 정당한 이유가 있었다고 할 것이고, 따라서 위와 같은 상황 아래서 피고인에게 위 학생들 중에 미성년자가 섞여 있을지도 모른다는 것을 예상하여 그들의 증명서를 일일이 확인할 것을 요구하는 것은 사회통념상 기대가능성이 없다고 봄이 상당하므로 이를 벌할 수 없다(대판 1987.1.20. 86도874).

③ 사용자가 기업이 불황이라는 사유만을 이유로 하여 임금이나 퇴직금을 지급하지 않거나 체불하는 것은 근로기준법이 허용하지 않는 바이나, 사용자가 모든 성의와 노력을 다했어도 임금의 체불이나 미불을 방지할 수 없었다는 것이 사회통념상 긍정할 정도가 되어 사용자에게 더 이상의 적법행위를 기대할 수 없다거나, 사용자가 퇴직금 지급을 위하여 최선의 노력을 다하였으나 경영부진으로 인한 자금사정 등으로 도저히 지급기일 내에 퇴직금을 지급할 수 없었다는 등의 불가피한 사정이 인정되는 경우에는

이루어져 있다. 이 중 심신상실은 책임능력이 없는 것이며, 오상방위는 구성요건 고의가 조각되거나(구성요건착오 유추적용설, 소극적 구성요건표지이론), 위법성인식이 없거나[금지착오(엄격책임설), 고의설], 책임고의가 조각되는 경우(법효과 제한적 책임설)의 견해 대립이 있다. 결국, 심신상실, 오상방위 이 두 가지 모두 기대가능성이 없다고 주장하는 부분은 아니다.

28) 대판 2004.7.15. 2004도2965 전원합의체.

그러한 사유는 근로기준법 제36조, 제42조 각 위반범죄의 책임조각사유로 된다(대판 2001.2.23. 2001도204).

④ 동해방면에서 명태잡이를 하다가 기관고장과 풍랑으로 표류중 북한괴뢰집단에 함정에 납치되어 북괴지역으로 납북된 후 북괴를 찬양, 고무 또는 이에 동조하고 우리나라로 송환됨에 있어 여러 가지 지령을 받아 수락한 소위는 살기 위한 부득이한 행위로서 기대 가능성이 없다고 할 것이다(대판 1967.10.4. 67도1115).

〈기대가능성이 있는 경우〉

① 직장의 상사가 범법행위를 하는데 가담한 부하에게 직무상 지휘복종관계에 있다 하여 범법행위에 가담하지 않을 기대가능성이 없다고 할 수 없다(대판 1986.5.27. 86도614).

② 통일원장관의 접촉 승인 없이 북한 주민과 접촉한 행위가 정당행위 혹은 적법행위에 대한 기대가능성이 없는 경우에 해당하지 아니한다고 한 사례(대판 2003.12.26. 2001도6484).

③ 자신의 강도상해 범행을 일관되게 부인하였으나 유죄판결이 확정된 피고인이 별건으로 기소된 공범의 형사사건에서 자신의 범행사실을 부인하는 증언을 한 사안에서, 피고인에게 사실대로 진술할 기대가능성이 있으므로 위증죄가 성립한다고 판단한 사례(대판 2008.10.23. 2005도10101).

④ 불법 건축물이라는 이유로 일반음식점 영업신고의 접수가 거부되었고, 이전에 무신고 영업행위로 형사처벌까지 받았음에도 계속하여 일반음식점 영업행위를 한 피고인의 행위는, 식품위생법상 무신고 영업행위로서 정당행위 또는 적법행위에 대한 기대가능성이 없는 경우에 해당하지 아니한다고 한 사례(대판 2009.4.23. 2008도6829).

⑤ 집회및시위에관한법률은 그 제13조의 집회를 제외한 옥외집회에 대하여 관할경찰서장에게 신고할 것을 요구하고 있고, 관할경찰서장의 부당한 금지통고에 대하여는 이의신청과 행정소송 등을 통하여 집회의 권리를 행사할 수 있도록 규정하고 있는 점에 비추어 보면, 단지 당국이 피고인이 간부로 있는 전국교직원노동조합이나 기타 단체에 대하여 모든 옥내외 집회를 부당하게 금지하고 있다고 하여 그 집회신고의 기대가능성이 없다 할 수 없으므로, 위와 같은 이유만으로 관할경찰서장에게 신고하지 않고 옥외집회를 주최한 것이 죄가 되지 않는다고 할 수 없다(대판 1992.8.14. 92도1246).

⑥ 증인으로 선서한 이상 진실대로 진술한다고 하면 자신의 범죄를 시인하는 진술을 하는 것이 되고 증언을 거부하는 것은 자기의 범죄를 암시하는 것이 되어 증인에게 사실대로의 진술을 기대할 수 없다고 하더라도 형사소송법상 이러한 처지의 증인에게는 증언을 거부할 수 있는 권리를 인정하여 위증죄로부터의 탈출구를 마련하고 있는 만큼 적법행위의 기대 가능성이 없다고 할 수 없으므로 선서한 증인이 증언거부권을 포기하고 허위의 진술을 하였다면 위증죄의 처벌을 면할 수 없다(대판 1987.7.7. 86도1724 전

원합의체).

⑦ 휘발유 등 군용물의 불법매각이 상사인 포대장이나 인사계 상사의 지시에 의한 것이라 하여도 그 같은 지시가 저항할 수 없는 폭력이나 자기 또는 친족의 생명, 신체에 대한 위해를 방어할 방법이 없는 협박에 상당한 것이라고 인정되지 않은 이상 강요된 행위로서 책임성이 조각된다고 할 수 없다(대판 1983.12.13. 83도2543).

⑧ 피고인 A가 출제교수들로부터 대학원신입생전형시험문제를 제출받아 알게 된 것을 틈타서 피고인 D, E 등에게 그 시험문제를 알려주었고 그렇게 알게된 위 D, E 등이 그 답안쪽지를 작성한 다음 이를 답안지에 그대로 베껴써서 그 정을 모르는 시험감독관에게 제출하였다면 이는 위계로써 입시감독업무를 방해하였다 할 것이므로 이에 대하여 형법 제314조, 제313조를 적용한 것은 정당하고 거기에 지적하는 바와 같은 업무방해죄 내지 기대가능성에 대한 법리를 오해한 위법이 없다(대판 1991.11.12. 91도2211).

⑨ 피고인이 비서라는 특수신분때문에 주종관계에 있는 공동피고인들의 지시를 거절할 수 없어 뇌물을 공여한 것이었다 하더라도 그와 같은 사정만으로는 피고인에게 뇌물공여 이외의 반대행위를 기대할 수 없는 경우였다고 볼 수 없다(대판 1983.3.8. 82도2873).

⑩ 영업정지처분에 대한 집행정지 결정은 피고인이 제기한 영업정지처분 취소사건의 본안판결 선고시까지 그 처분의 효력을 정지한 것으로서 행정청의 처분의 위법성을 확정적으로 선언하지도 않았으므로, 위 집행정지 신청이 잠정적으로 받아들여졌다는 사정만으로는, 구 음반·비디오물 및 게임물에 관한 법률(2006. 4. 28. 법률 제7943호로 폐지) 위반으로 기소된 피고인에게 적법행위의 기대가능성이 없다고 볼 수는 없다고 한 원심판단을 수긍한 사례(대판 2010.11.11. 2007도8645).

Ⅳ. 강요된 행위

제12조【강요된 행위】저항할 수 없는 폭력이나 자기 또는 친족의 생명·신체에 대한 위해를 방어할 방법이 없는 협박에 의하여 강요된 행위는 벌하지 아니한다.

저항할 수 없는 폭력[29]이나 자기 또는 친족의 생명·신체[30]에 대한 위해를 방어할 방법이 없는 협박에 의하여 강요된 행위는 적법행위에 대한 기대가능성이 없다는 이유로 책임이 조각되어 벌하지 아니한다고 형법 제12조에서 규정하고 있다. 하지만 강요자는 처벌되지 않는 자를 이용하여 범죄를 실행한 것이므로 강요

---

29) 심리적, 윤리적 폭력(물리적 폭력×)
30) 재산은 포함되지 않음.

된 행위의 간접정범으로 처벌된다.

　참고로, 강요라 함은 피강요자의 자유스런 의사결정을 하지 못하게 하면서 특정한 행위를 하게 하는 것을 말한다. 따라서 북한 경비정에 의해 납북된 뒤에 북한 당국이 시키는 대로 하지 않으면 다시 남한으로 돌아오는 것이 불가능할 상황에서 북한 공작원으로부터 물품을 받은 행위(대판 1976.9.14. 75도414)와 남편의 계속적인 폭행과 협박에 못 이겨 그의 요구대로 간통사실에 관련된 허위의 고소장을 작성·제출한 행위(대판 1983.12.13. 83도2276)는 강요된 행위에 해당된다. 그러나 대공수사단 직원이 상관의 명령에 따라 고문한 행위(대판 1988.2.23. 87도2358) 등은 강요된 행위라고 볼 수 없다.

제 5 장

미수범

제1절 미수범 총설

Ⅰ. 개관

미수범은 사전검증으로 범죄의 미발생과 미수범처벌규정 존재를 먼저 검토한 후 논하여야 한다.

1. 개념

범죄의 실행에 착수하여 행위를 종료하지 못하였거나 종료하였더라도 결과가 발생하지 아니한 경우를 의미한다. 즉, 범죄의 실행에 착수하였으나 그 범죄의 완성에 이르지 못한 경우가 미수이다. 미수는 실행의 착수 이후에만 가능한 점에서 예비·음모와 구별되며, 범죄의 미완성이라는 점에서 기수와 구별된다.[1]

---

[1] 기수가 원칙이며 예비·음모와 미수는 예외적 처벌이다. 미수는 다시 착수미수와 실행미수로 나뉘는데 처벌에서의 구별실익은 없으며, 중지미수에서만 구별실익이 있다. 이 경우 착수미수는 실행행위를 중지하는 것이며, 실행미수는 결과발생을 방지하는 것이다. 아울러, 결과발생(기수) 즉시 완료되는 즉시범이 있고, 결과발생(기수) 이후 완료되는 계속범(감금)이 있다. 이에 대한 구별은 다음과 같다.

2. 종류

(1) 장애미수

행위자가 결과를 실현하고자 하였으나 의외의 장애로 인하여 범죄를 완성하지 못한 경우를 의미한다(임의적 감경).

(2) 중지미수

중지미수란 범죄의 실행에 착수한 자가 그 범죄가 기수에 이르기 전에 자의로 범행을 중지하거나 범행으로 인한 결과의 발생을 방지한 경우를 의미한다(필요적 감면).

(3) 불능미수

범죄의 수단이나 대상의 착오로 결과발생이 불가능하지만 위험성으로 인하여 미수범으로 처벌되는 경우를 의미한다(임의적 감면).

3. 효과

미수범은 처벌되지 않는 것이 원칙이나 법률에 미수범을 처벌한다는 규정이 있는 경우 예외적으로 처벌한다.

Ⅱ. 미수범 처벌규정이 없는 범죄

형식범		① 폭행, 존속폭행 ② 모욕죄 ③ 위증죄 ④ 무고죄
위험범	구체적 위험범	① 자기소유일반건조물 방화죄 ② 일반물건방화죄 ③ 자기소유일반건보물일수죄
	추상적 위험범	① 유기죄 ② 낙태죄 ③ 명예훼손 ④ 신용훼손죄

−	−	즉시범	계속범
기수 이후	공동정범	×	○
	교사범	×	×(실행착수 이전)
	방조범(종범)	×	○
	정당방위	×	○
공소시효 기산점(시작)		결과, 기수, 완료	완료

위험범	추상적 위험범	⑤ 업무방해죄, 경매입찰방해죄 ⑥ 공무집행방해죄 ⑦ 권리해사방해죄 ⑧ 진화방해죄 ⑨ 방수방해죄 ⑩ 수리방해죄
	진정부작위범	① 다중불해산죄 ② 전시군수계약불이행죄 ③ 전시공수계약불이행죄(단, 퇴거불응죄, 집합명령위반죄 는 미수범처벌규정 있음)
	공무원의 직무에 관한 죄 중 불법체포·감금죄를 제외한 전부	① 직무유기죄 ② 인권옹호직무방해죄 ③ 선거방해죄 ④ 뇌물죄 등
	국가적 법익에 관한 죄	① 국기에 관한 죄 ② 국교에 관한 죄(단, 외국에 대한 사전죄는 미수범 처벌)
	사회적 법익에 관한 죄	① 소요죄 ② 풍속을 해하는 범죄 ③ 도박과 복표에 관한 죄 ④ 장례식등방해죄 ⑤ 사체검시방해죄
	재산죄	① 장물죄 ② 점유이탈물횡령죄 ③ 권리행사방해죄 ④ 강제집행면탈죄
	과실범, 결과적 가중범	① 모든 과실범 ② 결과적 가중범(단, 형법상 현주건조물일수치사상죄, 강 도치상죄, 인질치사상죄, 해상강도치사상죄, 성폭력특 별법상 강간치사상죄는 미수범처벌규정 있음)

제2절 예비와 음모

Ⅰ. 의의

> 제28조 【음모, 예비】 범죄의 <u>음모 또는 예비행위</u>[2]가 실행의 착수에 이르지 아니한 때에
> 는 법률에 규정이 없는 한 벌하지 아니한다.

　　예비·음모는 사전검증으로 처벌규정의 존재 유무를 살핀 후 실행의 착수가
없어야 한다.[3]

---

2) 엄밀히 따지면 이 순서임.
3) 미수를 처벌 못하면, 예비·음모도 당연히 처벌 못한다.

Ⅱ. 성립요건

1. 주관적 요건

(1) 고의

예비죄가 성립하기 위해서는 고의가 필요하다.[4]

(2) 목적

예비죄는 모두 목적범이므로 기본범죄를 범할 목적이 필요하다.

2. 객관적 요건

(1) 외부적 준비행위

예비행위는 범죄실현을 위한 외부적 준비행위일 것을 필요로 한다. 단순한 범죄계획, 범죄의사의 표시, 내심적 준비는 예비에 해당하지 않는다.

(2) 인적 준비와 물적 준비

인적 준비는 음모이며, 물적 준비는 예비이다.

(3) 자기예비와 타인예비

자기예비는 자기가 스스로 또는 타인과 공동으로 실행행위를 할 목적으로 준비행위를 하는 경우를 의미하며, 당연히 예비가 된다. 타인예비는 타인의 실행행위를 위하여 준비행위를 하는 경우를 의미하는 것이며, 타인의 공범이 될 수는 있으나 예비는 될 수 없다.

Ⅲ. 처벌규정의 존재

예비는 원칙적으로 처벌되지 않으며, 법률에 특별한 규정이 있는 경우에 한하여 처벌된다. 아울러 동 규정은 예비를 처벌한다는 내용뿐 아니라 적용될 법정형의 내용까지 구체적으로 적시하고 있어야 한다.[5] 판례도 예비·음모는 이를 처

---

4) 형법 제255조, 제250조의 살인예비죄가 성립하기 위하여는 형법 제255조에서 명문으로 요구하는 살인죄를 범할 목적 외에도 살인의 준비에 관한 고의가 있어야 하며, 나아가 실행의 착수까지에는 이르지 아니하는 살인죄의 실현을 위한 준비행위가 있어야 한다. 여기서의 준비행위는 물적인 것에 한정되지 아니하며 특별한 정형이 있는 것도 아니지만, 단순히 범행의 의사 또는 계획만으로는 그것이 있다고 할 수 없고 객관적으로 보아서 살인죄의 실현에 실질적으로 기여할 수 있는 외적 행위를 필요로 한다(대판 2009.10.29. 2009도7150).

5) 제28조(음모, 예비)에 "… 벌하지 아니한다."라고만 규정되어 있기 때문이다.

벌한다고 규정하였을지라도 예비·음모는 미수범의 경우와 달라서 그 형을 따로 정하여 놓지 아니한 이상 이를 본범이나 미수범에 준하여 처벌한다고 해석함은 죄형법정주의의 원칙상 허용될 수 없다고 판시하고 있다(명확성의 원칙에 위배).[6]

예비죄의 형벌범위를 결정할 때에도 형의 가중감면사유, 양형조건 등은 적용될 수 있다.

Ⅳ. 관련문제

1. 예비죄의 중지

판례는[7] 예비는 실행의 착수 이전의 논의이므로 예비죄의 중지미수는 인정하지 않는다. 그러나 예비죄 처벌규정에 의해서 처벌은 가능하다.

2. 예비의 공동정범

2인 이상의 자가 공동하여 기본범죄를 실현하고자 하였으나 가벌적 예비행위에 그친 경우에는 예비죄의 공동정범이 성립한다[8](처벌 가능).

3. 예비의 교사

기수의 고의로 정범을 교사하였으나 정범이 예비에 그친 경우 예비의 교사는 인정되지 않으나, 이는 형법 제31조 제2항의 효과 없는 교사에 해당하여 명문의 규정이 있어 처벌할 수 있다.

4. 예비의 방조범(종범)

기수의 고의로 정범을 방조하였으나 정범이 예비에 그친 경우 예비죄의 방조범은 인정되지 않으므로 처벌되지도 않는다.

---

6) 형법 제28조에 의하면 범죄의 예비 또는 음모는 특별한 죄형규정이 있을 때에 한하여 처벌할 수 있도록 되어 있는데 부정선거관련자처벌법 제5조 제4항에 의하면 동조 제1항에 예비, 음모와 미수는 처벌한다고 규정하고 있으나 동 예비, 음모의 형에 관하여 아무런 규정이 없으며, 이를 본범이나 미수범에 준하여 처벌함은 죄형법정주의 원칙상 허용할 수 없으니 결국 위 소위는 처벌할 수 없다(대판 1979.12.26. 78도957).

7) 중지범은 범죄의 실행에 착수한 후 자의로 그 행위를 중지한 때를 말하는 것이고 실행의 착수가 있기 전인 예비음모의 행위를 처벌하는 경우에 있어서 중지범의 관념은 이를 인정할 수 없다(대판 1999.4.9. 99도424).

8) 대판 1976.5.25. 75도1549.

Ⅴ. 예비·음모·선동·선전 처벌규정

구분	범죄의 종류	내용
예비 음모 선동 선전	국가적 법익	• 내란의 죄 : 내란죄(제87조), 내란목적살인죄(제88조) • 외환의 죄 : 외환유치죄(제92조), 시설제공이적죄(제95조), 시설파괴이적죄(제96조), 여적죄(제93조), 간첩죄(제98조), 모병이적죄(제94조), 물건제공이적죄(제97조), 일반이적죄(제99조)
예비 음모 선동	사회적 법익	• 폭발물사용죄(제119조)
예비 음모	국가적 법익	• 외국에 대한 사전죄(제111조) • 도주원조죄(제147조), 간수자의 도주원조죄(제148조) ※ 단순도주죄, 명령위반죄는 제외
	사회적 법익	• 방화죄관련 : 현주건조물방화죄(제164조), 공용건조물방화죄(제165조), 일반건조물방화죄(제166조 제1항), 폭발물파열죄(제172조), 가스·전기방류죄(제172조의2), 가스·전기공급방해죄(제179조 제1항) • 일수죄관련 : 현주건조물일수죄(제177조), 공용건조물일수죄(제178조), 일반건조물일수죄(제179조 제1항) • 교통방해죄 : 기차·선박등의 교통방해죄(제186조), 기차·선박 등의 전복죄(제187조) • 음용수에 관한 죄 : 수도·음용수사용방해죄(제193조 제2항), 수도불통죄(제195조) • 각종 위조죄 : 통화위조죄(제207조 제1항 부터 제3항), 유가증권위조죄(제214조), 자격모용에 의한 유가증권작성죄(제215조), 우표·인지의 위조죄(제218조 제1항) ※ 허위유가증권작성죄, 문서위조·변조죄는 예비음모처벌규정이 없다.
	개인적 법익	• 살인의 죄 : 살인·존속살해죄(제250조), 위계등에 의한 촉탁살인(제253조) • 약취·유인·인신매매죄 • 강도죄(제333조) ※ 강도죄 이외의 재산범죄인 절도죄, 횡령죄, 배임죄, 사기죄, 공갈죄, 장물죄, 손괴죄 등은 예비·음모 처벌규정이 없다.

제3절 장애미수

Ⅰ. 의의

> 제25조【미수범】① 범죄의 실행에 착수하여 행위를 종료하지 못하였거나 결과가 발생
> 하지 아니한 때에는 미수범으로 처벌한다.
> ② 미수범의 형은 기수범보다 **감경할 수 있다.**

Ⅱ. 성립요건[9]

1. 주관적 요소

미수범에도 고의만큼은 기수의 고의여야 한다. 즉, 미수범 역시 고의가 있어야 한다. 결국, 과실미수는 안되는 것이다.

기수범에 있어서 초과 주관적 구성요건 요소를 요하는 범죄에서는 미수범의 성립에도 이 요소가 요구된다. 따라서 절도죄에 불법영득의사가 필요하다고 보는 견해에 의하면 절도의 고의가 있었더라도 불법영득의사가 인정되지 않으면 절도 미수죄가 성립하지 않는다. 함정수사(agent provocateur)의 경우 미수의 고의를 가지고 범행하는 경우로서 기수의 고의가 없기 때문에 미수범으로 처벌될 수 없어서 불가벌이다.[10]

2. 처벌

형법 제25조 제2항은 장애미수의 형을 '기수범보다 감경할 수 있다'라고 규정하고 있다. 즉 임의적 감경사유이다.

□ 관련 판례

〈실행의 착수가 부정되는 경우〉

① 평소 잘 아는 피해자에게 전화채권을 사주겠다고 하면서 골목길로 유인하여 돈을 절취하려고 기회를 엿본 행위만으로는 절도의 예비행위는 될지언정 행위의 방법, 태양

---

9) 미수범의 공통 요건 : 기수의 고의, 실행의 착수, 범죄의 미달성(未達成)
10) 수사방법이 잘못되었을 뿐으로 수사관은 처벌받지 않는다.

및 주변상황 등에 비추어 볼때 타인의 재물에 대한 사실상 지배를 침해하는데 밀접한 행위가 개시되었다고 단정할 수 없다(대판 1983.3.8. 82도2944).

② 노상에 세워 놓은 자동차안에 있는 물건을 훔칠 생각으로 자동차의 유리창을 통하여 그 내부를 손전등으로 비추어 본 것에 불과하다면 비록 유리창을 따기 위해 면장갑을 끼고 있었고 칼을 소지하고 있었다 하더라도 절도의 예비행위로 볼 수는 있겠으나 타인의 재물에 대한 지배를 침해하는데 밀접한 행위를 한 것이라고는 볼 수 없어 절취행위의 착수에 이른 것이었다고 볼 수 없다(대판 1985.4.23. 85도464).

③ 피고인이 히로뽕 제조원료 구입비로 금 3,000,000원을 제1심 공동피고인에게 제공하였는데 공동피고인이 그로써 구입할 원료를 물색 중 적발되었다면 피고인의 소위는 히로뽕제조에 착수하였다고 볼 수 없다(대판 1983.11.22. 83도2590).

④ 태풍 피해복구보조금 지원절차가 행정당국에 의한 실사를 거쳐 피해자로 확인된 경우에 한하여 보조금 지원신청을 할 수 있도록 되어 있는 경우, 피해신고는 국가가 보조금의 지원 여부 및 정도를 결정함에 있어 그 직권조사를 개시하기 위한 참고자료에 불과하다는 이유로 허위의 피해신고만으로는 위 보조금 편취범행의 실행에 착수한 것이라고 볼 수 없다(대판 1999.3.12. 98도3443).

⑤ 피고인이 행사할 목적으로 미리 준비한 물건들과 옵세트인쇄기를 사용하여 한국은행권 100원권을 사진찍어 그 필름 원판 7매와 이를 확대하여 현상한 인화지 7매를 만들었음에 그쳤다면 아직 통화위조의 착수에는 이르지 아니하였고 그 준비단계에 불과하다(대판 1966.12.6. 66도1317). [통화위조예비죄]

⑥ 소를 흥정하고 있는 피해자의 뒤에 접근하여 그가 들고 있던 가방으로 돈이 들어 있는 피해자의 하의 왼쪽 주머니를 스치면서 지나간 행위는 단지 피해자의 주의력을 흐트려 주머니 속에 들은 금원을 절취하기 위한 예비단계의 행위에 불과한 것이고 이로써 실행의 착수에 이른 것이라고는 볼 수 없다(대판 1986.11.11. 86도1109, 86감도143).

⑦ 강간죄의 실행의 착수가 있었다고 하려면 강간의 수단으로서 폭행이나 협박을 한 사실이 있어야 할 터인데 피고인이 강간할 목적으로 피해자의 집에 침입하였다 하더라도 안방에 들어가 누워 자고 있는 피해자의 가슴과 엉덩이를 만지면서 간음을 기도하였다는 사실만으로는 강간의 수단으로 피해자에게 폭행이나 협박을 개시하였다고 하기는 어렵다(대판 1990.5.25. 90도607).

⑧ 장해보상지급청구권자에게 보상금을 찾아주겠다고 거짓말을 하여 동인을 보상금 지급기관까지 유인한 것만으로는 사기죄에 있어서의 기망행위의 착수에 이르렀다고 보기 어렵다(대판 1980.5.13. 78도2259).

⑨ 절도의 목적으로 피해자의 집 현관을 통하여 그 집 마루 위에 올라서서 창고문 쪽으로 향하다가 피해자에게 발각, 체포되었다면 아직 절도행위의 실행에 착수하였다고 볼 수 없다(대판 1986.10.28. 86도1753).

⑩ 피해자의 집 부엌문에 시정된 열쇠고리의 장식을 뜯는 행위만으로는 절도죄의 실행

행위에 착수한 것이라고 볼 수 없다(대판 1989.2.28. 88도1165).

⑪ 예고등기로 인한 경매대상 부동산의 경매가격 하락 등을 목적으로 허위의 채권을 주장하며 채권자대위의 방식에 의한 원인무효로 인한 소유권보존등기 말소청구소송을 제기한 경우, 소송사기의 불법영득의사 및 실행의 착수가 인정되는지 여부(소극)

피고인이 갑이 부동산을 매수한 일이 없음에도 매수한 것처럼 허위의 사실을 주장하여 위 부동산에 대한 소유권이전등기를 거친 사람을 상대로 그 이전등기의 원인무효를 내세워 그 이전등기의 말소를 구하는 소송을 갑 명의로 제기하고 그 소송의 결과 원고로 된 갑이 승소한다고 가정하더라도 그 피고의 등기가 말소될 뿐이고 이것만으로 피고인이 위 부동산에 관한 어떠한 권리를 취득하거나 의무를 면하는 것은 아니므로 법원을 기망하여 재물이나 재산상 이익을 편취한 것이라고 보기 어렵고, 따라서 위 소제기 행위를 가리켜 사기의 실행에 착수한 것이라고 할 수 없다(대판 2009.4.9. 2009도128).

⑫ 침입 대상인 아파트에 사람이 있는지 확인하기 위해 초인종을 누른 행위가 주거침입죄의 실행의 착수에 해당하는지 여부(소극)(대판 2008.4.10. 2008도1464).

⑬ 야간에 다세대주택에 침입하여 물건을 절취하기 위하여 가스배관을 타고 오르다가 순찰 중이던 경찰관에게 발각되어 그냥 뛰어내렸다면, 야간주거침입절도죄의 실행의 착수에 이르지 못했다고 한 사례(대판 2008.3.27. 2008도917).

⑭ 야간에 다세대주택에 침입하여 물건을 절취하기 위하여 가스배관을 타고 오르다가 순찰 중이던 경찰관에게 발각되어 그냥 뛰어내렸다면, 야간주거침입절도죄의 실행의 착수에 이르지 못했다고 한 사례(대판 2008.3.27. 2008도917).

⑮ 피고인이 아파트 신축공사 현장 안에 있는 건축자재 등을 훔칠 생각으로 공범과 함께 위 공사현장 안으로 들어간 후 창문을 통하여 신축 중인 아파트의 지하실 안쪽을 살핀 행위가 특수절도죄의 실행의 착수에 해당하지 않는다고 한 사례(대판 2010.4.29. 2009도14554).

⑯ 입영대상자가 병역면제처분을 받을 목적으로 병원으로부터 허위의 병사용진단서를 발급받았다고 하더라도 이러한 행위만으로는 사위행위의 실행에 착수하였다고 볼 수 없다고 한 사례(대판 2005.9.28. 2005도3065). [병역법]

⑰ 가압류는 강제집행의 보전방법에 불과한 것이어서 허위의 채권을 피보전권리로 삼아 가압류를 하였다고 하더라도 그 채권에 관하여 현실적으로 청구의 의사표시를 한 것이라고는 볼 수 없으므로, 본안소송을 제기하지 아니한 채 가압류를 한 것만으로는 사기죄의 실행에 착수하였다고 할 수 없다(대판 1988.9.13. 88도55).

⑱ 장애인단체의 지회장이 지방자치단체로부터 보조금을 더 많이 지원받기 위하여 허위의 보조금 정산보고서를 제출한 경우, 보조금 정산보고서는 보조금의 지원 여부 및 금액을 결정하기 위한 참고자료에 불과하고 직접적인 서류라고 할 수 없다는 이유로 보조금 편취범행(기망)의 실행에 착수한 것으로 보기 어렵다고 한 사례(대판 2003.6.13. 2003도1279).

⑲ 피고인이 제1차 매수인으로부터 계약금 및 중도금 명목의 금원을 교부받은 후 제2차 매수인에게 부동산을 매도하기로 하고 계약금만을 지급받은 뒤 더 이상의 계약 이행에 나아가지 않았다면 배임죄의 실행의 착수가 있었다고 볼 수 없다고 한 사례(대판 2003.3.25. 2002도7134).

⑳ 종량제 쓰레기봉투에 인쇄할 시장 명의의 문안이 새겨진 필름을 제조하는 행위에 그친 경우에는 아직 위 시장 명의의 공문서인 종량제 쓰레기봉투를 위조하는 범행의 실행의 착수에 이르지 아니한 것으로서 그 준비단계에 불과한 것으로 보아 무죄를 선고한 원심판결을 수긍한 사례(대판 2007.2.23. 2005도7430).

㉑ 위장결혼의 당사자 및 브로커와 공모한 피고인이 허위로 결혼사진을 찍고 혼인신고에 필요한 서류를 준비하여 위장결혼의 당사자에게 건네준 것만으로는 공전자기록등불실기재죄의 실행에 착수한 것으로 볼 수 없다고 한 사례(대판 2009.9.24. 2009도4998).

㉒ 국가보안법 제2조, 제7조, 형법 제98조 제2항에서 말하는 간첩미수죄는 국가기밀을 탐지수집하라는 지령을 받았거나 소위 무인포스트를 설정하는 것만으로는 부족하고 그 지령에 따라 국가기밀을 탐지수집하는 행위의 실행의 착수가 있어야 성립된다(대판 1974.11.12. 74도2662).

㉓ 외국환거래법 제28조 제1항 제3호에서 규정하는, 신고를 하지 아니하거나 허위로 신고하고 지급수단·귀금속 또는 증권을 수출하는 행위는 지급수단 등을 국외로 반출하기 위한 행위에 근접·밀착하는 행위가 행하여진 때에 그 실행의 착수가 있다고 할 것인데, 피고인이 일화 500만 ¥은 기탁화물로 부치고 일화 400만 ¥은 휴대용 가방에 넣어 국외로 반출하려고 하는 경우에, 500만 ¥에 대하여는 기탁화물로 부칠 때 이미 국외로 반출하기 위한 행위에 근접·밀착한 행위가 이루어졌다고 보아 실행의 착수가 있었다고 할 것이지만, 휴대용 가방에 넣어 비행기에 탑승하려고 한 나머지 400만 ¥에 대하여는 그 휴대용 가방을 보안검색대에 올려 놓거나 이를 휴대하고 통과하는 때에 비로소 실행의 착수가 있다고 볼 것이고, 피고인이 휴대용 가방을 가지고 보안검색대에 나아가지 않은 채 공항 내에서 탑승을 기다리고 있던 중에 체포되었다면 일화 400만 ¥에 대하여는 실행의 착수가 있다고 볼 수 없다(대판 2001.7.27. 2000도4298).

㉔ 피고인들이 실제 북한과의 범민족단합대회추진을 위한 예비회담을 하기 위하여 판문점을 향하여 출발하려 하였다면 비록 피고인들이 위 회담의 주체는 아니었다고 하더라도 그 주체와의 의사의 연락하에 위 행위를 하였고 당국의 제지가 없었더라면 위 회담이 반드시 불가능하지는 아니하였던 것이므로 위 피고인들의 소위는 국가보안법 제8조 제4항, 제1항 회합예비죄에 해당하고, 회합장소인 판문점 평화의 집으로 가던 중 그에 훨씬 못미치는 검문소에서 경찰의 저지로 그 뜻을 이루지 못한 것이라면 아직 반국가단체의 구성원과의 회합죄의 실행에 착수하였다고 볼 수 없다(대판 1990.8.28. 90도1217).

㉕ 은행강도 범행으로 강취할 돈을 송금받을 계좌를 개설한 것만으로는 범죄수익 등의

은닉에 관한 죄의 실행에 착수한 것으로 볼 수 없다고 한 사례(대판 2007.1.11. 2006도 5288).

㉖ 필로폰을 매수하려는 자에게서 필로폰을 구해 달라는 부탁과 함께 돈을 지급받았다고 하더라도, 당시 필로폰을 소지 또는 입수한 상태에 있었거나 그것이 가능하였다는 등 매매행위에 근접·밀착한 상태에서 대금을 지급받은 것이 아니라 단순히 필로폰을 구해 달라는 부탁과 함께 대금 명목으로 돈을 지급받은 것에 불과한 경우에는 필로폰 매매행위의 실행의 착수에 이른 것이라고 볼 수 없다(대판 2015.3.20. 2014도16920).

〈실행의 착수가 인정되는 경우〉

① 금품을 절취하기 위하여 고속버스 선반 위에 놓여진 손가방의 한쪽 걸쇠만 열었다 하여도 절도범행의 실행에 착수하였다 할 것이다(대판 1983.10.25. 83도2432, 83감도420).

② 간첩의 목적으로 외국 또는 북한에서 국내에 침투 또는 월남하는 경우에는 기밀탐지가 가능한 국내에 침투 상륙함으로써 간첩죄의 실행의 착수가 있다고 할 것이다(대판 1984.9.11. 84도1381).

③ 소매치기의 경우 피해자의 양복상의 주머니로부터 금품을 절취하려고 그 호주머니에 손을 뻗쳐 그 겉을 더듬은 때에는 절도의 범행은 예비단계를지나 실행에 착수하였다고 봄이 상당하다(대판 1984.12.11. 84도2524).

④ 주거침입죄의 실행의 착수시기 및 출입문이 열려 있으면 안으로 들어가겠다는 의사 아래 출입문을 당겨보는 행위를 주거침입의 실행에 착수한 것으로 볼 수 있는지 여부(적극)(대판 2006.9.14. 2006도2824).

⑤ 피해자 집에 침입하여 응접실 책상 위에 놓여 있던 라디오를 훔치려고 라디오 선을 건드리다가 발각된 경우에는 절도미수죄가 성립한다(대판 1966.5.3. 66도383).

⑥ 야간이 아닌 주간에 절도의 목적으로 다른 사람의 주거에 침입하여 절취할 재물의 물색행위를 시작하는 등 그에 대한 사실상의 지배를 침해하는 데에 밀접한 행위를 개시하면 절도죄의 실행에 착수한 것으로 보아야 한다(대판 2003.6.24. 2003도1985, 2003 감도26).

⑦ 소송사기는 법원을 기망하여 자기에게 유리한 판결을 얻고 이에 터잡아 상대방으로 부터 재물의 교부를 받거나 재산상 이익을 취득하는 것을 말하는 것으로서 소송에서 주장하는 권리가 존재하지 않는 사실을 알고 있으면서도 법원을 기망한다는 인식을 가지고 소를 제기하면 이로써 실행의 착수가 있었다고 할 것이고, 피해자에 대한 직접적인 기망이 있어야 하는 것은 아니다(대판 1993.9.14. 93도915).

⑧ 주거로 들어가는 문의 시정장치를 부수거나 문을 여는 등 침입을 위한 구체적 행위를 시작하였다면 주거침입죄의 실행의 착수는 있었다고 보아야 하고, 신체의 극히 일부분이 주거 안으로 들어갔지만 사실상 주거의 평온을 해하는 정도에 이르지 아니하였

다면 주거침입죄의 미수에 그친다(대판 1995.9.15. 94도2561).

⑨ 피고인이 격분하여 피해자를 살해할 것을 마음먹고 밖으로 나가 낫을 들고 피해자에게 다가서려고 하였으나 제3자가 이를 제지하여 그 틈을 타서 피해자가 도망함으로써 살인의 목적을 이루지 못한 경우, 피고인이 낫을 들고 피해자에게 접근함으로써 살인의 실행행위에 착수하였다고 할 것이므로 이는 살인미수에 해당한다(대판 1986.2.25. 85도2773).

⑩ 절도죄의 실행의 착수시기는 재물에 대한 타인의 사실상의 지배를 침해하는데 밀접한 행위가 개시된 때라 할 것인바, 피해자 소유 자동차 안에 들어 있는 밍크코트를 발견하고 이를 절취할 생각으로 공범이 위 차 옆에서 망을 보는 사이 위 차 오른쪽 앞문을 열려고 앞문손잡이를 잡아당기다가 피해자에게 발각되었다면 절도의 실행에 착수하였다고 봄이 상당하다(대판 1986.12.23. 86도2256).

⑪ 현실적으로 절취목적물에 접근하지 못하였다 하더라도 야간에 타인의 주거에 침입하여 건조물의 일부인 방문고리를 손괴하였다면 형법 제331조의 특수절도죄의 실행에 착수한 것이다(대판 1977.7.26. 77도1802).

⑫ 비지정문화재의 수출미수죄가 성립하기 위하여는 비지정문화재를 국외로 반출하는 행위에 근접·밀착하는 행위가 행하여진 때에 그 실행의 착수가 있는 것으로 보아야 한다(대판 1999.11.26. 99도2461).[11]

⑬ 신용카드업법 제25조 제1항 소정의 신용카드부정사용죄의 구성요건적 행위인 신용카드의 사용이라 함은 신용카드의 소지인이 신용카드의 본래 용도인 대금결제를 위하여 가맹점에 신용카드를 제시하고 매출표에 서명하여 이를 교부하는 일련의 행위를 가리키므로, 단순히 신용카드를 제시하는 행위만으로는 신용카드부정사용죄의 실행에 착수한 것에 불과하고 그 사용행위를 완성한 것으로 볼 수 없다(대판 1993.11.23. 93도604).

⑭ 매도인이 부동산을 제1차 매수인에게 매도하고 계약금과 중도금까지 수령한 이상 특단의 약정이 없는 한 잔금수령과 동시에 매수인 명의로의 소유권이전등기에 협력할 임무가 있고 이 임무는 주로 위 매수인을 위하여 부담하는 임무라 할 것이므로, 위 매매계약이 적법하게 해제되지 않은 이상 매도인이 다시 제3자와 사이에 매매계약을 체결하고 계약금과 중도금까지 수령한 것은 제1차 매수인에 대한 소유권이전등기 협력임무의 위배와 밀접한 행위로서 배임죄의 실행착수라고 보아야 할 것이다(대판 1983.10.11. 83도2057).

⑮ 부정경쟁방지 및 영업비밀보호에 관한 법률 제18조 제2항에서 정하고 있는 영업비밀부정사용죄에 있어서는, 행위자가 당해 영업비밀과 관계된 영업활동에 이용 혹은 활

---

11) 실제 사례에서는 수출할 사람에게 비지정문화재를 판매하려다가 가격절충이 되지 않아 계약이 성사되지 못한 단계에서는 국외로 반출하는 행위에 근접·밀착하는 행위가 있었다고 볼 수 없어 무죄이다.

용할 의사 아래 그 영업활동에 근접한 시기에 영업비밀을 열람하는 행위(영업비밀이 전자파일의 형태인 경우에는 저장의 단계를 넘어서 해당 전자파일을 실행하는 행위)를 하였다면 그 실행의 착수가 있다(대판 2009.10.15. 2008도9433).

⑯ 상관인 그 소속 중대장을 살해 보복할 목적으로 수류탄의 안전핀을 빼고 그 사무실로 들어간 행위는 상관살인미수죄에 해당한다(대판 1970.6.30. 70도861).

⑰ 강간죄는 부녀를 간음하기 위하여 피해자의 항거를 불능하게 하거나 현저히 곤란하게 할 정도의 폭행 또는 협박을 개시한 때에 그 실행의 착수가 있다고 보아야 할 것이고, 실제로 그와 같은 폭행 또는 협박에 의하여 피해자의 항거가 불능하게 되거나 현저히 곤란하게 되어야만 실행의 착수가 있다고 볼 것은 아니다(대판 2000.6.9. 2000도1253).

⑱ 피고인이 간음할 목적으로 새벽 4시에 여자 혼자 있는 방문 앞에 가서 피해자가 방문을 열어 주지 않으면 부수고 들어갈 듯한 기세로 방문을 두드리고 피해자가 위험을 느끼고 창문에 걸터 앉아 가까이 오면 뛰어내리겠다고 하는데도 베란다를 통하여 창문으로 침입하려고 하였다면 강간의 수단으로서의 폭행에 착수하였다고 할 수 있으므로 강간의 착수가 있었다고 할 것이다(대판 1991.4.9. 91도288).

⑲ 피고인이 잠을 자고 있는 피해자의 옷을 벗긴 후 자신의 바지를 내린 상태에서 피해자의 음부 등을 만지고 자신의 성기를 피해자의 음부에 삽입하려고 하였으나 피해자가 몸을 뒤척이고 비트는 등 잠에서 깨어 거부하는 듯한 기색을 보이자 더 이상 간음행위에 나아가는 것을 포기한 경우, 준강간죄의 실행에 착수하였다고 본 사례(대판 2000.1.14. 99도5187). [준강간미수]

⑳ 야간에 아파트에 침입하여 물건을 훔칠 의도하에 아파트의 베란다 철제난간까지 올라가 유리창문을 열려고 시도하였다면 야간주거침입절도죄의 실행에 착수한 것으로 보아야 한다고 한 사례(대판 2003.10.24. 2003도4417).

㉑ 다가구용 단독주택인 빌라의 잠기지 않은 대문을 열고 들어가 공용 계단으로 빌라 3층까지 올라갔다가 1층으로 내려온 사안에서, 주거인 공용 계단에 들어간 행위가 거주자의 의사에 반한 것이라면 주거에 침입한 것이라고 보아야 한다는 이유로, 주거침입죄를 구성하지 않는다고 본 원심판결을 파기한 사례(대판 2009.8.20. 2009도3452).

㉒ 야간에 손전등과 박스 포장용 노끈을 이용하여 도로에 주차된 차량의 문을 열고 현금 등을 훔치기로 마음먹고, 차량의 문이 잠겨 있는지 확인하기 위해 양손으로 운전석 문의 손잡이를 잡고 열려고 하던 중 경찰관에게 발각된 사안에서, 절도죄의 실행에 착수한 것으로 보아야 한다고 한 사례(대판 2009.9.24. 2009도5595).

㉓ 범인들이 함께 담을 넘어 마당에 들어가 그중 1명이 그곳에 있는 구리를 찾기 위하여 담에 붙어 걸어가다가 잡혔다면 절취대상품에 대한 물색행위가 없었다고 할 수 없다(대판 1989.9.12. 89도1153).

㉔ 야간에 타인의 재물을 절취할 목적으로 사람의 주거에 침입한 경우에는 주거에 침

입한 행위의 단계에서 이미 형법 제330조에서 규정한 야간주거침입절도죄라는 범죄행위의 실행에 착수한 것이라고 볼 것이다(대판 1984.12.26. 84도2433).

㉕ 야간에 아파트에 침입하여 물건을 훔칠 의도하에 아파트의 베란다 철제난간까지 올라가 유리창문을 열려고 시도하였다면 야간주거침입절도죄의 실행에 착수한 것으로 보아야 한다고 한 사례(대판 2003.10.24. 2003도4417).

㉖ 주거침입죄의 실행의 착수는 주거자, 관리자, 점유자 등의 의사에 반하여 주거나 관리하는 건조물 등에 들어가는 행위, 즉 구성요건의 일부를 실현하는 행위까지 요구하는 것은 아니고 범죄구성요건의 실현에 이르는 현실적 위험성을 포함하는 행위를 개시하는 것으로 족하므로, 출입문이 열려 있으면 안으로 들어가겠다는 의사 아래 출입문을 당겨보는 행위는 바로 주거의 사실상의 평온을 침해할 객관적인 위험성을 포함하는 행위를 한 것으로 볼 수 있어 그것으로 주거침입의 실행에 착수한 것으로 보아야 한다(대판 2006.9.14. 2006도2824).

㉗ 금품을 훔칠 목적으로 피해자의 집에 담을 넘어 침입하여 그집 부엌에서 금품을 물색하던 중에 발각되어 도주한 것이라면 이는 절취행위에 착수한 것이라고 보아야 한다(대판 1987.1.20. 86도2199, 86감도245).

㉘ 적극적 소송당사자인 원고뿐만 아니라 방어적인 위치에 있는 피고라 하더라도 허위내용의 서류를 작성하여 이를 증거로 제출하거나 위증을 시키는 등의 적극적인 방법으로 법원을 기망하여 착오에 빠지게 한 결과 승소확정판결을 받음으로써 자기의 재산상의 의무이행을 면하게 된 경우에는 그 재산가액 상당에 대하여 사기죄가 성립한다고 할 것이고, 그와 같은 경우에는 적극적인 방법으로 법원을 기망할 의사를 가지고 허위내용의 서류를 증거로 제출하거나 그에 따른 주장을 담은 답변서나 준비서면을 제출한 경우에 사기죄의 실행의 착수가 있다고 볼 것이다(대판 1998.2.27. 97도2786).

㉙ [다수의견]
피고인 또는 그와 공모한 자가 자신이 토지의 소유자라고 허위의 주장을 하면서 소유권보존등기 명의자를 상대로 보존등기의 말소를 구하는 소송을 제기한 경우 그 소송에서 위 토지가 피고인 또는 그와 공모한 자의 소유임을 인정하여 보존등기 말소를 명하는 내용의 승소확정판결을 받는다면, 이에 터 잡아 언제든지 단독으로 상대방의 소유권보존등기를 말소시킨 후 위 판결을 부동산등기법 제130조 제2호 소정의 소유권을 증명하는 판결로 하여 자기 앞으로의 소유권보존등기를 신청하여 그 등기를 마칠 수 있게 되므로, 이는 법원을 기망하여 유리한 판결을 얻음으로써 '대상 토지의 소유권에 대한 방해를 제거하고 그 소유명의를 얻을 수 있는 지위'라는 재산상 이익을 취득한 것이고, 그 경우 기수시기는 위 판결이 확정된 때이다.
[대법관 김황식의 반대의견]
소유권보존등기의 말소를 명하는 확정판결은 그 자체의 효력에 의해서는 등기명의인의 보존등기가 말소될 뿐이고 이로써 피고인 또는 그 공모자가 부동산에 대하여 어떠한

권리를 취득하거나 의무를 면하는 것이 아니어서 그 자체만으로는 법원을 기망하여 재물이나 재산상 이익을 편취한 것이라고 볼 수 없다. 다만, 부동산을 편취하기 위해 허위소송을 제기하여 소유권보존등기의 말소를 명하는 확정판결을 얻어낸 경우 그 확정판결이 선고되는 과정에 피고인의 기망행위가 존재하는 이상, 실행의 착수시점은 소송을 제기한 시점이라고 보아야 하므로 소유권보존등기말소 소송을 제기한 경우에는 피고인의 범의가 재물인 부동산의 취득에 있는지 여부와 무관하게, 실행의 착수조차 없다고 본 판결(대판 1983.10.25. 83도1566) 등의 견해는 이와 저촉되는 범위 내에서 이를 변경하여야 한다(대판 2006.4.7. 2005도9858 전원합의체).

㉚ 이른바 소송사기는 법원을 기망하여 자기에게 유리한 재판을 얻고 이에 기하여 상대방으로부터 재물의 교부를 받거나 재산상 이익을 취득하는 것을 말하는 것인바, 부동산등기부상 소유자로 등기된 적이 있는 자가 자기 이후에 소유권이전등기를 경료한 등기명의인들을 상대로 허위의 사실을 주장하면서 그들 명의의 소유권이전등기의 말소를 구하는 소송을 제기한 경우 그 소송에서 승소한다면 등기명의인들의 등기가 말소됨으로써 그 소송을 제기한 자의 등기명의가 회복되는 것이므로 이는 법원을 기망하여 재물이나 재산상 이익을 편취한 것이라고 할 것이고 따라서 등기명의인들 전부 또는 일부를 상대로 하는 그와 같은 말소등기청구 소송의 제기는 사기의 실행에 착수한 것이라고 보아야 한다(대판 2003.7.22. 2003도1951).

㉛ 지급명령신청에 대해 상대방이 이의신청을 하면 지급명령은 이의의 범위 안에서 그 효력을 잃게 되고 지급명령을 신청한 때에 소를 제기한 것으로 보게 되는 것이지만 이로써 이미 실행에 착수한 사기의 범행 자체가 없었던 것으로 되는 것은 아니다. 지급명령을 송달받은 채무자가 2주일 이내에 이의신청을 하지 않는 경우에는 구 민사소송법(2002. 1. 26. 법률 제6626호로 전문 개정되기 전의 것) 제445조에 따라 지급명령은 확정되고, 이와 같이 확정된 지급명령에 대해서는 항고를 제기하는 등 동일한 절차 내에서는 불복절차가 따로 없어서 이를 취소하기 위해서는 재심의 소를 제기하거나 위 법 제505조에 따라 청구이의의 소로써 강제집행의 불허를 소구할 길이 열려 있을 뿐인데, 이는 피해자가 별도의 소로써 피해구제를 받을 수 있는 것에 불과하므로 허위의 내용으로 신청한 지급명령이 그대로 확정된 경우에는 소송사기의 방법으로 승소 판결을 받아 확정된 경우와 마찬가지로 사기죄는 이미 기수에 이르렀다고 볼 것이다(대판 2004.6.24. 2002도4151).

㉜ 피고인이 방화의 의사로 뿌린 휘발유가 인화성이 강한 상태로 주택주변과 피해자의 몸에 적지 않게 살포되어 있는 사정을 알면서도 라이터를 켜 불꽃을 일으킴으로써 피해자의 몸에 불이 붙은 경우, 비록 외부적 사정에 의하여 불이 방화 목적물인 주택 자체에 옮겨 붙지는 아니하였다 하더라도 현존건조물방화죄의 실행의 착수가 있었다고 봄이 상당하다고 한 사례(대판 2002.3.26. 2001도6641).

㉝ 우리나라 내륙에서 반국가단체의 지배하에 있는 지역으로 탈출하려는 탈출죄의 착

수가 있었다고 하기 위하여는 북괴지역으로 탈출할 목적 아래 일반인의 출입이 통제되어 있는 지역까지 들어가 휴전선을 향하여 북상하는 정도에 이르러야 탈출죄의 실행에 착수하였다고 볼 것이다(대판 1987.5.26. 87도712).

㉞ 관세법 제180조 소정의 '사위 기타 부정한 행위'라 함은 결과적으로 탈세를 가능하게 하는 행위로서 사회통념상 사위, 부정으로 인정되는 모든 행위를 말하며 적극적 행위(작위)뿐만 아니라 소극적 행위(부작위)도 포함한다고 할 것이다. 피고인은 세관검사를 받음에 있어 이 사건 밍크피가 든 대형가방과 여자용 세이코 손목시계 2개가 든 서류가방은 검사대 위에 올려놓고 검사를 받았으나 이 사건 로렉스 손목시계 1개는 출국 당시 차고 간 신변 휴대품인 양 피고인의 손목에 차고 이를 세관에 신고하지 아니한 채 몰래 반입하여 이에 대한 관세 등을 포탈하려 하였으나 세관공무원에게 적발됨으로써 그 뜻을 이루지 못하였다는 것인바, 위 인정사실에 의하면 피고인이 위 로렉스시계를 본래의 용법대로 손목에 차고 있었다 하더라도 이를 몰래 반입할 의사가 있었던 이상 이는 관세법 제180조 소정의 '사위 기타부정한 행위'에 해당한다 할 것이며 이는 곧 관세포탈과 밀접한 관계에 있는 행위를 한 것으로 실행의 착수에 이르렀다고 볼 것이니, 여기에 관세포탈죄나 실행행위의 착수에 관한 법리를 오해한 위법이 없다(대판 1987.11.24. 87도1571).

㉟ 피고인이 지하철 환승에스컬레이터 내에서 짧은 치마를 입고 있는 피해자의 뒤에 서서 카메라폰으로 성적 수치심을 느낄 수 있는 치마 속 신체 부위를 피해자 의사에 반하여 동영상 촬영하였다고 하여 구 성폭력범죄의 처벌 및 피해자보호 등에 관한 법률(2010. 4. 15. 법률 제10258호 성폭력범죄의 피해자보호 등에 관한 법률로 개정되기 전의 것) 위반으로 기소된 사안에서, 피고인이 휴대폰을 이용하여 동영상 촬영을 시작하여 일정한 시간이 경과하였다면 설령 촬영 중 경찰관에게 발각되어 저장버튼을 누르지 않고 촬영을 종료하였더라도 카메라 등 이용 촬영 범행은 이미 '기수'에 이르렀다고 볼 여지가 매우 큰데도, 피고인이 동영상 촬영 중 저장버튼을 누르지 않고 촬영을 종료하였다는 이유만으로 위 범행이 기수에 이르지 않았다고 단정하여, 피고인에 대한 위 공소사실 중 '기수'의 점을 무죄로 인정한 원심판결에 법리오해로 인한 심리미진 또는 이유모순의 위법이 있다고 한 사례(대판 2011.6.9. 2010도10677).

제4절 중지미수

Ⅰ. 의의

> 제26조【중지범】범인이 자의로 실행에 착수한 행위를 중지하거나 그 행위로 인한 결과의 발생을 방지한 때에는 형을 감경 또는 면제한다.
>
> 제26조【중지범】범인이 실행에 착수한 행위를 자의(自意)로 중지하거나 그 행위로 인한 결과의 발생을 자의로 방지한 경우에는 형을 감경하거나 면제한다.
> [전문개정 2020. 12. 8.]
> [시행일 : 2021. 12. 9.] 제26조

Ⅱ. 성립요건

1. 주관적 요건

주관적 요건으로서의 고의와 자의성이 필요하다.

(1) 고의

주관적 요건으로서의 기수의 고의

(2) 자의성

□ 중지미수와 장애미수 관련 판례(자의성 여부)

〈중지미수(자의성○)〉

① 피고인이 피해자를 강간하려다가 피해자의 다음 번에 만나 친해지면 응해 주겠다는 취지의 간곡한 부탁으로 인하여 그 목적을 이루지 못한 후 피해자를 자신의 차에 태워 집에까지 데려다 주었다면 피고인은 자의로 피해자에 대한 강간행위를 중지한 것이고 피해자의 다음에 만나 친해지면 응해 주겠다는 취지의 간곡한 부탁은 사회통념상 범죄실행에 대한 장애라고 여겨지지는 아니하므로 피고인의 행위는 중지미수에 해당한다 (대판 1993.10.12. 93도1851).

② 피고인이 청산가리를 탄 술을 피해자 2명에게 나누어주어 마시게 하였다가 먼저 마신 피해자 1명이 술을 토하자 즉시 다른 피해자의 술을 거두어 가지고 밖으로 나가서

쏟아버림으로써 그 술을 마시지 못하게 하였다면 이는 범인이 자의로 실행에 착수한 행위를 중지한 이른바 중지미수에 해당한다(대구고등법원 1975.12.3. 75노502 형사부판결).

〈장애미수(자의성×)〉

① 범죄의 실행행위에 착수하고 그 범죄가 완수되기 전에 자기의 자유로운 의사에 따라 범죄의 실행행위를 중지한 경우에 그 중지가 일반 사회통념상 범죄를 완수함에 장애가 되는 사정에 의한 것이 아니라면 이는 중지미수에 해당한다고 할 것이지만, 피고인이 피해자를 살해하려고 그의 목 부위와 왼쪽 가슴 부위를 칼로 수 회 찔렀으나 피해자의 가슴 부위에서 많은 피가 흘러나오는 것을 발견하고 겁을 먹고 그만 두는 바람에 미수에 그친 것이라면, 위와 같은 경우 많은 피가 흘러나오는 것에 놀라거나 두려움을 느끼는 것은 일반 사회통념상 범죄를 완수함에 장애가 되는 사정에 해당한다고 보아야 할 것이므로, 이를 자의에 의한 중지미수라고 볼 수 없다(대판 1999.4.13. 99도640).

② 강도가 강간하려고 하였으나 잠자던 피해자의 어린 딸이 잠에서 깨어 우는 바람에 도주하였고, 또 피해자가 시장에 간 남편이 곧 돌아온다고 하면서 임신중이라고 말하자 도주한 경우에는 자의로 강간행위를 중지하였다고 볼 수 없다(대판 1993.4.13. 93도347).

③ 피고인 갑, 을, 병이 강도행위를 하던 중 피고인 갑, 을은 피해자를 강간하려고 작은 방으로 끌고가 팬티를 강제로 벗기고 음부를 만지던 중 피해자가 수술한 지 얼마 안되어 배가 아프다면서 애원하는 바람에 그 뜻을 이루지 못하였다면, 강도행위의 계속 중 이미 공포상태에 빠진 피해자를 강간하려고 한 이상 강간의 실행에 착수한 것이고, 피고인들이 간음행위를 중단한 것은 피해자를 불쌍히 여겨서가 아니라 피해자의 신체조건상 강간을 하기에 지장이 있다고 본 데에 기인한 것이므로, 이는 일반의 경험상 강간행위를 수행함에 장애가 되는 외부적 사정에 의하여 범행을 중지한 것에 지나지 않는 것으로서 중지범의 요건인 자의성을 결여하였다(대판 1992.7.28. 92도917).

④ 피고인이 기밀탐지임무를 부여받고 대한민국에 입국 기밀을 탐지 수집중 경찰관이 피고인의 행적을 탐문하고 갔다는 말을 전해 듣고 지령사항수행을 보류하고 있던 중 체포되었다면 피고인은 기밀탐지의 기회를 노리다가 검거된 것이므로 이를 중지범으로 볼 수는 없다(대판 1984.9.11. 84도1381).

⑤ 범행당일 미리 제보를 받은 세관직원들이 범행장소 주변에 잠복근무를 하고 있어 그들이 왔다 갔다하는 것을 본 피고인이 범행의 발각을 두려워한 나머지 자신이 분담하기로 한 실행행위에 이르지 못한 경우, 이는 피고인의 자의에 의한 범행의 중지가 아니어서 형법 제26조 소정의 중지범에 해당한다고 볼 수 없다(대판 1986.1.21. 85도2339).

⑥ 범죄의 실행행위에 착수하고 그 범죄가 완수되기 전에 자기의 자유로운 의사에 따라 범죄의 실행행위를 중지한 경우에 그 중지가 일반 사회통념상 범죄를 완수함에 장

애가 되는 사정에 의한 것이 아니라면 이를 중지미수에 해당한다고 할 것이지만, 피고인이 장롱 안에 있는 옷가지에 불을 놓아 건물을 소훼하려 하였으나 불길이 치솟는 것을 보고 겁이 나서 물을 부어 불을 끈 것이라면, 위와 같은 경우 치솟는 불길에 놀라거나 자신의 신체안전에 대한 위해 또는 범행 발각시의 처벌 등에 두려움을 느끼는 것은 일반 사회통념상 범죄를 완수함에 장애가 되는 사정에 해당한다고 보아야 할 것이므로, 이를 자의에 의한 중지미수라고는 볼 수 없다(대판 1997.6.13. 97도957).

⑦ 대마관리법 제19조 제1항 제2호, 제4조 제3호 위반죄는 대마를 매매함으로써 성립하는 것이므로 설사 피고인이 대마 2상자를 사가지고 돌아오다 이 장사를 다시 하게 되면 내 인생을 망치게 된다는 생각이 들어 이를 불태웠다고 하더라도 이는 양형에 참작되는 사유는 될 수 있을지언정 이미 성립한 죄에는 아무 소장이 없어 이를 중지미수에 해당된다 할 수 없다(대판 1983.12.27. 83도2629, 83감도446).

⑧ 피고인이 갑에게 위조한 예금통장 사본 등을 보여주면서 외국회사에서 투자금을 받았다고 거짓말하며 자금 대여를 요청하였으나, 갑과 함께 그 입금 여부를 확인하기 위해 은행에 가던 중 은행 입구에서 차용을 포기하고 돌아가 사기미수로 기소된 사안에서, 피고인이 범행이 발각될 것이 두려워 범행을 중지한 것으로서 일반 사회통념상 범죄를 완수함에 장애가 되는 사정에 해당하여 자의에 의한 중지미수로 볼 수 없다고 한 사례(대판 2011.11.10. 2011도10539).

2. 객관적 요건

실행에 착수한 행위의 중지 또는 결과발생의 방지가 필요하다.

(1) 착수중지(실행에 착수한 행위의 중지)

범행의 계속을 포기하는 것과 결과의 불발생이다. 그러나 종국적인 범죄 포기는 중지미수의 요건이 아니다.[12]

(2) 실행중지(결과발생의 방지)

행위자가 적극적이고 진지하게 결과발생 방지행위를 하여야 한다. 따라서 범인 자신의 행위가 아니라 제3자의 행위를 이용하여 방지하는 경우라면 자기가 한 것과 동일한 정도의 진솔한 노력이 있어야 하며, 결과가 발생되지 않아야 한다. 또한, 처음부터 결과발생이 불가능한 행위를 한 자가 스스로 결과발생 방지의 노력을 진솔하게 하였다면 과연 중지미수로 처리해야 할 것인지, 불능미수로 처리해야 할 것인가에 대해 논란이 있지만 중지미수로 처리하는 것이 타당하다.[13]

---

12) 범행의 종국적 포기를 요구하지 않는 견해는 중지미수의 처벌이 불가벌이 아니라 필요적 감면이라는 근거에 기인한 것이다.

Ⅲ. 처벌과 관련문제

1. 처벌

착수중지와 실행중지 모두 중지미수인 경우 필요적으로 감면한다.

2. 관련 문제(공동정범과 중지미수)

중지한 그 일부는 자기가 분담한 행위 및 결과를 방지한 정도를 넘어서서 공범자 전원의 실행행위를 중지시키거나 모든 결과의 발생을 방지하여야 한다. 중지미수는 자의적으로 범행을 중지한 일부에게만 적용되고, 그 나머지 공동자는 장애미수의 책임이 있다.

제5절 불능미수

Ⅰ. 의의

> 제27조 【불능범】 실행의 **수단 또는 대상의 착오**로 인하여 결과의 발생이 불가능하더라도 위험성이 있는 때에는 처벌한다. 단 **형을 감경 또는 면제할 수 있다.**

1. 개념

불능미수란 행위가 범죄의사로 실행하였으나 처음부터 결과발생이 불가능하지만 위험성이 있는 경우를 말한다.[14] 불능미수는 존재하는 구성요건적 사실을 인식하지 못한 구성요건적 착오로써 존재하지 않는 사실을 존재한다고 오인한 반전된 구성요건적 착오에 해당한다.[15]

---

13) in dubio pro reo(의심스러운 때에는 피고인의 이익으로) : 중지미수(필요적 감면) > 불능미수(임의적 감면) > 장애미수(임의적 감경)

14) 불능미수와 불능범은 결과발생이 처음부터 불가능한 경우라는 점에서는 동일하나, 위험성이 없는 경우 불능범이다. 불능범의 대표로 미신범이 있는데, 이는 미신에 의하여 범죄하려는 행위(예 : 저주로써 사람을 살해하거나 텔레파시를 이용하여 정부전복을 꿈꾸는 행위)를 말한다.

15) 구성요건착오와 비교하였을 때 구성요건착오(객체, 방법의 착오)는 범죄의 목적이 된 대상이 죽을 수 있었는데 죽지 않았다는 것에 비교하여 불능미수는 범죄의 목적 대상이 죽었지

2. 구별

(1) 장애미수와 중지미수

불능미수는 결과발생이 처음부터 불가능한 경우이고, 장애미수와 중지미수는 결과발생이 가능하였다는 점에서 구별된다.

(2) 불능범

불능미수와 불능범 모두 결과발생이 불가능하나 불능범은 위험성이 없어 불가벌이라는 점에서 불능미수와 구별된다.

Ⅱ. 성립요건

1. 주관적 요건

주관적 요건으로서의 기수의 고의가 필요하다.

2. 객관적 요건

(1) 실행의 착수

불능미수도 미수의 일종이므로 실행의 착수가 필요하다.

(2) 결과발생의 불가능

조문상 실행의 수단 또는 대상의 착오로 인하여 결과발생이 불가능하여야 한다.

(가) 대상의 착오

① 시체도 한번 더 죽을 수 있다고 생각하여 시체를 향하여 발포한 경우

② 시체를 산 사람이라고 생각하고 발포한 경우

③ 상대가 부재중임에도 재실 중이라고 믿고 거실을 향하여 발포한 경우

만 죽을 수 없었으므로 '반전된 구성요건 착오'라고 하며, 학자들은 구성요건착오를 동일성의 착오, 불능미수를 가능성의 착오라고 한다. 불능미수의 경우 대상의 착오는 대상이 불가능하였지만 가능하다고 생각하였고, 수단의 착오의 경우 역시 수단이 불가능하였지만 가능하다고 생각하였기 때문이다. 아울러 환각범은 위법성의 적극적 착오(객관적으로 위법하지 않음에도 자신은 위법하다고 생각)로 범죄가 성립하지 않거나 처벌받지 않는 경우임에도 자신은 범죄가 성립한다거나 처벌받을 수 있다고 생각한 경우로써 '반전된 금지착오'이며 처벌되지 않는다.

(나) 수단의 착오

④ 설탕으로도 사람을 죽일 수 있다고 생각하고 먹인 경우

⑤ 설탕을 독약이라고 오인하고 먹인 경우

⑥ 충분하다고 생각하고 치사량 미달의 독약을 먹인 경우

(3) 위험성 판단[16]

학설	불능미수	불능범
구객관설	상대적 불능(위험성○) ③, ⑥	절대적 불능(위험성×) ①, ②, ④, ⑤
(순)주관설	행위자의 입장에서 판단한다. ①~⑥ 모두 위험성○[불능미수(불능범 부정)]	
구체적 위험설	**행위자**가 인식한 사정과 **일반인**이 인식할 수 있었던 사정을 기초로 **일반인의 입장**에서 판단한다. [위험성× : ①, ④ 위험성○ : ②, ③, ⑤, ⑥]	
추상적 위험설 (판례입장)	**행위자**가 인식한 사실을 기초로 **일반인의 관점**에서 위험성 여부를 판단한다. [위험성× : ①, ④ 위험성○ : ②, ③, ⑤, ⑥]	
인상설 (통설)	**일반인의 관점**에서 위험성 여부를 판단한다. [위험성× : ①, ④ 위험성○ : ②, ③, ⑤, ⑥]	

Ⅲ. 처벌

형법 제27조는 불능미수를 임의적 감면사유로 하고 있으므로, 장애미수보다는 가볍고 중지미수보다는 무겁게 처벌한다.

□ 관련 판례

① 피고인이 원심 상피고인에게 피해자를 살해하라고 하면서 준 원비-디 병에 성인 남자를 죽게 하기에 족한 용량의 농약이 들어 있었고, 또 피고인이 피해자 소유 승용차의 브레이크호스를 잘라 브레이크액을 유출시켜 주된 제동기능을 완전히 상실시킴으로써 그 때문에 피해자가 그 자동차를 몰고 가다가 반대차선의 자동차와의 충돌을 피하기 위하여 브레이크 페달을 밟았으나 전혀 제동이 되지 아니하여 사이드브레이크를 잡

---

16) 위 6가지 사례(대상의 착오와 수단의 착오) 앞에 '누구나', '명백히'란 말이 없으면 즉, 누구나 설탕을, 누구나 시체를 알 정도가 아니라면, 구체적 위험설의 경우 일반인도 착각할 수 있으므로 일반인의 인식과 행위자의 인식이 같아지기 때문에 결국, 구체적 위험설, 추상적 위험설, 인상설 모두 결론이 동일하다. 그러나 위와 같은 말이 있으면 행위자와 일반인의 인식이 달라질 수 있고, 그러면 구체적 위험설의 경우 일반인의 입장에서는 일반인의 인식을 기초로 하여 판단하기 때문에 다른 학설들과 결론이 달라질 수 있다.

아 당김과 동시에 인도에 부딪치게 함으로써 겨우 위기를 모면하였다면 피고인의 위 행위는 어느 것이나 사망의 결과발생에 대한 위험성을 배제할 수 없다 할 것이므로 각 살인미수죄를 구성한다(대판 1990.7.24. 90도1149).

② 불능범은 범죄행위의 성질상 결과발생의 위험이 절대로 불능한 경우를 말하는 것인 바 향정신성의약품인 메스암페타민 속칭 "히로뽕" 제조를 위해 그 원료인 염산에 페트 린 및 수종의 약품을 교반하여 "히로뽕" 제조를 시도하였으나 그 약품배합미숙으로 그 완제품을 제조하지 못하였다면 위 소위는 그 성질상 결과발생의 위험성이 있다고 할 것이므로 이를 습관성의약품제조미수범으로 처단한 것은 정당하다(대판 1985.3.26. 85 도206).

③ 이 사건 농약의 치사추정량이 쥐에 대한 것을 인체에 대하여 추정하는 극히 일반적 추상적인 것이어서 마시는 사람의 연령, 체질, 영양 기타의 신체의 상황여하에 따라 상 당한 차이가 있을 수 있는 것이라면 피고인이 요구르트 한 병마다 섞은 농약 1.6씨씨가 그 치사량에 약간 미달한다 하더라도 이를 마시는 경우 사망의 결과발생 가능성을 배 제할 수는 없다고 할 것이다(대판 1984.2.28. 83도3331).

④ 일정량 이상을 먹으면 사람이 죽을 수도 있는 '초우뿌리'나 '부자' 달인 물을 마시게 하여 피해자를 살해하려다 미수에 그친 행위가 불능범이 아닌 살인미수죄에 해당한다 고 본 사례(대판 2007.7.26. 2007도3687). [불능미수－위험성○]

⑤ 소매치기가 피해자의 주머니에 손을 넣어 금품을 절취하려 한 경우 비록 그 주머니 속에 금품이 들어있지 않았다 하더라도 위 소위는 절도라는 결과 발생의 위험성을 충분히 내포하고 있으므로 이는 절도미수에 해당한다(대판 1986.11.25. 86도2090, 86감 도231). [장애미수와 불능미수중 불능미수 고려]

⑥ 피고인이 피해자를 독살하려 하였으나 동인이 토함으로써 그 목적을 이루지 못한 경우에는 피고인이 사용한 독의 양이 치사량 미달이어서 결과발생이 불가능한 경우도 있을 것이고, 한편 형법은 장애미수와 불능미수를 구별하여 처벌하고 있으므로 원심으 로서는 이 사건 독약의 치사량을 좀더 심리하여 피고인의 소위가 위 미수 중 어느 경우 에 해당하는지 가렸어야 할 것이다(대판 1984.2.14. 83도2967). [장애미수와 불능미수 중 불능미수 고려]

제6장

정범 및 공범 이론

제1절 공범의 일반이론

I. 공범의 의의

1. 광의의 공범

형법총칙 제2장 제3절에서 '공범'을 규정하고 있으며, 공동정범(제30조), 교사범(제31조), 종범(제32조), 간접정범(제34조)을 그 내용으로 한다. 광의의 공범은 형법상 '공범'의 규정형식에 따른다.

2. 협의의 공범(본래 의미의 공범)

광의의 공범 유형 중 '교사범'과 '종범'을 의미한다.

3. 공범의 분류

범죄는 한 사람이 단독으로 실행할 수도 있고 두 사람 이상이 관여하여 실행할 수도 있다. 전자를 단독범(단독정범)이라 하고, 후자를 '최광의의 공범'이라고 한다.

형법상 범죄구성요건은 원칙상 1인이 단독으로 실현할 것을 예정하고 있는데, 이러한 범죄를 2인 이상이 관여한 경우를 임의적 공범이라 하며, 임의적 공범은 총칙상의 공범규정이 적용되는 총칙상의 공범이라고 부른다. 임의적 공범은 위에서 언급한 광의의 공범과 협의의 공범으로 분류된다.

최광의의 공범은 이러한 임의적 공범 이외에 다시 필요적 공범으로 분류되는데 필요적 공범은 구성요건의 내용상 2인 이상이 범죄실현에 관여할 것으로 규정되어 있는 범죄로 여기에는 집합범, 대향범, 합동범 등이 있다. 총칙상의 공범규정은 임의적 공범을 의미하므로 필요적 공범은 원칙적으로 형법 총칙상의 공범에 관한 규정이 적용되지 않는다.

집합범은 다수의 행위자가 동일한 방향에서 같은 목표를 향하여 공동으로 작용하는 범죄를 말하며, 다수인에게 법정형이 동일한 소요죄(제115조), 다중불해산죄(제116조)가 있고, 다수인에게 법정형이 다른 경우의 내란죄(제87조)가 있다.

대향범은 다수의 행위자가 대립되는 방향에서 같은 목표를 실현함으로써 성립하는 범죄를 말하며, 쌍방의 법정형이 같은 도박죄(제246조), 인신매매죄(제289조), 아동혹사죄(제274조)가 있고, 쌍방의 법정형이 다른 경우는 뇌물죄에서의 수뢰자(제129조)와 증뢰자(제133조), 자기낙태죄(제269조)와 업무상동의낙태죄(제270조). 배임수증재죄에 있어 배임수재자와 배임증재자(제357조), 단순도주죄(제145조)와 도주원조죄(제147조)가 있으며, 일방만 처벌되는 경우의 음행매개죄(제242조), 음화등반포·판매·임대등죄(제243조), 범인은닉죄(제151조), 촉탁·승낙살인죄(제252조, 견해대립)가 있다.

합동범은 구성요건상 '2인 이상이 합동한 경우' 가중처벌되는 범죄를 말하며, 특수절도죄, 특수강도죄, 특수도주죄 등이 있다. 여기에는 필요적 공범이라는 견해, 부진정필요적 공범이라는 견해, 공동정범의 특수형태라는 견해의 대립이 있다.

□ 관련 판례

① 뇌물공여죄와 뇌물수수죄는 필요적 공범관계에 있다고 할 것이나, 필요적 공범이라는 것은 법률상 범죄의 실행이 다수인의 협력을 필요로 하는 것을 가리키는 것으로서 이러한 범죄의 성립에는 행위의 공동을 필요로 하는 것에 불과하고 반드시 협력자 전부가 책임이 있음을 필요로 하는 것은 아니므로, 오로지 공무원을 함정에 빠뜨릴 의사로 직무와 관련되었다는 형식을 빌려 그 공무원에게 금품을 공여한 경우에도 공무원이 그 금품을 직무와 관련하여 수수한다는 의사를 가지고 받아들이면 뇌물수수죄가 성립한다(대판 2008.3.13. 2007도10804).
② 뇌물공여죄가 성립되기 위하여서는 뇌물을 공여하는 행위와 상대방측에서 금전적으로

가치가 있는 그 물품 등을 받아들이는 행위(부작위 포함)가 필요할 뿐이지 반드시 상대
방측에서 뇌물수수죄가 성립되어야만 한다는 것을 뜻하는 것은 아니다(대판 1987.12.22.
87도1699).

③ 형법 제357조 제1항의 배임수재죄와 같은 조 제2항의 배임증재죄는 통상 필요적 공
범의 관계에 있기는 하나 이것은 반드시 수재자와 증재자가 같이 처벌받아야 하는 것
을 의미하는 것은 아니고 증재자에게는 정당한 업무에 속하는 청탁이라도 수재자에게
는 부정한 청탁이 될 수도 있는 것이다(대판 1991.1.15. 90도2257).

[내부참가자 상호간]

④ 소위 대향범은 대립적 범죄로서 2인 이상의 서로 대향된 행위의 존재를 필요로 하
는 필요적 공범관계에 있는 범죄로 이에는 공범에 관한 형법총칙규정의 적용이 있을
수 없는 것이므로 피고인 (갑)이 피고인 (을)에게 외화취득의 대상으로 원화를 지급하
고 피고인 (을)이 이를 영수한 경우 위 (갑)에게는 대상지급을 금한 외국환관리법 제22
조 제1호, (을)에게는 대상지급의 영수를 금한 같은조 제2호 위반의 죄만 성립될 뿐 각
상피고인의 범행에 대하여는 공범관계가 성립되지 않는다(대판 1985.3.12. 84도2747).

⑤ 변호사 아닌 자가 변호사를 고용하여 법률사무소를 개설·운영하는 행위에 있어서
는 변호사 아닌 자는 변호사를 고용하고 변호사는 변호사 아닌 자에게 고용된다는 서
로 대향적인 행위의 존재가 반드시 필요하고, 나아가 변호사 아닌 자에게 고용된 변호
사가 고용의 취지에 따라 법률사무소의 개설·운영에 어느 정도 관여할 것도 당연히 예
상되는바, 이와 같이 변호사가 변호사 아닌 자에게 고용되어 법률사무소의 개설·운영
에 관여하는 행위는 위 범죄가 성립하는 데 당연히 예상될 뿐만 아니라 범죄의 성립에
없어서는 아니 되는 것인데도 이를 처벌하는 규정이 없는 이상, 그 입법 취지에 비추어
볼 때 변호사 아닌 자에게 고용되어 법률사무소의 개설·운영에 관여한 변호사의 행위
가 일반적인 형법 총칙상의 공모, 교사 또는 방조에 해당된다고 하더라도 변호사를 변
호사 아닌 자의 공범으로서 처벌할 수는 없다고 할 것이다.
이는 2인 이상의 서로 대향된 행위의 존재를 필요로 하는 범죄에 있어서는 공범에 관
한 형법 총칙 규정의 적용이 있을 수 없고, 따라서 상대방의 범행에 대하여 공범관계도
성립되지 아니하는 것으로 본 판결 등의 취지에 비추어 보더라도 명백하다(대판
2004.10.28. 2004도3994).

⑥ 2인 이상의 서로 대향된 행위의 존재를 필요로 하는 대향범에 대하여는 공범에 관
한 형법총칙 규정을 적용할 수 없는바, 세무사법은 제22조 제1항 제2호, 제11조에서 세
무사와 세무사였던 자 또는 그 사무직원과 사무직원이었던 자가 그 직무상 지득한 비
밀을 누설하는 행위를 처벌하고 있을 뿐 비밀을 누설받는 상대방을 처벌하는 규정이
없고, 세무사의 사무직원이 직무상 지득한 비밀을 누설한 행위와 그로부터 그 비밀을
누설받은 행위는 대향범 관계에 있으므로 이에 공범에 관한 형법총칙 규정을 적용할

수 없다(대판 2007.10.25. 2007도6712).

⑦ 변호사 사무실 직원인 피고인 갑이 법원공무원인 피고인 을에게 부탁하여, 수사 중인 사건의 체포영장 발부자 53명의 명단을 누설받은 사안에서, 피고인 을이 직무상 비밀을 누설한 행위와 피고인 갑이 이를 누설받은 행위는 대향범 관계에 있으므로 공범에 관한 형법총칙 규정이 적용될 수 없는데도, 피고인 갑의 행위가 공무상비밀누설교사죄에 해당한다고 본 원심판단에 법리오해의 위법이 있다고 한 사례(대판 2011.4.28. 2009도3642).

[외부가담자]

⑧ 3인 이상이 합동절도를 모의한 후 2인 이상이 범행을 실행한 경우, 직접 실행행위에 가담하지 않은 자에 대한 공모공동정범의 인정 여부(적극)

3인 이상의 범인이 합동절도의 범행을 공모한 후 적어도 2인 이상의 범인이 범행 현장에서 시간적, 장소적으로 협동관계를 이루어 절도의 실행행위를 분담하여 절도 범행을 한 경우에는 공동정범의 일반 이론에 비추어 그 공모에는 참여하였으나 현장에서 절도의 실행행위를 직접 분담하지 아니한 다른 범인에 대하여도 그가 현장에서 절도 범행을 실행한 위 2인 이상의 범인의 행위를 자기 의사의 수단으로 하여 합동절도의 범행을 하였다고 평가할 수 있는 정범성의 표지를 갖추고 있다고 보여지는 한 그 다른 범인에 대하여 합동절도의 공동정범의 성립을 부정할 이유가 없다고 할 것이다. 형법 제331조 제2항 후단의 규정이 위와 같이 3인 이상이 공모하고 적어도 2인 이상이 합동절도의 범행을 실행한 경우에 대하여 공동정범의 성립을 부정하는 취지라고 해석할 이유가 없을 뿐만 아니라, 만일 공동정범의 성립가능성을 제한한다면 직접 실행행위에 참여하지 아니하면서 배후에서 합동절도의 범행을 조종하는 수괴는 그 행위의 기여도가 강력함에도 불구하고 공동정범으로 처벌받지 아니하는 불합리한 현상이 나타날 수 있다. 그러므로 합동절도에서도 공동정범과 교사범·종범의 구별기준은 일반원칙에 따라야 하고, 그 결과 범행현장에 존재하지 아니한 범인도 공동정범이 될 수 있으며, 반대로 상황에 따라서는 장소적으로 협동한 범인도 방조만 한 경우에는 종범으로 처벌될 수도 있다(대판 1998.5.21. 98도321 전원합의체).

Ⅱ. 공범과 정범의 구별

1. 정범개념

제한적 정범개념에 따르면 형법각칙의 형벌구성요건을 스스로 실현한 자만이 정범이 된다는 의미이고, 확장적 정범개념은 구성요건실현에 원인을 제공한 모든 사람이 정범이 된다는 뜻이다.

2. 정범과 공범의 구별기준

객관설[1]에 따르면 제한적 정범개념[2]을 기초로 하여 형벌구성요건을 스스로 실현한 자만이 정범이 된다. 그러나 객관적 기준만으로 정범과 공범을 구별하게 되면 교사범이나 간접정범을 제대로 파악할 수 없다는 단점이 있다.

주관설[3]의 경우 확장적 정범개념[4]에 의하면 구성요건실현에 대한 모든 행위기여는 동가치가 되므로 정범과 공범의 구별은 주관적 척도에 의해서만 가능하다. 그러하기에 범죄의사를 표출하였다면 정범이 된다는 것이다.

행위지배설[5]에 따르면 범죄에 대한 행위지배(구성요건과정에 대한 고의의 장악)가 있으면 정범이 되고,[6] 그런 것 없이 단순히 범행을 야기·촉진한 사람은 공범이 된다는 것이다.

3. 공범의 정범에의 종속성 문제

제한적 정범개념은 공범종속성설(통설, 판례)의 입장이고, 확장적 정범개념은 공범독립성설의 입장이다. 그러면 공범종속성설에 따른 종속성의 정도(정범이 어디까지 있어야 공범성립이 가능한가?)에 대한 통설, 판례 입장은 구성요건해당성, 위법성까지[제한적 종속형식(불법가담설)]이다.[7] [즉, 정신병자에 대한 교사는 가능하다. (○)]

---

1) 외면상(고전학파)
2) 공범처벌규정은 처벌확장사유
3) 의사(근대학파)
4) 공범처벌규정은 처벌축소사유
5) 통설, 판례 입장
6) 직접정범 – 실행지배, 간접정범 – 의사지배, 공동정범 – 기능적행위지배(역할분담)
7) 참고) 최소한 종속형식(구성요건해당성까지), 극단적 종속형식[책임가담설(구성요건해당성, 위법성, 책임까지)], 초극단적 종속형식(구성요건해당성, 위법성, 책임, 가벌요건까지)

제2절 공동정범

Ⅰ. 의의

> 제30조【공동정범】 2인 이상이 공동하여 죄를 범한 때에는 각자를 그 죄의 정범으로 처벌한다.

Ⅱ. 요건

1. 주관적 요건 : 공동실행의 의사(공모)[8]

행위자 상호간에 공동으로 범행한다는 의사의 연락(방법에는 제한 없음)이 있어야 하며, 연락이 없다면 동시범이 된다. 연락은 공동하여 죄를 범하는 전원에게 도달하면 충분하고, 공동자가 동시에 합석하여 합의한다거나, 상호간에 각각 의사의 연락이 있어야 하는 것은 아니다. 연락방법은 명시적이든 묵시적이든 상관없다. 그리고 연속된 범죄행위 도중에 가담한 자는 의사연락 이후의 행위 부분에만 공동정범으로 책임을 인정한다(가담이후만).[9]

□ 관련 판례

① 공동정범이 성립하기 위하여는 주관적 요건으로서의 공동가공의 의사와 객관적 요건으로서의 공동의사에 의한 기능적 행위지배를 통한 범죄의 실행사실이 필요한바, 주관적 요건으로서의 공동가공의 의사는 타인의 범행을 인식하면서도 이를 제지하지 아니하고 용인하는 것만으로는 부족하고, 공동의 의사로 특정한 범죄행위를 하기 위하여 일체가 되어 서로 다른 사람의 행위를 이용하여 자기의 의사를 실행에 옮기는 것을 내용으로 하는 것이어야 한다.

전자제품 등을 밀수입해 올테니 이를 팔아달라는 제의를 받고 승낙한 경우, 그 승낙은 물품을 밀수입해 오면 이를 취득하거나 그 매각알선을 하겠다는 의사표시로 볼 수 있을 뿐 밀수입 범행을 공동으로 하겠다는 공모의 의사를 표시한 것으로는 볼 수 없다고 한 사례(대판 2000.4.7. 2000도576).

---

8) 고의와 다르다. 고의는 행위당시에 이루어지지만, 공모는 미리 이루어지는 경우(예모적 공동정범)와 행위당시에 이루어지는(우연적 공동정범)경우가 있다.
9) 승계적 공동정범이다(참고로 편면적 공동정범은 의사연락이 없으므로 공동정범이 성립할 수 없다).

② 공동가공의 의사는 타인의 범행을 인식하면서도 이를 제지하지 아니하고 용인하는 것만으로는 부족하나, 반드시 사전에 치밀한 범행계획의 공모에까지 이를 필요는 없으며 공범자 각자가 공범자들 사이에 구성요건을 이루거나 구성요건에 본질적으로 관련된 행위를 분담한다는 상호이해가 있으면 충분하다 할 것이다(대판 2008.9.11. 2007도6706).

③ 공동정범은 행위자 상호간에 범죄행위를 공동으로 한다는 공동가공의 의사를 가지고 범죄를 공동실행하는 경우에 성립하는 것으로서, 여기에서의 공동가공의 의사는 공동행위자 상호간에 있어야 하며 행위자 일방의 가공의사만으로는 공동정범관계가 성립할 수 없다(대판 1985.5.14. 84도2118).

④ 2인 이상이 범죄에 공동 가공하는 공범관계에서 공모는 법률상 어떤 정형을 요구하는 것이 아니고 2인 이상이 공모하여 어느 범죄에 공동가공하여 그 범죄를 실현하려는 의사의 결합만 있으면 되는 것으로서, 비록 전체의 모의과정이 없었다고 하더라도 수인 사이에 순차적으로 또는 암묵적으로 상통하여 그 의사의 결합이 이루어지면 공모관계가 성립하고, 이러한 공모가 이루어진 이상 실행행위에 직접 관여하지 아니한 자라도 다른 공모자의 행위에 대하여 공동정범으로서의 형사책임을 지는 것이다(대판 1999.4.23. 99도636).

⑤ 공동정범이 성립하기 위하여는 반드시 공범자간에 사전에 모의가 있어야 하는 것은 아니며, 우연히 만난 자리에서 서로 협력하여 공동의 범의를 실현하려는 의사가 암묵적으로 상통하여 범행에 공동가공하더라도 공동정범은 성립된다(대판 1984.12.26. 82도1373).

□ 공모관계 관련 판례

〈인정되는 경우〉

① 안수기도에 참여하여 목사가 안수기도의 방법으로 폭행을 함에 있어서 시종일관 폭행행위를 보조하였을 뿐 아니라 더 나아가 스스로 피해자를 폭행하기도 한 점에 비추어 목사의 폭행행위를 인식하고서도 이를 안수기도의 한 방법으로 알고 묵인함으로써 폭행행위에 관하여 묵시적으로 의사가 상통하였고 나아가 그 행위에 공동가공함으로써 공동정범의 책임을 면할 수 없다는 이유로, 그 안수기도행위에 참여, 보조한 신도에 대하여 무죄를 선고한 원심판결을 파기한 사례(대판 1994.8.23. 94도1484).

② 게임장 운영자 갑과 상품권환전소 운영자 을이 공모하여 갑은 게임장을 운영하면서 경품으로 상품권을 제공하고 을은 고객들이 얻은 상품권을 환전해 주어 고객들로 하여금 게임물을 이용하여 사행행위를 하게 한 사안에서, 갑과 을에게 게임산업진흥에 관한 법률 위반죄의 공동정범의 죄책을 인정한 사례(대판 2008.9.11. 2007도6706).

③ 허위작성된 유가증권을 피교부자가 그것을 유통하게 한다는 사실을 인식하고 교부

한 때에는 허위작성유가증권행사죄에 해당하고, 행사할 의사가 분명한 자에게 교부하여 그가 이를 행사한 때에는 허위작성유가증권행사죄의 공동정범이 성립된다(대판 1995.9.29. 95도803).

④ 건설 관련 회사의 유일한 지배자가 회사 대표의 지위에서 장기간에 걸쳐 건설공사 현장소장들의 뇌물공여행위를 보고받고 이를 확인·결재하는 등의 방법으로 위 행위에 관여한 사안에서, 비록 사전에 구체적인 대상 및 액수를 정하여 뇌물공여를 지시하지 아니하였다고 하더라도 그 핵심적 경과를 계획적으로 조종하거나 촉진하는 등으로 기능적 행위지배를 하였다고 보아 공모공동정범의 죄책을 인정하여야 함에도 이를 인정하지 아니한 원심판단에 법리 오해의 위법이 있다고 한 사례(대판 2010.7.15. 2010도3544).

〈부정되는 경우〉

① 피해자 일행을 한 사람씩 나누어 강간하자는 피고인 일행의 제의에 아무런 대답도 하지 않고 따라 다니다가 자신의 강간 상대방으로 남겨진 공소외인에게 일체의 신체적 접촉도 시도하지 않은 채 다른 일행이 인근 숲 속에서 강간을 마칠 때까지 공소외인과 함께 이야기만 나눈 경우, 피고인에게 다른 일행의 강간 범행에 공동으로 가공할 의사가 있었다고 볼 수 없다고 한 사례(대판 2003.3.28. 2002도7477).

② 피고인이 공모하였다는 내용은 "우리가 함께 오토바이를 훔치자. 다만 현장에서 훔치는 일은 너희들이 맡아서 해라. 그러면 장물은 내가 맡아서 처분하겠다."는 것이었다기보다는 "너희들이 오토바이를 훔쳐라. 그러면 장물은 내가 사 주겠다."는 것이었다고 보인다. 사정이 이러하다면 피고인에게 공동정범의 성립을 인정하기 위하여 필요한 공동가공의 의사가 있었다고 보기 어려울 것이다(대판 1997.9.30. 97도1940). [교사범에 불과]

□ 관련 판례

〈상태범의 의사연락 시기〉

회사직원이 영업비밀을 경쟁업체에 유출하거나 스스로의 이익을 위하여 이용할 목적으로 무단으로 반출한 때 업무상배임죄의 기수에 이르렀다고 할 것이고, 그 이후에 위 직원과 접촉하여 영업비밀을 취득하려고 한 자는 업무상배임죄의 공동정범이 될 수 없다고 한 사례(대판 2003.10.30. 2003도4382).

〈계속범의 의사연락 시기〉

범인도피죄는 범인을 도피하게 함으로써 기수에 이르지만 범인도피행위가 계속되는 동안에는 범죄행위도 계속되고 행위가 끝날 때 비로소 범죄행위가 종료되고, 공범자의 범인도피행위의 도중에 그 범행을 인식하면서 그와 공동의 범의를 가지고 기왕의 범인

도피상태를 이용하여 스스로 범인도피행위를 계속한 자에 대하여는 범인도피죄의 공동 정범이 성립한다(대판 1995.9.5. 95도577).

□ 관련 판례

① 연속된 제조행위 도중에 공동정범으로 범행에 가담한 자는 비록 그가 그 범행에 가 담할때에 이미 이루어진 종전의 범행을 알았다 하더라도 그 가담 이후의 범행에 대하 여만 공동정범으로 책임을 지는 것이라고 할 것이니, 비록 이 사건에서위 공소외 1의 위 히로뽕 제조행위 전체가 포괄하여 하나의 죄가 된다 할지라도 피고인에게 그 가담 이전의 제조행위에 대하여까지 유죄를 인정할 수는 없다고 할 것이다(대판 1982.6.8. 82도884).

② 포괄일죄의 범행 도중에 공동정범으로 범행에 가담한 자는 비록 그가 그 범행에 가 담할 때에 이미 이루어진 종전의 범행을 알았다 하더라도 그 가담 이후의 범행에 대하 여만 공동정범으로 책임을 진다(대판 1997.6.27. 97도163).

형법 제30조는 '2인 이상이 공동하여 죄를 범하는 것'을 공동정범으로 규정 하고 있는데, 문제는 무엇을 공동으로 하는 것인가가 명시되어 있지 않다. 여기서 '무엇을 공동'으로 해야 공동정범이 될 수 있는가에 대해 종래부터 범죄공동설과 행위공동설이 대립되어 있다. 먼저, 범죄공동설은 수인이 공동하여 특정한 범죄를 행하는 것이 공동정범이라고 보는 견해로, 수인 사이에 특정한 범죄를 공동으로 한다는 고의의 공동이 있어야 한다는 주장이고, 이는 객관주의 범죄이론의 입장이 다. 행위공동설은 수인이 행위를 공동으로 하여 각자의 범죄를 수행하는 것이 공 동정범이라고 보는 견해이며, 수인 사이에 사실상의 행위(구성요건적 행위가 아닌 자연적 의미의 행위)를 공동으로 한다는 인식만 있으면 되고 특정한 범죄를 공동으 로 한다는 인식은 요구되지 않는다는 주장으로, 주관주의 범죄론의 입장이다.

판례가 어느 입장에 있는지 유형별로 일관된 모습을 보이는 것은 아니나, 과 실범의 공동정범에 대해서는 행위공동설(긍정설)이 판례의 입장이다.[10]

---

10) 부정설(범죄공동설 등)

□ 관련 판례

① 형법 제30조에 「공동하여 죄를 범한 때」의 「죄」는 고의범이고 과실범이고를 불문한다고 해석하여야 할 것이고 따라서 공동정범의 주관적 요건인 공동의 의사도 고의를 공동으로 가질 의사임을 필요로 하지 않고 고의 행위이고 과실 행위이고 간에 그 행위를 공동으로 할 의사이면 족하다고 해석하여야 할 것이므로 2인 이상이 어떠한 과실 행위를 서로의 의사연락 아래 하여 범죄되는 결과를 발생케 한 것이라면 여기에 과실범의 공동정범이 성립되는 것이다(대판 1962.3.29. 4294형상598).
② 형법 제30조에 "공동하여 죄를 범한 때"의 "죄"라 함은 고의범이고 과실범이고를 불문하므로 두 사람 이상이 어떠한 과실행위를 서로의 의사연락하에 이룩하여 범죄가 되는 결과를 발생케 한 것이라면 과실범의 공동정범이 성립된다(대판 1979.8.21. 79도1249).

□ 과실범의 공동정범 관련 판례

〈인정된 경우〉

① 운전병이 운전하던 짚차의 선임 탑승자는 이 운전병의 안전운행을 감독하여야 할 책임이 있는데 오히려 운전병을 데리고 주점에 들어가서 같이 음주한 다음 운전케 한 결과 위 운전병이 음주로 인하여 취한 탓으로 사고가 발생한 경우에는 위 선임 탑승자에게도 과실범의 공동정범이 성립한다(대판 1979.8.21. 79도1249).
② 성수대교와 같은 교량이 그 수명을 유지하기 위하여는 건설업자의 완벽한 시공, 감독공무원들의 철저한 제작시공상의 감독 및 유지·관리를 담당하고 있는 공무원들의 철저한 유지·관리라는 조건이 합치되어야 하는 것이므로, 위 각 단계에서의 과실 그것만으로 붕괴원인이 되지 못한다고 하더라도, 그것이 합쳐지면 교량이 붕괴될 수 있다는 점은 쉽게 예상할 수 있고, 따라서 위 각 단계에 관여한 자는 전혀 과실이 없다거나 과실이 있다고 하여도 교량붕괴의 원인이 되지 않았다는 등의 특별한 사정이 있는 경우를 제외하고는 붕괴에 대한 공동책임을 면할 수 없다(대판 1997.11.28. 97도1740).
[업무상과실치사상·업무상과실일반교통방해·업무상과실자동차추락죄 등의 공동정범이 성립하고 모두 상상적 경합관계]

〈부정된 경우〉

① 피고인이 운전자의 부탁으로 차량의 조수석에 동승한 후, 운전자의 차량운전행위를 살펴보고 잘못된 점이 있으면 이를 지적하여 교정해 주려 했던 것에 그치고 전문적인 운전교습자가 피교습자에 대하여 차량운행에 관해 모든 지시를 하는 경우와 같이 주도적 지위에서 동 차량을 운행할 의도가 있었다거나 실제로 그같은 운행을 하였다고 보

기 어렵다면 그 같은 운행중에 야기된 사고에 대하여 과실범의 공동정범의 책임을 물을 수 없다(대판 1984.3.13. 82도3136).

② 운전수가 불의의 발병으로 자동차를 운전할 수 없게 되자 동승한 운전경험이 있는 차주가 운전하다가 사고를 일으킨 경우에 차주의 운전상의 과실행위에 운전수와의 상호간의 의사연락이 있었다고 보거나 운전행위를 저지하지 않은 원인행위가 차주의 운전상의 부주의로 인한 결과발생에까지 미친다고 볼 수 없다(대판 1974.7.23. 74도778).

2. 공동실행의 사실

공범관계의 이탈에 대하여 먼저, 다른 공모자가 실행에 착수하기 이전에 이탈한 경우 이탈의 의사표시 정도는 그 표시가 반드시 명시적일 필요는 없으며, 이탈의 효과는 당해 범죄의 예비음모가 처벌되는 경우에는 예비·음모죄가 인정된다.[11] 또한, 다른 공모자가 실행에 착수한 이후 이탈한 경우는 공모관계의 이탈이라고 볼 수 없으며, 다른 공동행위자에 의해 나머지 범행이 이루어진 경우 공동정범이 성립한다.[12]

공모공동정범은 2인 이상이 사전에 범죄를 모의하였으나 그중 일부만이 범죄 실행에 참여하고 나머지는 참여하지 않은 경우로 참여하지 않은 자(예 : 우두머리)까지 공동정범으로 처벌할 수 있는가의 문제인데 판례는 공모공동정범을 인정한다.

또한, 합동범의 공모공동정범에 대하여 대법원 전원합의체 판결은 합동범의 공모공동정범을 인정하고 있다.[13]

---

11) 갑은 살해 모의에는 가담하였으나 다른 공모자들이 실행행위에 이르기 전에 그 공모관계에서 이탈하였고, 갑이 이탈한 이후에 다른 공모자들이 살해행위에 착수한 경우 갑은 살인죄에 대해 공동정범으로서의 책임을 지지 않는다(대판 1986.1.21. 85도2371).

12) 1) 집 밖에서 망을 보기로 하였으나, 다른 공모자들이 피해자의 집에 침입한 후 담배를 사기 위하여 망을 보지 않았다고 하더라고 그 공모관계에서 이탈하였다고 볼 수 없다(판례입장).

2) 다른 3명의 공모자들과 강도 모의를 주도한 피고인이 다른 공모자들이 피해자를 뒤쫓아 가자 단지 "어?"라고만 하고 더 이상 만류하지 아니하여 공모자들이 강도상해의 범행을 한 사안에서 피고인이 그 공모관계에서 이탈하였다고 볼 수 없다(대판 2008.4.10. 2008도1274).

13) 갑, 을, 병은 재물을 절취하기로 공모한 후, 갑은 방법만 제시하고 을과 병이 현장에 가서 재물을 절취한 경우 을과 병은 특수절도죄, 갑은 특수절도죄의 공동정범이 된다[대판 1998.5.21. 98도321 전원합의체(이 판례 이전에는 갑은 절도죄의 공동정범)].

□ 관련 판례

3인 이상의 범인이 합동절도의 범행을 공모한 후 적어도 2인 이상의 범인이 범행 현장에서 시간적, 장소적으로 협동관계를 이루어 절도의 실행행위를 분담하여 절도 범행을 한 경우에는 공동정범의 일반 이론에 비추어 그 공모에는 참여하였으나 현장에서 절도의 실행행위를 직접 분담하지 아니한 다른 범인에 대하여도 그가 현장에서 절도 범행을 실행한 위 2인 이상의 범인의 행위를 자기 의사의 수단으로 하여 합동절도의 범행을 하였다고 평가할 수 있는 정범성의 표지를 갖추고 있다고 보여지는 한 그 다른 범인에 대하여 합동절도의 공동정범의 성립을 부정할 이유가 없다고 할 것이다. 형법 제331조 제2항 후단의 규정이 위와 같이 3인 이상이 공모하고 적어도 2인 이상이 합동절도의 범행을 실행한 경우에 대하여 공동정범의 성립을 부정하는 취지라고 해석할 이유가 없을 뿐만 아니라, 만일 공동정범의 성립가능성을 제한한다면 직접 실행행위에 참여하지 아니하면서 배후에서 합동절도의 범행을 조종하는 수괴는 그 행위의 기여도가 강력함에도 불구하고 공동정범으로 처벌받지 아니하는 불합리한 현상이 나타날 수 있다. 그러므로 합동절도에서도 공동정범과 교사범·종범의 구별기준은 일반원칙에 따라야 하고, 그 결과 범행현장에 존재하지 아니한 범인도 공동정범이 될 수 있으며, 반대로 상황에 따라서는 장소적으로 협동한 범인도 방조만 한 경우에는 종범으로 처벌될 수도 있다(대판 1998.5.21. 98도321 전원합의체).

Ⅲ. 공동정범의 처벌

1. 일부실행, 전부책임

각자를 정범으로 처벌하므로 공동의 범행계획에 의해 범죄에 참가한 전원의 법정형은 같다(다만, 각자의 사정에 따라 처단형과 선고형이 달라질 수 있음).

2. 결과적 가중범의 공동정범

예견 가능성이 필요하다.

3. 공동정범 간의 범행초과(각자 책임)

질적 초과는 초과 행위자만 그 부분에 대해 책임지고 나머지 공동자들은 공모한 범행부분에 대해서만 책임을 진다는 의미이고, 양적 초과는 초과부분에 대해서는 초과 행위자만 책임지는 것이 원칙이나 사안에 따라 결과적 가중범의 형태로 나머지 공동자들도 책임지는 경우가 있다는 뜻이다.

□ 관련 판례

① 피고인들이 등산용 칼을 이용하여 노상강도를 하기로 공모한 사건에서 범행 당시 차안에서 망을 보고 있던 피고인 갑이나 등산용 칼을 휴대하고 있던 피고인 을과 함께 차에서 내려 피해자로부터 금품을 강취하려 했던 피고인 병으로서는 그때 우연히 현장을 목격하게 된 다른 피해자를 피고인 을이 소지중인 등산용 칼로 살해하여 강도살인 행위에 이를 것을 전혀 예상하지 못하였다고 할 수 없으므로 피고인들 모두는 강도치사죄로 의율처단함이 옳다(대판 1990.11.27. 90도2262; 을은 강도살인죄, 갑과 병은 강도치사죄).

② 갑, 을은 절도를 공모하였고, 갑이 A의 담배창구에서 물건을 훔쳐 나오는 동안 을은 망을 보기로 하였는데, 현장에서 망을 보던 을이 인기척소리에 놀라[14] 도망간 후에 갑은 A에게 발각되자 체포를 면하기 위해 A를 폭행하여 상처를 입혔으나 물건을 가져 나오지 못했다. 이 경우 갑은 강도상해죄, 을은 특수절도죄의 미수이다(대판 1984.2.28. 83도3321).

제3절 간접정범

Ⅰ. 의의

제34조【간접정범, 특수한 교사, 방조에 대한 형의 가중】① 어느 행위로 인하여 처벌되지 아니하는 자 또는 과실범으로 처벌되는 자를 교사 또는 방조하여 범죄행위의 결과를 발생하게 한 자는 교사 또는 방조의 예에 의하여 처벌한다.

Ⅱ. 간접정범의 성립요건

1. 피이용자의 범위

행위의 구성요건해당성이 없는 피이용자(예 : 고의×), 행위의 위법성이 없는

---

14) 빈 담배창구인줄 알았다는 사실을 암시(만약, 사람이 있는 줄 알면서 들어간 경우는 갑은 강도상해죄, 을은 예견가능성이 인정되므로 강도치상죄로 의율)

피이용자(예 : 정당방위), 행위의 책임이 없는 피이용자(예 : 14세 미만), 그리고 과실범으로 처벌되는 피이용자가 해당된다.

2. 이용행위(교사, 방조)

간접정범의 교사, 방조는 의사지배를 포함한 사주, 이용을 의미하며, 부작위에 의한 간접정범의 성립은 부정하는 것이 다수설의 입장이다.

Ⅲ. 간접정범의 처벌

간접정범은 교사 또는 방조의 예에 의하여 처벌한다. 그러므로 이용행위가 교사에 해당하면 정범과 동일한 형으로 처벌하고, 방조에 해당하면 정범의 형보다 감경한다. 특수교사·방조(자기의 지휘 또는 감독을 받는 자를 교사·방조)의 경우 교사인 때에는 정범에 정한 형의 장기 또는 다액에 그 2분의 1까지 가중하고, 방조인 때에는 정범의 형으로 처벌한다.

□ 관련 판례

① 피고인이 7세, 3세 남짓된 어린자식들에 대하여 함께 죽자고 권유하여 물속에 따라 들어오게 하여 결국 익사하게 하였다면 비록 피해자들을 물속에 직접 밀어서 빠뜨리지는 않았다고 하더라도 자살의 의미를 이해할 능력이 없고 피고인의 말이라면 무엇이나 복종하는 어린 자식들을 권유하여 익사하게 한 이상 살인죄의 범의는 있었음이 분명하다(대판 1987.1.20. 86도2395). [객관적 구성요건에 해당하지 않는 행위의 이용]
② 어느 문서의 작성권한을 갖는 공무원이 그 문서의 기재 사항을 인식하고 그 문서를 작성할 의사로써 이에 서명날인하였다면, 설령 그 서명날인이 타인의 기망으로 착오에 빠진 결과 그 문서의 기재사항이 진실에 반함을 알지 못한 데 기인한다고 하여도, 그 문서의 성립은 진정하며 여기에 하등 작성명의를 모용한 사실이 있다고 할 수는 없으므로, 공무원 아닌 자가 관공서에 허위 내용의 증명원을 제출하여 그 내용이 허위인 정을 모르는 담당공무원으로부터 그 증명원 내용과 같은 증명서를 발급받은 경우 공문서위조죄의 간접정범으로 의율할 수는 없다(대판 2001.3.9. 2000도938). [고의 없는 도구를 이용한 경우]
③ 경찰서 보안과장인 피고인이 갑의 음주운전을 눈감아주기 위하여 그에 대한 음주운전자 적발보고서를 찢어버리고, 부하로 하여금 일련번호가 동일한 가짜 음주운전 적발보고서에 을에 대한 음주운전 사실을 기재케 하여 그 정을 모르는 담당 경찰관으로 하여금 주취운전자 음주측정처리부에 을에 대한 음주운전 사실을 기재하도록 한 이상,

을이 음주운전으로 인하여 처벌을 받았는지 여부와는 관계없이 허위공문서작성 및 동행사죄의 간접정범으로서의 죄책을 면할 수 없다고 본 원심판결을 수긍한 사례(대판 1996.10.11. 95도1706). [고의 없는 도구를 이용한 경우]

④ 정유회사 경영자의 청탁으로 국회의원이 위 경영자와 지역구 지방자치단체장 사이에 정유공장의 지역구 유치와 관련한 간담회를 주선하고 위 경영자는 정유회사 소속 직원들로 하여금 위 국회의원이 사실상 지배·장악하고 있던 후원회에 후원금을 기부하게 한 사안에서, 국회의원에게는 정치자금법 제32조 제3호 위반죄가, 경영자에게는 정치자금법 위반죄의 간접정범이 성립한다고 한 사례(대판 2008.9.11. 2007도7204). [고의 없는 도구를 이용한 경우]

한편, 형법 제34조 제1항은 "어느 행위로 인하여 처벌되지 아니하는 자 또는 과실범으로 처벌되는 자를 교사 또는 방조하여 범죄행위의 결과를 발생하게 한 자는 교사 또는 방조의 예에 의하여 처벌한다."고 규정하고 있으므로, 처벌되지 아니하는 타인의 행위를 적극적으로 유발하고 이를 이용하여 자신의 범죄를 실현한 자는 위 법조항이 정하는 간접정범으로서의 죄책을 지게 되고, 그 과정에서 타인의 의사를 부당하게 억압하여야만 간접정범에 해당하게 되는 것은 아니다.

⑤ 범죄는 '어느 행위로 인하여 처벌되지 아니하는 자'를 이용하여서도 이를 실행할 수 있으므로, 내란죄의 경우에도 '국헌문란의 목적'을 가진 자가 그러한 목적이 없는 자(대통령)를 이용하여 이를 실행할 수 있다(대판 1997.4.17. 96도3376 전원합의체). [목적범에서 목적 없는 고의 있는 도구의 이용]

⑥ 감금죄는 간접정범의 형태로도 행하여질 수 있는 것이므로, 인신구속에 관한 직무를 행하는 자 또는 이를 보조하는 자가 피해자를 구속하기 위하여 진술조서 등을 허위로 작성한 후 이를 기록에 첨부하여 구속영장을 신청하고, 진술조서 등이 허위로 작성된 정을 모르는 검사와 영장전담판사를 기망하여 구속영장을 발부받은 후 그 영장에 의하여 피해자를 구금하였다면 형법 제124조 제1항의 직권남용감금죄가 성립한다(대판 2006.5.25. 2003도3945). [위법성이 없는 행위(정당행위)의 이용]

제4절 교사범

Ⅰ. 의의

> **제31조【교사범】** ① 타인을 교사하여 죄를 범하게 한 자는 죄를 실행한 자와 동일한 형으로 처벌한다.
> ② 교사를 받은 자가 범죄의 실행을 승낙하고 실행의 착수에 이르지 아니한 때에는 교사자와 피교사자를 음모 또는 예비에 준하여 처벌한다.[15]
> ③ 교사를 받은 자가 범죄의 실행을 승낙하지 아니한 때에도 교사자에 대하여는 전항과 같다.[16]

Ⅱ. 성립요건

1. 주관적 요소

교사범이 성립하기 위해서는 교사자에게 피교사자로 하여금 범죄실행의 결의를 갖게 하려는 의사와 정범이 실행하는 범죄에 대한 고의, 즉 이중적 고의가 있어야 한다. 교사의사는 범죄의사가 없는 자에게 범죄를 결의, 실행하게 하려는 의사를 말하며, 범죄의 고의는 특정[17]되어야 하고, 기수의 고의[18]이어야만 한다.

□ 관련 판례

① [1] 막연히 "범죄를 하라"거나 "절도를 하라"고 하는 등의 행위만으로는 교사행위가 되기에 부족하다 하겠으나, 타인으로 하여금 일정한 범죄를 실행할 결의를 생기게 하는 행위를 하면 되는 것으로서 교사의 수단방법에 제한이 없다 할 것이므로, 교사범이 성립하기 위하여는 범행의 일시, 장소, 방법 등의 세부적인 사항까지를 특정하여 교사할 필요는 없는 것이고, 정범으로 하여금 일정한 범죄의 실행을 결의할 정도에 이르게 하면 교사범이 성립된다.

[2] 피고인이 갑, 을, 병이 절취하여 온 장물을 상습으로 19회에 걸쳐 시가의 3분의 1 내지 4분의 1의 가격으로 매수하여 취득하여 오다가, 갑, 을에게 일제 도라이바 1개를

---

15) 효과없는 교사
16) 실패한 교사(효과없는 교사와 더불어 기도된 교사라고 한다.)
17) 막연히 살인해라, 강도해라 등과 같은 사주는 안됨.
18) 미수의 고의(함정수사)의 경우 불가벌

사주면서 "병이 구속되어 도망다니려면 돈도 필요할텐데 열심히 일을 하라(도둑질을 하라)"고 말하였다면, 그 취지는 종전에 병과 같이 하던 범위의 절도를 다시 계속하면 그 장물은 매수하여 주겠다는 것으로서 절도의 교사가 있었다고 보아야 한다(대판 1991.5.14. 91도542).
② 피고인이 연소한 자에게 밥값을 구하여 오라고 말한 것이 절도범행을 교사한 것이라고 볼 수 없다(대판 1984.5.15. 84도418).

□ 관련 판례

① 함정수사는 본래 범의를 가지지 아니한 자에 대하여 수사기관이 사술이나 계략 등을 써서 범의를 유발케 하여 범죄인을 검거하는 수사방법을 말하는 것이므로, 범의를 가진 자에 대하여 범행의 기회를 주거나 범행을 용이하게 한 것에 불과한 경우에는 함정수사라고 말할 수 없다(대판 1992.10.27. 92도1377).
② 수사기관과 직접 관련이 있는 유인자가 피유인자와의 개인적인 친밀관계를 이용하여 피유인자의 동정심이나 감정에 호소하거나, 금전적·심리적 압박이나 위협 등을 가하거나, 거절하기 힘든 유혹을 하거나, 또는 범행방법을 구체적으로 제시하고 범행에 사용할 금전까지 제공하는 등으로 과도하게 개입함으로써 피유인자로 하여금 범의를 일으키게 하는 것은 위법한 함정수사에 해당하여 허용되지 아니하지만, 유인자가 수사기관과 직접적인 관련을 맺지 아니한 상태에서 피유인자를 상대로 단순히 수차례 반복적으로 범행을 부탁하였을 뿐 수사기관이 사술이나 계략 등을 사용하였다고 볼 수 없는 경우는, 설령 그로 인하여 피유인자의 범의가 유발되었다 하더라도 위법한 함정수사에 해당하지 아니한다(대판 2007.7.12. 2006도2339).
③ [1] 뇌물공여죄와 뇌물수수죄는 필요적 공범관계에 있다고 할 것이나, 필요적 공범이라는 것은 법률상 범죄의 실행이 다수인의 협력을 필요로 하는 것을 가리키는 것으로서 이러한 범죄의 성립에는 행위의 공동을 필요로 하는 것에 불과하고 반드시 협력자 전부가 책임이 있음을 필요로 하는 것은 아니므로, 오로지 공무원을 함정에 빠뜨릴 의사로 직무와 관련되었다는 형식을 빌려 그 공무원에게 금품을 공여한 경우에도 공무원이 그 금품을 직무와 관련하여 수수한다는 의사를 가지고 받아들이면 뇌물수수죄가 성립한다.
[2] 피고인의 뇌물수수가 공여자들의 함정교사에 의한 것이기는 하나, 뇌물공여자들에게 피고인을 함정에 빠뜨릴 의사만 있었고 뇌물공여의 의사가 전혀 없었다고 보기 어려울 뿐 아니라, 뇌물공여자들의 함정교사라는 사정은 피고인의 책임을 면하게 하는 사유가 될 수 없다고 한 사례(대판 2008.3.13. 2007도10804).

2. 객관적 요소

교사행위이며, 부작위에 의한 교사는 부정하는 것이 다수설의 입장이다.

3. 피교사자의 범죄실행

피교사자의 행위는 구성요건해당성과 위법성을 갖추어야 한다(판례입장). 피교사자의 실행행위가 기수이면 교사자도 기수, 피교사자의 실행행위가 미수이면 교사자도 미수로 처벌된다. 피교사자가 교사에 응하지 않았거나 교사에 응하기는 하였으나 실행의 착수를 하지 않은 경우에는 교사자는 예비음모로 처벌된다. 편면적 교사는 인정되지 않으며, 피교사자에게는 범죄행위에 대한 고의가 인정되어야 한다. 피교사자의 행위가 과실에 의한 경우 간접정범으로 처벌된다.

Ⅲ. 교사범의 처벌

정범과 동일한 형(법정형)으로 처벌하지만 사안에 따라 처단형이나 선고형이 달라질 수 있다. 또한, 자기의 지휘 또는 감독을 받는 자를 교사한 때에는 정범에 정한 형의 장기 또는 다액의 2분의 1까지 형이 가중된다(형법 제34조 제2항).

Ⅳ. 교사의 착오

1. 피교사자에 대한 착오

교사자가 피교사자를 책임무능력자로 알고 범행을 교사하였는데 사실은 책임능력자인 경우, 그리고 교사자가 피교사자를 책임능력자로 알고 범행을 교사하였는데 사실은 책임무능력자인 경우에 대하여 피교사자의 책임능력에 대한 인식은 교사자의 고의의 내용에 포함되지 않으므로, 즉 공범종속성설에 따른 종속성의 정도로 정범은 구성요건해당성과 위법성까지만 필요하기에 교사범의 성립에는 영향이 없다.

2. 실행행위에 대한 착오(정범에 교사한 내용과 같은 범죄일 경우)

갑이 을에게 병을 살해하라고 교사를 하였고, 을은 이를 승낙하여 병을 살해하려고 총을 쏘았는데 알고 보니 사망한 것은 병이 아니라 정이었을 때, 갑과 을 의 죄책에 대하여 피교사자 을의 구체적 사실의 착오(동가치) 중 위와 같은 객체 의 착오의 경우 교사자 갑은 구체적 사실의 착오 중 방법의 착오에 해당하여 각 각 법정적 부합설(통설, 판례 입장) 등 앞서 구성요건의 착오에서 설명한 각 학설 에 따라 해결하면 된다. 그러나 피교사자가 방법의 착오(빗나가서)에 해당하는 경 우 교사자의 처벌에는 학설대립이 있다.

3. 실행행위에 대한 착오(정범이 교사한 범죄와 다른 범죄를 저지른 경우)

교사내용을 초과하여 실행한 경우,[19] 교사내용보다 적게 실행한 경우,[20] 교 사내용과 전혀 다른 범죄를 실행한 경우[21]로 분류된다.

제5절 종범(방조범)

I. 의의

제32조 【종범】 ① 타인의 범죄를 방조한 자는 종범으로 처벌한다.
② 종범의 형은 정범의 형보다 감경한다.[22]

---

19) 1) 절도교사 → 강도죄(정범 실행) : 교사자 책임은 절도죄의 교사범
　　2) 상해교사 → 살인죄(정범 실행) : 교사자 책임은 상해죄의 교사범[단, 교사자에게 예견 가능성(과실)이 있는 경우는 상해치사죄의 교사범 성립]
20) • 강도교사 → 절도죄(정범 실행) : 교사자의 책임은 절도 교사범과 강도 예비, 음모의 상 상적 경합
　　• 강간교사 → 피교사자가 마음이 바뀌어 강제추행죄를 실행 : 교사자의 책임은 강제추행 교사범(강간죄 예비, 음모 처벌 규정×)
21) 교사한 범죄의 예비, 음모가 처벌되는 경우에 한하여 제31조 제2항에 의해 예비, 음모에 준하여 처벌하고, 처벌규정이 없으면 무죄이다(강도교사 → 사기죄 : 교사자의 책임은 강 도 예비, 음모, 살인교사 → 횡령죄 : 교사자의 책임은 살인 예비, 음모, 절도교사 → 강간 죄 : 교사자의 책임은 무죄).
22) 필요적

Ⅱ. 성립요건

1. 주관적 요소

종범(방조범)이 성립하기 위해서는 종범(방조범)에게 정범의 실행행위를 용이하도록 도와주겠다는 방조의사와 정범의 고의, 즉 이중적 고의가 있어야 한다.[23) 단, 교사범과 달리 편면적 종범도 가능하다.[24)

□ 관련 판례

① 방조는 정범이 범행을 한다는 것을 알면서 그 실행행위를 용이하게 하는 종범의 행위이므로 종범은 정범의 실행을 방조한다는 방조의 고의와 정범의 행위가 구성요건에 해당한다는 점에 대한 정범의 고의가 있어야 한다(대판 2003.4.8. 2003도382).
② 형법상 방조행위는 정범이 범행을 한다는 정을 알면서 그 실행행위를 용이하게 하는 직접, 간접의 모든 행위를 가리키는 것으로서 그 방조는 정범의 실행행위 중에 이를 방조하는 경우뿐만 아니라, 실행 착수 전에 장래의 실행행위를 예상하고 이를 용이하게 하는 행위를 하여 방조한 경우에도 성립한다. 그리고 방조범은 정범의 실행을 방조한다는 이른바 방조의 고의와 정범의 행위가 구성요건에 해당하는 행위인 점에 대한 정범의 고의가 있어야 하나, 이와 같은 고의는 내심적 사실이므로 피고인이 이를 부정하는 경우에는 사물의 성질상 고의와 상당한 관련성이 있는 간접사실을 증명하는 방법에 의하여 입증할 수밖에 없고, 이 때 무엇이 상당한 관련성이 있는 간접사실에 해당할 것인가는 정상적인 경험칙에 바탕을 두고 치밀한 관찰력이나 분석력에 의하여 사실의 연결상태를 합리적으로 판단하는 외에 다른 방법이 없다고 할 것이며, 또한 방조범에 있어서 정범의 고의는 정범에 의하여 실현되는 범죄의 구체적 내용을 인식할 것을 요하는 것은 아니고 미필적 인식 또는 예견으로 족하다(대판 2010.3.25. 2008도4228).

2. 방조행위

방조행위의 방법에는 제한이 없다.[25) 부작위에 의한 방조는 가능하지만, 방조자에게 보증인적 지위에 의한 작위의무가 필요하다. 방조의 시기는 실행의 착수 이전에도 가능하며, 범죄가 기수가 된 이후에도 범행이 종료되기 전에는 방조

---

23) 과실에 의한 방조×
24) 의사교류가 필요 없기 때문이다.
25) 조언, 격려, 정보제공 등의 무형적 방법과 범행도구나 범행장소의 제공, 범행자금의 제공 등 유형적 방법

의 성립이 가능하다. 그러나, 범죄가 종료된 이후에는 방조가 성립할 수 없고 독립적인 범죄로 취급한다.[26]

□ 관련 판례

① 종범의 방조행위는 작위에 의한 경우뿐만 아니라 부작위에 의한 경우도 포함하는 것으로서 법률상 정범의 범행을 방지할 의무있는 자가 그 범행을 알면서도 방지하지 아니하여 범행을 용이하게 한 때에는 부작위에 의한 종범이 성립한다(대판 1985.11.26. 85도1906).

② 인터넷 포털 사이트 내 오락채널 총괄팀장과 위 오락채널 내 만화사업의 운영 직원인 피고인들에게, 콘텐츠제공업체들이 게재하는 음란만화의 삭제를 요구할 조리상의 의무가 있다고 하여, 구 전기통신기본법(2001. 1. 16. 법률 제6360호로 개정되기 전의 것) 제48조의2 위반 방조죄의 성립을 긍정한 사례(대판 2006.4.28. 2003도4128).

③ 형법상 방조는 작위에 의하여 정범의 실행행위를 용이하게 하는 경우는 물론, 직무상의 의무가 있는 자가 정범의 범죄행위를 인식하면서도 그것을 방지하여야 할 제반조치를 취하지 아니하는 부작위로 인하여 정범의 실행행위를 용이하게 하는 경우에도 성립된다 할 것이므로 은행지점장이 정범인 부하직원들의 범행을 인식하면서도 그들의 은행에 대한 배임행위를 방치하였다면 배임죄의 방조범이 성립된다(대판 1984.11.27. 84도1906).

④ 법원의 입찰사건에 관한 제반 업무를 주된 업무로 하는 공무원이 자신이 맡고 있는 입찰사건의 입찰보증금이 계속적으로 횡령되고 있는 사실을 알았다면, 담당 공무원으로서는 이를 제지하고 즉시 상관에게 보고하는 등의 방법으로 그러한 사무원의 횡령행위를 방지해야 할 법적인 작위의무를 지는 것이 당연하고, 비록 그의 묵인 행위가 배당불능이라는 최악의 사태를 막기 위한 동기에서 비롯된 것이라고 하더라도 자신의 작위의무를 이행함으로써 결과 발생을 쉽게 방지할 수 있는 공무원이 그 사무원의 새로운 횡령범행을 방조 용인한 것을 작위에 의한 법익 침해와 동등한 형법적 가치가 있는 것이 아니라고 볼 수는 없다는 이유로, 그 담당 공무원을 업무상횡령의 종범으로 처벌한 사례(대판 1996.9.6. 95도2551).

⑤ 진료부는 환자의 계속적인 진료에 참고로 공하여지는 진료상황부이므로 간호보조원의 무면허 진료행위가 있은 후에 이를 의사가 진료부에다 기재하는 행위는 정범의 실행행위종료 후의 단순한 사후행위에 불과하다고 볼 수 없고 무면허 의료행위의 방조에 해당한다(대판 1982.4.27. 82도122).

⑥ 이미 스스로 입영기피를 결심하고 집을 나서는 공소외 (갑)에게 피고인이 이별을 안타까와 하는 뜻에서 잘 되겠지 몸조심하라 하고 악수를 나눈 행위는 입영기피의 범죄

---

26) 이른바 '사후방조'로 이는 방조가 아니다(절도범과 도품을 운반한 경우 절도 방조가 아닌 장물운반죄).

의사를 강화시킨 방조행위에 해당한다고 볼 수 없다(대판 1983.4.12. 82도43).27)

⑦ 백화점에서 바이어를 보조하여 특정매장에 관한 상품관리 및 고객들의 불만사항 확인 등의 업무를 담당하는 직원은 자신이 관리하는 특정매장의 점포에 가짜 상표가 새겨진 상품이 진열·판매되고 있는 사실을 발견하였다면 고객들이 이를 구매하도록 방치하여서는 아니되고 점주나 그 종업원에게 즉시 그 시정을 요구하고 바이어 등 상급자에게 보고하여 이를 시정하도록 할 근로계약상·조리상의 의무가 있다고 할 것임에도 불구하고 이러한 사실을 알고서도 점주 등에게 시정조치를 요구하거나 상급자에게 이를 보고하지 아니함으로써 점주로 하여금 가짜 상표가 새겨진 상품들을 고객들에게 계속 판매하도록 방치한 것은 작위에 의하여 점주의 상표법위반 및 부정경쟁방지법위반 행위의 실행을 용이하게 하는 경우와 동등한 형법적 가치가 있는 것으로 볼 수 있으므로, 백화점 직원인 피고인은 부작위에 의하여 공동피고인인 점주의 상표법위반 및 부정경쟁방지법위반 행위를 방조하였다고 인정할 수 있다(대판 1997.3.14. 96도1639).

3. 정범의 범죄 실행

정범이 실행착수에 이르지 않은 경우 즉, 효과없는 방조나 실패한 방조(기도된 방조)는 처벌되지 않는다. 기도된 교사에 관한 제31조 제2항 및 제3항과 같은 조항을 종범에는 두고 있지 않기 때문이다.

□ 관련 판례

① 방조죄는 정범의 범죄에 종속하여 성립하는 것으로서 방조의 대상이 되는 정범의 실행행위의 착수가 없는 이상 방조죄만이 독립하여 성립될 수 없다(대판 1979.2.27. 78도3113).

② 종범은 정범의 실행행위 중에 이를 방조하는 경우뿐만 아니라, 실행 착수 전에 장래의 실행행위를 예상하고 이를 용이하게 하는 행위를 하여 방조한 경우에도 성립한다(대판 2004.6.24. 2002도995).

③ 인터넷 게임사이트의 온라인게임에서 통용되는 사이버머니를 구입하고자 하는 사람을 유인하여 돈을 받고 위 게임사이트에 접속하여 일부러 패하는 방법으로 사이버머니를 판매한 사람에 대하여, 정범인 위 게임사이트 개설자의 도박개장행위를 인정할 수 없는 이상 종범인 도박개장방조죄도 성립하지 않는다고 한 사례(대판 2007.11.29. 2007도8050).

④ 형법 제32조 제1항 소정 타인의 범죄란 정범이 범죄의 실현에 착수한 경우를 말하는 것이므로 종범이 처벌되기 위하여는 정범의 실행의 착수가 있는 경우에만 가능하고

---

27) 무형적 방조×

형법 전체의 정신에 비추어 정범이 실행의 착수에 이르지 아니한 예비의 단계에 그친 경우에는 이에 가공하는 행위가 예비의 공동정범이 되는 경우를 제외하고는 종범의 성립을 부정하고 있다고 보는 것이 타당하다(대판 1976.5.25. 75도1549).

Ⅲ. 처벌

종범의 형은 정범의 형보다 감경한다. 그러나 자기의 지휘, 감독을 받는 자를 방조하여 범죄를 발생시키는 특수방조는 정범의 형으로 처벌한다(형법 제34조 제2항).

□ 방조범 관련 판례

〈인정되는 경우〉

① 형법상 방조행위는 정범이 범행을 한다는 정을 알면서 그 실행행위를 용이하게 하는 직접, 간접의 모든 행위를 가리키는 것인바, 자동차운전면허가 없는 자에게 승용차를 제공하여 그로 하여금 무면허운전을 하게 하였다면 이는 도로교통법위반(무면허운전) 범행의 방조행위에 해당한다(대판 2000.8.18. 2000도1914).

② 게임제공업자가 게임장에 사행성유기기구를 비치하고 고객들이 이를 통해 얻은 경품용 상품권을 환전해 줌으로써 고객들로 하여금 게임물을 이용하여 사행행위를 하게 한 경우, 경품용 상품권 발행업자에게 위 사행행위 영업 등에 관한 방조범의 책임을 인정한 사례(대판 2007.10.26. 2007도4702).

〈부정되는 경우〉

① 웨이타인 피고인들은 손님들을 단순히 출입구로 안내를 하였을 뿐 미성년자인 여부의 판단과 출입허용여부는 2층 출입구에서 주인이 결정하게 되어 있었다면 피고인들의 위 안내행위가 곧 미성년자를 크럽에 출입시킨 행위 또는 그 방조행위로 볼 수 없다(대판 1984.8.21. 84도781).

② 세관원에게 "잘 부탁한다"는 말을 하였다는 사실만으로서는 사위 기타 부정한 방법으로 관세를 포탈하는 범행의 방조행위에 해당된다든가 또는 그 범행의 실행에 착수하였다고 볼 수 없다(대판 1971.8.31. 71도1204).

③ 타인이 경영하는 축산목장의 관리인이 업무의 지시에 따라 3,4명의 노무자를 데리고 축사청소 등의 단순노무에 주로 종사하였을 뿐 목장의 경영문제까지는 관여하지 아니하였다면 관리인이 업주의 정화시설설치의무위반 행위에 공모, 가담하였거나 업주의 위와 같은 행위를 방조하였다고 할 수 없다(대판 1990.12.11. 90도2178).

제6절 공범과 신분

Ⅰ. 의의

> 제33조【공범과 신분】신분관계로 성립되는 범죄에 가공한[28] 행위는 신분관계가 없는 자에게도 전3조(공동정범, 교사범, 종범)의 규정을 적용한다. 단 신분관계로 형의 경중이 있을 때는 중한 형으로 처벌하지 아니한다.
>
> 제33조【공범과 신분】신분이 있어야 성립되는 범죄에 신분 없는 사람이 가담한 경우에는 그 신분 없는 사람에게도 제30조부터 제32조까지의 규정을 적용한다. 다만, 신분 때문에 형의 경중이 달라지는 경우에 신분이 없는 사람은 무거운 형으로 벌하지 아니한다.
> [전문개정 2020. 12. 8.]
> [시행일 : 2021. 12. 9.] 제33조

Ⅱ. 신분의 의의와 종류

1. 신분의 의의

신분이란 범죄의 성립이나 형의 가감에 영향을 미치는 일신적 특성, 관계, 상태를 의미하며, 행위자관련적 요소이어야 하므로, 행위관련적 요소인 주관적 불법요소는 신분에서 제외된다. 다만, 판례는 주관적 불법요소인 목적도 신분이라는 입장을 취하고 있다. 또한, 신분의 계속성은 요건이 아니다.[29]

2. 신분의 종류

구분		의의	종류
적극적 신분	진정신분범	행위자에게 일정한 신분이 있어야 범죄가 성립된다.	단순수뢰죄(제129조 제1항), 단순횡령죄(제355조 제1항), 위증죄(제52조 제1항) 등
	부진정신분범	신분이 없어도 범죄는 성립하지만, 신분에 의하여 형이 가중 또는 감경된다.	존속살해죄(제250조 제2항), 영아살해죄(제251조) 등 ※ 앞에 '업무상' 붙은 죄명들(단,

---

28) 도와준
29) 범죄할 당시에만 그 범죄에서 필요한 신분을 가지고 있으면 된다.

		업무상비밀누설죄와 업무상과실장물죄의 경우는 진정신분점)
소극적 신분	신분으로 인하여 범죄의 성립 또는 형벌이 조각된다.	• 책임 조각적 신분 : 범인은닉죄에서의 친족 • 형벌 조각적 신분 : 형법 제328조 제1항에 규정된 직계혈족, 배우자, 동거친족으로서의 친족관계에 있는 자 • 불구성적 신분 : 무면허의료업무금지 위반죄에 있어서의 의사

Ⅲ. 형법 제33조의 해석[30]

1. 형법 제33조 본문의 해석

'신분관계로 성립하는 범죄'의 의미는 통설의 경우 진정신분범만을 의미(공범성립과 처벌)한다고 해석하고, 판례의 경우는 진정신분범뿐만 아니라 부진정신분범도 포함한다고 해석한다.

'전3조의 규정을 적용한다'의 의미는 공동정범(제30조), 교사범(제31조), 종범(제32조)을 뜻한다.

제33조 본문의 적용 범위는 비신분자가 신분자에 가공한 경우에만 적용되고, 신분자가 비신분자에게 가공한 경우[31]는 간접정범이 성립하고, 본문은 여기에 적용될 수 없다.

2. 형법 제33조 단서의 해석

제33조 단서의 의미는 통설의 경우 부진정신분범의 공범성립과 처벌에 대한 규정으로 이해하고, 판례는 신분에 의해 형의 가감이 있는 경우에 부진정신분범에 대한 그 처벌만 단서에 의하여 결정되어야 한다는 입장을 취하고 있다.

제33조 단서의 적용 범위는 본문과 달리 단서의 경우에는 비신분자가 신분

---

30) 빠른 이해를 돕자면 밑에 1. 형법 제33조 본문의 해석과 2. 형법 제33조 단서의 해석 내용을 우선 통설의 입장에서만 1. 본문의 해석과 2. 단서의 해석 내용을 같이 비교해 보고, 다시 판례의 입장에서만 1. 본문의 해석과 2. 단서의 해석 내용을 같이 비교해 본다.

31) 공무원 아닌 사람에게 공무원이 수뢰를 교사한 경우 피교사자는 신분이 없으므로 구성요건해당성이 없다.

자에 가공한 경우뿐만 아니라 신분자가 비신분자에게 가공하여 부진정신분범을
범한 경우에도 적용된다.

3. 관련 사례

① 공무원이 아닌 갑(비신분자)이 공무원인 을에게 을의 직무와 관련하여 병
으로부터 뇌물을 수수하도록 교사하여 을이 병으로부터 뇌물을 수수한 경우, 갑
과 을의 성립과 처벌은?(진정신분범)[32]

② 갑(비신분자)이 을을 교사하여 을의 아버지 병을 살해하게 한 경우, 갑과
을의 성립과 처벌은?(부진정신분범)[33]

③ 공무원 갑이 공무원이 아닌 을(비신분자)에게 갑 자신의 업무와 관련하여
병으로부터 뇌물을 수수하도록 교사하여 을이 병으로부터 뇌물을 수수한 경우,
갑과 을의 성립과 처벌은?[34]

④ 갑이 을(비신분자)을 교사하여 갑의 아버지 병을 살해하게 한 경우, 갑과
을의 성립과 처벌은?[35]

비교 1) 비신분자가 업무상배임죄를 교사한 경우?[36]

비교 2) 상습절도범이 절도를 교사한 경우?[37]

비교 3) 모해목적으로 위증을 교사한 경우?[38]

비교 4) 모해위증을 하는 사람 뒤에서 모해목적이 없는 사람이 교사한 경
우?[39]

---

32) 갑 : 수뢰죄의 교사범 성립, 처벌, 을 : 수뢰죄의 단독정범 성립, 처벌(통설, 판례 입장 동일)
   ※ 제33조 본문을 적용하여 같은 성립, 처벌
   ※ 방조일 경우 방조범, 공모시 공동정범 처리
33) 통설) 갑 : 보통살인죄의 교사범 성립, 처벌, 을 : 존속살해죄의 정범 성립, 처벌
   ※ 제33조 단서를 적용하여 각각 따로 성립, 처벌
     판례) 갑 : 존속살해죄의 교사범 성립, 보통살인죄의 (교사범) 처벌, 을 : 존속살해죄의
         정범 성립, 처벌
34) 갑 : 수뢰죄의 간접정범, 을 : 수뢰죄의 정범(처벌×)(통설, 판례 입장 동일)
35) 갑 : 존속살해죄의 교사범 성립, 처벌, 을 : 보통살인죄의 정범 성립, 처벌(통설, 판례 입장
   동일 - 제33조 단서를 적용하여 각각 따로 성립, 처벌)
   ※ 본장 각주 33)과 비교(참조)
36) 위 ②번 사례(부진정신분범)에 해당하며, 판례는 비신분자의 경우 업무상배임죄의 교사범
   성립, 단순 배임죄 교사범으로 처벌
37) 위 ④번 사례(상습은 형의 가중으로 부진정신분범)에 해당하며, 판례는 상습절도범의 경우
   상습절도죄의 교사범 성립, 처벌(통설 입장 동일)
38) 위 ④번 사례(모해위증죄로 형의 가중처벌이기에 부진정신분범, 목적도 신분)에 해당하며,
   모해목적교사자의 경우 모해위증죄의 교사범 성립, 처벌(통설, 판례 입장 동일)

비교 5) 아들과 공모하여 처가 남편 살해한 경우?[40)]

비교 6) 도박의 습벽이 있는 자가 타인의 도박을 방조한 경우?[41)]

비교 7) 지방공무원법위반에 해당되는 죄를 범한 지방공무원의 범죄행위에 특수경력직 공무원이 같이 공모한 경우?[42)]

Ⅳ. 소극적 신분과 공범문제

신분에 의하여 범죄가 성립되지 않거나 형벌이 배제되는 소극적 신분과 관련하여 신분자와 비신분자가 공범관계에 있을 때에는 형법 제33조의 적용문제가 아니다(공범종속이론에 따라 해결되어야 할 문제임).[43)]

---

39) 위 ②번 사례(부진정신분범)에 해당하며, 판례는 모해목적이 없는 교사자의 경우 모해위증죄의 교사범 성립, 단순위증죄 교사범으로 처벌

40) 위 ②번 사례(부진정신분범)에 해당하며, 판례는 처의 경우 존속살해죄의 공동정범 성립, 보통살인죄의 공동정범으로 처벌

41) 위 ④번 사례(상습은 형의 가중으로 부진정신분범)에 해당하며, 도박의 습벽이 있는 자의 경우 상습도박죄의 방조범 성립, 처벌(통설, 판례 입장 동일)

42) 위 ①번 사례(진정신분범)에 해당하며, 특수경력직공무원의 경우 지방공무원법위반죄의 공동정범 성립, 처벌(통설, 판례 입장 동일)

43) 의사(소극적 신분이 있는 자)가 의사 아닌 자(소극적 신분이 없는 자)를 교사 또는 공모하여 의료행위(수술 등)를 시키거나 한 경우(소극적 신분 관계에 있는 경우) 공범종속이론에 따라 공모하면 공동정범, 교사하면 교사범으로 처벌한다(치과의사가 치기공사에게 지시하여 교사한 경우 역시 같은 방법으로 문제 해결).

제 7 장

부작위범

제1절 서설

Ⅰ. 부작위의 의의

1. 개념

> **제18조【부작위범】** 위험의 발생을 방지할 의무가 있거나 자기의 행위로 인하여 위험발생의 원인을 야기한 자가 그 위험발생을 방지하지 아니한 때에는 그 발생된 결과에 의하여 처벌한다.

형법상의 부작위는 아무것도 하지 않는 단순한 무위와는 구별된다. 왜냐하면 부작위가 범죄로 성립하려면 작위의무가 있을 것을 전제로 하기 때문이다(갓난아이에게 젖을 먹이지 않는 어머니의 행위나 물에 빠진 자식을 구하지 않는 아버지의 행위 등을 형법은 탓한다).

2. 작위와의 차이

작위란 규범적으로 금지되어 있는 것을 하는 것을 말하고(예 : 갓난아이의 목을 조르는 행위), 부작위는 법규범이 요구하는 행위를 하지 않는 것을 말한다(예 :

갓난아이에게 젖을 먹이지 않는 행위나 퇴거요구에 불응하는 행위).

Ⅱ. 작위범과 부작위범의 구별방법

1. 구성요건의 규정형식에 따른 분류

'~한 자'와 같이 기술되어 있으면 작위범이고, '~하지 아니한 자'와 같이 기술되어 있으면 부작위범이다.

> 예) 제319조(주거침입, 퇴거불응) ① 사람의 주거, 관리하는 건조물, 선박이나 항공기 또는 점유하는 방실에 침입한 자 … (작위범)
> ② 전항의 장소에서 퇴거요구를 받고 응하지 아니한 자 … (부작위범)

2. 범죄의 현실적인 실현형태에 따른 분류

적극적인 작위로 범죄를 실현하면 작위범이고(예 : 영아를 적극적으로 질식사시키는 경우), 소극적인 부작위로 범죄를 실현하면 부작위범이다(예 : 영아에게 젖을 주지 않아서 아사케 한 경우).

제2절 부작위범의 종류

Ⅰ. 부작위범의 종류

1. 진정부작위범

구성요건 자체가 부작위로 규정되어 있는 경우이다.

제116조 【다중불해산】 폭행, 협박 또는 손괴의 행위를 할 목적으로 다중이 집합하여 그를 단속할 권한이 있는 공무원으로부터 3회 이상의 해산명령을 받고 해산하지 아니한 자
제117조 【전시공수계약불이행】 ① 전쟁, 천재 기타 사변에 있어서 국가 또는 공공단체와 체결한 식량 기타 생활필수품의 공급계약을 정당한 이유 없이 이행하지 아니한 자
제319조 【주거침입, 퇴거불응】 ① 사람의 주거, 관리하는 건조물, 선박이나 항공기 또는 점유하는 방실에 침입한 자
② 전항의 장소에서 퇴거요구를 받고 응하지 아니한 자

---

2. 부진정부작위범

구성요건상 작위 형식으로 규정되어 있는 것을 부작위에 의해 실현하는 범죄이다. 즉, 제250조 '사람을 살해한 자'(작위범) 형식으로 규정되어 있는 내용을 예컨대, 물에 빠진 제자를 고의로 구조하지 않아 익사케 한 수영 코치(부작위범), 갓난아이에 대해 젖을 주지 않는 산모의 행위(부작위범) 형식으로 실현하는 경우이다.

Ⅱ. 부작위범의 성립요건

1. 행위가능성 존재

개별적 행위가능성[1]이나 일반적 행위가능성[2]이 존재하여야 한다. 이러한 행위가능성이 존재하지 않으면 구성요건해당성이 없어 무죄이다.

2. 보증인적 지위[3]

위법성요소설의 경우 작위의무 없는 자의 부작위(해수욕장에서 물에 빠진 사람을 구하지 않은 수많은 인파들)도 부진정부작위범의 구성요건에 해당하게 되어 구성요건해당성을 부당하게 확대시킨다는 비판이 있다.

구성요건요소설의 경우 부진정부작위범은 보증인에 의하여만 범할 수 있는 진정신분범(주체)이 된다는 특징이 있다.

이분설(통설)의 경우 보증인적 지위와 보증인적 의무(작위의무)를 이분하여 전자는 구성요건요소에, 후자는 위법성요소에 속하는 것으로 이해하려는 견해이다. 이에 의하면 보증인지위의 착오[4]는 구성요건착오가 되어 고의가 조각되고(과실범으로 처벌), 보증인의무의 착오[5]는 위법성착오(금지착오)가 되어 정당한 이유가 있는 경우 책임이 조각된다.

---

1) 신체장애 등 개인적 사정으로 탓할 수 없는 경우 개별적 행위가능성이 없다.
2) 부산에 있는 아버지가 서울 한강에 빠진 아들을 구하지 못해도 탓할 수 없는 이유는 일반적 행위가능성이 없기 때문이다.
3) 의무가 있는 자
4) 물에 빠진 아이가 내 자식이 아닌 것으로 착오를 일으킨 경우
5) 물에 빠진 내 자식을 구해야 될 의무가 없는 것으로 착오를 일으킨 경우

3. 인과관계 : 부작위범에 있어서도 인과관계는 존재

4. 작위와의 동가치성

보증인적지위에 있는 자의 부작위가 작위에 의한 구성요건실현과 동등한 것으로 평가될 수 있어야 한다는 것을 의미한다. 즉, 구성요건적 결과를 야기한 행위태양(수단, 방법)이 작위와 동일시 될 수 있어야 한다는 의미이다.

구성요건이 행위의 수단, 방법을 특정하지 않고 있어 단지 행위에 의하여 구성요건적 결과만 발생하면 실현될 수 있는 범죄를 순수한 결과야기범(살인죄, 상해죄 등)이라 하는데 이 경우는 행위정형의 동가치성은 특별한 의미를 가지지 않는다. 다만, 구성요건이 행위의 수단, 방법을 특정하고 있어 이러한 수단, 방법에 의하여 구성요건적 결과가 발생하여야만 실현될 수 있는 범죄가 행태의존적 결과범(사기죄의 기망, 공갈죄의 공갈, 특수폭행죄의 의험한 물건 휴대)인데 부작위에 의하여 구성요건적 결과가 발생한 것만으로는 구성요건이 실현될 수 없으며 그 결과가 작위범에 비교될 만한 행위태양으로 발생되었을 때 동가치성이 인정된다. 따라서 행태의존적 결과범의 경우에 행위정형의 동가치성이 구성요건실현의 중요한 기준이 된다.

Ⅲ. 보증인지위의 발생근거[6]

1. 법령에 의한 작위의무

민법 제913조 【보호, 교양의 권리의무】 친권자는 자를 보호하고 교양할 권리의무가 있다.
민법 제826조 【부부간의 의무】 ① 부부는 동거하며 서로 부양하고 협조하여야 한다.
민법 제974조 【부양의무】 다음 각호의 친족은 서로 부양의 의무가 있다.
1. 직계혈족 및 그 배우자간
2. 삭제
3. 친족 생계를 같이 하는 친족간

경찰관직무집행법 제4조 【보호조치 등】 ① 경찰관은 수상한 행동이나 그 밖의 주위 사정을 합리적으로 판단해 볼 때 다음 각 호의 어느 하나에 해당하는 것이 명백하고 응급구호

가 필요하다고 믿을 만한 상당한 이유가 있는 사람을 발견하였을 때에는 보건의료기관
이나 공공구호기관에 긴급구호를 요청하거나 경찰관서에 보호하는 등 적절한 조치를
할 수 있다.

□ 관련 판례

① 법원의 입찰사건에 관한 제반 업무를 주된 업무로 하는 공무원이 자신이 맡고 있는
입찰사건의 입찰보증금이 계속적으로 횡령되고 있는 사실을 알았다면, 담당 공무원으
로서는 이를 제지하고 즉시 상관에게 보고하는 등의 방법으로 그러한 사무원의 횡령행
위를 방지해야 할 법적인 작위의무를 지는 것이 당연하고, 비록 그의 묵인 행위가 배당
불능이라는 최악의 사태를 막기 위한 동기에서 비롯된 것이라고 하더라도 자신의 작위
의무를 이행함으로써 결과 발생을 쉽게 방지할 수 있는 공무원이 그 사무원의 새로운
횡령범행을 방조 용인한 것을 작위에 의한 법익 침해와 동등한 형법적 가치가 있는 것
이 아니라고 볼 수는 없다는 이유로, 그 담당 공무원을 업무상횡령의 종범으로 처벌한
사례(대판 1996.9.6. 95도2551).
② 도로교통법 제50조 제1항, 제2항이 규정한 교통사고발생시의 구호조치의무 및 신고
의무는 차의 교통으로 인하여 사람을 사상하거나 물건을 손괴한 때에 운전자 등으로
하여금 교통사고로 인한 사상자를 구호하는 등 필요한 조치를 신속히 취하게 하고, 또
속히 경찰관에게 교통사고의 발생을 알려서 피해자의 구호, 교통질서의 회복 등에 관
하여 적절한 조치를 취하게 하기 위한 방법으로 부과된 것이므로 교통사고의 결과가 피
해자의 구호 및 교통질서의 회복을 위한 조치가 필요한 상황인 이상 그 의무는 교통사고
를 발생시킨 당해 차량의 운전자에게 그 사고발생에 있어서 고의·과실 혹은 유책·위법
의 유무에 관계없이 부과된 의무라고 해석함이 상당할 것이므로, 당해 사고에 있어 귀책
사유가 없는 경우에도 위 의무가 없다 할 수 없고, 또 위 의무는 신고의무에만 한정되는
것이 아니므로 타인에게 신고를 부탁하고 현장을 이탈하였다고 하여 위 의무를 다한
것이라고 말할 수는 없다(대판 2002.5.24. 2000도1731).

2. 계약(법률행위)에 의한 작위의무

고용계약에 의한 보호의무, 간호사의 환자간호의무, 신호수의 직무상 의무,
보모의 아동보호의무 등이 있다.

□ 관련 판례

백화점에서 바이어를 보조하여 특정매장에 관한 상품관리 및 고객들의 불만사항 확인
등의 업무를 담당하는 직원은 자신이 관리하는 특정매장의 점포에 가짜 상표가 새겨진

상품이 진열·판매되고 있는 사실을 발견하였다면 고객들이 이를 구매하도록 방치하여
서는 아니되고 점주나 그 종업원에게 즉시 그 시정을 요구하고 바이어 등 상급자에게
보고하여 이를 시정하도록 할 근로계약상·조리상의 의무가 있다고 할 것임에도 불구
하고 이러한 사실을 알고서도 점주 등에게 시정조치를 요구하거나 상급자에게 이를 보
고하지 아니함으로써 점주로 하여금 가짜 상표가 새겨진 상품들을 고객들에게 계속 판
매하도록 방치한 것은 작위에 의하여 점주의 상표법위반 및 부정경쟁방지법위반 행위
의 실행을 용이하게 하는 경우와 동등한 형법적 가치가 있는 것으로 볼 수 있으므로,
백화점 직원인 피고인은 부작위에 의하여 공동피고인인 점주의 상표법위반 및 부정경
쟁방지법위반 행위를 방조하였다고 인정할 수 있다(대판 1997.3.14. 96도1639).

3. (위법한)[7] 선행행위에 의한 작위의무

도로교통법 제54조【사고발생 시의 조치】 ① 차의 운전 등 교통으로 인하여 사람을 사상하
거나 물건을 손괴한 경우에는 그 차의 운전자나 그 밖의 승무원은 즉시 정차하여 사상
자를 구호하는 등 필요한 조치를 하여야 한다.

　그 밖에 과실로 불을 낸 자의 소화조치의무,[8] 미성년자를 감금한 자의 탈진
상태에 있는 피해자 구조의무 등이다.

□ 관련 판례

① 피고인이 조카인 피해자(10세)를 살해할 것을 마음먹고 저수지로 데리고 가서 미끄
러지기 쉬운 제방 쪽으로 유인하여 함께 걷다가 피해자가 물에 빠지자 그를 구호하지
아니하여 피해자를 익사하게 한 것이라면 피해자가 스스로 미끄러져서 물에 빠진 것이
고, 그 당시는 피고인이 살인죄의 예비 단계에 있었을 뿐 아직 실행의 착수에는 이르지
아니하였다고 하더라도, 피해자의 숙부로서 익사의 위험에 대처할 보호능력이 없는 나
이 어린 피해자를 익사의 위험이 있는 저수지로 데리고 갔던 피고인으로서는 피해자가
물에 빠져 익사할 위험을 방지하고 피해자가 물에 빠지는 경우 그를 구호하여 주어야
할 법적인 작위의무가 있다고 보아야 할 것이고, 피해자가 물에 빠진 후에 피고인이 살

---

7) 정당방위나 정당행위로 인한 선행행위는 해당되지 않는다(위법해야 됨).
8) 비교판례 : 모텔 방에 투숙하여 담배를 피운 후 담배를 완전히 끄고 재떨이에 버려야 되었
　으나 담뱃불이 완전히 꺼졌는지 여부를 확인하지 않은 채 불이 붙기 쉬운 휴지를 재떨이에
　버린 후 잠을 잔 과실로 담뱃불이 휴지와 침대시트에 옮겨 붙게 함으로써 화재가 발생한
　것은 부작위에 의한 현주건조물방화치사상죄가 안된다(일반적 행위가능성의 부존재로 구
　성요건해당성이 없음-실화죄○).

해의 범의를 가지고 그를 구호하지 아니한 채 그가 익사하는 것을 용인하고 방관한 행위(부작위)는 피고인이 그를 직접 물에 빠뜨려 익사시키는 행위와 다름없다고 형법상 평가될 만한 살인의 실행행위라고 보는 것이 상당하다(대판 1992.2.11. 91도2951).

② 피고인이 미성년자를 유인하여 포박 감금한 후 단지 그 상태를 유지하였을 뿐인데도 피감금자가 사망에 이르게 된 것이라면 피고인의 죄책은 감금치 사죄에 해당한다 하겠으나, 나아가서 그 감금상태가 계속된 어느 시점에서 피고인에게 살해의 범의가 생겨 피감금자에 대한 위험발생을 방지함이 없이 포박감금상태에 있던 피감금자를 그대로 방치함으로써 사망케 하였다면 피고인의 부작위는 살인죄의 구성요건적 행위를 충족하는 것이라고 평가하기에 충분하므로 부작위에 의한 살인죄를 구성한다(대판 1982.11.23. 82도2024).

③ 모텔 방에 투숙하여 담배를 피운 후 재떨이에 담배를 끄게 되었으나 담뱃불이 완전히 꺼졌는지 여부를 확인하지 않은 채 불이 붙기 쉬운 휴지를 재떨이에 버리고 잠을 잔 과실로 담뱃불이 휴지와 침대시트에 옮겨 붙게 함으로써 화재가 발생한 사안에서, 위 화재가 중대한 과실 있는 선행행위로 발생한 이상 화재를 소화할 법률상 의무는 있다 할 것이나, 화재 발생 사실을 안 상태에서 모텔을 빠져나오면서도 모텔 주인이나 다른 투숙객들에게 이를 알리지 아니하였다는 사정만으로는 화재를 용이하게 소화할 수 있었다고 보기 어렵다는 이유로, 부작위에 의한 현주건조물방화치사상죄의 공소사실에 대해 무죄를 선고한 원심의 판단을 수긍한 사례(대판 2010.1.14. 2009도12109, 2009감도38). [중과실치사상죄와 중실화죄는 인정하나, 현주건조물방화치사상죄는 부정]

4. 조리[9]에 의한 작위의무

동거하는 고용자에 대한 고용주의 보호의무, 건물 관리자의 화재발생방지의무 등이다.

☐ 관련 판례

① 법무사가 아닌 사람이 법무사로 소개되거나 호칭되는 데에도 자신이 법무사가 아니라는 사실을 밝히지 않은 채 법무사 행세를 계속하면서 근저당권설정계약서를 작성한 사안에서, 부작위에 의한 법무사법 제3조 제2항 위반죄를 인정할 수 있다고 한 사례(대판 2008.2.28. 2007도9354).

② 인터넷 포털 사이트 내 오락채널 총괄팀장과 위 오락채널 내 만화사업의 운영 직원인 피고인들에게, 콘텐츠제공업체들이 게재하는 음란만화의 삭제를 요구할 조리상의 의무가 있다고 하여, 구 전기통신기본법(2001. 1. 16. 법률 제6360호로 개정되기 전의

---

9) 사회상규, 신의성실

것) 제48조의2 위반 방조죄의 성립을 긍정한 사례(대판 2006.4.28. 2003도4128).

③ 토지에 대하여 도시계획이 입안되어 있어 장차 협의매수되거나 수용될 것이라는 사정을 매수인에게 고지하지 아니한 행위가 부작위에 의한 사기죄를 구성한다고 본 사례(대판 1993.7.13. 93도14).

④ 특정 시술을 받으면 아들을 낳을 수 있을 것이라는 착오에 빠져있는 피해자들에게 그 시술의 효과와 원리에 관하여 사실대로 고지하지 아니한 채 아들을 낳을 수 있는 시술인 것처럼 가장하여 일련의 시술과 처방을 행한 의사에 대하여 사기죄의 성립을 인정한 사례(대판 2000.1.28. 99도2884).

⑤ 사기죄의 요건으로서의 기망은 널리 재산상의 거래관계에 있어 서로 지켜야 할 신의와 성실의 의무를 저버리는 모든 적극적 또는 소극적 행위를 말하는 것이고, 그중 소극적 행위로서의 부작위에 의한 기망은 법률상 고지의무 있는 자가 일정한 사실에 관하여 상대방이 착오에 빠져 있음을 알면서도 그 사실을 고지하지 아니함을 말하는 것으로서, 일반거래의 경험칙상 상대방이 그 사실을 알았더라면 당해 법률행위를 하지 않았을 것이 명백한 경우에는 신의칙에 비추어 그 사실을 고지할 법률상 의무가 인정된다 할 것인바, 매수인이 매도인에게 매매잔금을 지급함에 있어 착오에 빠져 지급해야 할 금액을 초과하는 돈을 교부하는 경우, 매도인이 사실대로 고지하였다면 매수인이 그와 같이 초과하여 교부하지 아니하였을 것임은 경험칙상 명백하므로, 매도인이 매매잔금을 교부받기 전 또는 교부받던 중에 그 사실을 알게 되었을 경우에는 특별한 사정이 없는 한 매도인으로서는 매수인에게 사실대로 고지하여 매수인의 그 착오를 제거하여야 할 신의칙상 의무를 지므로 그 의무를 이행하지 아니하고 매수인이 건네주는 돈을 그대로 수령한 경우에는 사기죄에 해당될 것이지만, 그 사실을 미리 알지 못하고 매매잔금을 건네주고 받는 행위를 끝마친 후에야 비로소 알게 되었을 경우에는 주고받는 행위는 이미 종료되어 버린 후이므로 매수인의 착오 상태를 제거하기 위하여 그 사실을 고지하여야 할 법률상 의무의 불이행은 더 이상 그 초과된 금액 편취의 수단으로서의 의미는 없으므로, 교부하는 돈을 그대로 받은 그 행위는 점유이탈물횡령죄가 될 수 있음은 별론으로 하고 사기죄를 구성할 수는 없다(대판 2004.5.27. 2003도4531).

⑥ 압류된 골프장시설을 보관하는 회사의 대표이사가 위 압류시설의 사용 및 봉인의 훼손을 방지할 수 있는 적절한 조치 없이 골프장을 개장하게 하여 봉인이 훼손되게 한 경우, 부작위에 의한 공무상표시무효죄의 성립을 인정한 사례(대판 2005.7.22. 2005도3034).

Ⅳ. 부진정부작위범의 처벌

부진정부작위범은 작위범과 동일한 법정형으로 처벌한다.

Ⅴ. 관련문제

1. 부작위범의 미수

진정부작위범은 거동범으로 결과의 발생을 요하지 않으므로 미수를 인정할 수 없다(다수설). 그러나 형법은 퇴거불응죄와 집합명령위반죄의 미수범 처벌 규정을 두고 있다. 역시 입법의 오류라 판단된다.

> **제319조 【퇴거불응】** ② 전항의 장소에서 퇴거요구를 받고 응하지 아니한 자도 전항의 형과 같다.
> **제322조 【미수범】** 본장의 미수범은 처벌한다.
>
> **제145조 【집합명령위반】** ② 전항의 구금된 자가 천재, 사변 기타 법령에 의하여 잠시 해금된 경우에 정당한 이유 없이 그 집합명령에 위반한 때에도 전항의 형(1년 이하의 징역)과 같다.
> **제145조 【집합명령위반】** ② 제1항의 구금된 자가 천재지변이나 사변 그 밖에 법령에 따라 잠시 석방된 상황에서 정당한 이유없이 집합명령에 위반한 경우에도 제1항의 형에 처한다.
> [전문개정 2020. 12. 8.]
> [시행일 : 2021. 12. 9.] 제145조
>
> **제149조 【미수범】** 전조의 미수범은 처벌한다.

부진정부작위범은 결과범의 성격을 가지고 있으므로 미수가 가능하다(젖을 주지 않아 아이를 아사시키려 하였으나 시어머니가 와서 우유를 먹여 미수에 그쳤다).

2. 부작위범과 공범

부작위에 의한 간접정범과 부작위에 의한 교사는 불가능하나,[10] 나머지[11]는

---

10) 부작위에 의한 간접정범의 예 : 간호사를 생명있는 도구로 이용하기 위해서는 의사가 주사기에 독극물을 주입하는 적극적 행위 없이는 불가능하다.
부작위에 의한 교사 : 부작위에 의해서는 피교사자에게 심리적 영향을 주어 범죄의 결의를 일으키지 못하므로 부작위에 의한 교사는 불가능하다(통설).
11) 부작위에 대한 공범(교사, 방조), 부작위에 의한 방조, 부작위에 의한 공동정범, 부작위에 대한 간접정범은 모두 가능하다.
   ※ 부작위에 의한 방조 예 : 경비원이 주차장에서 차량 절도범을 발견하였으나 친구임을 알고 모른척하고 방관한 경우 절도죄의 방조범 성립.

모두 가능하다.

제 8 장

과실범

제1절 과실범 일반론

Ⅰ. 과실범의 의의

1. 과실범의 개념("모르고")

주의의무에 위반하여 사실을 인식하지 못하거나, 결과의 발생을 회피하지 못한 경우를 '과실'이라 하고, 그 과실로 인하여 구성요건적 결과가 발생하면 '과실범'이 성립한다.

> 제14조【과실】정상의 주의를 태만함으로 인하여 죄의 성립요소인 사실을 인식하지 못한 행위는 법률에 특별한 규정이 있는 경우에 한하여 처벌한다.
>
> 제14조【과실】정상적으로 기울여야 할 주의(注意)를 게을리하여 죄의 성립요소인 사실을 인식하지 못한 행위는 법률에 특별한 규정이 있는 경우에만 처벌한다.
> [전문개정 2020. 12. 8.]
> [시행일 : 2021. 12. 9.] 제14조

2. 과실범의 본질

과실은 주의의무위반, 즉 구성요건적 결과발생을 예견하고 그에 따라서 결과발생을 회피할 수 있었는데 그렇게 하지 않았다는 법적 평가에 그 본질이 있다.

3. 과실범의 처벌

과실범은 부주의에 의하여 법질서의 명령을 위반하는 것이므로 그 불법과 책임이 고의범보다 가볍다. 따라서 법률에 특별규정이 있는 경우에 한하여 예외적으로 처벌하며(제14조), 처벌하는 경우에도 그 법정형은 고의범에 비하면 현저히 낮게 규정되어 있다.

□ 관련 판례

① 과실범은 법률에 특별한 규정이 있는 경우에 한하여 처벌되며 형벌법규의 성질상 과실범을 처벌하는 특별규정은 그 명문에 의하여 명백, 명료하여야 한다(대판 1983.12.13. 83도2467).
② 행정상의 단속을 주안으로 하는 법규라 하더라도 명문규정이 있거나 해석상 과실범도 벌할 뜻이 명확한 경우를 제외하고는 형법의 원칙에 따라 고의가 있어야 벌할 수 있다(대판 1986.7.22. 85도108).

4. 형법상 과실범 처벌규정

실화죄(제170조)
과실폭발성물건파열죄(제173조의2 제1항)
과실가스·전기 등 방류죄(제173조의2 제1항)
과실가스·전기 등의 공급방해죄(제173조의2 제1항)
과실일수죄(제181조)[업무상과실범과 중과실범×]
과실교통방해죄(제189조 제1항)
과실치상죄(제266조)
과실치사죄(제267조)
※장물죄의 경우 업무상과실장물죄와 중과실장물죄(일반과실범×)

Ⅱ. 과실의 종류

1. 인식 없는 과실과 인식 있는 과실

(1) 인식 없는 과실

주의의무에 위반하여 구성요건적 결과의 발생가능성을 인식(예견)조차 하지 못한 경우를 말한다(부주의로 권총에 실탄이 장탄되어 있는 줄 모르고 장난 삼아 방아쇠를 당겨 상대방을 사망케 한 경우).[1]

(2) 인식 있는 과실

구성요건적 결과의 발생가능성을 인식하였으나 발생하지 아니할 것으로 믿고 결과발생을 회피하지 아니한 점에 주의의무위반이 있는 경우를 말한다(좁은 길을 과속으로 달리며 "설마 그럴리가!" 하고 자기의 운전 솜씨를 믿으면서도 한편으로는 "그래도 혹시 사고가 날지 모른다고 인식한 경우").

(3) 구별실익

인식없는 과실과 인식있는 과실은 이론상의 구별일 뿐 형법상의 구별은 아니며, 형법상 양자는 불법과 책임의 경중에는 차이가 없다(다수설). 다만, 인식 있는 과실은 미필적 고의와의 구별에 의미가 있다. 왜냐하면 고의범과 과실범은 그 처벌에 있어 큰 차이가 있기 때문이다.

2. 통상의 과실과 업무상 과실

(1) 의의

통상의 과실(보통과실)은 일반적인 과실을 말하며, 업무상 과실은 업무상 필요한 주의의무를 위반한 경우이다. 업무란 사람이 사회생활상의 지위에 기하여 계속해서 행하는 사무를 말한다.

---

[1] '구파발검문소 총기사고' 경찰관 "살인 고의 없었다."
박 경위는 2015년 8월 25일 자신이 근무하던 구파발검문소 생활실에서 38구경 권총 총구를 박모(21) 수경(당시 상경)에게 향하고서 방아쇠를 당겼다가 권총에서 발사된 총탄에 박 수경이 왼쪽 가슴 부위를 맞아 숨지게 한 혐의로 기소됐다. 애초 경찰은 박 경위에게 살인 고의가 없었다고 보고 업무상 과실치사 혐의만 적용해 사건을 검찰로 송치했다. 그러나 검찰은 박 경위가 총기를 다루면서 실탄 장전 여부를 확인하지 않았고, 방아쇠를 당기기 전 총기 안전장치를 푼 점 등을 고려하면 살인의 미필적 고의가 있었다고 봐야 한다며 살인 혐의를 적용해 재판에 넘겼다. 이날 피고인석에 앉은 박 경위는 "검찰은 제가 고의로 피해자를 쐈다고 하는데, 제가 피해자를 고의로 쏠 아무 이유가 없다"며 살인의 미필적 고의가 있었다는 검찰 측 주장을 부인했다.

(2) 업무상 과실의 가중처벌 이유

통상의 과실보다는 업무상 과실이 무겁게 처벌되는 이유에 관해서는 몇 가지 학설이 대립하고 있지만, 고도의 예견가능성과 회피가능성이 있기에 가중 처벌된다는 불법 및 책임가중설이 비중이 있다.

3. 경과실과 중과실

경과실은 통상의 주의의무를 태만히 한 경우의 과실로서 중과실이 아닌 모든 과실을 말하며, 중과실은 주의의무를 현저히 태만히 한 경우로서 약간의 주의만 하였다면 결과발생을 방지할 수 있었던 경우의 과실을 말한다. 구별실익으로서는 형법은 중과실을 업무상 과실과는 동일하게, 경과실보다는 가중하여 처벌하고 있다.

□ 중과실 인정 판례

① 피고인이 성냥불로 담배를 붙인 다음 그 성냥불이 꺼진 것을 확인하지 아니한 채 휴지가 들어 있는 플라스틱 휴지통에 던진 것을 중대한 과실이 있는 경우에 해당한다고 본 원심의 판단은 정당하다(대판 1993.7.27. 93도135). [중과실치사, 중실화]

② 피고인이 약 2.5평 넓이의 주방에 설치된 간이온돌용 새마을보일러에 연탄을 갈아 넣음에 있어서 연탄의 연소로 보일러가 가열됨으로써 그 열이 전도, 복사되어 그 주변의 가열접촉물에 인화될 것을 쉽게 예견할 수 있었음에도 불구하고 그 주의의무를 게을리하여 위 보일러로부터 5 내지 10센티미터쯤의 거리에 판시 가연물질을 그대로 두고 신문지를 구겨서 보일러의 공기조절구를 살짝 막아놓은 채 그 자리를 떠나버렸기 때문에 판시와 같은 화재가 발생한 사실을 인정하기에 넉넉하다(대판 1988.8.23. 88도855). [중실화]

③ 피고인이 84세 여자 노인과 11세의 여자 아이를 상대로 안수기도를 함에 있어서 그들을 바닥에 반드시 눕혀 놓고 기도를 한 후 "마귀야 물러가라", "왜 안 나가느냐"는 등 큰 소리를 치면서 한 손 또는 두 손으로 그들의 배와 가슴 부분을 세게 때리고 누르는 등의 행위를 여자 노인에게는 약 20분간, 여자아이에게는 약 30분간 반복하여 그들을 사망케 한 사안에서, 고령의 여자 노인이나 나이 어린 연약한 여자아이들은 약간의 물리력을 가하더라도 골절이나 타박상을 당하기 쉽고, 더욱이 배나 가슴 등에 그와 같은 상처가 생기면 치명적 결과가 올 수 있다는 것은 피고인 정도의 연령이나 경험 지식을 가진 사람으로서는 약간의 주의만 하더라도 쉽게 예견할 수 있음에도 그러한 결과에 대하여 주의를 다하지 않아 사람을 죽음으로까지 이르게 한 행위는 중대한 과실이라고 보아, 피고인에 대하여 중과실치사죄로 처단한 원심판결을 수긍한 사례(대판 1997.4.22. 97도538).

제2절 과실범의 성립요건

Ⅰ. 객관적 주의의무위반

1. 의의

구성요건적 결과의 발생을 예견하고, 이를 회피하기 위하여 객관적으로 요구되는 주의를 게을리하는 것을 말한다.

□ 관련 판례

① 의료사고에 있어서 의사의 과실을 인정하기 위해서는 의사가 결과 발생을 예견할 수 있었음에도 불구하고 그 결과 발생을 예견하지 못하였고, 그 결과 발생을 회피할 수 있었음에도 불구하고 그 결과 발생을 회피하지 못한 과실이 검토되어야 하고, 그 과실의 유무를 판단함에는 같은 업무와 직무에 종사하는 일반적 보통인의 주의 정도를 표준으로 하여야 하며, 이에는 사고 당시의 일반적인 의학의 수준과 의료환경 및 조건, 의료행위의 특수성 등이 고려되어야 한다(대판 2003.1.10. 2001도3292).
② 의사는 진료를 행함에 있어 환자의 상황과 당시의 의료수준 그리고 자기의 지식경험에 따라 적절하다고 판단되는 진료방법을 선택할 상당한 범위의 재량을 가진다고 할 것이고, 그것이 합리적인 범위를 벗어난 것이 아닌 한 진료의 결과를 놓고 그중 어느 하나만이 정당하고 이와 다른 조치를 취한 것은 과실이 있다고 말할 수는 없다(대판 2008.8.11. 2008도3090).

2. 주의의무의 발생 근거

객관적 주의의무는 1차적으로 법령, 규칙, 조례 등의 법규가 발생 근거가 되며, 2차적으로 주의의무위반(판례)의 검토가 요구된다.

□ 주의의무위반 관련 판례

〈인정한 경우〉

① 운전자가 택시를 운전하고 제한속도가 시속 40km인 왕복 6차선 도로의 1차선을 따라 시속 약 50km로 진행하던 중, 무단횡단하던 보행자가 중앙선 부근에 서 있다가 마주 오던 차에 충격당하여 택시 앞으로 쓰러지는 것을 피하지 못하고 역과시킨 경우, 원심이 운전자가 통상적으로 요구되는 주의의무를 다하였는지 여부를 심리하지 아니한

채 업무상 과실이 없다고 판단한 것은 법리오해, 심리미진의 위법을 저질렀다는 이유
로 원심판결을 파기한 사례(대판 1995.12.26. 95도715).

② 버스운전사에게 전날밤에 주차해둔 버스를 그 다음날 아침에 출발하기에 앞서 차체
밑에 장애물이 있는지 여부를 확인하여야 할 주의의무가 있다고 한 사례(대판 1988.9.27.
88도833).

③ 운동경기에 참가하는 자가 경기규칙을 준수하는 중에 또는 그 경기의 성격상 당연
히 예상되는 정도의 경미한 규칙위반 속에 제3자에게 상해의 결과를 발생시킨 것으로
서, 사회적 상당성의 범위를 벗어나지 아니하는 행위라면 과실치상죄가 성립하지 않는
다. 그러나 골프경기를 하던 중 골프공을 쳐서 아무도 예상하지 못한 자신의 등 뒤편으
로 보내어 등 뒤에 있던 경기보조원(캐디)에게 상해를 입힌 경우에는 주의의무를 현저
히 위반하여 사회적 상당성의 범위를 벗어난 행위로서 과실치상죄가 성립한다(대판
2008.10.23. 2008도6940).

④ 골프 카트는 안전벨트나 골프 카트 좌우에 문 등이 없고 개방되어 있어 승객이 떨어
져 사고를 당할 위험이 커, 골프 카트 운전업무에 종사하는 자로서는 골프 카트 출발
전에는 승객들에게 안전 손잡이를 잡도록 고지하고 승객이 안전 손잡이를 잡은 것을
확인하고 출발하여야 하고, 우회전이나 좌회전을 하는 경우에도 골프 카트의 좌우가
개방되어 있어 승객들이 떨어져서 다칠 우려가 있으므로 충분히 서행하면서 안전하게
좌회전이나 우회전을 하여야 할 업무상 주의의무가 있다(대판 2010.7.22. 2010도1911).

〈부정한 경우〉

① 지하철 공사구간 현장안전업무 담당자인 피고인이 공사현장에 인접한 기존의 횡단
보도 표시선 안쪽으로 돌출된 강철빔 주위에 라바콘 3개를 설치하고 신호수 1명을 배
치하였는데, 피해자가 위 횡단보도를 건너면서 강철빔에 부딪혀 상해를 입은 사안에서,
제반 사정에 비추어 피고인이 안전조치를 취하여야 할 업무상 주의의무를 위반하였다
고 보기 어려운데도, 이와 달리 보아 업무상과실치상죄를 인정한 원심판결에 법리오해
등의 잘못이 있다고 한 사례(대판 2014.4.10. 2012도11361).

② 버스정류장에서 버스를 타려고 뛰어가던 행인끼리 충돌하여 넘어지면서 순간적으로
막 출발하려는 버스의 앞바퀴와 뒷바퀴 사이로 머리가 들어가 사고가 발생한 경우, 위 버
스운전사에게 피해자가 다른 행인과 부딪쳐 넘어지면서 동인의 머리가 위 버스 뒷바퀴
에 들어 올 것까지 예견하여 사전에 대비하여야 할 주의의무까지는 없다(대판 1986.8.19.
86도1123).

③ 산부인과 개업의들이 매 분만마다 수혈용 혈액을 준비한다 하더라도 이를 사용하지
아니한 경우(대부분의 분만에서 사용하지 아니한다)에는 혈액원에 반납할 수 없고, 산
부인과 의원에서는 이를 보관하였다가 다른 산모에게 사용할 수도 없기 때문에 결국
사용하지 못한 혈액은 폐기하여야 하고, 헌혈 부족으로 충분한 혈액을 확보하지 못하

고 있는 당시 우리나라의 실정상 만약 산부인과 개업의들이 매 분만마다 수혈용 혈액을 미리 준비하고, 이를 폐기한다면 혈액 부족이 심화될 우려가 있음을 알 수 있는바, 제왕절개분만을 함에 있어서 산모에게 수혈을 할 필요가 있을 것이라고 예상할 수 있었다는 사정이 보이지 않는 한, 산후과다출혈에 대비하여 제왕절개수술을 시행하기 전에 미리 혈액을 준비할 업무상 주의의무가 있다고 보기 어렵다고 본 사례(대판 1997.4.8. 96도3082).

④ 요추 척추후궁절제 수술 도중에 수술용 메스가 부러지자 담당의사가 부러진 메스조각(3×5mm)을 찾아 제거하기 위한 최선의 노력을 다하였으나 찾지 못하여 부러진 메스조각을 그대로 둔 채 수술부위를 봉합한 경우, 같은 수술과정에서 메스 끝이 부러지는 일이 흔히 있고, 부러진 메스가 쉽게 발견되지 않을 경우 수술과정에서 무리하게 제거하려고 하면 부가적인 손상을 줄 우려가 있어 일단 봉합한 후에 재수술을 통하여 제거하거나 그대로 두는 경우가 있는 점에 비추어 담당의사의 과실을 인정할 수 없다고 한 사례(대판 1999.12.10. 99도3711).

⑤ 탄광덕대인 피고인이 화약류취급책임자 면허가 없는 갑에게 화약고 열쇠를 맡기었던 바갑이 경찰관의 화약고 검열에 대비하여 임의로 화약고에서 뇌관, 폭약 등을 꺼내어 이를 노무자 숙소 아궁이에 감추었고, 이 사실을 모르는 자가 위 아궁이에 불을 때다 위 폭발물에 인화되어 폭발위력으로 사람을 사상 에 이르게 한 경우에는 피고인으로서는 위와 같은 사고를 예견할 수 있었다고 보기 어려울 뿐 아니라 피고인이 갑에게 위 열쇠를 보관시키고 화약류를 취급하도록 한 행위와 위 사고발생 간에는 인과관계가 있다고 할 수 없다(대판 1981.9.8. 81도53).

⑥ 병원 인턴인 피고인이, 응급실로 이송되어 온 익수(익수)환자 갑을 담당의사 을의 지시에 따라 구급차에 태워 다른 병원으로 이송하던 중 산소통의 산소잔량을 체크하지 않은 과실로 산소 공급이 중단된 결과 갑을 폐부종 등으로 사망에 이르게 하였다는 내용으로 기소된 사안에서, 을에게서 이송 도중 갑에 대한 앰부 배깅(ambu bagging)과 진정제 투여 업무만을 지시받은 피고인에게 일반적으로 구급차 탑승 전 또는 이송 도중 구급차에 비치되어 있는 산소통의 산소잔량을 확인할 주의의무가 있다고 보기는 어렵고, 다만 피고인이 갑에 대한 앰부 배깅 도중 산소 공급 이상을 발견하고도 구급차에 동승한 의료인에게 기대되는 적절한 조치를 취하지 아니하였다면 업무상 과실이 있다고 할 것이나, 피고인이 산소부족 상태를 안 후 취한 조치에 어떠한 업무상 주의의무 위반이 있었다고 볼 수 없는데도, 피고인에게 산소잔량을 확인할 주의의무가 있음을 전제로 업무상과실치사죄를 인정한 원심판단에 응급의료행위에서 인턴의 주의의무 범위에 관한 법리오해 또는 심리미진의 위법이 있다고 한 사례(대판 2011.9.8. 2009도13959).

Ⅱ. 객관적 주의의무의 제한원리

1. 허용된 위험

기계 문명이 발달한 복잡한 현대 사회에서는 위험한 결과가 발생될 것이 미리 예견되는 경우가 많다. 도로를 질주하는 자동차나 높은 건물을 신축하는 공사현장 등이 그 예이다. 따라서 위험한 결과발생이 예견된다면 그러한 위험요소를 모두 없애는 길이 최선의 방법일 것이다. 그러나 그러한 결과발생을 미리 방지하기 위하여 오늘날의 발달된 기계문명의 시설을 모두 제거해 버릴 수는 없다. 그것은 문명에 대한 역행이 되기 때문이다. 따라서 미리 예견하고 회피할 수 있는 위험이라도 그것을 허용하면서 살아갈 수밖에 없는 것이 현대인의 숙명이다. 그러한 위험을 허용된 위험이라고 한다. 허용된 위험의 경우 객관적 주의의무에 반하지 않기 때문에 과실범이 되지 않는다.

2. 신뢰의 원칙

허용된 위험 속에서 살아가는 현대인들은 다른 사람을 신뢰하며 살아야 한다. 즉, "내가 교통규칙을 준수한다면 다른 사람도 교통규칙을 준수할 것이다. 파란 신호등이 켜지면 진행하고 빨간 신호등이 켜지면 멈출 것이다"라는 믿음을 신뢰의 원칙이라 한다. 이런 신뢰의 원칙을 지킨 사람에게는 도로교통법 또는 교통사고처리특례법 등에 의하여 객관적 주의의무를 제한하며, 과실범의 책임을 지우지 못한다. 그러나 신뢰의 원칙은 스스로 규칙에 위반하여 행위한 경우, 상대방이 교통규칙을 위반할 것이 명백한 경우에는 적용이 제한된다.

□ 주의의무위반 관련 판례

[자동차와 자동차(또는 자전거)의 충돌사고 : 신뢰의 원칙 적용]
① 중앙선이 표시되어 있지 아니한 비포장도로라고 하더라도 승용차가 넉넉히 서로 마주보고 진행할 수 있는 정도의 너비가 되는 도로를 정상적으로 진행하고 있는 자동차의 운전자로서는, 특별한 사정이 없는 한 마주 오는 차도 교통법규(도로교통법 제12조 제3항 등)를 지켜 도로의 중앙으로부터 우측부분을 통행할 것으로 신뢰하는 것이 보통이므로, 마주 오는 차가 도로의 중앙이나 좌측부분으로 진행하여 올 것까지 예상하여 특별한 조치를 강구하여야 할 업무상 주의의무는 없는 것이 원칙이고, 다만 마주 오는 차가 이미 비정상적으로 도로의 중앙이나 좌측부분으로 진행하여 오고 있는 것을 목격한 경우에는,

그 차가 그대로 도로의 중앙이나 좌측부분으로 진행하여 옴으로써 진로를 방해할 것에 대비하여 그 차의 동태에 충분한 주의를 기울여 경음기를 울리고 속도를 줄이면서 도로의 우측 가장자리로 진행하거나 일단 정지하여 마주 오는 차가 통과한 다음에 진행하는 등, 자기의 차와 마주 오는 차와의 접촉충돌에 의한 위험의 발생을 미연에 방지할 수 있는 적절한 조치를 취하여야 할 업무상 주의의무가 있다고 할 것이지만, 그와 같은 경우에도 자동차의 운전자가 업무상 요구되는 적절한 조치를 취하였음에도 불구하고 마주 오는 차의 운전자의 중대한 과실로 인하여 충돌사고의 발생을 방지할 수 없었던 것으로 인정되는 때에는 자동차의 운전자에게 과실이 있다고 할 수 없다(대판 1992.7.28. 92도1137). ② 편도 5차선 도로의 1차로를 신호에 따라 진행하던 자동차 운전자에게 도로의 오른쪽에 연결된 소방도로에서 오토바이가 나와 맞은편 쪽으로 가기 위해서 편도 5차선 도로를 대각선 방향으로 가로 질러 진행하는 경우까지 예상하여 진행할 주의의무는 없다고 본 사례(대판 2007.4.26. 2006도9216). ③ 운전자가 교차로를 사고 없이 통과할 수 있는 상황에서 그렇게 인식하고 교차로에 일단 먼저 진입하였다면 특별한 사정이 없는 한 그에게 과실이 있다고 할 수 없고, 교차로에 먼저 진입한 운전자로서는 이와 교차하는 좁은 도로를 통행하는 피해자가 교통법규에 따라 적절한 행동을 취하리라고 신뢰하고 운전한다고 할 것이므로 특별한 사정이 없는 한 피해자가 자신의 진행속도보다 빠른 속도로 무모하게 교차로에 진입하여 자신이 운전하는 차량과 충격할지 모른다는 것까지 예상하고 대비하여 운전하여야 할 주의의무는 없다고 할 것이다(대판 1992.8.18. 92도934). ④ 차높이 제한표지를 설치하고 관리할 책임이 있는 행정관청은 차량의 통행에 장애가 없을 정도로 충분한 여유고를 두고 그 높이 표시를 하여야 할 의무가 있으므로, 차높이 제한표지가 설치되어 있는 지점을 통과하는 운전자들은 그 표지판이 차량의 통행에 장애가 없을 정도의 여유고를 계산하여 설치된 것이라고 믿고 운행하면 되는 것이고, 구조물의 실제 높이와 제한표지상의 높이와의 차이가 전혀 없어졌을 가능성을 예견하여 차량을 일시 정차시키고 그 충돌 위험성이 있는지 여부까지 확인한 후 운행하여야 할 주의의무가 있다고 보기 어렵다(대판 1997.1.24. 95도2125).

[자동차와 보행자와의 충돌사고 : 신뢰의 원칙 제한 적용]

⑤ 고속도로를 운행하는 자동차의 운전자로서는 일반적인 경우에 고속도로를 횡단하는 보행자가 있을 것까지 예견하여 보행자와의 충돌사고를 예방하기 위하여 급정차 등의 조치를 취할 수 있도록 대비하면서 운전할 주의의무가 없고, 다만 고속도로를 무단횡단하는 보행자를 충격하여 사고를 발생시킨 경우라도 운전자가 상당한 거리에서 보행자의 무단횡단을 미리 예상할 수 있는 사정이 있었고, 그에 따라 즉시 감속하거나 급제동하는 등의 조치를 취하였다면 보행자와의 충돌을 피할 수 있었다는 등의 특별한 사정이 인정되는 경우에만 자동차 운전자의 과실이 인정될 수 있다(대판 2000.9.5. 2000도2671).

⑥ 고속국도에서는 보행으로 통행, 횡단하거나 출입하는 것이 금지되어 있으므로 고속국도를 주행하는 차량의 운전자는 도로양측에 휴게소가 있는 경우에도 동 도로상에 보행자가 있음을 예상하여 감속등 조치를 할 주의의무가 있다 할 수 없다(대판 1977.6.28. 77도403).

⑦ 고속도로를 운행하는 자동차의 운전자로서는 일반적인 경우에 고속도로를 횡단하는 보행자가 있을 것까지 예견하여 보행자와의 충돌사고를 예방하기 위하여 급정차 등의 조치를 취할 수 있도록 대비하면서 운전할 주의의무가 없고, 다만 고속도로를 무단횡단하는 보행자를 충격하여 사고를 발생시킨 경우라도 운전자가 상당한 거리에서 보행자의 무단횡단을 미리 예상할 수 있는 사정이 있었고, 그에 따라 즉시 감속하거나 급제동하는 등의 조치를 취하였다면 보행자와의 충돌을 피할 수 있었다는 등의 특별한 사정이 인정되는 경우에만 자동차 운전자의 과실이 인정될 수 있다(대판 2000.9.5. 2000도2671).

⑧ 각종 차량의 내왕이 번잡하고 보행자의 횡단이 금지되어 있는 육교밑 차도를 주행하는 자동차운전자가 전방 보도위에 서있는 피해자를 발견했다 하더라도 육교를 눈앞에 둔 동인이 특히 차도로 뛰어들 거동이나 기색을 보이지 않는 한 일반적으로 동인이 차도로 뛰어들어 오리라고 예견하기 어려운 것이므로 이러한 경우 운전자로서는 일반보행자들이 교통관계법규를 지켜 차도를 횡단하지 아니하고 육교를 이용하여 횡단할 것을 신뢰하여 운행하면 족하다 할 것이고 불의에 뛰어드는 보행자를 예상하여 이를 사전에 방지해야 할 조치를 취할 업무상 주의의무는 없다(대판 1985.9.10. 84도1572).

⑨ 차량의 운전자로서는 횡단보도의 신호가 적색인 상태에서 반대차선상에 정지하여 있는 차량의 뒤로 보행자가 건너오지 않을 것이라고 신뢰하는 것이 당연하고 그렇지 아니할 사태까지 예상하여 그에 대한 주의의무를 다하여야 한다고는 할 수 없다(대판 1993.2.23. 92도2077).

[수직적 분업관계(의사와 간호사) : 신뢰의 원칙 적용 안됨, 구체적 사안에 따라 적용가능]

⑩ 수혈은 종종 그 과정에서 부작용을 수반하는 의료행위이므로, 수혈을 담당하는 의사는 혈액형의 일치 여부는 물론 수혈의 완성 여부를 확인하고, 수혈 도중에도 세심하게 환자의 반응을 주시하여 부작용이 있을 경우 필요한 조치를 취할 준비를 갖추는 등의 주의의무가 있다. 그리고 의사는 전문적 지식과 기능을 가지고 환자의 전적인 신뢰하에서 환자의 생명과 건강을 보호하는 것을 업으로 하는 자로서, 그 의료행위를 시술하는 기회에 환자에게 위해가 미치는 것을 방지하기 위하여 최선의 조치를 취할 의무를 지고 있고, 간호사로 하여금 의료행위에 관여하게 하는 경우에도 그 의료행위는 의사의 책임하에 이루어지는 것이고 간호사는 그 보조자에 불과하므로, 의사는 당해 의료행위가 환자에게 위해가 미칠 위험이 있는 이상 간호사가 과오를 범하지 않도록 충분히 지도·감독을 하여 사고의 발생을 미연에 방지하여야 할 주의의무가 있고, 이를 소홀히 한 채 만연히 간호사를 신뢰하여 간호사에게 당해 의료행위를 일임함으로써 간호사의 과오로

환자에게 위해가 발생하였다면 의사는 그에 대한 과실책임을 면할 수 없다. 따라서 피고인이 근무하는 병원에서는 인턴의 수가 부족하여 수혈의 경우 두 번째 이후의 혈액봉지는 인턴 대신 간호사가 교체하는 관행이 있었다고 하더라도, 위와 같이 혈액봉지가 바뀔 위험이 있는 상황에서 피고인이 그에 대한 아무런 조치도 취함이 없이 간호사에게 혈액봉지의 교체를 일임한 것이 관행에 따른 것이라는 이유만으로 정당화될 수는 없다 (대판 1998.2.27. 97도2812).

⑪ 간호사가 '진료의 보조'를 함에 있어서는 모든 행위 하나하나마다 항상 의사가 현장에 입회하여 일일이 지도·감독하여야 한다고 할 수는 없고, 경우에 따라서는 의사가 진료의 보조행위 현장에 입회할 필요 없이 일반적인 지도·감독을 하는 것으로 족한 경우도 있을 수 있다 할 것인데, 여기에 해당하는 보조행위인지 여부는 보조행위의 유형에 따라 일률적으로 결정할 수는 없고 구체적인 경우에 있어서 그 행위의 객관적인 특성상 위험이 따르거나 부작용 혹은 후유증이 있을 수 있는지, 당시의 환자 상태가 어떠한지, 간호사의 자질과 숙련도는 어느 정도인지 등의 여러 사정을 참작하여 개별적으로 결정하여야 한다. 따라서 간호사가 의사의 처방에 의한 정맥주사(Side Injection 방식)를 의사의 입회 없이 간호실습생(간호학과 대학생)에게 실시하도록 하여 발생한 의료사고에 대한 의사의 과실을 부정한 사례(대판 2003.8.19. 2001도3667).

⑫ 야간 당직간호사가 담당 환자의 심근경색 증상을 당직의사에게 제대로 보고하지 않음으로써 당직의사가 필요한 조치를 취하지 못한 채 환자가 사망한 경우, 병원의 야간당직 운영체계상 당직간호사에게 환자의 사망을 예견하거나 회피하지 못한 업무상 과실이 있고, 당직의사에게는 업무상 과실을 인정하기 어렵다고 한 사례(대판 2007.9.20. 2006도294).

⑬ 환자의 주치의 겸 정형외과 전공의가 같은 과 수련의의 처방에 대한 감독의무를 소홀히 한 나머지, 환자가 수련의의 잘못된 처방으로 인하여 상해를 입게 된 사안에서 전공의에 대한 업무상과실치상죄를 인정한 사례(대판 2007.2.22. 2005도9229).

[수평적 분업관계(의사와 의사); 신뢰의 원칙 적용]

⑭ 내과의사가 신경과 전문의에 대한 협의진료 결과 피해자의 증세와 관련하여 신경과 영역에서 이상이 없다는 회신을 받았고, 그 회신 전후의 진료 경과에 비추어 그 회신 내용에 의문을 품을 만한 사정이 있다고 보이지 않자 그 회신을 신뢰하여 뇌혈관계통 질환의 가능성을 염두에 두지 않고 내과 영역의 진료 행위를 계속하다가 피해자의 증세가 호전되기에 이르자 퇴원하도록 조치한 경우, 피해자의 지주막하출혈을 발견하지 못한 데 대하여 내과의사의 업무상과실을 부정한 사례(대판 2003.1.10. 2001도3292).

⑮ 피해자를 감시하도록 업무를 인계받지 않은 간호사가 자기 환자의 회복처치에 전념하고 있었다면 회복실에 다른 간호사가 남아있지 않은 경우에도 다른 환자의 이상증세가 인식될 수 있는 상황에서라야 이에 대한 조치를 할 의무가 있다고 보일 뿐 회복실 내의 모든 환자에 대하여 적극적, 계속적으로 주시, 점검을 할 의무가 있다고 할 수 없다

(대판 1994.4.26. 92도3283).

[신뢰의 원칙 적용 한계]

⑯ 중앙선이 표시되어 있지 아니한 비포장도로라고 하더라도 승용차가 넉넉히 서로 마주보고 진행할 수 있는 정도의 너비가 되는 도로를 정상적으로 진행하고 있는 자동차의 운전자로서는, 특별한 사정이 없는 한 마주 오는 차도 교통법규(도로교통법 제12조 제3항 등)를 지켜 도로의 중앙으로부터 우측부분을 통행할 것으로 신뢰하는 것이 보통이므로, 마주 오는 차가 도로의 중앙이나 좌측부분으로 진행하여 올 것까지 예상하여 특별한 조치를 강구하여야 할 업무상 주의의무는 없는 것이 원칙이고, 다만 마주 오는 차가 이미 비정상적으로 도로의 중앙이나 좌측부분으로 진행하여 오고 있는 것을 목격한 경우에는, 그 차가 그대로 도로의 중앙이나 좌측부분으로 진행하여 옴으로써 진로를 방해할 것에 대비하여 그 차의 동태에 충분한 주의를 기울여 경음기를 울리고 속도를 줄이면서 도로의 우측 가장자리로 진행하거나 일단 정지하여 마주 오는 차가 통과한 다음에 진행하는 등, 자기의 차와 마주 오는 차와의 접촉충돌에 의한 위험의 발생을 미연에 방지할 수 있는 적절한 조치를 취하여야 할 업무상 주의의무가 있다고 할 것이지만, 그와 같은 경우에도 자동차의 운전자가 업무상 요구되는 적절한 조치를 취하였음에도 불구하고 마주 오는 차의 운전자의 중대한 과실로 인하여 충돌사고의 발생을 방지할 수 없었던 것으로 인정되는 때에는 자동차의 운전자에게 과실이 있다고 할 수 없다(대판 1992.7.28. 92도1137).

⑰ 고속도로상을 운행하는 자동차운전자는 통상의 경우 보행인이 그 도로의 중앙방면으로 갑자기 뛰어드는 일이 없으리라는 신뢰하에서 운행하는 것이지만 위 도로를 횡단하려는 피해자를 그 차의 제동거리 밖에서 발견하였다면 피해자가 반대 차선의 교행차량 때문에 도로를 완전히 횡단하지 못하고 그 진행차선쪽에서 멈추거나 다시 되돌아 나가는 경우를 예견해야 하는 것이다(대판 1981.3.24. 80도3305).

⑱ 녹색등화에 따라 왕복 8차선의 간선도로를 직진하는 차량의 운전자는 특별한 사정이 없는 한 왕복 2차선의 접속도로에서 진행하여 오는 다른 차량들도 교통법규를 준수하여 함부로 금지된 좌회전을 시도하지는 아니할 것으로 믿고 운전하면 족하고, 접속도로에서 진행하여 오던 차량이 아예 허용되지 아니하는 좌회전을 감행하여 직진하는 자기 차량의 앞을 가로질러 진행하여 올 경우까지 예상하여 그에 따른 사고발생을 미리 방지하기 위하여 특별한 조치까지 강구할 주의의무는 없다 할 것이고, 또한 운전자가 제한속도를 지키며 진행하였더라면 피해자가 좌회전하여 진입하는 것을 발견한 후에 충돌을 피할 수 있었다는 등의 사정이 없는 한 운전자가 제한속도를 초과하여 과속으로 진행한 잘못이 있다 하더라도 그러한 잘못과 교통사고의 발생 사이에 상당인과관계가 있다고 볼 수는 없다(대판 1998.9.22. 98도1854).

제3절 과실범과 관련된 문제

I. 과실범의 미수

과실범은 미수가 성립할 수 없다(기수의 고의). 왜냐하면 과실범은 고의범처럼 결과발생을 인용하여 실행에 옮기는 과정이 없기 때문이다. 또한, 현행 형법은 과실범의 미수를 처벌하는 규정을 두고 있지 않으므로 과실범의 미수와 기수를 구별할 실익도 없다.

II. 과실범의 공동정범

판례는 일관되게 과실범의 공동정범을 인정한다.[2]

III. 과실에 의한 교사·방조

교사·방조는 고의에 의해야 하므로 과실에 의한 교사·방조는 성립할 여지가 없다(이중의 고의).[3]

IV. 과실범의 부작위범

성립이 가능하며, '망각범'이라고 한다(단, 과실범처벌규정이 존재해야 함).

---

2) 성수대교와 같은 교량이 그 수명을 유지하기 위하여는 건설업자의 완벽한 시공, 감독공무원들의 철저한 제작시공상의 감독 및 유지·관리를 담당하고 있는 공무원들의 철저한 유지·관리라는 조건이 합치되어야 하는 것이므로, 위 각 단계에서의 과실 그것만으로 붕괴원인이 되지 못한다고 하더라도, 그것이 합쳐지면 교량이 붕괴될 수 있다는 점은 쉽게 예상할 수 있고, 따라서 위 각 단계에 관여한 자는 전혀 과실이 없다거나 과실이 있다고 하여도 교량붕괴의 원인이 되지 않았다는 등의 특별한 사정이 있는 경우를 제외하고는 붕괴에 대한 공동책임을 면할 수 없다(대판 1997.11.28. 97도1740).
3) 과실범에 대한 교사나 방조는 공범이 아닌 간접정범이 된다(참고로 과실에 의한 간접정범 ×).

제9장

결과적 가중범

제1절 서설

Ⅰ. 결과적 가중범(결과적으로 중하게 가중되었다)의 의의

범죄자가 범행을 하였는데, 그 범죄자가 예견하지 않았던 중한 결과가 발생하였고, 그 결과를 예견할 수 있었다면 형을 가중하는 범죄를 말한다(반대로 말하면, 그 결과를 예견할 수 없었다면 중한 죄로 벌하지 않는다의 의미, 제15조 제2항).

> 제15조 【사실의 착오】 ② 결과로 인하여 형이 중한 죄에 있어서 그 결과발생을 예견할 수 없었을 때에는 중한 죄로 벌하지 아니한다.
>
> 제15조 【사실의 착오】 ② 결과 때문에 형이 무거워지는 죄의 경우에 그 결과의 발생을 예견할 수 없었을 때에는 무거운 죄로 벌하지 아니한다.
> [전문개정 2020. 12. 8.]
> [시행일 : 2021. 12. 9.] 제15조

예로써 상해치사의 경우 상해치사의 기본범죄는 상해이며, 행위자는 상해의 고의만 가지고 있다. 그러나 그 결과는 행위자가 원치 않은 사망이다. 그 행위자를 상해치사로 벌하기 위해서는 사망에 대한 예견가능성(=과실)이 있어야 한다. 그러나 사망의 예견가능성이 전혀 없었을 경우에는 상해죄의 책임만 질 뿐이다.

Ⅱ. 가중처벌의 이유

단순한 과실범엔 처음부터 고의가 전혀 없지만, 결과적 가중범은 처음의 기본범죄에 고의가 있었기 때문에 단순한 과실보다 더 무겁게 처벌한다(예 : 망치질을 하던 목수의 망치가 날아가 사람이 사망했다면 처음부터 고의는 전혀 없었던 것이나, 상해의 고의결과 사람이 죽었다면 처음에는 고의가 있었던 것임).

Ⅲ. 결과적 가중범의 구조

고의의 기본범죄(예 : 상해라는 고의)와 중한 결과의 발생(예 : 사망이라는 과실)이다. 형법은 고의범의 결과적 가중범만을 인정하고, 과실의 결과적 가중범은 인정하지 않는다(목수의 망치가 날아가 사람이 맞아 사망했다면 단순 과실치사일 뿐으로 상해치사죄보다는 훨씬 가볍게 처벌된다).[1] 이러한 면에서, 결과적 가중범은 고의와 과실의 결합형식이다.

제2절 진정결과적 가중범과 부진정결과적 가중범

Ⅰ. 진정결과적 가중범

고의에 의한 기본범죄로 중한 과실의 결과를 발생케 한 경우로 대부분의 결과적 가중범이 이에 해당한다(상해치사죄, 연소죄 등).

Ⅱ. 부진정결과적 가중범

고의에 의한 기본범죄로 과실뿐 아니라 고의의 중한 결과가 발생하는 경우

---

1) (업무상)과실치사상 역시×

이다. 예를 들어 고의로 불을 질러 사람까지 타 죽게 하겠다는 것은 '고의에 의한 기본범죄로 과실의 중한 결과가 발생하는 것'과는 대비된다. 즉, 중한 결과에 대하여 처음부터 고의가 있으면(살인의 목적으로 불을 지른 경우), 고의범만 성립할 뿐이므로(살인죄만 성립)[2] 부진정결과적 가중범을 인정할 수 없다는 견해가 있다(현주건조물방화치사죄를 인정치 않음). 그러나 이러한 경우 고의로 중한 결과를 발생시킨 경우가 과실로 중한 결과를 발생시킨 경우보다 가볍게 처벌되는 경우가 발생하므로[3] 따라서, 중한 결과에 대하여 고의가 있는 경우에도(불을 질러 사람까지 죽게 하겠다는 고의) 부진정결과적 가중범을 인정하여 처벌의 불균형을 시정하자고 하는 것이 통설과 판례의 입장이다(형이 더 가벼운 살인죄로 처벌하지 말고, 형이 무거운 현주건조물방화치사죄로 처벌하자는 견해).[4] 이때, 부진정결과적 가중범인 현주건조물방화치사죄에서 중한 결과가 고의와 과실에 해당이 되는데 이 중 더 중한 부분에 대한 조정은 양형단계에서 이루어 진다.

부진정결과적 가중범의 예로는 현주건조물방화치사상죄(제164조 제2항), 특수공무집행방해치상죄(제144조 제2항), 교통방해치상죄(제188조), 중상해죄(제258조), 유기등 치사상죄(제275조) 등이 있다.[5]

□ 관련 판례

① 특수공무집행방해치상죄는 원래 결과적 가중범이기는 하지만, 이는 중한 결과에 대하여 예견가능성이 있었음에 불구하고 예견하지 못한 경우에 벌하는 진정결과적 가중범이 아니라 그 결과에 대한 예견가능성이 있었음에도 불구하고 예견하지 못한 경우뿐만 아니라 고의가 있는 경우까지도 포함하는 부진정결과적 가중범이다(대판 1995.1.20. 94도2842).
② 피고인들이 피해자들의 재물을 강취한 후 그들을 살해할 목적으로 현주건조물에 방화하여 사망에 이르게 한 경우, 피고인들의 행위는 강도살인죄와 현주건조물방화치사죄에 모두 해당하고 그 두 죄는 상상적 경합범관계에 있다(대판 1998.12.8. 98도3416).

2) 현주건조물방화살인죄는 없으며, 이는 결합범(행위와 행위)으로 1개의 행위로 2개의 죄가 되는 즉, 현주건조물방화와 살인의 상상적 경합이 되며, 살인죄가 더 무거워 살인죄로 처벌된다.
3) 250조 : 살인죄(사형, 무기, 5년 이상), 164조 : 현주건조물방화치사죄(사형, 무기, 7년 이상)
4) 그러나 부진정결과적 가중범의 성립을 인정하는 경우에도 중한 결과에 대한 고의범의 법정형이 결과적 가중범보다 더 무거운 경우 상상적 경합이 되며, 그 법정형이 작거나 같은 경우는 부진정결과적 가중범으로 처리한다(예로써, 현주건조물방화치사죄에서 고의로 존속을 살해한 경우 이 당시 존속살해죄의 법정형이 현주건조물방화치사죄보다 더 무거웠으므로 상상적 경합이 되어 존속살해죄로 처벌).
5) 중체포감금죄는 해당×(체포감금이란 행위와 가혹한 행위의 행위와 행위의 결합범)

③ 형법 제164조 후단이 규정하는 현주건조물방화치사상죄는 그 전단이 규정하는 죄에 대한 일종의 가중처벌 규정으로서 과실이 있는 경우뿐만 아니라, 고의가 있는 경우에도 포함된다고 볼 것이므로 사람을 살해할 목적으로 현주건조물에 방화하여 사망에 이르게 한 경우에는 현주건조물방화치사죄로 의율하여야 하고 이와 더불어 살인죄와의 상상적경합범으로 의율할 것은 아니며, 다만 존속살인죄와 현주건조물방화치사죄는 상상적경합범 관계에 있으므로, 법정형이 중한 존속살인죄로 의율함이 타당하다(대판 1996.4.26. 96도485).

④ 형법 제164조 후단이 규정하는 현주건조물 방화치사상죄는 그 전단에 규정하는 죄에 대한 일종의 가중처벌규정으로서 불을 놓아 사람의 주거에 사용하거나 사람이 현존하는 건조물을 소훼함으로 인하여 사람을 사상에 이르게 한 때에 성립되며 동 조항이 사형, 무기 또는 7년 이상의 징역의 무거운 법정형을 정하고 있는 취의에 비추어 보면 과실이 있는 경우뿐만 아니라 고의가 있는 경우도 포함된다고 볼 것이므로, 현주건조물내에 있는 사람을 강타하여 실신케 한 후 동건조물에 방화하여 소사케 한 피고인을 현주건조물에의 방화죄와 살인죄의 상상적 경합으로 의율할 것은 아니며, 형법 제164조 전단의 현주건조물에의 방화죄는 공중의 생명, 신체, 재산 등에 대한 위험을 예방하기 위하여 공공의 안전을 그 제1차적인 보호법익으로 하고 제2차적으로는 개인의 재산권을 보호하는 것이라고 할 것이나, 여기서 공공에 대한 위험은 구체적으로 그 결과가 발생됨을 요하지 아니하는 것이고 이미 현주건조물에의 점화가 독립연소의 정도에 이르면 동 죄는 기수에 이르러 완료되는 것인 한편, 살인죄는 일신전속적인 개인적 법익을 보호하는 범죄이므로, 이 사건에서와 같이 불을 놓은 집에서 빠져 나오려는 피해자들을 막아 소사케 한 행위는 1개의 행위가 수개의 죄명에 해당하는 경우라고 볼 수 없고, 위 방화행위와 살인행위는 법률상 별개의 범의에 의하여 별개의 법익을 해하는 별개의 행위라고 할 것이니, 현주건조물방화죄와 살인죄는 실체적 경합관계에 있다(대판 1983.1.18. 82도2341).

제3절 결과적 가중범의 성립요건

Ⅰ. 고의에 의한 기본범죄 행위

고의적인 기본범죄가 있어야 하는데, 그 기본범죄는 기수·미수를 불문한다. 예로 강간이 미수에 그친 경우라도 그 수단이 된 폭행에 의하여 피해자가 상해를 입었으면 강간치상죄가 성립한다.

Ⅱ. 중한 결과의 발생

중한 결과가 발생치 않는다면 결과적 가중범이 아니다. 따라서, 중한 결과의 발생은 결과적 가중범의 핵심 내용이다. 중한 결과는 과실에 의한 경우가 대부분이나(진정결과적 가중범), 부진정결과적 가중범의 경우에는 고의에 의해서도 발생한다(불을 질러 고의로 사람을 타 죽게 하는 경우). 중한 결과는 대부분 치사 또는 치상으로 규정되어 있으며 법익이 침해될 것을 요한다. '치'자가 붙지 않는 결과적 가중범은 연소죄(제168조)가 있다.

Ⅲ. 인과관계(직접성의 원칙)

결과적 가중범도 기본행위와 중한 결과 사이에 인과관계가 있어야 한다. 강간을 당한 피해자가 집에 돌아와 자살을 하였다면 결과적 가중범을 인정치 않는다. 그 이유는 강간행위와 사망 사이에는 인과관계가 없기 때문이다.[6]

Ⅳ. 중한 결과에 대한 예견가능성

중한 결과에 대한 예견가능성이 있어야 한다. 피고인과 피해자가 여관에 투숙하여 별다른 저항이나 마찰 없이 성행위를 한 후 피고인이 방 밖으로 잠시 나간 사이 피해자가 3층 창문을 넘어 탈출하려다 추락하여 상해를 입었다면 예견가능성이 없다고 보아야 한다. 따라서 피고인을 강간치상죄(제301조)로 처벌할 수 없다.[7]

---

6) 강간을 당한 피해자가 집에 돌아가 음독자살하기에 이르른 원인이 강간을 당함으로 인하여 생긴 수치심과 장래에 대한 절망감 등에 있었다 하더라도 그 자살행위가 바로 강간행위로 인하여 생긴 당연의 결과라고 볼 수는 없으므로 강간행위와 피해자의 자살행위 사이에 인과관계를 인정할 수는 없다(대판 1982.11.23. 82도1446).
7) 피고인과 피해자가 여관에 투숙하여 별다른 저항이나 마찰없이 성행위를 한 후, 피고인이 잠시 방밖으로 나간 사이에 피해자가 방문을 안에서 잠그고 구내전화를 통하여 여관종업원에게 구조요청까지 한 후라면, 일반경험칙상 이러한 상황 아래에서 피해자가 피고인의 방문 흔드는 소리에 겁을 먹고 강간을 모면하기 위하여 3층에서 창문을 넘어 탈출하다가 상해를 입을 것이라고 예견할 수는 없다고 볼 것이므로 이를 강간치상죄로 처단할 수 없다(대판 1985.10.8. 85도1537).

□ 관련 판례

[결과적 가중범 부정]

① 결과로 인하여 형이 중한 죄에 있어서 그 결과의 발생을 예견할 수 없었을 때에는 중한 죄로 벌할 수 없는 것인바(형법 제15조 제2항), 피해자가 피고인과 만나 함께 놀다가 큰 저항 없이 여관방에 함께 들어갔으며, 피고인이 강간을 시도하면서 한 폭행 또는 협박의 정도가 강간의 수단으로는 비교적 경미하였고, 피해자가 여관방 창문을 통하여 아래로 뛰어내릴 당시에는 피고인이 소변을 보기 위하여 화장실에 가 있는 때이어서 피해자가 일단 급박한 위해상태에서 벗어나 있었을 뿐 아니라, 무엇보다도 4층에 위치한 위 방에서 밖으로 뛰어내리는 경우에는 크게 다치거나 심지어는 생명을 잃는 수도 있는 것인 점을 아울러 본다면, 이러한 상황 아래에서 피해자가 강간을 모면하기 위하여 4층에서 창문을 넘어 뛰어내리거나 또는 이로 인하여 상해를 입기까지 되리라고는 예견할 수 없다고 봄이 경험칙에 부합한다 할 것인바, 원심이 판시 증거만에 의하여 피고인이 이 사건 당시 피해자의 상해를 예견할 수 있었다고 보아 강간치상죄로 처단한 것은 결과적 가중범에 있어서의 예견가능성에 관한 법리오해 또는 채증법칙위배의 위법의 소치라 할 것이다(대판 1993.4.27. 92도3229).

② 피고인이 친구 5명과 같이 술집에서 그집 작부로 있는 피해자 등 6명과 더불어 밤늦도록 술을 마시고 모두 각자의 상대방과 성교까지 하였는데 술값이 부족하여 친구집에 가서 돈을 빌리려고 위 일행 중 피고인과 공소외 1,2가 함께 봉고차를 타고 갈 때 공소외 1과 성교를 한 피해자도 그 차에 편승하게 된 사실과 피고인과 피해자가 그 차에 마주앉아 가다가 피고인이 장난삼아 피해자의 유방을 만지고 피해자가 이를 뿌리치자 발을 앞으로 뻗어 치마를 위로 걷어올리고 구두발로 그녀의 허벅지를 문지르는 등 그녀를 강제로 추행하자 그녀가 욕설을 하면서 갑자기 차의 문을 열고 뛰어내림으로써 부상을 입고 사망한 사실을 확정한 다음 이와 같은 상황에서는 피고인이 그때 피해자가 피고인의 추행행위를 피하기 위하여 달리는 차에서 뛰어내려 사망에 이르게 될 것이라고 예견할 수 없고 달리 이를 인정할 만한 증거가 없다고 하여 피고인에게 그 사망의 결과에 대하여 책임을 묻지 아니하고 다만 강제추행으로 다스리고 있다(대판 1988.4.12. 88도178).

[결과적 가중범 인정]

③ 강도치상죄에 있어서의 상해는 강도의 기회에 범인의 행위로 인하여 발생한 것이면 족한 것이므로, 피고인이 택시를 타고 가다가 요금지급을 면할 목적으로 소지한 과도로 운전수를 협박하자 이에 놀란 운전수가 택시를 급우회전하면서 그 충격으로 피고인이 겨누고 있던 과도에 어깨부분이 찔려 상처를 입었다면, 피고인의 위 행위를 강도치상죄에 의율함은 정당하다(대판 1985.1.15. 84도2397).

④ 각종의 장기와 신경이 밀집되어 있어 인체의 가장 중요한 부위를 점하고 있는 흉부에 대한 강도의 타격은 생리적으로 중대한 영향을 줄 뿐만 아니라 신경에 자극을 줌으로써 이에 따른 쇼크로 인해 피해자를 사망에 이르게 할 수 있고, 더욱이 그 가격으로 급소를 맞을 때에는 더욱 그러할 것인데, 피할 만한 여유도 없는 좁은 장소와 상급자인 피고인이 하급자인 피해자로부터 아프게 반격을 받을 정도의 상황에서 신체가 보다 더 건강한 피고인이 피해자에게 약 1분 이상 가슴과 배를 때렸다면 사망의 결과에 대한 예견가능성을 부정할 수도 없을 것이며 위와 같은 상황에서 이루어진 폭행이 장난권투로서 피해자의 승낙에 의한 사회상규에 어긋나지 않는 것이라고도 볼 수 없다(대판 1989.11.28. 89도201).

V. 결과적 가중범과 위법성

기본범죄와 중한 결과 모두에 위법성이 있어야 한다. 위법성이 조각되면 결과적 가중범도 성립되지 않는다. 예를 들어 정당방위 의사로 상대방을 걸어 찼는데 그 결과 피해자가 사망하였다면 결과적 가중범인 폭행치사죄(제262조)를 적용하지 못한다. 다만 과실치사(제267조)의 적용은 가능하다.

VI. 결과적 가중범과 책임

기본범죄의 행위자에게 책임이 있어야 한다. 예로 9세 된 어린아이가 상해의 고의로 벽돌을 던졌는데 사망의 결과가 발생하였다 해도 9세의 어린이는 책임이 조각되므로 범죄가 성립되지 않는다.

제4절 관련문제

I. 결과적 가중범의 미수

진정결과적 가중범의 미수는 이론상으로는 인정될 여지가 없다. 기본범죄가 미수인데도 불구하고 중한 결과가 발생한 경우에는 결과적 가중범의 기수가 되기 때문이다(통설, 판례).

그러나 예외적으로 현행 형법상 결과적 가중범의 미수를 처벌하는 규정을 두었는데, 현주건조물일수치사상죄, 인질치사상죄, (해상)강도치사상죄가 존재한다. 성폭력특별법으로 강간치사상죄가 있다. 부진정결과적 가중범의 미수는 처벌규정이 존재하지 아니하므로 부인된다는 것이 통설이다.

□ 관련 판례

① 강간이 미수에 그친 경우라도 그 수단이 된 폭행에 의하여 피해자가 상해를 입었으면 강간치상죄가 성립하는 것이며, 미수에 그친 것이 피고인이 자의로 실행에 착수한 행위를 중지한 경우이든 실행에 착수하여 행위를 종료하지 못한 경우이든 가리지 않는다(대판 1988.11.8. 88도1628).
② 형법 제337조의 강도상해, 치상죄는 재물강취의 기수와 미수를 불문하고 범인이 강도범행의 기회에 사람을 상해하거나 치상하게 되면 성립하는 것이다(대판 1986.9.23. 86도1526).

II. 결과적 가중범의 공동정범

공동정범자 중 일부의 자가 실행한 범죄가 공모한 범죄의 결과적 가중범에 해당하는 경우 나머지 일부의 자에게도 공모한 범죄 이외에 결과적 가중범이 성립한다.8)

□ 관련 판례

① 결과적 가중범인 상해치사죄의 공동정범은 폭행 기타의 신체침해행위를 공동으로 할 의사가 있으면 성립되고 결과를 공동으로 할 의사는 필요없다 할 것이므로 패싸움 중 한 사람이 칼로 찔러 상대방을 죽게 한 경우에 다른 공범자가 그 결과 인식이 없다 하여 상해치사죄의 책임이 없다고 할 수 없다(대판 1978.1.17. 77도2193).
② 결과적 가중범인 상해치사죄의 공동정범은 폭행 기타의 신체침해 행위를 공동으로 할 의사가 있으면 성립되고 결과를 공동으로 할 의사는 필요 없으며, 여러 사람이 상해

---

8) 공동정범의 주관적 요건인 공모는 공범자 상호간에 범죄의 공동실행에 관한 의사의 결합만 있으면 족하고, 이와 같은 공모가 이루어진 이상 실행행위에 관여하지 않더라도 다른 공범자의 행위에 대하여 형사책임을 지는 것인바, 피고인이 여러 공범들과 피해자를 상해하기로 공모하고, 피고인 등은 상피고인의 사무실에서 대기하고, 실행행위를 분담한 공모자 일부가 사건현장에 가서 위 피해자를 상해하여 사망케 하였다면 피고인은 상해치사범죄의 공동정범에 해당한다(대판 1991.10.11. 91도1755).

의 범의로 범행 중 한 사람이 중한 상해를 가하여 피해자가 사망에 이르게 된 경우 나머지 사람들은 사망의 결과를 예견할 수 없는 때가 아닌 한 상해치사의 죄책을 면할 수 없다(대판 2000.5.12. 2000도745).

Ⅲ. 결과적 가중범의 교사

결과적 가중범에 대한 교사도 인정된다.[9]

□ 관련 판례

교사자가 피교사자에 대하여 상해 또는 중상해를 교사하였는데 피교사자가 이를 넘어 살인을 실행한 경우 일반적으로 교사자는 상해죄 또는 중상해죄의 교사범이 되지만 이 경우 교사자에게 피해자의 사망이라는 결과에 대하여 과실 내지 예견가능성이 있는 때에는 상해치사죄의 교사범으로서의 죄책을 지울 수 있다(대판 1993.10.8. 93도1873).

---

9) 교사자가 피교사자에게 피해자를 "정신차릴 정도로 혼내주라"라고 폭행을 교사하였는데 상해의 결과가 발생하였다면 교사자에게도 결과적 가중범인 폭행치상죄를 인정한다(대판 1997.6.24. 97도1075).

제3편 죄수론

제1장 죄수 이론
제2장 일죄
제3장 수죄(경합론)

제 1 장

죄수 이론

Ⅰ. 죄수론의 의의

죄수론은 범죄의 수가 1개인가, 여러 개인가의 문제와 이 경우에 어떻게 처벌할 것인가의 법적 취급의 문제를 논하는 이론이다. 따라서 죄수론은 범죄론(범죄의 개수)과 형벌론(법적 취급)에 모두 관련되는 분야로서 중간에 위치하는 이론이다.

죄수론은 실체법상 형벌의 적용에 있어서 중대한 차이가 있고, 소송법상으로도 공소의 효력, 기판력의 범위를 결정하는데 중요한 의미가 있다.

형법은 죄수론에 관하여 총칙 제2장 제37조부터 제40조에 걸쳐 경합범과 상상적 경합을 정하고 있다.

Ⅱ. 죄수 결정의 기준

	내 용
행위표준설	① 행위의 수에 따라 범죄의 수를 결정하는 견해로 행위가 1개이면 범죄도 1개, 행위가 수개이면 범죄도 수개가 된다(객관주의). ② 상상적 경합은 일죄이고 연속범은 수죄이다.
법익표준설 (판례)	① 보호법익(결과)의 수에 따라 범죄의 수를 결정하는 견해(객관주의)로 전속적 법익(생명, 신체, 자유, 명예)의 경우에는 법익주체마다 1개의 범죄가 성립하고 비전속적 법익(방화죄, 재산죄)의 경우에는 재산관리의 수만큼

	범죄가 성립한다. · 1발의 탄환으로 수인을 살해 : 수죄 · 수인이 한 명에게 맡긴 물건들을 횡령 : 1죄 ② 상상적 경합은 실질상 수죄이지만, 처벌상 1죄이다.
의사표준설	① 행위자의 범죄의사의 수를 기준으로 결정하는 견해이다(주관주의). ② 상상적 경합 및 연속범도 의사의 단일성이 인정되면 일죄로 취급한다. ③ 판례는 연속범에 관하여 의사표준설을 취한다.
구성요건 표준설	① 구성요건에 해당하는 횟수를 기준으로 범죄의 수를 결정하는 견해이다(객 관주의). ② 상상적 경합은 실질상 수죄이지만 형법 제40조에 의하여 과형상 일죄가 된다.

□ 관련 판례

[행위표준설]

① 미성년자의제강간죄 또는 미성년자의제강제추행죄는 행위시마다 1개의 범죄가 성립한다(대판 1982.12.14. 82도2442).

② 동일인에 대하여 여러 차례에 걸쳐 금전갈취를 위한 협박 서신이나 전화를 한 경우 1개의 협박 행위마다 1개의 공갈미수죄가 성립한다(대판 1958.4.11. 4290형상360).

[법익표준설]

③ 절도범이 갑의 집에 침입하여 그 집의 방안에서 그 소유의 재물을 절취하고 그 무렵 그 집에 세들어 사는 을의 방에 침입하여 재물을 절취하려다 미수에 그쳤다면 위 두 범죄는 그 범행장소와 물품의 관리자를 달리하고 있어서 별개의 범죄를 구성한다(대판 1989.8.8. 89도664).

④ 단일범의로서 절취한 시간과 장소가 접착되어 있고 같은 관리인의 관리하에 있는 방안에서 소유자를 달리하는 두 사람의 물건을 절취한 경우에는 1개의 절도죄가 성립한다(대판 1970.7.21. 70도1133).

⑤ 강도가 시간적으로 접착된 상황에서 가족을 이루는 수인에게 폭행·협박을 가하여 집안에 있는 재물을 탈취한 경우 그 재물은 가족의 공동점유 아래 있는 것으로서, 이를 탈취하는 행위는 그 소유자가 누구인지에 불구하고 단일한 강도죄의 죄책을 진다(대판 1996.7.30. 96도1285).

⑥ 단일한 범의를 가지고 상대방을 기망하여 착오에 빠뜨리고 그로부터 동일한 방법에 의하여 여러 차례에 걸쳐 재물을 편취하면 그 전체가 포괄하여 일죄로 되지만, 여러 사람의 피해자에 대하여 따로 기망행위를 하여 각각 재물을 편취한 경우에는 비록 범의가 단일하고 범행방법이 동일하더라도 각 피해자의 피해법익은 독립한 것이므로 그 전체가 포괄일죄로 되지 아니하고 피해자별로 독립한 여러 개의 사기죄가 성립되고, 이러한

경우 그 공소사실은 각 피해자와 피해자별 피해액을 특정할 수 있도록 기재하여야 한다 (대판 2003.4.8. 2003도382).

[의사표준설]

⑦ 피고인이 1977.4.15경 사무실에서 원심 공동피고인으로부터 아파트보존등기신청사건을 접수처리함에 있어서 신속히 처리해 달라는 부탁조로 금원을 교부받은 것을 비롯하여 같은 해 9.10경까지 전후 7회에 걸쳐 각종 등기사건을 접수처리하면서 같은 공동피고인으로부터 같은 명목으로 도합 금 828,000원을 교부받아 그 직무에 관하여 뇌물을 수수한 것이라면, 이는 피고인이 뇌물수수의 단일한 범의의 계속하에 일정기간 동종행위를 같은 장소에서 반복한 것이 분명하므로 피고인의 수회에 걸친 뇌물수수행위는 포괄일죄를 구성한다고 해석함이 상당하다(대판 1982.10.26. 81도1409).

[구성요건표준설]

⑧ 원래 조세포탈범의 죄수는 위반사실의 구성요건 충족 회수를 기준으로 1죄가 성립하는 것이 원칙이지만, 특정범죄가중처벌등에관한법률 제8조 제1항은 연간 포탈세액이 일정액 이상이라는 가중사유를 구성요건화하여 조세범처벌법 제9조 제1항의 행위와 합쳐서 하나의 범죄유형으로 하고 그에 대한 법정형을 규정한 것이므로, 조세의 종류를 불문하고 1년간 포탈한 세액을 모두 합산한 금액이 특정범죄가중처벌등에관한법률 제8조 제1항 소정의 금액 이상인 때에는 같은 항 위반의 1죄만이 성립하고, 같은 항 위반죄는 1년 단위로 하나의 죄를 구성하며 그 상호간에는 경합범 관계에 있고, 같은 항에 있어서의 '연간 포탈세액 등'은 각 세목의 과세기간과 관계없이 각 연도별(1월 1일부터 12월 31일까지)로 포탈한 세액을 합산한 금액을 의미한다(대판 2001.3.13. 2000도4880).

⑨ 조세포탈의 죄수는 위반사실의 구성요건 충족회수를 기준으로 하여 정하는 것인데, 관세법 제4조는 제137조의 규정에 의한 수입신고를 할 때의 물품의 성질과 그 수량에 의하여 관세를 부과하도록 규정하고 있고, 같은 법 제17조는 물품을 수입하고자 하는 자는 수입신고를 할 때에 관세법시행령 제5조가 규정하는 바에 의하여 세관장에게 납세신고를 하여야 하고, 세관장은 납세신고를 받은 때에는 수입신고서상의 기재사항 등을 심사하도록 규정하고 있으므로, 관세는 신고납부방식의 조세로서 납부의무자가 수입물품의 수입신고를 할 때마다 1개의 납세의무가 확정된다 할 것인바, 같은 법 제180조 제1항 제1호 소정의 관세포탈죄는 수입물품에 대한 정당한 관세의 확보를 그 보호법익으로 하는 것이므로, 수입물품의 수입신고를 하면서 과세가격 또는 관세율 등을 허위로 신고하여 수입하는 경우에는 그 수입신고시마다 당해 수입물품에 대한 정당한 관세의 확보라는 법익이 침해되어 별도로 구성요건이 충족되는 것이므로 각각의 허위 수입신고시마다 1개의 죄가 성립한다(대판 2000.11.10. 99도782).

일죄에는 단순일죄, 법조경합, 포괄일죄가 있다. 단순일죄는 말 그대로 하나의 죄이며, 법조경합에는 특별관계,[1] 보충관계,[2] 흡수관계,[3] 택일관계[4]가 있다. 포괄일죄에는 접속범,[5] 연속범,[6] 계속범,[7] 결합범,[8] 집합범[9]이 있다.

수죄는 처벌에 의미가 있으며, 상상적 경합[10]과 (실체적) 경합[11]이 있다.

포괄일죄로 인정받지 못하면 실체적 경합(상상적 경합×)이 된다.

---

1) 예) 존속살해죄와 보통살인죄
2) 예) 현주건조물방화죄와 일반건조물방화죄(안될 때 검토)
3) 살인죄와 손괴죄(옷이 찢어짐 – 불가벌적 수반행위), 절도와 손괴(추가적 손해× – 불가벌적 사후행위)
4) 택일관계는 사용하지 않는다(동물을 죽였을 때 살인죄와 손괴죄 택일).
5) 시간이 매우 근접해서 범죄가 일어남.
6) 시간이 좀 떨어져서 범죄가 일어남(판례상 포괄일죄).
7) 감금죄
8) 강도살인죄 등 행위와 행위의 결합
9) 연속범과 내용이 같으나 구별은 상습범일 때 적용
10) 1개의 행위로 여러 개의 죄 : 흡수주의(중한 것 1개) – 전체적 대조주의(장기와 단기 각각 중한 것)
    예) A죄는 형벌이 징역형 단기1년, 장기5년이고, B죄의 경우 15년 이하(1월 이상) 징역형일 때 1년 이상 15년 이하로 처벌(처단형)
11) 여러 개의 행위로 여러 개의 죄 : 흡수주의, 가중주의, 병과주의
    예1) 흡수주의는 중한 것 1개(사형과 무기징역, 무기금고형만 해당 – 사형과 벌금의 경우 사형만)
    예2) 가중주의는 사형과 무기징역, 무기금고형 이외 동종형으로 중한죄의 1/2가중이고, 이 때 합산을 넘지 못한다(A죄가 단기 1년, 장기 5년 징역형이고, B죄가 15년 이하 징역형이면서 실체적 경합일 경우 중한죄인 장기 15년의 1/2이면 7년6개월이 되고 이를 가중하면 22년6개월이 되나 장기 합산인 20년을 넘으면 안되고, 단기도 중한 1년이 적용되어 단기 1년에서 장기 20년 징역형으로 처벌). 또, 한 예로 A죄는 2년 이하의 징역형이고 B죄는 10년 이하의 징역형일 경우 중한형인 장기 10년의 1/2가중은 15년이 되나 장기를 합산한 12년 이하의 징역으로 처벌한다(단기는 모두 1월 공통).
    예3) 병과주의는 무기징역, 무기금고형 이외 이종형(징역과 벌금 모두 병과, 혜택 없음)

제 2 장

일죄

제1절 의의

일죄란 범죄행위가 1개의 구성요건을 실현하는 경우를 말한다. 즉, 범죄의 수가 실질적으로 1개인 경우를 말하며, 단순1죄 또는 실질상 1죄라고 한다.

단순1죄는 실질적으로 1죄라는 점에서 실질상 수죄이지만, 1죄로 처벌하는 데 불과한 과형상(처벌상) 1죄인 상상적 경합과는 구별된다.

일죄(단순1죄)는 3가지 유형이 있는데 1개의 행위로 1개의 구성요건을 실현하는 경우(살인죄, 폭행죄, 절도죄 등)가 있고, 1개의 행위 또는 수개의 행위가 외관상 수개의 구성요건에 해당하는 것처럼 보이나 실질적으로 1죄만을 구성하는 법조경합, 그리고 수개의 행위가 포괄적으로 1개의 구성요건에 해당하여 1죄를 구성하는 포괄1죄가 있다.

제2절 법조경합

Ⅰ. 의의

1개의 행위가 외형상으로는 수개의 구성요건(형벌법규)에 해당하는 것 같지만, 성질상 실제로는 한 구성요건이 다른 구성요건을 배척하여 1개의 구성요건에만 해당되어 단순1죄로 되는 경우를 말한다(외형적 경합, 불진정경합).[1]

Ⅱ. 유형

종류	내 용	예
특별 관계	특별법은 일반법에 우선된다.	① 가중적, 감경적 구성요건과 기본적 구성요건과의 관계 – 존속살해죄, 영아살해죄>보통살인죄 – 특수폭행죄, 특수절도죄>폭행죄, 단순절도죄 ② 결과적 가중범 : 상해치사죄>상해죄, 과실치사죄 ③ 횡령죄>배임죄(판례, 통설)
보충 관계	기본법은 보충법에 우선된다.	① 명시적 보충관계 – 현주건조물, 공용건조물 등에의 방화죄>일반건조물 등에의 방화죄 ② 묵시적 보충관계 – 기수>미수>예비 ※ 강도미수와 절도기수는 보충관계가 아님. – 침해방법 : 정범>교사범>종범 　　　　　　고의범>과실범 　　　　　　작위범>부작위범
흡수 관계	전부법은 부분법을 폐지한다.	① 전형적 또는 불가벌적 수반행위 – 살인에 수반된 의복에 대한 재물손괴죄 – 문서위조에 수반된 인장 위조·동행사 – 자동차 절도와 그 속의 휘발유 절도 – 감금의 수단으로 행한 폭행·협박 ② 불가벌적 사후행위 – 절취·횡령·사취한 물건의 손괴 – 횡령물의 반환거부

---

[1] 상상적 경합은 1개의 행위가 실질적으로 수개의 구성요건을 충족하는 경우를 말하고, 법조경합은 1개의 행위가 외관상 수개의 죄의 구성요건에 해당하는 것처럼 보이나 실질적으로 1죄만을 구성하는 경우를 말하며, 실질적으로 1죄인가 또는 수죄인가는 구성요건적 평가와 보호법익의 측면에서 고찰하여 판단하여야 한다(대판 2000.7.7. 2000도1899).

□ 관련 판례

[특별관계]

① 법조경합의 한 형태인 특별관계란 어느 구성요건이 다른 구성요건의 모든 요소를 포함하는 외에 다른 요소를 구비하여야 성립하는 경우로서 특별관계에 있어서는 특별법의 구성요건을 충족하는 행위는 일반법의 구성요건을 충족하지만 반대로 일반법의 구성요건을 충족하는 행위는 특별법의 구성요건을 충족하지 못한다(대판 2003.4.8. 2002도6033).

② 기본범죄를 통하여 고의로 중한 결과를 발생하게 한 경우에 가중 처벌하는 부진정결과적 가중범에서, 고의로 중한 결과를 발생하게 한 행위가 별도의 구성요건에 해당하고 그 고의범에 대하여 결과적 가중범에 정한 형보다 더 무겁게 처벌하는 규정이 있는 경우에는 그 고의범과 결과적 가중범이 상상적 경합관계에 있지만, 위와 같이 고의범에 대하여 더 무겁게 처벌하는 규정이 없는 경우에는 결과적 가중범이 고의범에 대하여 특별관계에 있으므로 결과적 가중범만 성립하고 이와 법조경합의 관계에 있는 고의범에 대하여는 별도로 죄를 구성하지 않는다(대판 2008.11.27. 2008도7311).

[보충관계]

③ 살해의 목적으로 동일인에게 일시 장소를 달리하고 수차에 걸쳐 단순한 예비행위를 하거나 또는 공격을 가하였으나 미수에 그치다가 드디어 그 목적을 달성한 경우에 그 예비행위 내지 공격행위가 동일한 의사발동에서 나왔고 그 사이에 범의의 갱신이 없는 한 각 행위가 같은 일시 장소에서 행하여졌거나 또는 다른 장소에서 행하여졌거나를 막론하고 또 그 방법이 동일하거나 여부를 가릴 것 없이 그 살해의 목적을 달성할 때까지의 행위는 모두 실행행위의 일부로서 이를 포괄적으로 보고 단순한 한 개의 살인기수죄로 처단할 것이지 살인예비 내지 미수죄와 동 기수죄의 경합죄로 처단할 수 없는 것이다(대판 1965.9.28. 65도695).

④ 피고인이 검사로부터 범인을 검거하라는 지시를 받고서도 그 직무상의 의무에 따른 적절한 조치를 취하지 아니하고 오히려 범인에게 전화로 도피하라고 권유하여 그를 도피케 하였다는 범죄사실만으로는 직무위배의 위법상태가 범인도피행위 속에 포함되어 있는 것으로 보아야 할 것이므로, 이와 같은 경우에는 작위범인 범인도피죄만이 성립하고 부작위범인 직무유기죄는 따로 성립하지 아니한다(대판 1996.5.10. 96도51).

[흡수관계]

⑤ 일반적으로 법조경합 중 흡수관계의 한 형태로 보고 있는 전형적 또는 불가벌적 수반행위라고 함은, 행위자가 특정한 죄를 범하면 비록 논리 필연적인 것은 아니지만 일반적·전형적으로 다른 구성요건을 충족하고 이 때 그 구성요건의 불법이나 책임의 내

용이 주된 범죄에 비하여 경미하기 때문에 처벌이 별도로 고려되지 않는 경우를 말하는 것이다(대판 1997.4.17. 96도3376 전원합의체).

⑥ 피고인의 협박사실행위가 피고인에게 인정된 상해사실과 같은 시간 같은 장소에서 동일한 피해자에게 가해진 경우에는 특별한 사정이 없는 한 상해의 단일범의 하에서 이루어진 하나의 폭언에 불과하여 위 상해죄에 포함되는 행위라고 봄이 상당하다(대판 1976.12.14. 76도3375).

⑦ 감금을 하기 위한 수단으로서 행사된 단순한 협박행위는 감금죄에 흡수되어 따로 협박죄를 구성하지 아니한다(대판 1982.6.22. 82도705).

⑧ 공갈죄의 수단으로서 한 협박은 공갈죄에 흡수될 뿐 별도로 협박죄를 구성하지 않으므로, 그 범죄사실에 대한 피해자의 고소는 결국 공갈죄에 대한 것이라 할 것이어서 그 후 고소가 취소되었다 하여 공갈죄로 처벌하는 데에 아무런 장애가 되지 아니하며, 검사가 공소를 제기할 당시에는 그 범죄사실을 협박죄로 구성하여 기소하였다 하더라도, 그 후 공판 중에 기본적 사실관계가 동일하여 공소사실을 공갈미수로 공소장 변경이 허용된 이상 그 공소제기의 하자는 치유된다(대판 1996.9.24. 96도2151).

⑨ 검사는 피고인이 타인의 인장을 위조하고 그를 사용하여 그 타인명의의 사문서를 위조한 것이라고 사실관계를 적시하고 이는 경합범관계에 있다고 법조를 기재하여 공소를 제기하고 있으므로 법원이 심리한 결과는 이와 달라서 위 각 사문서위조죄에 흡수되는 관계에 있는 인장위조사실은 인정되지 않고 그와 같은 인장위조사실 자체가 없는 것으로 밝혀진 경우에는 인장위조죄가 사문서위조죄에 흡수되어 범죄를 구성하지 아니한다는 판단이 나올 여지가 없고 소인을 달리하여 경합범으로 공소를 제기한 인장위조의 공소사실에 대한 판단으로서 별도로 무죄선고를 하여야 할 것이다(대판 1978.9.26. 78도1787).

⑩ 향정신성의약품관리법 제42조 제1항 제1호가 규정하는 향정신성의약품수수의 죄가 성립되는 경우에는 그 수수행위의 결과로서 그에 당연히 수반되는 향정신성의약품의 소지행위는 수수죄의 불가벌적 수반행위로서 수수죄에 흡수되고 별도의 범죄를 구성하지 않는다고 볼 것이다(대판 1990.1.25. 89도1211).

Ⅲ. 불가벌적 사후행위

1. 의의

불가벌적 사후행위란 범죄에 의하여 획득한 위법한 이익을 확보하거나 사용, 처분하는 사후행위가 다른 구성요건에 해당하더라도 이미 주된 범죄에 의하여 완전히 평가되었기 때문에 별죄를 구성하지 않는 경우를 말한다(절도범이 절취한 물건을 손괴한 행위는 주된 범죄인 절도죄 이외에 불가벌적 사후행위인 손괴죄를 구성하지 않는다).

2. 요건

요건으로는 사후행위는 독립된 범죄의 구성요건에 해당하여야 하며, 주된 범죄와 보호법익을 같이 하거나 그 침해의 양을 초과하지 않아야 한다. 그리고 재산죄에 한하지 않으며, 주된 행위가 처벌받았을 것을 요하지 않는다.[2] 제3자에 대한 관계에서는 불가벌이 아닌, 즉 사후행위에만 관여한 공범처벌이 가능하다.

3. 불가벌적 사후행위의 예

불가벌적 사후행위가 인정되는 예	• 절도가 소비·손괴한 경우 • 횡령물의 반환 거부 • 절취한 자기앞수표로 음식대금을 지불하고 거스름돈을 받은 경우 • 절취한 열차승차권으로 역전 직원으로부터 대금환불을 받은 경우 • 장물을 취득한 자가 이를 보관하는 때 : 장물보관죄는 불가벌적 사후행위 • 장물을 보관하던 자가 이를 횡령한 때 : 횡령죄는 불가벌적 사후행위(통설·판례)
부정되는 예	• 절취 또는 강취한 예금통장으로 현금 인출 : 사기죄 등 별개의 범죄 성립 • 예금통장과 인장을 갈취한 후 예금인출에 관한 사문서를 위조하여 예금을 인출한 행위 : 공갈죄 외에 사문서위조 및 동행사죄, 사기죄 성립 • 절취한 재물의 처분 행위 — 절취한 전당표로 전당물 편취 : 사기죄 — 절취한 장물을 자기의 소유물인 것처럼 속여서 제3자에게 팔 거나 담보로 제공하고 돈을 교부받은 경우 : 사기죄 • 사람을 살해하고 사체를 은닉·손괴한 경우 : 사체은닉·손괴죄 • 갈취한 권총으로 강도에 사용하는 행위 : 강도죄

□ 불가벌적 사후행위 관련 판례

〈불가벌적 사후행위〇〉

① 금융기관발행의 자기앞수표는 그 액면금을 즉시 지급받을 수 있어 현금에 대신하는 기능을 하고 있으므로 절취한 자기앞수표를 현금 대신으로 교부한 행위는 절도행위에 대한 가벌적 평가에 당연히 포함되는 것으로 봄이 상당하다 할 것이므로 절취한 자기앞수표를 음식대금으로 교부하고 거스름돈을 환불받은 행위는 절도의 불가벌적 사후처분행위로서 사기죄가 되지 아니한다(대판 1987.1.20. 86도1728).

---

2) 부모의 물건을 훔친 이후 손괴하였을 때 주된 범죄인 절도에 친족상도례 적용하는 경우

② 열차승차권은 그 자체에 권리가 화체되어 있는 무기명증권이므로 이를 곧 사용하여 승차하거나 권면가액으로 양도할 수 있고 매입금액의 환불을 받을 수 있는 것으로서 열차승차권을 절취한 자가 환불을 받음에 있어 비록 기망행위가 수반한다 하더라도 절도죄 외에 따로히 사기죄가 성립하지 아니한다(대판 1975.8.29. 75도1996).

③ 산림법 제93조 제1항의 산림절도죄는 그 목적물이 산림에서의 산물로 한정될 뿐 그 죄질은 형법 소정의 절도죄와 같다고 할 것이므로 다른 특별한 사정이 없는 한 피고인들이 절취한 원목에 관하여 합법적으로 생산된 것인 것처럼 관계당국을 기망하여 산림법 소정의 연고권자로 인정받아 수의계약의 방법으로 이를 매수하였다 하더라도 이는 새로운 법익의 침해가 있는 것이라고 할 수 없고 상태범인 산림절도죄의 성질상 하나의 불가벌적사후행위로서 별도로 사기죄가 구성되지 않는다(대판 1974.10.22. 74도2441).

④ 피고인이 당초부터 피해자를 기망하여 약속어음을 교부받은 경우에는 그 교부받은 즉시 사기죄가 성립하고 그 후 이를 피해자에 대한 피고인의 채권의 변제에 충당하였다 하더라도 불가벌적 사후행위가 됨에 그칠 뿐, 별도로 횡령죄를 구성하지 않는다(대판 1983.4.26. 82도3079).

〈불가벌적 사후행위×(경합범에 해당)〉

① 사람을 살해한 다음 그 범죄의 흔적을 은폐하기 위하여 그 시체를 다른 장소로 옮겨 유기하였을 때에는 살인죄와 사체유기죄의 경합범이 성립하고 사체유기를 불가벌적 사후행위라 할 수 없다(대판 1984.11.27. 84도2263).

② 절도범인이 그 절취한 장물을 자기 것인양 제3자를 기망하여 금원을 편취한 경우에는 장물에 관하여 소비 또는 손괴하는 경우와는 달리 제3자에 대한 관계에 있어서는 새로운 법익의 침해가 있다고 할 것이므로 절도죄 외에 사기죄의 성립을 인정할 것인바, 원심은 이와 배치되는 이론 아래 피고인이 절취한 장물을 제3자에게 담보로 제공하고 금원을 차용한 사실을 인정하고 담보제공 물건이 장물 아닌 자기의 물건인 것처럼 행세 하였거나 차용금을 변제할 의사가 없다고 하더라도 그것만으로는 새로운 법익의 침해가 없으므로 피고인의 행위는 절도죄의 불가벌적 사후행위라고 볼 것이며 따라서 피고인의 행위가 별도로 사기죄를 구성하지 아니한다는 취지로 판단하고 있어 원심판결에는 불가벌적 사후행위 및 사기죄의 법리오해가 있다고 아니할 수 없고 이 점에 관한 논지는 이유 있으므로 원심판결을 파기한다(대판 1980.11.25. 80도2310).

③ 절취한 전당표를 제3자에게 교부하면서 자기 누님의 것이니 찾아 달라고 거짓말을 하여 이를 믿은 제3자가 전당포에 이르러 그 종업원에게 전당표를 제시하여 기망케 하고 전당물을 교부받게 하여 편취하였다면 이는 사기죄를 구성하는 것이다(대판 1980.10.14. 80도2155).

④ 대표이사 등이 회사의 대표기관으로서 피해자들을 기망하여 교부받은 금원은 그 회사에 귀속되는 것인데, 그 후 대표이사 등이 이를 보관하고 있으면서 횡령한 것이라면

이는 위 사기범행과는 침해법익을 달리하므로 횡령죄가 성립되는 것이고, 이를 단순한 불가벌적 사후행위로만 볼 수 없다(대판 1989.10.24. 89도1605).

⑤ 절취한 은행예금통장을 이용하여 은행원을 기망해서 진실한 명의인이 예금을 찾는 것으로 오신시켜 예금을 편취한 것이라면 새로운 법익의 침해로 절도죄 외에 따로 사기죄가 성립한다(대판 1974.11.26. 74도2817).

⑥ 자동차를 절취한 후 자동차등록번호판을 떼어내는 행위는 새로운 법익의 침해로 보아야 하므로 위와 같은 번호판을 떼어내는 행위가 절도범행의 불가벌적 사후행위가 되는 것은 아니다(대판 2007.9.6. 2007도4739). [독자적으로 자동차관리법위반]

⑦ 부정한 이익을 얻을 목적으로 타인의 영업비밀이 담긴 CD를 절취하여 그 영업비밀을 부정사용한 사안에서, 절도죄와 별도로 부정경쟁방지 및 영업비밀보호에 관한 법률상 영업비밀부정사용죄가 성립한다고 한 사례(대판 2008.9.11. 2008도5364).

⑧ 배임죄는 재산상 이익을 객체로 하는 범죄이므로, 1인 회사의 주주가 자신의 개인채무를 담보하기 위하여 회사 소유의 부동산에 대하여 근저당권설정등기를 마쳐 주어 배임죄가 성립한 이후에 그 부동산에 대하여 새로운 담보권을 설정해 주는 행위는 선순위 근저당권의 담보가치를 공제한 나머지 담보가치 상당의 재산상 이익을 침해하는 행위로서 별도의 배임죄가 성립한다(대판 2005.10.28. 2005도4915).

⑨ 타인의 부동산을 보관 중인 자가 불법영득의사를 가지고 그 부동산에 근저당권설정등기를 경료함으로써 일단 횡령행위가 기수에 이르렀다 하더라도 그 후 같은 부동산에 별개의 근저당권을 설정하여 새로운 법익침해의 위험을 추가함으로써 법익침해의 위험을 증가시키거나 해당 부동산을 매각함으로써 기존의 근저당권과 관계없이 법익침해의 결과를 발생시켰다면 이는 당초의 근저당권 실행을 위한 임의경매에 의한 매각 등 그 근저당권으로 인해 당연히 예상될 수 있는 범위를 넘어 새로운 법익침해의 위험을 추가시키거나 법익침해의 결과를 발생시킨 것이므로 특별한 사정이 없는 한 불가벌적 사후행위로 볼 수 없고, 별도로 횡령죄를 구성한다 할 것이다(대판 2013.2.21. 2010도10500 전원합의체).

제3절 포괄일죄

Ⅰ. 의의

포괄1죄란 수개의 행위가 포괄적으로 1개의 구성요건에 해당하여 일죄를 구성하는 경우를 말한다.

□ 관련 판례

① 수개의 범죄행위를 포괄하여 하나의 죄로 인정하기 위하여는 범의의 단일성 외에도 각 범죄행위 사이에 시간적·장소적 연관성이 있고 범행의 방법 간에도 동일성이 인정되는 등 수개의 범죄행위를 하나의 범죄로 평가할 수 있는 경우에 해당하여야 한다(대판 2005.9.15. 2005도1952).

② 포괄일죄라는 것은 일반적으로 각기 따로 존재하는 수개의 행위가 당해 구성요건을 한번 충족하여 본래적으로 일죄라는 것으로 이 수개의 행위가 혹은 흡수되고 혹은 사후행위가 되고 혹은 위법상태가 상당 정도 시간적으로 경과하는 등으로 본래적으로 일죄의 관계가 이루어지는 것이므로 별개의 죄가 따로 성립하지 않음은 물론 과형상의 일죄와도 이 점에서 그 개념 등을 달리하는 것이다(대판 1982.11.23. 82도2201).

Ⅱ. 유형

종류	내용	예
결합범	개별적으로 독립된 범죄의 구성요건에 해당하는 수개의 행위가 결합하여 1개의 범죄를 구성하는 경우이다.	• 강도살인죄 : 강도죄+ 살인죄 • 강도강간죄 : 강도죄+강간죄
계속범	구성요건적 행위가 기수에 이름으로써 위법 상태를 야기하고, 구성요건적 행위에 의해 그 상태가 유지되는 범죄이다.	• 주거침입죄와 감금죄 ※ 감금된 피해자가 2일 후에 탈출한 것을 다시 잡아다가 2일간 더 감금한 경우는 4일간 1개의 감금죄
접속범	단독으로 범죄의 기수가 될 수 있는 수개의 행위가 동일한 고의(범의의 단일성)의 범위 내에서 동일한 기회에 시간적, 장소적으로 불가분하게 접속하여 같은 법익을 침해하는 경우이다.	• 절도범이 차를 세워두고 재물을 수회 반출한 경우 • 동일한 기회에 같은 부녀를 수회 간음한 경우 • 하나의 문서에 같은 사람의 수개의 명예훼손 사실을 적시한 경우
연속범	연속한 수개의 행위가 동종의 범죄에 해당하는 경우를 말하며, 이때 수개의 행위가 구성요건적 일치나 시간적, 장소적 접속을 요하지 않는다. · 연속범을 포괄1죄로 본다(판례입장)	• 절도범인이 수일에 걸쳐서 매일 밤 쌀 한 가마니씩 훔치는 경우 • 1개월 반 사이에 16회에 걸쳐 동일인으로부터 동일인으로부터 받은 뇌물수수행위 • 4년여에 걸친 업무상 횡령 행위
집합범	다수의 동종의 행위가 동일한 의사에 의해 반복되지만 일괄하여 일죄를 구성하는 경우이다.	• 영업범(무면허의사의 진료) • 상습범(상습도박죄) • 직업범(범죄의 반복이 직업적 활동이 된 경우)

□ 관련 판례

[결합범]

① 절도범이 체포를 면탈할 목적으로 체포하려는 여러 명의 피해자에게 같은 기회에 폭행을 가하여 그중 1인에게만 상해를 가하였다면 이러한 행위는 포괄하여 하나의 강도상해죄만 성립한다(대판 2001.8.21. 2001도3447).

[계속범]

② 직무유기죄는 그 직무를 수행하여야 하는 작위의무의 존재와 그에 대한 위반을 전제로 하고 있는바, 그 작위의무를 수행하지 아니함으로써 구성요건에 해당하는 사실이 있었고 그 후에도 계속하여 그 작위의무를 수행하지 아니하는 위법한 부작위상태가 계속되는 한 가벌적 위법상태는 계속 존재하고 있다고 할 것이며 형법 제122조 후단은 이를 전체적으로 보아 1죄로 처벌하는 취지로 해석되므로 이를 즉시범이라고 할 수 없다(대판 1997.8.29. 97도675).

[접속범]

③ 단일 범의하에 수회의 접속된 행위로서 동일법익을 침해한 경우에 있어서는 그것이 계속적 사정으로 인하여 촉발된 행위라는 점과 동일한 기회를 이용한 시간적 접착행위라는 점을 포괄적으로 평가하여 이를 일개의 범죄행위로 보는 것이 타당하다(대판 1960.3.9. 4292형상573).

[연속범]

④ 단일하고도 계속된 범의 아래 동종의 범행을 일정기간 반복하여 행하고 그 피해법익도 동일한 경우에는 각 범행을 통틀어 포괄일죄로 볼 것이고, 수뢰죄에 있어서 단일하고도 계속된 범의 아래 동종의 범행을 일정기간 반복하여 행하고 그 피해법익도 동일한 것이라면 돈을 받은 일자가 상당한 기간에 걸쳐 있고, 돈을 받은 일자 사이에 상당한 기간이 끼어 있다 하더라도 각 범행을 통틀어 포괄일죄로 볼 것이다(대판 2000.1.21. 99도4940).

⑤ 동일 죄명에 해당하는 수개의 행위 혹은 연속된 행위를 단일하고 계속된 범의하에 일정 기간 계속하여 행하고 그 피해법익도 동일한 경우에는 이들 각 행위를 통틀어 포괄일죄로 처단하여야 할 것이나, 범의의 단일성과 계속성이 인정되지 아니하거나 범행방법이 동일하지 않은 경우에는 각 범행은 실체적 경합범에 해당한다. 따라서 컴퓨터로 음란 동영상을 제공한 제1범죄행위로 서버컴퓨터가 압수된 이후 다시 장비를 갖추어 동종의 제2범죄행위를 하고 제2범죄행위로 인하여 약식명령을 받아 확정된 사안에서, 피고인에게 범의의 갱신이 있어 제1범죄행위는 약식명령이 확정된 제2범죄행위와

실체적 경합관계에 있다고 보아야 할 것이라는 이유로, 포괄일죄를 구성한다고 판단한 원심판결을 파기한 사례(대판 2005.9.30. 2005도4051).

[집합범]

⑥ 무허가유료직업소개 행위는 범죄구성요건의 성질상 동종행위의 반복이 예상되는데, 반복된 수개의 행위 상호간에 일시·장소의 근접, 방법의 유사성, 기회의 동일, 범의의 계속 등 밀접한 관계가 있어 전체를 1개의 행위로 평가함이 상당한 경우에는 포괄적으로 한 개의 범죄를 구성한다(대판 1993.3.26. 92도3405).

⑦ 동일죄명에 해당하는 수개의 행위를 복수의 범죄로 처벌하지 않고 포괄하여 일죄로 처단하는 이유는 행위상호간에 인정되는 일시·장소의 근접, 방법의 유사성, 기회의 동일, 범의의 계속 기타 밀접관계로 그 전체를 1개의 행위로 평가함이 상당하기 때문인바, 1977.12.20부터 1979.3.29까지 사이 충남 홍성읍에서 행한 무면허의료행위와 그보다 4년 5개월 뒤인 1982.9.초순부터 1983.3.12까지 사이 서울 강동구에서 행한 무면허의료행위와는 앞서와 같은 일시·장소의 근접성이나 범의의 계속등을 인정할 수 없어 각각 별개의 죄를 구성하는 행위라 할 것이고 그 행위가 다같이 범죄구성요건의 성질상 동종행위의 반복이 예상되는 범죄라는 이유만으로 포괄일죄에 해당한다고 단정할 수 없다(대판 1985.10.22. 85도1457).

⑧ [다수의견] 상습성을 갖춘 자가 여러 개의 죄를 반복하여 저지른 경우에는 각 죄를 별죄로 보아 경합범으로 처단할 것이 아니라 그 모두를 포괄하여 상습범이라고 하는 하나의 죄로 처단하는 것이 상습범의 본질 또는 상습범 가중처벌규정의 입법취지에 부합한다.

[별개의견] 원래 '상습성'이란 '행위자의 속성'이라는 점에는 학설·판례상 이론이 없고 다수의견도 이를 받아들이고 있는바, 이는 곧 단 한번 저질러진 범행이라도 그것이 상습성의 발현에 의한 것이라면 상습범이 된다는 것이어서 상습범이 성립하기 위하여는 반드시 수개의 범행이 반복될 것을 그 구성요건요소로 하거나 예정하고 있는 것은 아니므로 상습성이 발현된 수개의 범행이 있는 경우에 각개의 범행 상호간에 보호법익이나 행위의 태양과 방법, 의사의 단일 또는 갱신 여부, 시간적·장소적 근접성 등 일반의 포괄일죄 인정의 기준이 되는 요소들을 전혀 고려함이 없이 오로지 '상습성'이라는 하나의 표지만으로 곧 모든 범행을 하나로 묶어 포괄하여 일죄라고 할 수는 없으므로 수개의 상습사기 범행은 원칙으로 수개의 죄로 보아야 한다(대판 2004.9.16. 2001도3206 전원합의체).

⑨ 상습범이란 어느 기본적 구성요건에 해당하는 행위를 한 자가 범죄행위를 반복하여 저지르는 습벽, 즉 상습성이라는 행위자적 속성을 갖추었다고 인정되는 경우에 이를 가중처벌 사유로 삼고 있는 범죄유형을 가리키므로, 상습성이 있는 자가 같은 종류의 죄를 반복하여 저질렀다 하더라도 상습범을 별도의 범죄유형으로 처벌하는 규정이 없

는 한 각 죄는 원칙적으로 별개의 범죄로서 경합범으로 처단할 것이다. 따라서 저작재산권 침해행위는 저작권자가 같더라도 저작물별로 침해되는 법익이 다르므로, 각각의 저작물에 대한 침해행위는 원칙적으로 각 별개의 죄를 구성한다. 다만 단일하고도 계속된 범의 아래 동일한 저작물에 대한 침해행위가 일정기간 반복하여 행하여진 경우에는 포괄하여 하나의 범죄가 성립한다고 볼 수 있다(대판 2012.5.10. 2011도12131).

□ 포괄일죄 관련 판례

〈포괄일죄 해당○〉

① 하나의 사건에 관하여 한 번 선서한 증인이 같은 기일에 여러 가지 사실에 관하여 기억에 반하는 허위의 진술을 한 경우 이는 하나의 범죄의사에 의하여 계속하여 허위의 진술을 한 것으로서 포괄하여 1개의 위증죄를 구성하는 것이고 각 진술마다 수 개의 위증죄를 구성하는 것이 아니므로, 당해 위증 사건의 허위진술 일자와 같은 날짜에 한 다른 허위진술로 인한 위증 사건에 관한 판결이 확정되었다면, 비록 종전 사건 공소사실에서 허위의 진술이라고 한 부분과 당해 사건 공소사실에서 허위의 진술이라고 한 부분이 다르다 하여도 종전 사건의 확정판결의 기판력은 당해 사건에도 미치게 되어 당해 위증죄 부분은 면소되어야 한다(대판 1998.4.14. 97도3340).

② 피고인은 절취한 카드로 가맹점들로부터 물품을 구입하겠다는 단일한 범의를 가지고 그 범의가 계속된 가운데 동종의 범행인 신용카드 부정사용행위를 동일한 방법으로 반복하여 행하였고, 또 위 신용카드의 각 부정사용의 피해법익도 모두 위 신용카드를 사용한 거래의 안전 및 이에 대한 공중의 신뢰인 것으로 동일하므로, 피고인이 동일한 신용카드를 위와 같이 부정사용한 행위는 포괄하여 일죄에 해당하고, 신용카드를 부정사용한 결과가 사기죄의 구성요건에 해당하고 그 각 사기죄가 실체적 경합관계에 해당한다고 하여도 신용카드부정사용죄와 사기죄는 그 보호법익이나 행위의 태양이 전혀 달라 실체적 경합관계에 있으므로 신용카드 부정사용행위를 포괄일죄로 취급하는데 아무런 지장이 없다고 한 사례(대판 1996.7.12. 96도1181).

③ 신용카드의 거래는 신용카드회사로부터 카드를 발급받은 사람이 위 카드를 사용하여 카드가맹점으로부터 물품을 구입하면 그 카드를 소지하여 사용하는 사람이 카드회사로부터 카드를 발급받은 정당한 소지인인 한 카드회사가 그 대금을 가맹점에 결제하고, 카드회사는 카드사용자에 대하여 물품구입대금을 대출해 준 금전채권을 가지는 것이고, 또 카드사용자가 현금자동지급기를 통해서 현금서비스를 받아 가면 현금대출관계가 성립되게 되는 것인바, 이와 같은 카드사용으로 인한 카드회사의 금전채권을 발생케 하는 카드사용 행위는 카드회사로부터 일정한 한도 내에서 신용공여가 이루어지고, 그 신용공여의 범위 내에서는 정당한 소지인에 의한 카드사용에 의한 금전대출이 카드 발급시에 미리 포괄적으로 허용되어 있는 것인바, 현금자동지급기를 통한 현금대

출도 결국 카드회사로부터 그 지급이 미리 허용된 것이고, 단순히 그 지급방법만이 사람이 아닌 기계에 의해서 이루어지는 것에 불과하다. 그렇다면 피고인이 카드사용으로 인한 대금결제의 의사와 능력이 없으면서도 있는 것 같이 가장하여 카드회사를 기망하고, 카드회사는 이에 착오를 일으켜 일정 한도 내에서 카드사용을 허용해 줌으로써 피고인은 기망당한 카드회사의 신용공여라는 하자 있는 의사표시에 편승하여 자동지급기를 통한 현금대출도 받고, 가맹점을 통한 물품구입대금 대출도 받아 카드발급회사로 하여금 같은 액수 상당의 피해를 입게 함으로써, 카드사용으로 인한 일련의 편취행위가 포괄적으로 이루어지는 것이다. 따라서 카드사용으로 인한 카드회사의 손해는 그것이 자동지급기에 의한 인출행위이든 가맹점을 통한 물품구입행위이든 불문하고 모두가 피해자인 카드회사의 기망당한 의사표시에 따른 카드발급에 터잡아 이루어지는 사기의 포괄일죄이다(대판 1996.4.9. 95도2466).

④ 무면허 의료행위는 그 범죄의 구성요건의 성질상 동종범죄의 반복이 예상되는 것이므로 반복된 수개의 행위는 포괄적으로 한 개의 범죄를 구성하는 점, 영리를 목적으로 무면허 의료행위를 업으로 한 자가 일부 돈을 받지 않고 무면허 의료행위를 한 경우에 그 행위에 대한 평가는 이미 보건범죄단속에 관한 특별조치법 위반죄의 구성요건적 평가에 포함되어 있다고 보는 것이 타당한 점, 보건범죄단속에 관한 특별조치법 위반죄 외에 돈을 받지 않고 한 무면허 의료행위에 대하여 별개로 의료법 위반죄가 성립한다고 본다면 전부 돈을 받고 무면허 의료행위를 한 경우에는 보건범죄단속에 관한 특별조치법 위반죄 1죄로서 그 법정형기 내에서 처단하게 되는 반면 일부 돈을 받지 아니하고 무면허 의료행위를 한 경우에는 보건범죄단속에 관한 특별조치법 위반죄와 의료법 위반죄의 경합범이 되어 처단형이 오히려 무겁게 되는 불합리한 결과가 되는 점 등에 비추어, 영리를 목적으로 무면허 의료행위를 업으로 하는 자가 일부 돈을 받지 아니하고 무면허 의료행위를 한 경우에도 보건범죄단속에 관한 특별조치법 위반죄의 1죄만이 성립하고 별개로 의료법 위반죄를 구성하지 않는다고 보아야 한다(대판 2010.5.13. 2010도2468).

〈포괄일죄 해당×〉

① 피고인이 슈퍼마켓사무실에서 식칼을 들고 피해자를 협박한 행위와 식칼을 들고 매장을 돌아다니며 손님을 내쫓아 그의 영업을 방해한 행위는 별개의 행위이다(대판 1991.1.29. 90도2445).

② 히로뽕 완제품을 제조할 때 함께 만든 액체 히로뽕 반제품을 땅에 묻어 두었다가 약 1년 9월 후에 앞서 제조시의 공범 아닌 자 등의 요구에 따라 그들과 함께 위 반제품으로 그 완제품을 제조한 경우 포괄일죄를 이룬다고 할 수 없으므로 형법 제37조 전단의 경합범으로 의율처단하여야 한다(대판 1991.2.26. 90도2900).

③ 수개의 업무상 배임행위가 포괄하여 1개의 죄에 해당하기 위하여는 피해법익이 단

일하고 범죄의 태양이 동일할 뿐만 아니라, 그 수개의 배임행위가 단일한 범의에 기한 일련의 행위라고 볼 수 있어야 하므로, 신용협동조합의 전무가 수개의 거래처로부터 각기 다른 일시에 조합정관상의 1인당 대출한도를 초과하여 대출을 하여 달라는 부탁을 받고 이에 응하여 각기 다른 범의 하에 부당대출을 하여 줌으로써 수개의 업무상 배임행위를 범한 경우, 그것은 포괄일죄에 해당하지 않는다고 본 사례(대판 1997.9.26. 97도1469).

④ 석유를 수입하는 것처럼 가장하여 신용장 개설은행들로 하여금 신용장을 개설하게 하고 신용장 대금 상당액의 지급을 보증하게 함으로써 동액 상당의 재산상 이익을 취득한 행위는 피해자들인 신용장 개설은행별로 각각 포괄하여 1죄가 성립하고, 분식회계에 의한 재무제표 및 감사보고서 등으로 은행으로 하여금 신용장을 개설하게 하여 신용장 대금 상당액의 지급을 보증하게 함으로써 동액 상당의 재산상 이익을 취득한 행위도 포괄하여 1죄가 성립한다고 할 것이나, 위와 같이 '가장거래에 의한 사기죄'와 '분식회계에 의한 사기죄'는 범행 방법이 동일하지 않아 그 피해자가 동일하더라도 포괄일죄가 성립한다고 할 수 없다(대판 2010.5.27. 2007도10056).

⑤ 구 성매매알선 등 행위의 처벌에 관한 법률(2011. 5. 23. 법률 제10697호로 개정되기 전의 것, 이하 '구 성매매알선 등 처벌법'이라 한다) 제2조 제1항 제2호는 '성매매알선 등행위'로 (가)목에서 '성매매를 알선·권유·유인 또는 강요하는 행위'를, (다)목에서 '성매매에 제공되는 사실을 알면서 자금·토지 또는 건물을 제공하는 행위'를 규정하는 한편, 구 성매매알선 등 처벌법 제19조는 '영업으로 성매매알선등행위를 한 자'에 대한 처벌을 규정하고 있는데, 성매매알선행위와 건물제공행위의 경우 비록 처벌규정은 동일하지만, 범행방법 등의 기본적 사실관계가 상이할 뿐 아니라 주체도 다르다고 보아야 한다. 또한 수개의 행위태양이 동일한 법익을 침해하는 일련의 행위로서 각 행위 간 필연적 관련성이 당연히 예상되는 경우에는 포괄일죄의 관계에 있다고 볼 수 있지만, 건물제공행위와 성매매알선행위의 경우 성매매알선행위가 건물제공행위의 필연적 결과라거나 반대로 건물제공행위가 성매매알선행위에 수반되는 필연적 수단이라고도 볼 수 없다. 따라서 '영업으로 성매매를 알선한 행위'와 '영업으로 성매매에 제공되는 건물을 제공하는 행위'는 당해 행위 사이에서 각각 포괄일죄를 구성할 뿐, 서로 독립된 가벌적 행위로서 별개의 죄를 구성한다고 보아야 한다(대판 2011.5.26. 2010도6090).

⑥ 수개의 등록상표에 대하여 상표법 제93조 소정의 상표권침해 행위가 계속하여 행하여진 경우에는 각 등록상표 1개마다 포괄하여 1개의 범죄가 성립하므로, 특별한 사정이 없는 한 상표권자 및 표장이 동일하다는 이유로 등록상표를 달리하는 수개의 상표권침해 행위를 포괄하여 하나의 죄가 성립하는 것으로 볼 수 없다(대판 2013.7.25. 2011도12482).

제3장

수죄(경합론)

제1절 개념

범죄의 수가 여러 개인 경우를 수죄라고 하며, 수죄에는 과형상 일죄(처분상 일죄 또는, 처벌상 일죄)와 실체적 경합이 있다. 과형상 1죄는 실질적으로, 즉 본래 이론상으로는 수죄이지만 처벌에 있어서 1죄로 취급하는 경우를 말한다. 현행 형법은 과형상의 1죄로서 상상적 경합(제40조)만을 규정하고 있다. 실체적 경합이란 수개의 행위에 의하여 수개의 구성요건을 실현하는 경우를 말한다. 형법은 제37조에서 일정한 조건하에 실체적 경합을 인정하여 그 처벌에 있어서 제38조에서 특별 취급을 하고 있다.

제2절 상상적 경합

제40조 【상상적 경합】 1개의 행위가 수개의 죄에 해당하는 경우에는 가장 중한 죄에 정한 형으로 처벌한다.

제40조 【상상적 경합】 한 개의 행위가 여러 개의 죄에 해당하는 경우에는 가장 무거운 죄에 대하여 정한 형으로 처벌한다.
[전문개정 2020. 12. 8.]
[시행일 : 2021. 12. 9.] 제40조

Ⅰ. 의의

상상적 경합이란 1개의 행위가 수개의 죄에 해당하는 경우를 말하며 관념적 경합이라고도 한다. 형법은 이 경우 "가장 중한 죄에 정한 형으로 처벌한다"라고 규정하고 있다(1개의 폭탄을 던져서 여러 명을 살해한 경우, 1개의 폭탄을 던져서 사람을 살해하고 개를 죽인 경우).

Ⅱ. 요건

상상적 경합은 1개의 행위가 수개의 죄에 해당하는 때에 성립하므로 상상적 경합이 성립하려면, 1개의 행위(즉, 행위의 단일성)와 수개의 죄라는 요건을 갖추어야 한다.

1. 행위의 단일성(1개의 행위가 있을 것)

1개의 행위에는 행위가 완전히 동일한 경우는 물론 행위가 부분적으로 동일한 경우도 포함된다.

(1) 행위의 완전동일성

구성요건적 실행행위가 완전히 같을때에는 언제나 1개의 행위가 된다. 즉, 어느 구성요건을 충족하는 행위가 동시에 다른 구성요건을 충족한 경우에는 행위의 단일성이 인정된다(1개의 폭탄을 던져 살인과 재물손괴죄의 결과가 발생한 경우).[1]

(2) 행위의 부분적 동일성

수개의 죄의 구성요건을 충족하는 실행행위가 부분적으로 일치하는 경우에도 1개의 행위가 되어 상상적 경합을 인정할 수 있다(직무 집행중인 공무원을 폭행하여 상해를 입힌 경우 공무집행방해죄와 폭행치상죄의 상상적 경합).[2)]

(3) 계속범과 그중에 범한 죄에 대해서는 원칙적으로 경합범이나 상상적 경합으로 되는 경우도 있다.[3)]

2. 수개의 죄

상상적 경합이 되기 위해서는 1개의 행위가 수개의 죄에 해당해야 한다. 즉, 1개의 행위가 수개의 구성요건에 해당하여야 한다.

(1) 수개의 죄는 동일한 구성요건에 해당하는 동종이든 서로 다른 구성요건에 해당하는 이종이든 불문한다.

(가) 동종의 상상적 경합(수개의 죄가 동일한 구성요건에 해당하는 경우)

그 주체의 수에 상응하는 수개의 죄에 해당(1발의 탄환으로 수인을 살해 또는 상해한 경우 살인죄 또는 상해죄의 상상적 경합)하는 전속적 법익(생명, 신체, 자유, 명예)이 있으며, 원칙적으로 1개의 죄만 성립(수인의 재물을 1인이 보관하다 횡령한 경

---

1) 피고인이 무면허인데다가 술에 취한 상태에서 오토바이를 운전하였다는 것은 위의 관점에서 분명히 1개의 운전행위라 할 것이고 이 행위에 의하여 도로교통법 제111조 제2호, 제40조와 제109조 제2호, 제41조 제1항의 각 죄에 동시에 해당하는 것이니 두 죄는 형법 제40조의 상상적 경합관계에 있다고 할 것이다(대판 1987.2.24. 86도2731).

2) 절도범인이 체포를 면탈할 목적으로 경찰관에게 폭행 협박을 가한 때에는 준강도죄와 공무집행방해죄를 구성하고 양죄는 상상적 경합관계에 있으나, 강도범인이 체포를 면탈할 목적으로 경찰관에게 폭행을 가한 때에는 강도죄와 공무집행방해죄는 실체적 경합관계에 있고 상상적 경합관계에 있는 것이 아니다(대판 1992.7.28. 92도917); 피고인들이 피해자들의 재물을 강취한 후 그들을 살해할 목적으로 현주건조물에 방화하여 사망에 이르게 한 경우, 피고인들의 행위는 강도살인죄와 현주건조물방화치사죄에 모두 해당하고 그 두 죄는 상상적 경합범관계에 있다(대판 1998.12.8. 98도3416); 피고인이 피해자가 자동차에서 내릴 수 없는 상태를 이용하여 강간하려고 결의하고, 주행중인 자동차에서 탈출불가능하게 하여 외포케 하고 50킬로미터를 운행하여, 여관앞까지 강제로 연행하여 강간하려다 미수에 그친 경우 위 협박은 감금죄의 실행의 착수임과 동시에 강간미수죄의 실행의 착수라고 할 것이고, 감금과 강간미수의 두 행위가 시간적, 장소적으로 중복될 뿐 아니라 감금행위 그 자체가 강간의 수단인 협박행위를 이루고 있는 경우로서 이 사건 감금과 강간미수죄는 일개의 행위에 의하여 실현된 경우로서 형법 제40조의 상상적 경합이라고 해석함이 상당할 것이므로 위 감금행위가 강간미수죄에 흡수되어 범죄를 구성하지 않는다는 원심판단에는 의율착오의 위법이 있다 할 것이다(대판 1983.4.26. 83도323).

3) - 절도, 강간, 강도를 위해 주거에 침입하여 이들 범죄를 범한 경우 : 절도, 강간, 강도죄와 주거침입죄의 (실체적)경합범
   - 감금죄가 동시에 강도, 강간의 수단이 된 경우 : 감금죄와 강도, 강간죄의 상상적 경합

우 1개의 횡령죄, 1개의 행위로 수개의 건조물에 방화한 경우 1개의 방화죄)하는 비전속
적 법익이 있다.

(나) 이종의 상상적 경합

수개의 죄가 서로 상이한 구성요건에 해당하는 경우(1발의 탄환을 발사하여 1
명을 살해하고 재물을 손괴한 경우 살인죄와 재물손괴죄의 상상적 경합)이다.

(2) 수개의 죄는 고의범이든 과실범이든, 기수범이든 미수범이든, 정범이든
교사범·종범이든 불문한다.[4]

Ⅲ. 관련문제

고의범과 과실범, 결과적 가중범, 부작위범 간의 경우 상상적 경합이 되나
작위범과 부작위범의 경우 동시에 일어날 수 없으므로 상상적 경합이 안된다.

계속범의 경우 불법감금 중에 강간의 고의가 생겨 강간한 경우 실체적 경합
범이고, 강간의 수단(목적)으로 감금한 경우 상상적 경합이 된다.

음주운전과 업무상과실치사상죄와의 관계, 무면허운전과 업무상과실치사상
죄와의 관계는 실체적 경합범이나 음주운전과 무면허운전 간의 관계는 상상적 경
합이 된다.[5]

또한, 행위의 부분적 동일성과 관련된 연결효과에 의한 상상적 경합의 가능
성[6]이 있다.

---

4) – 손괴의 의사로 돌을 던져 창문을 깨뜨리고 옆에 있던 사람도 다치게 한 경우 손괴죄와
　 과실치상죄의 상상적 경합
　 – 강간의 수단으로 감금하였으나 강간은 미수에 그친 경우 감금죄와 강간미수죄의 상상
　 적 경합

5) 형법 제40조에서 말하는 1개의 행위란 법적 평가를 떠나 사회관념상 행위가 사물자연의
　 상태로서 1개로 평가되는 것을 말하는바, 무면허인데다가 술이 취한 상태에서 오토바이를
　 운전하였다는 것은 위의 관점에서 분명히 1개의 운전행위라 할 것이고 이 행위에 의하여
　 도로교통법 제111조 제2호, 제40조와 제109조 제2호, 제41조 제1항의 각 죄(무면허운전과
　 음주운전)에 동시에 해당하는 것이니 두 죄는 형법 제40조의 상상적 경합관계에 있다고 할
　 것이다(대판 1987.2.24. 86도2731).

6) 예비군 중대장이 그 소속 예비군으로부터 금원을 교부받고 그 예비군이 예비군훈련에 불
　 참하였음에도 불구하고 참석한 것처럼 허위내용의 중대학급 편성명부를 작성, 행사한 경
　 우라면 수뢰후 부정처사죄 외에 별도로 허위공문서작성 및 동행사죄가 성립하고, 이들 죄
　 와 수뢰후 부정처사죄는 각각 상상적 경합관계에 있다. 이때 허위공문서작성죄와 동행사
　 죄 상호간은 실체적 경합범관계에 있다고 할지라도 상상적 경합범관계에 있는 수뢰후 부
　 정처사죄와 대비하여 가장 중한 죄에 정한 형으로 처단하면 족한 것이고 따로이 경합가중
　 을 할 필요가 없다(대판 1983.7.26. 83도1378).

Ⅳ. 상상적 경합의 법적 효과

1. 실체법적 효과

상상적 경합이 인정되면 수개의 죄 가운데 가장 중한 죄에 정한 형으로 처벌한다(제40조). 여기서 가장 중한 형이란 법정형을 의미하며 형의 경중은 형법 제50조에 따라 정한다. 그러나 상상적 경합의 형을 정하는데 다음 두 가지가 문제된다.

(1) 형법 제38조 제2항의 준용여부로써 상상적 경합은 형의 경중을 제50조에 따라 정해야 하므로 경합범에 있어서 징역과 금고를 동종의 형으로 간주하여 징역형으로 처벌하도록 한 형법 제38조 제2항의 규정은 상상적 경합의 경우에 준용될 수 없다(판례).

(2) 형의 경중의 비교 방법에는 형의 경중을 비교할 때 중점적 대조주의(중한 형만을 비교하여 대조하는 방법)와 전체적 대조주의(형의 상·하한을 모두 대조하는 방법)가 있다. 상상적 경합은 실질적으로 수죄이므로 전체적 대조주의가 타당하다(판례,통설). 따라서, 수죄의 법정형 가운데 상한과 하한은 모두 중한 형에 의하여 처벌해야 한다.[7]

2. 소송법적 효과

(1) 상상적 경합은 소송법적으로도 1죄로 취급되므로 수개의 죄 중에서 어느 1개의 죄에 대한 확정판결(기판력)과 공소제기의 효력은 전체에 대하여 효력이 미친다.

(2) 상상적 경합은 실질적으로 수죄이므로 친고죄의 고소와 공소시효 등은 각 죄별로 따로 논해야 한다, 즉, 상상적 경합관계에 있는 2개의 죄 가운데 중한 죄가 친고죄로서 고소가 없거나 취소된 때에도 친고죄가 아닌 경한 죄로 처벌할 수 있다.

해설) 수뢰후 부정처사죄에서 행위시는 '부정처사'시이므로 결국, 위 사례의 결론은 이들 죄(허위공문서작성죄와 동행사죄)와 각각 상상적 경합이 되는 것이다.

비교) 만약, 부정처사후 수뢰죄인 경우에는 행위시가 '수뢰'시가 되므로 이들 죄(허위공문서작성죄와 동행사죄)와 각각 실체적 경합이 되고, 이들 죄 상호간에도 실체적 경합이었으므로 이 사례의 결론은 실체적 경합이 된다.

7) A죄(5년 이하의 징역에 10년 이하의 자격정지를 병과)와 B죄(1년 이상 3년 이하의 징역)가 상상적 경합 관계에 있을 때 처단형의 범위는 1년 이상 5년 이하의 징역, 10년 이하의 자격정지 병과가 된다.

□ 상상적 경합 관련 판례 ═══════════════════════════════

① 피고인이 여관에서 종업원을 칼로 찔러 상해를 가하고 객실로 끌고 들어가는 등 폭행·협박을 하고 있던 중, 마침 다른 방에서 나오던 여관의 주인도 같은 방에 밀어 넣은 후, 주인으로부터 금품을 강취하고, 1층 안내실에서 종업원 소유의 현금을 꺼내 갔다면, 여관 종업원과 주인에 대한 각 강도행위가 각별로 강도죄를 구성하되 피고인이 피해자인 종업원과 주인을 폭행·협박한 행위는 법률상 1개의 행위로 평가되는 것이 상당하므로 위 2죄는 상상적 경합범관계에 있다고 할 것이다.

강도가 서로 다른 시기에 다른 장소에서 수인의 피해자들에게 각기 폭행 또는 협박을 하여 각 그 피해자들의 재물을 강취하고, 그 피해자들 중 1인을 상해한 경우에는, 각기 별도로 강도죄와 강도상해죄가 성립하는 것임은 물론, 법률상 1개의 행위로 평가되는 것도 아닌바, 피고인이 여관에 들어가 1층 안내실에 있던 여관의 관리인을 칼로 찔러 상해를 가하고, 그로부터 금품을 강취한 다음, 각 객실에 들어가 각 투숙객들로부터 금품을 강취하였다면, 피고인의 위와 같은 각 행위는 비록 시간적으로 접착된 상황에서 동일한 방법으로 이루어지기는 하였으나, 포괄하여 1개의 강도상해죄만을 구성하는 것이 아니라 실체적 경합범의 관계에 있는 것이라고 할 것이다(대판 1991.6.25. 91도643).

② 절도범인이 체포를 면탈할 목적으로 경찰관에게 폭행 협박을 가한 때에는 준강도죄와 공무집행방해죄를 구성하고 양죄는 상상적 경합관계에 있으나, 강도범인이 체포를 면탈할 목적으로 경찰관에게 폭행을 가한 때에는 강도죄와 공무집행방해죄는 실체적 경합관계에 있고 상상적 경합관계에 있는 것이 아니다(대판 1992.7.28. 92도917).

③ 업무상배임행위에 사기행위가 수반된 때의 죄수 관계에 관하여 보면, 사기죄는 사람을 기망하여 재물의 교부를 받거나 재산상의 이익을 취득하는 것을 구성요건으로 하는 범죄로서 임무위배를 그 구성요소로 하지 아니하고 사기죄의 관념에 임무위배 행위가 당연히 포함된다고 할 수도 없으며, 업무상배임죄는 업무상 타인의 사무를 처리하는 자가 그 업무상의 임무에 위배하는 행위로써 재산상의 이익을 취득하거나 제3자로 하여금 이를 취득하게 하여 본인에게 손해를 가하는 것을 구성요건으로 하는 범죄로서 기망적 요소를 구성요건의 일부로 하는 것이 아니어서 양 죄는 그 구성요건을 달리하는 별개의 범죄이고 형법상으로도 각각 별개의 장(장)에 규정되어 있어, 1개의 행위에 관하여 사기죄와 업무상배임죄의 각 구성요건이 모두 구비된 때에는 양 죄를 법조경합 관계로 볼 것이 아니라 상상적 경합관계로 봄이 상당하다 할 것이고, 나아가 업무상배임죄가 아닌 단순배임죄라고 하여 양 죄의 관계를 달리 보아야 할 이유도 없다(대판 2002.7.18. 2002도669 전원합의체).

사기죄는 타인이 점유하는 재물을 그의 처분행위에 의하여 취득함으로써 성립하는 죄이므로 자기가 점유하는 타인의 재물에 대하여는 이것을 영득 함에 기망행위를 한다 하여도 사기죄는 성립하지 아니하고 횡령죄만을 구성한다(대판 1987.12.22. 87도2168).

④ 형법 제307조의 명예훼손죄와 공직선거및선거부정방지법 제251조의 후보자비방죄가 상상적경합의 관계에 있다고 본 사례(대판 1998.3.24. 97도2956).

⑤ 한국소비자보호원을 비방할 목적으로 18회에 걸쳐서 출판물에 의하여 공연히 허위의 사실을 적시·유포함으로써 한국소비자보호원의 명예를 훼손하고 업무를 방해하였다는 각죄는 1개의 행위가 2개의 죄에 해당하는 형법 제40조 소정의 상상적 경합의 관계에 있다(대판 1993.4.13. 92도3035).

⑥ 강도가 재물강취의 뜻을 재물의 부재로 이루지 못한 채 미수에 그쳤으나 그 자리에서 항거불능의 상태에 빠진 피해자를 간음할 것을 결의하고 실행에 착수했으나 역시 미수에 그쳤더라도 반항을 억압하기 위한 폭행으로 피해자에게 상해를 입힌 경우에는 강도강간미수죄와 강도치상죄가 성립되고 이는 1개의 행위가 2개의 죄명에 해당되어 상상적 경합관계가 성립된다(대판 1988.6.28. 88도820).

⑦ 문서에 2인 이상의 작성명의인이 있을 때에는 각 명의자마다 1개의 문서가 성립되므로 2인 이상의 연명으로 된 문서를 위조한 때에는 작성명의인의 수대로 수개의 문서위조죄가 성립하고 또 그 연명문서를 위조하는 행위는 자연적 관찰이나 사회통념상 하나의 행위라 할 것이어서 위 수개의 문서위조죄는 형법 제40조가 규정하는 상상적 경합범에 해당한다(대판 1987.7.21. 87도564).

⑧ 범죄 피해 신고를 받고 출동한 두 명의 경찰관에게 욕설을 하면서 차례로 폭행을 하여 신고 처리 및 수사 업무에 관한 정당한 직무집행을 방해한 사안에서, 동일한 장소에서 동일한 기회에 이루어진 폭행 행위는 사회관념상 1개의 행위로 평가하는 것이 상당하다는 이유로, 위 공무집행방해죄는 형법 제40조에 정한 상상적 경합의 관계에 있다고 한 사례(대판 2009.6.25. 2009도3505).

⑨ 무허가 카지노영업으로 인한 관광진흥법위반죄와 도박개장죄는 상상적 경합범 관계에 있다(대판 2009.12.10. 2009도11151).

⑩ 채권자들에 의한 복수의 강제집행이 예상되는 경우 재산을 은닉 또는 허위양도함으로써 채권자들을 해하였다면 채권자별로 각각 강제집행면탈죄가 성립하고, 상호 상상적 경합범의 관계에 있다(대판 2011.12.8. 2010도4129).

⑪ 업무방해죄와 폭행죄는 구성요건과 보호법익을 달리하고 있고, 업무방해죄의 성립에 일반적·전형적으로 사람에 대한 폭행행위를 수반하는 것은 아니며, 폭행행위가 업무방해죄에 비하여 별도로 고려되지 않을 만큼 경미한 것이라고 할 수도 없으므로, 설령 피해자에 대한 폭행행위가 동일한 피해자에 대한 업무방해죄의 수단이 되었다고 하더라도 그러한 폭행행위가 이른바 '불가벌적 수반행위'에 해당하여 업무방해죄에 대하여 흡수관계에 있다고 볼 수는 없다. 따라서 피고인들이 피해자들의 택시 운행업무를 방해하기 위하여 이루어진 폭행행위가 피해자들에 대한 업무방해죄의 수단이 되었다 하더라도 그와 같은 폭행행위가 업무방해죄의 성립에 일반적·전형적으로 수반되는 것이 아닐 뿐 아니라 그 폭행행위가 업무방해죄에 비하여 별도로 고려되지 않을 만큼 경미한 것이

라고 할 수도 없으므로, 피고인들의 폭행행위가 업무방해죄에 흡수되어 별도의 범죄를 구성하지 않는다고 할 수는 없다(대판 2012.10.11. 2012도1895). [폭력행위등 처벌에 관한 법률위반(공동폭행)죄와 업무방해죄 상호간]

제3절 실체적 경합(경합범)

제37조【경합범】판결이 확정되지 아니한 수개의 죄 또는 금고 이상의 형에 처한 판결이 확정된 죄와 그 판결 확정 전에 범한 죄를 경합범으로 한다.

Ⅰ. 의의

경합범(실체적 경합)이란 한 사람에 의해 범해진, 판결이 확정되지 아니하여 동시에 판결될 것을 요하는 범죄(동시적 경합범) 또는, 금고 이상의 형에 처한 판결이 확정된 죄와 그 판결 확정 전에 범한 죄 사이의 경합관계(사후적 경합범)를 말한다. 참고로 상상적 경합은 1개의 행위가 수개의 죄에 해당하는 경우이고, 경합범은 수개의 행위가 수개의 죄에 해당하는 경우이다.

Ⅱ. 경합범의 요건

1. 동시적 경합범의 요건(제37조 전단)

동시적 경합범이란 동일인이 범한 수개의 죄 전부가 판결이 확정되지 아니한 경우에 그 수죄를 말한다(갑이 범한 A, B, C 3개의 죄 중 어느 것도 확정판결을 받지 아니하여 ABC 죄를 동시에 재판하게 될 경우 A, B, C 3개의 죄).

수개의 죄는 모두 판결이 확정되지 않았을 것을 요하며, 여기서 판결의 확정이란 상소 등 통상의 불복절차로써는 다툴 수 없는 상태를 말한다.

수개의 죄는 동시에 판결될 수 있는 상태에 있을 것으로 수개의 죄가 같이 판결될 상태에 있지 않으면 동시적 경합범이 될 수 없다. 즉, 수개의 죄 가운데 일부가 기소되지 않은 때에는 경합범이 아니며, 수개의 죄 중 일부가 추가로 기

244 제 3 편 죄수론

소된 경우 병합 심리된 때와 1심에서 별도로 판결된 수죄일지라도 항소심에서 병합심리한 때에는 동시적 경합범이 된다.[8]

2. 사후적 경합범의 요건(제37조 후단)

사후적 경합범이란 금고 이상의 형에 처한 판결이 확정된 죄와 그 판결확정 전에 범한 죄를 말한다. 금고 이상의 형에 처한 판결확정 전후의 죄는 경합범이 되지 않으며,[9] 판결 확정 전에 범한 죄란 이론상 항소심 판결 선고 이전에 범한 죄를 말한다. 그리고 계속범이나 포괄1죄의 경우 중간에 확정판결이 있을지라도 그 범죄는 확정판결 후에 종료되었으므로 사후적 경합범에 해당하지 않는다.

☐ 관련 판례

① 형법 제37조 후단의 경합범에 있어서 '판결이 확정된 죄'라 함은 수개의 독립된 죄 중의 어느 죄에 대하여 확정판결이 있었던 사실 자체를 의미하고 일반사면으로 형의 선고의 효력이 상실된 여부는 묻지 않으므로 1995. 12. 2. 대통령령 제14818호로 일반사면령에 의하여 제1심 판시의 확정된 도로교통법위반의 죄가 사면됨으로써 사면법 제5조 제1항 제1호에 따라 형의 선고의 효력이 상실되었다고 하더라도 확정판결을 받은 죄의 존재가 이에 의하여 소멸되지 않는 이상 형법 제37조 후단의 판결이 확정된 죄에 해당한다(대판 1996.3.8. 95도2114).
② 형법 제37조 후단의 경합범에 있어서 판결에 확정된 죄라 함은 수개의 독립한 죄 중의 어느 죄에 대하여 확정판결이 있었던 사실 자체를 의미하고 그 확정판결이 있은 죄의 형의 집행을 종료한 여부, 형의 집행유예가 실효된 여부는 묻지 않는다고 해석할 것이므로 형법 제65조에 의하여 집행유예를 선고한 확정판결에 의한 형의 선고가 그 효력을 잃었다 하더라도 확정판결을 받은 존재가 이에 의하여 소멸되지 않는 이상 위 법 제37조 후단의 판결이 확정된 죄에 해당한다고 보아야 할 것이다(대판 1984.8.21. 84모1297).
③ 포괄1죄는 그 중간에 다른 종류의 범죄에 대한 확정판결이 끼어 있어도 그 때문에 포괄1죄가 둘로 나뉘는 것은 아니고, 또 이 경우에는 그 확정판결 후의 범죄로 다루어야 한다(대판 2001.3.13. 2000도4880).

---

8) 대판 1972.5.9. 72도579.
9) 갑이 A죄, B죄, C죄를 차례로 범한 후 C죄에 대한 금고 이상 형의 확정판결을 받고, 그 후에 D죄, E죄를 범한 경우 ABC는 사후적 경합범, DE는 동시적 경합범이 된다. 이때, 제1의 경합범(ABC)과 제2의 경합범(DE)은 서로 경합범이 아니다(참고로, 벌금형 확정 전후 범죄는 금고 이상의 형에 해당되지 않으므로 경합범에 해당됨).

Ⅲ. 경합범의 처벌

1. 동시적 경합범의 처벌

(1) 흡수주의

제38조【경합범과 처벌례】① 경합범을 동시에 판결할 때에는 다음의 구별에 의하여 처벌한다.
1. 가장 중한 죄에 정한 형이 사형 또는 무기징역이나 무기금고인 때에는 가장 중한 죄에 정한 형으로 처벌한다.

제38조【경합범과 처벌례】① 경합범을 동시에 판결할 때에는 다음 각 호의 구분에 따라 처벌한다.
1. 가장 무거운 죄에 대하여 정한 형이 사형, 무기징역, 무기금고인 경우에는 가장 무거운 죄에 대하여 정한 형으로 처벌한다.
[전문개정 2020. 12. 8.]
[시행일 : 2021. 12. 9.] 제38조

사형 또는 무기형인 때에 여기에 다른 형을 부과하거나 그 형을 가중하는 것은 의미가 없고 가혹하기 때문에 흡수주의가 적용된다.

(2) 가중주의

제38조【경합범과 처벌례】① 경합범을 동시에 판결할 때에는 다음의 구별에 의하여 처벌한다.
2. 각죄에 정한 형이 사형 또는 무기징역이나 무기금고 이외의 동종의 형인 때에는 가장 중한 죄에 정한 장기 또는 다액의 그 2분의 1까지 가중하되 각 죄에 정한 형의 장기 또는 다액을 합산한 형기 또는 액수를 초과할 수 없다. 단, 과료와 과료, 몰수와 몰수는 병과할 수 있다.
② 전항 각호의 경우에 있어서 징역과 금고는 동종의 형으로 간주하여 징역형으로 처벌한다.

제38조【경합범과 처벌례】① 경합범을 동시에 판결할 때에는 다음 각 호의 구분에 따라 처벌한다.
2. 각 죄에 대하여 정한 형이 사형, 무기징역, 무기금고 외의 같은 종류의 형인 경우에는 가장 무거운 죄에 대하여 정한 형의 장기 또는 다액(多額)에 그 2분의 1까지 가중하되 각 죄에 대하여 정한 형의 장기 또는 다액을 합산한 형기 또는 액수를 초과할 수 없다. 다만, 과료와 과료, 몰수와 몰수는 병과(倂科)할 수 있다.

② 제1항 각 호의 경우에 징역과 금고는 같은 종류의 형으로 보아 징역형으로 처벌한다.
[전문개정 2020. 12. 8.]
[시행일 : 2021. 12. 9.] 제38조

(3) 병과주의

제38조【경합범과 처벌례】① 경합범을 동시에 판결할 때에는 다음의 구별에 의하여 처벌한다.
3. 각죄에 정한 형이 무기징역이나 무기금고 이외의 이종의 형인 때에는 병과한다.10)

제38조【경합범과 처벌례】① 경합범을 동시에 판결할 때에는 다음 각 호의 구분에 따라 처벌한다.
3. 각 죄에 대하여 정한 형이 무기징역, 무기금고 외의 다른 종류의 형인 경우에는 병과한다.
[전문개정 2020. 12. 8.]
[시행일 : 2021. 12. 9.] 제38조

2. 사후적 경합범의 처벌

경합범 중 판결을 받지 아니한 죄가 있는 때에는 그 죄와 판결이 확정된 죄를 동시에 판결할 경우와 형평을 고려하여 그 죄에 대하여 형을 선고한다. 이 경우 그 형을 감경 또는 면제할 수 있다(임의적 감면, 제39조 제1항).

□ 관련 판례

[1] 형법 제37조의 후단 경합범에 대하여 심판하는 법원은 판결이 확정된 죄와 후단 경합범의 죄를 동시에 판결할 경우와 형평을 고려하여 후단 경합범의 처단형의 범위 내에서 후단 경합범의 선고형을 정할 수 있는 것이고, 그 죄와 판결이 확정된 죄에 대한 선고형의 총합이 두 죄에 대하여 형법 제38조를 적용하여 산출한 처단형의 범위 내에 속하도록 후단 경합범에 대한 형을 정하여야 하는 제한을 받는 것은 아니며, 후단 경합범에 대한 형을 감경 또는 면제할 것인지는 원칙적으로 그 죄에 대하여 심판하는 법원이 재량에 따라 판단할 수 있다.
[2] 무기징역에 처하는 판결이 확정된 죄와 형법 제37조의 후단 경합범의 관계에 있는 죄에 대하여 공소가 제기된 경우, 법원은 두 죄를 동시에 판결할 경우와 형평을 고려하

---

10) 판례는 일죄에 대하여 이종의 형을 병과할 때에도 적용한다(인신매매죄의 경우 징역과 벌금 병과, 제295조).

여 후단 경합범에 대한 처단형의 범위 내에서 후단 경합범에 대한 선고형을 정할 수 있고, 형법 제38조 제1항 제1호가 형법 제37조의 전단 경합범 중 가장 중한 죄에 정한 처단형이 무기징역인 때에는 흡수주의를 취하였다고 하여 뒤에 공소제기된 후단 경합범에 대한 형을 필요적으로 면제하여야 하는 것은 아니다(대판 2008.9.11. 2006도8376).

□ 실체적 경합 관련 판례

① 감금행위가 단순히 강도상해 범행의 수단이 되는 데 그치지 아니하고 강도상해의 범행이 끝난 뒤에도 계속된 경우에는 1개의 행위가 감금죄와 강도상해죄에 해당하는 경우라고 볼 수 없고, 이 경우 감금죄와 강도상해죄는 형법 제37조의 경합범 관계에 있다(대판 2003.1.10. 2002도4380).

② 강도강간죄는 강도가 강간하는 것을 그 요건으로 하므로 부녀를 강간한 자가 강간행위후에 강도의 범의를 일으켜 재물을 강취하는 경우에는 강간죄와 강도죄의 경합범이 성립될 수 있을 뿐이다(대판 1977.9.28. 77도1350).

③ 피해자 명의의 신용카드를 부정사용하여 현금자동인출기에서 현금을 인출하고 그 현금을 취득까지 한 행위는 신용카드업법 제25조 제1항의 부정사용죄에 해당할 뿐 아니라 그 현금을 취득함으로써 현금자동인출기 관리자의 의사에 반하여 그의 지배를 배제하고 그 현금을 자기의 지배하에 옮겨 놓는 것이 되므로 별도로 절도죄를 구성하고, 위 양 죄의 관계는 그 보호법익이나 행위태양이 전혀 달라 실체적 경합관계에 있는 것으로 보아야 한다(대판 1995.7.28. 95도997).

④ 형법 제164조 전단의 현주건조물에의 방화죄는 공중의 생명, 신체, 재산 등에 대한 위험을 예방하기 위하여 공공의 안전을 그 제1차적인 보호법익으로 하고 제2차적으로는 개인의 재산권을 보호하는 것이라고 할 것이나, 여기서 공공에 대한 위험은 구체적으로 그 결과가 발생됨을 요하지 아니하는 것이고 이미 현주건조물에의 점화가 독립연소의 정도에 이르면 동 죄는 기수에 이르러 완료되는 것인 한편, 살인죄는 일신전속적인 개인적 법익을 보호하는 범죄이므로, 이 사건에서와 같이 불을 놓은 집에서 빠져 나오려는 피해자들을 막아 소사케 한 행위는 1개의 행위가 수개의 죄명에 해당하는 경우라고 볼 수 없고, 위 방화행위와 살인행위는 법률상 별개의 범의에 의하여 별개의 법익을 해하는 별개의 행위라고 할 것이니, 현주건조물방화죄와 살인죄는 실체적 경합관계에 있다(대판 1983.1.18. 82도2341).

⑤ 통화위조죄에 관한 규정은 공공의 거래상의 신용 및 안전을 보호하는 공공적인 법익을 보호함을 목적으로 하고 있고, 사기죄는 개인의 재산법익에 대한 죄이어서 양죄는 그 보호법익을 달리하고 있으므로 위조통화를 행사하여 재물을 불법영득한 때에는 위조통화행사죄와 사기죄의 양죄가 성립된다(대판 1979.7.10. 79도840).

⑥ 횡령 교사를 한 후 그 횡령한 물건을 취득한 때에는 횡령교사죄와 장물취득죄의 경

합범이 성립된다(대판 1969.6.24. 69도692).

⑦ 피고인이 자신의 집에 메스암페타민 0.8g을 숨겨두어 소지하다가(이하 '1차 소지행위'라 한다), 그 후 수차에 걸쳐 투약하고 남은 0.38g을 평소 자신의 지배·관리 아래에 있지 않을 뿐 아니라 일반 투숙객들의 사용에 제공되는 모텔 화장실 천장에 숨겨두어 소지한(이하 '2차 소지행위'라 한다) 사안에서, 1차 소지행위와 2차 소지행위는 소지의 장소와 태양 등에 현저한 차이와 변화가 존재하고, 2차 소지행위는 1차 소지행위보다 수사기관의 압수·수색 등에 의하여 발각될 위험성이 훨씬 낮은 것이어서, 그만큼 메스암페타민의 오·남용으로 인한 보건상의 위해로 이어질 가능성이 상대적으로 높아 이들 소지행위는 그 소지죄의 보호법익과 관련하여서도 법익침해의 동일성을 달리할 정도의 차이를 보이고 있으므로, 비록 1차 소지행위와 2차 소지행위가 시간적으로 하나의 계속성을 가지는 소지행위에 포섭되는 것이긴 하지만, 피고인은 2차 소지행위를 통하여 1차 소지행위와는 별개의 실력적 지배관계를 객관적으로 드러냈다고 평가하기에 충분하다는 이유로, 2차 소지행위를 1차 소지행위와 별개의 독립한 범죄로 보고 마약류관리에 관한 법률 위반(향정)의 공소사실을 유죄로 인정한 원심판단을 정당하다고 한 사례(대판 2011.2.10. 2010도16742).

⑧ 배임죄와 횡령죄의 구성요건적 차이에 비추어 보면, 회사에 대한 관계에서 타인의 사무를 처리하는 자가 임무에 위배하여 회사로 하여금 자신의 채무에 관하여 연대보증채무를 부담하게 한 다음, 회사의 금전을 보관하는 자의 지위에서 회사의 이익이 아닌 자신의 채무를 변제하려는 의사로 회사의 자금을 자기의 소유인 경우와 같이 임의로 인출한 후 개인채무의 변제에 사용한 행위는, 연대보증채무 부담으로 인한 배임죄와 다른 새로운 보호법익을 침해하는 것으로서 배임 범행의 불가벌적 사후행위가 되는 것이 아니라 별죄인 횡령죄를 구성한다고 보아야 하며, 횡령행위로 인출한 자금이 선행 임무위배행위로 인하여 회사가 부담하게 된 연대보증채무의 변제에 사용되었다 하더라도 달리 볼 것은 아니다(대판 2011.4.14. 2011도277).

⑨ 구 성매매알선 등 행위의 처벌에 관한 법률(2011. 5. 23. 법률 제10697호로 개정되기 전의 것, 이하 '구 성매매알선 등 처벌법'이라 한다) 제2조 제1항 제2호는 '성매매알선등행위'로 (가)목에서 '성매매를 알선·권유·유인 또는 강요하는 행위'를, (다)목에서 '성매매에 제공되는 사실을 알면서 자금·토지 또는 건물을 제공하는 행위'를 규정하는 한편, 구 성매매알선 등 처벌법 제19조는 '영업으로 성매매알선등행위를 한 자'에 대한 처벌을 규정하고 있는데, 성매매알선행위와 건물제공행위의 경우 비록 처벌규정은 동일하지만, 범행방법 등의 기본적 사실관계가 상이할 뿐 아니라 주체도 다르다고 보아야 한다. 또한 수개의 행위태양이 동일한 법익을 침해하는 일련의 행위로서 각 행위 간 필연적 관련성이 당연히 예상되는 경우에는 포괄일죄의 관계에 있다고 볼 수 있지만, 건물제공행위와 성매매알선행위의 경우 성매매알선행위가 건물제공행위의 필연적 결과라거나 반대로 건물제공행위가 성매매알선행위에 수반되는 필연적 수단이라고도 볼 수 없

다. 따라서 '영업으로 성매매를 알선한 행위'와 '영업으로 성매매에 제공되는 건물을 제공하는 행위'는 당해 행위 사이에서 각각 포괄일죄를 구성할 뿐, 서로 독립된 가벌적 행위로서 별개의 죄를 구성한다고 보아야 한다(대판 2011.5.26. 2010도6090).

제4편 형벌론

제1장 형벌의 의의와 종류
제2장 형의 양정
제3장 누범
제4장 선고유예 · 집행유예 · 가석방
제5장 형의 시효 · 소멸 · 기간
제6장 보안처분

제 1 장

형벌의 의의와 종류

Ⅰ. 형벌의 의의

1. 개념

형벌은 국가가 형벌권에 기한 범죄에 대한 법률상의 효과로서 범죄자에 대하여 책임을 전제로 과하는 법익의 박탈이다. 형벌은 책임을 기초로 과하는 제재인 점에서 범죄인의 위험성을 기초로 하는 보안처분과 구별되며, 징계처분이나 행정벌(과태료, 과징금, 범칙금) 또는 민사상 손해배상책임 등은 형벌이 아니다.

2. 보안처분과 구별

형벌은 행위자의 책임을 기초로 한다는 점에서 행위자의 위험성을 기초로 부과하는 보안처분과 구별된다. 또한, 형벌은 과거의 범죄행위를 대상으로 한다는 점에서 장래의 범죄예방을 지향하는 보안처분과 구별된다.

	보 안 처 분	형 벌
부과의 기초	위 험 성	책 임
작용의 방향	미 래	과 거

Ⅱ. 형벌의 종류(형법 제41조)

1. 개관

형벌은 박탈되는 법익에 따라 생명형, 자유형, 명예형, 재산형으로 나누어진다. 또한 다른 형벌과 관계없이 독자적으로 부과되느냐, 즉, 부가성 여부에 따라 부가형(몰수)과 주형(몰수 이외의 형)으로 나누어진다.

1. 생명형	사형
2. 자유형	징역, 금고, 구류
3. 명예형	자격상실, 자격정지
4. 재산형	벌금, 과료, 몰수

2. 사형

제66조【사형】사형은 형무소 내에서 교수하여 집행한다.

제66조【사형】사형은 교정시설 안에서 교수(絞首)하여 집행한다.
[전문개정 2020. 12. 8.]
[시행일 : 2021. 12. 9.] 제66조

(1) 의의

사형은 수형자의 생명을 박탈하는 형벌로서, 형법에 규정된 형벌 중 가장 중한 형벌이므로 극형이라고도 한다.

(2) 집행방법

사형은 사형장 내에서 교수하여 집행하며, 군형법(제3조)은 총살형을 인정한다.

(3) 사형존폐론

사형은 단 하나밖에 없는 생명, 나아가 한번 침해되면 회복이 불가능한 생명을 국가가 형벌이라는 이름으로 침해하는 것이므로 그것의 존폐에 대하여 대립된 논란이 있다.

사형폐지론	사형존치론
① 사형은 야만적이고 잔인한 비인도적 형벌이다. ② 오판의 경우 구제가 불가능하다. ③ 형벌의 교육, 개선적 효과를 전혀 기대할 수 없다. ④ 사형은 위하의 효과를 전혀 갖지 못한다. ⑤ 사형은 피해자에 대해 응보감정의 만족은 줄 수 있을지언정 피해배상과 구제라는 실리적 목적의 달성에는 전혀 도움이 되지 못한다.	① 사형은 정의의 요청에 부합한다. 뿐만 아니라 사형제도의 존치는 일반인의 법 감정과도 합치한다. ② 사형은 인간이 가장 애착을 느끼는 생명을 박탈하는 것이므로 당연히 위하력을 가지고 있다. ③ 사형은 국가사회의 방위를 위해 필요하다. 특히 우리나라와 같이 남북이 대치되어 있는 상황에서는 국헌을 문란하게 하는 자에 대해서는 적용되어야 할 필요성이 절실해진다. ④ 오판의 예는 극소하다.

헌법재판소와 대법원은 사형제도를 합헌으로 본다(헌재 1996.11.28. 95헌바1; 대판 1995.1.13., 94도2662).

(4) 사형범죄의 범위

절대적 법정형으로 사형만이 규정된 범죄는 여적죄(제93조)뿐이다. 그러나 여적죄도 작량감경의 여지는 남겨져 있으므로 반드시 사형에 처해야 하는 것은 아니다.

상대적 법정형으로 사형과 자유형이 선택적인 범죄에는 내란죄(제87조), 내란목적살인죄(제88조), 외환유치죄(제92조), 모병이적죄(제94조), 시설제공이적죄(제95조), 시설파괴이적죄(제96조), 간첩죄(제98조), 폭발물사용죄(제119조), 방화치사죄(제164조), 살인죄(제250조), 강간살인죄(제301조의2), 인질살인죄(제324조의4), 강도살인죄(제338조), 해상강도살인·치사·강간죄(제340조)가 있다.

3. 자유형

(1) 징역

수형자를 교도소 내에 구치하여 정역에 복무하게 하는 형벌로서(제67조) 자유형 중 가장 중한 형벌이다. 징역에는 무기와 유기의 2종이 있는데, 무기는 기간의 제한이 없는 것으로 종신형의 성격을 가지며, 유기는 1월 이상 30년 이하이지만 형을 가중할 때에는 50년까지 선고할 수 있다(제42조). 징역 또는 금고의 집행 중에 있는 자가 그 행상이 양호하여 개전의 정이 현저한 때에는 무기에 있어서는 20년, 유기에 있어서는 형기의 3분의 1을 경과한 후 행정처분으로 가석방을 할 수 있다(제72조 제1항).

(2) 금고

금고는 수형자를 교도소 내에 구치하는 점에서는 징역과 동일하나 정역에 복무하지 않는 점에서 상이하다. 금고에도 무기와 유기가 있고 그 형기도 징역과 같다.[1]

(3) 구류

기간이 1일 이상 30일 미만(29일까지, 한달부터 징역, 금고)이며, 정역에 복무하지 않는다는 점이 다를 뿐이다(제46조).[2]

4. 재산형

(1) 벌금

제45조 【벌금】 벌금은 5만원 이상으로 한다.[3] 다만 감경하는 경우에는 5만원 미만으로 할 수 있다.

제69조 【벌금과 과료】 ① 벌금과 과료는 판결확정일로부터 30일 내에 납입하여야 한다. 단 벌금을 선고할 때에는 동시에 그 금액을 완납할 때까지 노역장[4]에 유치할 것을 명할 수 있다.

② 벌금을 납입하지 아니한 자는 1일 이상 3년 이하, 과료를 납입하지 아니한 자는 1일 이상 30일 미만의 기간 노역장에 유치하여 작업에 복무하게 한다.

제70조 【노역장유치】 ① 벌금 또는 과료를 선고할 때에는 납입하지 아니하는 경우의 유치기간을 정하여 동시에 선고하여야 한다.

② 선고하는 벌금이 1억원 이상 5억원 미만인 경우에는 300일 이상, 5억원 이상 50억원 미만인 경우에는 500일 이상, 50억원 이상인 경우에는 1,000일 이상의 유치기간을 정하여야 한다.

제70조 【노역장 유치】 ① 벌금이나 과료를 선고할 때에는 이를 납입하지 아니하는 경우의 노역장 유치기간을 정하여 동시에 선고하여야 한다. <개정 2020. 12. 8.>

② 선고하는 벌금이 1억원 이상 5억원 미만인 경우에는 300일 이상, 5억원 이상 50억원 미만인 경우에는 500일 이상, 50억원 이상인 경우에는 1천일 이상의 노역장 유치기간을 정하여야 한다. <신설 2014. 5. 14., 2020. 12. 8.>

[제목개정 2020. 12. 8.]

[시행일 : 2021. 12. 9.] 제70조

---

1) 징역과 금고는 기간으로 경중을 따진다(징역3년<금고5년). 단, 형벌이 같을 때에는 징역이 더 무겁다(정역복무 때문).
2) 구류는 주로 유치장(대용감방)에 구치한다.

제71조【유치일수의 공제】벌금 또는 과료의 선고를 받은 자가 그 일부를 납입한 때에는 벌금 또는 과료액과 유치기간의 일수에 비례하여 납입금액에 상당한 일수를 제한다.

제71조【유치일수의 공제】벌금이나 과료의 선고를 받은 사람이 그 금액의 일부를 납입한 경우에는 벌금 또는 과료액과 노역장 유치기간의 일수(日數)에 비례하여 납입금액에 해당하는 일수를 뺀다.

[전문개정 2020. 12. 8.]

[시행일 : 2021. 12. 9.] 제71조

□ 관련 판례

벌금형에 대한 노역장유치기간의 산정에는 형법 제69조 제2항에 따른 제한이 있을 뿐 그 밖의 다른 제한이 없으므로, 징역형과 벌금형 가운데서 벌금형을 선택하여 선고하면서 그에 대한 노역장유치기간을 환산한 결과 선택형의 하나로 되어 있는 징역형의 장기보다 유치기간이 더 길 수 있게 되었다 하더라도 이를 위법이라고 할 수는 없다(대판 2000.11.24. 2000도3945).

(2) 과료

제47조【과료】과료는 2천원 이상 5만원 미만으로 한다.

(3) 몰수[5]

(가) 의의

범죄의 반복을 방지하거나 범죄로부터 이득을 얻지 못하게 할 목적으로 범죄행위와 관련된 재산을 박탈하여 이를 국고에 귀속시키는 재산형이다.

제48조【몰수의 대상과 추징】① 범인 이외의 자의 소유에 속하지 아니하거나[6] 범죄후 범인 이외의 자가 정을 알면서 취득한 다음 기재의 물건을 전부 또는 일부를 몰수할 수 있다(임의적 몰수).

 1. 범죄행위에 제공하였거나 제공하려고 한 물건[7]
 2. 범죄행위로 인하여 生하였거나 이로 인하여 취득한 물건[8]
 3. 전 2호의 대가로 취득한 물건[9]

② 전항에 기재한 물건을 몰수하기 불가능한 때에는 그 가액을 추징한다.

---

3) 상한선 없다.

4) 구치소, 교도소

5) 이 경우 국가소유가 된다.

③ 문서, 도화, 전자기록 등 특수매체기록(USB 등) 또는 유가증권의 일부가 몰수에 해당하는 때에는 그 부분을 <u>폐기한다.</u>

제48조【몰수의 대상과 추징】 ① 범인 외의 자의 소유에 속하지 아니하거나 범죄 후 범인 외의 자가 사정을 알면서 취득한 다음 각 호의 물건은 전부 또는 일부를 몰수할 수 있다.

　1. 범죄행위에 제공하였거나 제공하려고 한 물건

　2. 범죄행위로 인하여 생겼거나 취득한 물건

　3. 제1호 또는 제2호의 대가로 취득한 물건

② 제1항 각 호의 물건을 몰수할 수 없을 때에는 그 가액(價額)을 추징한다.

③ 문서, 도화(圖畵), 전자기록(電磁記錄) 등 특수매체기록 또는 유가증권의 일부가 몰수의 대상이 된 경우에는 그 부분을 폐기한다.

[전문개정 2020. 12. 8.]

[시행일 : 2021. 12. 9.] 제48조

제49조【몰수의 부가성】 몰수는 타형10)에 부가하여 과한다. 단, 행위자에게 <u>유죄의 재판11)을 아니할 때에도</u>12) 몰수의 요건이 있는 때에는 몰수만을 선고할 수 있다.

---

6) 범인＋무주물＋공범자

　참고) 장물의 경우는 피해자, 즉 범인 이외의 자의 소유에 속하여 몰수할 수 없으나 주인을 알 수 없는 무주물 또는 피해자가 권리를 포기한 경우에는 몰수할 수 있다.

7) 범죄행위의 도구 또는 수단을 말한다(훔친 물건을 싣고 간 차량, 살인에 사용한 칼이나 독약 또는 도박자금으로 사용한 금전 등). 그러나 우연히 범행에 도움을 준 물건(범인이 범죄현장에 타고 간 차량, 피해자를 발로 찰 때 신고 있던 구두)은 범죄행위에 제공된 물건이 아니다. 몰수의 대상은 물건이어야 하나, 여기서의 물건은 유체물에 한하지 않고 권리 또는 이익도 포함된다(대판 1976.9.28. 76도2607). 또한, 압류되어 있는 물건에 제한되지 않는다.

　－ 살인행위에 사용한 칼 등 범죄의 실행행위 자체에 사용한 물건뿐만 아니라 실행행위 착수전 또는 종료후의 행위에 사용한 물건도 범죄행위의 수행에 실질적으로 기여하였다고 인정되는 한 범죄행위에 제공한 물건에 포함되며, 대형할인매장에서 수회 상품을 절취하여 자신의 승용차에 싣고 간 경우에 그 승용차를 몰수할 수 있다(대판 2006.9.14. 2006도4075) : 대형할인매장을 방문하여 수회 절도범행을 저지른 피고인이 절취품인 전기밥솥·해머드릴·소파커버·진공포장기·전화기·안마기·DVD플레이어 등을 운반하는데 이용한 승용차는 형법 제48조 제1항 제1호에 소정의 범죄행위에 제공한 물건이라고 볼 수 있다.

　－ 범죄행위에 제공하려고 한 물건이란 범죄행위에 사용하려고 준비하였으나 실제 사용하지 못한 물건을 의미하는바, 그 물건이 유죄로 인정되는 당해 범죄행위에 제공하려고 한 물건임이 인정되어야 한다(대판 2008.2.14. 2007도10034) : 체포될 당시에 미처 송금하지 못하고 소지하고 있던 자기앞수표나 현금은 장차 실행하려고 한 외국환거래법 위반의 범행에 제공하려는 물건일 뿐, 그 이전에 범해진 외국환거래법 위반의 '범죄행위에 제공하려고 한 물건'으로는 볼 수 없으므로 몰수할 수 없다.

8) 범죄행위로 생한 물건이란 범죄행위로 인하여 비로소 생겨난 물건을 의미한다(문서위조죄의 위조문서). 범죄행위로 취득한 물건이란 범행 당시 이미 존재하였으나 범행으로 인하여 범인이 취득하게 된 물건을 의미한다(불법 채벌한 목재, 도박행위로 인하여 딴 판돈, 재산

(나) 법적 성질 : 부가적 형벌설(판례)

그 주형에 대하여 선고를 유예하는 경우에는 부가할 몰수·추징에 대하여도 선고를 유예할 수 있으나, 그 주형에 대하여 선고를 유예하지 아니하면서 이에 부가할 몰수·추징에 대하여서만 선고를 유예할 수는 없다(대판 1988.6.21. 88도551).

□ 관련 판례

① 주형에 대하여 선고를 유예하는 경우에 그 부가형인 몰수·추징에 대하여도 선고를 유예할 수 있으며, 법인에게 관세법상의 형사책임을 물어 법인을 처벌하는 이상 부가형인 몰수나 추징도 과하여야 한다(대판 1980.12.9. 80도587).

② 형법 제49조 단서를 근거하여 몰수나 추징을 선고하기 위해서는 몰수나 추징의 요건이 공소가 제기된 공소사실과 관련되어 있어야 하고, 공소사실이 인정되지 않는 경우에 이와 별개의 공소가 제기되지 아니한 범죄사실을 법원이 인정하여 몰수나 추징을 선고하는 것은 불고불리의 원칙에 위반되어 불가능하며, 몰수나 추징이 공소사실과 관련이 있다 하더라도 그 공소사실에 관하여 이미 공소시효가 완성되어 유죄의 선고를 할 수 없는 경우에는 몰수나 추징도 할 수 없다(대판 1992.7.28. 92도700). 따라서 우리 법제상 공소의 제기 없이 별도로 몰수만을 선고할 수 있는 제도가 마련되어 있지 아니하므로 실체판단에 들어가 공소사실을 인정하는 경우가 아닌 면소의 경우에는 원칙적으로 몰수도 할 수 없다(대판 2007.7.26. 2007도4556).

③ 형법 제48조 제1항 제1호의 "범죄행위에 제공한 물건"은, 가령 살인행위에 사용한 칼 등 범죄의 실행행위 자체에 사용한 물건에만 한정되는 것이 아니며, 실행행위의 착수 전의 행위 또는 실행행위의 종료 후의 행위에 사용한 물건이더라도 그것이 범죄행

범죄에 의하여 취득한 재물, 향정신성의약품 판매대금).
– 이자약정 없이 금원을 차용한 경우 : 수뢰의 목적이 금전소비대차계약에 의한 금융이익일 때에는 그 금융이익이 뇌물이라고 할 것이고 소비대차의 목적인 금원 그 자체는 뇌물이 아니므로 뇌물자체를 몰수, 추징하도록 되어 있는 형법 각칙 제134조에 의하여 몰수 추징할 것이 아니라, 일반적 규정인 형법총칙 제48조 제1항 제2호에 의하여 범죄행위로 취득한 물건으로 몰수할 것이다(대판 1976.9.28. 75도3607; 대판 2001.5.29. 2001도1570).
9) 장물을 매각하여 얻은 금전, 인신매매대금, 범인을 은닉한 사례로 받은 돈, 범행에 사용된 자동차를 빌려주고 받은 돈 등을 말한다. 그러나 장물의 매각대금인 경우 그 피해자가 있으면 몰수할 수 없으며 환부해야 한다(대판 1969.1.21. 68도1672).
10) 다른 형벌
11) 형선고(부가적 집행유예), 선고유예, 형면제
12) 무죄(특히, 구성요건해당하고 위법성이 있지만 책임이 없는 경우로 예를 들면 12세의 소년이 마약을 한 경우 처벌은 받지 않지만 남은 마약은 몰수할 수 있음)의 경우이다. 그러나 형식재판(관할위반, 공소기각판결, 공소기각결정, 면소판결)은 몰수할 수 없다(뇌물수수한 피고인이 재판중 사망시, 공소시효 완성시 – 면소판결).

위의 수행에 실질적으로 기여하였다고 인정되는 한 위 법조 소정의 제공한 물건에 포함된다. 따라서 대형할인매장에서 수회 상품을 절취하여 자신의 승용차에 싣고 간 경우, 위 승용차는 형법 제48조 제1항 제1호에 정한 범죄행위에 제공한 물건으로 보아 몰수할 수 있다고 한 사례(대판 2006.9.14. 2006도4075).

④ 형법 제48조 제1항 제1호는 몰수할 수 있는 물건으로서 '범죄행위에 제공하였거나 제공하려고 한 물건'을 규정하고 있는데, 여기서 범죄행위에 제공하려고 한 물건이란 범죄행위에 사용하려고 준비하였으나 실제 사용하지 못한 물건을 의미하는바, 형법상의 몰수가 공소사실에 대하여 형사재판을 받는 피고인에 대한 유죄판결에서 다른 형에 부가하여 선고되는 형인 점에 비추어, 어떠한 물건을 '범죄행위에 제공하려고 한 물건'으로서 몰수하기 위하여는 그 물건이 유죄로 인정되는 당해 범죄행위에 제공하려고 한 물건임이 인정되어야 한다. 따라서 체포될 당시에 미처 송금하지 못하고 소지하고 있던 자기앞수표나 현금은 장차 실행하려고 한 외국환거래법 위반의 범행에 제공하려는 물건일 뿐, 그 이전에 범해진 외국환거래법 위반의 '범죄행위에 제공하려고 한 물건'으로는 볼 수 없으므로 몰수할 수 없다고 한 사례(대판 2008.2.14. 2007도10034).

⑤ 피해자로 하여금 사기도박에 참여하도록 유인하기 위하여 고액의 수표를 제시해 보인 경우, 형법 제48조 소정의 몰수가 임의적 몰수에 불과하여 법관의 자유재량에 맡겨져 있고, 위 수표가 직접적으로 도박자금으로 사용되지 아니하였다 할지라도, 위 수표가 피해자로 하여금 사기도박에 참여하도록 만들기 위한 수단으로 사용된 이상, 이를 몰수할 수 있고, 그렇다고 하여 피고인에게 극히 가혹한 결과가 된다고 볼 수는 없다고 한 사례(대판 2002.9.24. 2002도3589).

⑥ 몰수는 반드시 압수되어 있는 물건에 대해서만 하는 것이 아니므로, 몰수대상물건이 압수되어 있는가 하는 점 및 적법한 절차에 의하여 압수되었는가 하는 점은 몰수의 요건이 아니다. 따라서 이미 그 집행을 종료함으로써 효력을 상실한 압수수색영장에 기하여 다시 압수수색을 실시하면서 몰수대상물을 압수한 경우, 압수 자체가 위법하게 됨은 별론으로 하더라도 그것이 위 물건의 효력에는 영향을 미칠 수 없다(대판 2003.5.30. 2003도705). 또한, 판결선고전 검찰에 의하여 압수된 후 피고인에게 환부된 물건에 대하여도 몰수할 수 있다(대판 1977.5.24. 76도400).

⑦ [1] 형법 제48조 제1항의 '범인'에는 공범자도 포함되므로 피고인의 소유물은 물론 공범자의 소유물도 그 공범자의 소추 여부를 불문하고 몰수할 수 있고, 여기에서의 공범자에는 공동정범, 교사범, 방조범에 해당하는 자는 물론 필요적 공범관계에 있는 자도 포함된다.

[2] 형법 제48조 제1항의 '범인'에 해당하는 공범자는 반드시 유죄의 죄책을 지는 자에 국한된다고 볼 수 없고 공범에 해당하는 행위를 한 자이면 족하므로 이러한 자의 소유물도 형법 제48조 제1항의 '범인 이외의 자의 소유에 속하지 아니하는 물건'으로서 이를 피고인으로부터 몰수할 수 있다(대판 2006.11.23. 2006도5586).

⑧ 피고인이 갑에게서 명의신탁을 받아 피고인 명의로 소유권이전등기를 마친 토지 및 그 지상 건물(이하 '부동산'이라고 한다)에서 갑과 공동하여 영업으로 성매매알선 등 행위를 함으로써 성매매에 제공되는 사실을 알면서 부동산을 제공하였다는 내용의 성매매알선 등 행위의 처벌에 관한 법률 위반 공소사실이 유죄로 인정된 사안에서, 갑은 처음부터 성매매알선 등 행위를 하기 위해 부동산을 취득하여 피고인에게 명의신탁한 후 약 1년 동안 성매매알선 등 행위에 제공하였고, 일정한 장소에서 은밀하게 이루어지는 성매매알선 등 행위의 속성상 장소의 제공이 불가피하다는 점, 부동산은 5층 건물인데 2층 내지 4층 객실 대부분이 성매매알선 등 행위의 장소로 제공된 점, 피고인은 부동산에서 이루어지는 성매매알선 등 행위로 발생하는 수익의 자금관리인으로, 갑과 함께 범행을 지배하는 주체가 되어 영업으로 성매매알선 등 행위를 한 점, 부동산의 실질적인 가치는 크지 않은 반면 피고인이 성매매알선 등 행위로 벌어들인 수익은 상당히 고액인 점, 피고인은 초범이나 공동정범 갑은 이와 동종 범죄로 2회 처벌받은 전력이 있을 뿐 아니라 성매매알선 등 행위의 기간, 특히 단속된 이후에도 성매매알선 등 행위를 계속한 점 등을 고려할 때, 부동산을 몰수한 원심의 조치는 정당하다고 한 사례(대판 2013.5.23. 2012도11586).

(다) 종류

종류	내용
임의적 몰수 원칙(원칙)	몰수의 여부는 원칙적으로 법관의 자유재량에 의한다(제48조 제1항, 제49조 단서). 즉, 몰수는 원칙적으로 임의적 몰수이다. 그러나 각칙과 특별법에 필요적 몰수로 하는 경우가 있다.
형법상의 필요적 몰수 (예외)	① 범인 또는 정을 아는 제3자가 뇌물 또는 뇌물에 공할 금품은 몰수한다(제134조). ② 아편에 관한 죄에 제공한 아편, 몰핀이나 그 화합물 또는 아편흡식기는 몰수한다(제206조). ③ 배임수재죄에 의하여 범인이 취득한 재물은 몰수한다(제357조 제3항). ※ 배임증재죄의 경우는 필요적 몰수가 아니다.
특별법상의 필요적 몰수	특별법상의 몰수는 거의 필요적 몰수이다(예 : 과세법상의 금제품 몰수, 주세법에 의한 무면허주류, 전매법에 의한 전매위반물품, 총포 및 화약류단속법 위반의 물건, 수렵법위반의 동물, 마약류관리에 관한 법률 위반의 물품, 특정범죄가중처벌등에관한법률 제13조, 국가보안법 제15조). ※ 범죄행위로 얻은 불법수익과 불법수익에서 유래한 재산까지도 몰수할 수 있도록 규정한 법률 : 공무원범죄에 관한 몰수특례법, 마약류불법거래 방지에 관한 특례법

(라) 추징

몰수 대상물의 전부 또는 일부가 몰수하기 불능인 때에 몰수에 갈음하여 그 가액의 납부를 명하는 부수처분이다. 추징가액산정의 기준시는 판결선고시 가격이다(대판 1991.5.28. 91도352). 추징의 방법은 이익박탈적 성격의 몰수에서는 개별적·분배적 추징을, 징벌적 성격의 몰수에서는 공동연대추징을 한다.

개별적 추징의 원칙은 수인이 공모하여 범행을 한 경우 그 가액을 개별적으로 추징할 것이며, 수수한 금품을 개별적으로 알 수 없는 경우에는 동등하게 추징하여야 한다(대판 1977.3.8. 76도1982).

징벌적 추징(공동연대추징)은 징벌적 성격을 가진 경우 공범자가 각자 직접물건을 처분하여 실제로 이익을 얻은 자에 대해서만 추징하는 것이 아니라 공범자 각자에 대하여 그 가격전부의 추징을 명하는 경우이다. 관세법위반, 향정신성의약품관리법위반, 외환관리법위반 등의 경우에 징벌적 추징을 긍정하고 있다.

□ 관련 판례

형법 제134조는 뇌물에 공할 금품을 필요적으로 몰수하고 이를 몰수하기 불가능한 때에는 그 가액을 추징하도록 규정하고 있는바, 몰수는 특정된 물건에 대한 것이고 추징은 본래 몰수할 수 있었음을 전제로 하는 것임에 비추어 뇌물에 공할 금품이 특정되지 않았던 것은 몰수할 수 없고 그 가액을 추징할 수도 없다(대판 1996.5.8. 96도221).

□ 관련 판례

① 몰수의 취지가 범죄에 의한 이득의 박탈을 그 목적으로 하는 것이고 추징도 이러한 몰수의 취지를 관철하기 위한 것이라는 점을 고려하면 몰수하기 불능한 때에 추징하여야 할 가액은 범인이 그 물건을 보유하고 있다가 몰수의 선고를 받았더라면 잃었을 이득상당액을 의미한다고 보아야 할 것이므로 그 가액산정은 재판선고시의 가격을 기준으로 하여야 할 것이다(대판 1991.5.28. 91도352).
② 피고인이 범죄행위로 취득한 주식이, 판결 선고 전에 그 발행회사가 다른 회사에 합병됨으로써 판결 선고시의 주가를 알 수 없을 뿐만 아니라, 무상증자 받은 주식과 다시 매입한 주식까지 섞어서 처분되어 그 처분가액을 정확히 알 수 없는 경우, 주식의 시가가 가장 낮을 때를 기준으로 산정한 가액을 추징하여야 한다고 한 원심의 판단을 수긍한 사례(대판 2005.7.15. 2003도4293).
③ 수인이 공모하여 뇌물을 수수한 경우에 몰수불능으로 그 가액을 추징하려면 개별적으로 추징하여야 하고 수수금품을 개별적으로 알 수 없을 때에는 평등하게 추징하여야 한다(대판 1975.4.22. 73도1963).
④ 구 변호사법(2000. 1. 28. 법률 제6207호로 전문 개정되기 전의 것) 제94조의 규정에

의한 필요적 몰수 또는 추징은 같은 법 제27조의 규정에 위반하거나 같은 법 제90조 제1호, 제2호 또는 제92조의 죄를 범한 자 또는 그 정을 아는 제3자가 받은 금품 기타 이익을 그들로부터 박탈하여 그들로 하여금 부정한 이익을 보유하지 못하게 함에 그 목적이 있는 것이고, 같은 법 제90조 제2호에 규정한 죄를 범하고 이자 및 반환에 관한 약정을 하지 아니하고 금원을 차용하였다면 범인이 받은 실질적 이익은 이자 없는 차용금에 대한 금융이익 상당액이므로 이 경우 위 법조에서 규정한 몰수 또는 추징의 대상이 되는 것은 차용한 금원 그 자체가 아니라 위 금융이익 상당액이다(대판 2001.5.29. 2001도1570).

⑤ 정치자금에관한법률 제30조 제3항의 규정에 의한 필요적 몰수 또는 추징은 같은 법 제30조 제1항 및 제2항을 위반한 자에게 제공된 금품 기타 재산상 이익을 그들로부터 박탈하여 그들로 하여금 부정한 이익을 보유하지 못하게 함에 그 목적이 있는 것이므로, 대통령 선거와 관련하여 같은 법 제30조 제1항을 위반하여 정치자금을 수수하거나 같은 법 제30조 제2항 제6호, 제14조에 위반하여 정치자금의 기부알선을 하는 과정에서 알선자가 정치자금을 받은 경우에, 교부받은 금품을 제공한 자의 뜻에 따라 당이나 후보자 본인에게 전달한 경우에는 그 부분의 이익은 실질적으로 범인에게 귀속된 것이 아니어서 이를 제외한 나머지 금품만을 몰수하거나 그 가액을 추징하여야 한다(대판 2004.4.27. 2004도482).

⑥ 성매매알선 등 행위의 처벌에 관한 법률 제25조의 규정에 의한 추징은 성매매알선 등 행위의 근절을 위하여 그 행위로 인한 부정한 이익을 필요적으로 박탈하려는데 그 목적이 있으므로, 수인이 공동하여 성매매알선 등 행위를 하였을 경우 그 범죄로 인하여 얻은 금품 그 밖의 재산을 몰수할 수 없을 때에는, 공범자 각자가 실제로 얻은 이익의 가액을 개별적으로 추징하여야 하고 그 개별적 이득액을 알 수 없다면 전체 이득액을 평등하게 분할하여 추징하여야 하며, 공범자 전원으로부터 이득액 전부를 공동으로 연대하여 추징할 수는 없다(대판 2009.5.14. 2009도2223).

⑦ 관세법상 추징은 일반 형사법에서의 추징과는 달리 징벌적 성격을 띠고 있어 여러 사람이 공모하여 관세를 포탈하거나 관세장물을 알선, 운반, 취득한 경우에는 범칙자의 1인이 그 물품을 소유하거나 점유하였다면 그 물품의 범칙 당시의 국내도매가격 상당의 가액 전액을 그 물품의 소유 또는 점유사실의 유무를 불문하고 범칙자 전원으로부터 각각 추징할 수 있고, 범인이 밀수품을 소유하거나 점유한 사실이 있다면 압수 또는 몰수가 가능한 시기에 범인이 이를 소유하거나 점유한 사실이 있는지 여부에 상관없이 관세법 제282조에 따라 몰수 또는 추징할 수 있다(대판 2007.12.28. 2007도8401).

⑧ [다수의견] 외국환관리법상의 몰수와 추징은 일반 형사법의 경우와 달리 범죄사실에 대한 징벌적 제재의 성격을 띠고 있다고 할 것이므로, 여러 사람이 공모하여 범칙행위를 한 경우 몰수대상인 외국환 등을 몰수할 수 없을 때에는 각 범칙자 전원에 대하여 그 취득한 외국환 등의 가액 전부의 추징을 명하여야 하고, 그중 한 사람이 추징금 전액을

납부하였을 때에는 다른 사람은 추징의 집행을 면할 것이나, 그 일부라도 납부되지 아니하였을 때에는 그 범위 내에서 각 범칙자는 추징의 집행을 면할 수 없다.

[반대의견] 형벌법규는 죄형법정주의의 내용인 유추해석의 금지나 명확성의 원칙상 문리에 따라 해석하여야 한다. 외국환관리법상의 추징의 성격이 징벌적인가 아니면 이익박탈적인가의 여부는 먼저 외국환관리법상의 추징에 관한 규정을 문리해석하여 그 결과에 따라 판단해야 할 것이다. 다수의견이 외국환관리법의 입법목적까지를 고려하여 그 추징에 징벌적 제재의 성격을 강조하는 이유는, 외국환관리법위반 사범의 단속과 일반 예방의 철저를 기하기 위한 것으로 보여 타당한 면이 없지 아니하다. 그러나 외국환관리법위반 사범의 단속과 일반예방의 철저를 기할 필요가 있다면 그것은 주형을 엄하게 하여 그 목적을 달성해야 할 것이지, 부가형인 몰수에 대한 환형처분에 불과한 추징으로 이를 달성하려고 할 것은 아니라고 생각될 뿐만 아니라, 이는 추징의 본질이나 보충성에 비추어 보더라도 그 한계를 벗어나는 것이라고 하지 않을 수 없다. 다수의견에 따르면 여러 가지 논리상 모순이 생기고 따라서 외국환관리법상의 추징을 공동연대 추징으로 보는 것은 타당하지 아니하므로, 몰수의 대상이 된 외국환 등을 '취득한 사람'만이 추징의 대상자가 되는 것으로 해석함이 마땅하다. 외국환관리법상의 추징은 관세법상의 추징과는 그 조문의 규정내용과 형식이 모두 다르다. 다만 외국환관리법상의 추징이 외국환 등의 취득에 소요된 비용 내지 대가의 유무·다과를 고려함이 없이 그 가액 전부를 추징한다는 점에서 그 성격이 이익박탈적이기보다는 징벌적이라고 볼 여지가 없지 아니하나, 그렇다고 하여 관련 규정의 문언과 공동연대 추징의 문제점 등에도 불구하고 굳이 외국환관리법위반의 경우까지 공동연대 추징의 유추해석을 도출하는 것은 죄형법정주의 원칙에 위배된다고 하지 않을 수 없다(대판 1998.5.21. 95도2002 전원합의체).

⑨ 밀항단속법 제4조 제3항의 취지와 위 법의 입법 목적에 비추어 보면, 밀항단속법상의 몰수와 추징은 일반 형사법과 달리 범죄사실에 대한 징벌적 제재의 성격을 띠고 있으므로, 여러 사람이 공모하여 죄를 범하고도 몰수대상인 수수 또는 약속한 보수를 몰수할 수 없을 때에는 공범자 전원에 대하여 그 보수액 전부의 추징을 명하여야 한다(대판 2008.10.9. 2008도7034).

⑩ 마약류관리에 관한 법률상의 추징은 징벌적 성질을 가진 처분이므로 마약류의 소유자나 최종소지인뿐만 아니라 동일한 마약류를 취급한 자들에 대하여도 그 취급한 범위 내에서 가액 전부의 추징을 명하여야 하지만, 그 소유자나 최종소지인으로부터 마약류의 전부 또는 일부를 몰수하였다면 다른 취급자들과의 관계에 있어서도 실질상 이를 몰수한 것과 마찬가지이므로 그 몰수된 마약류의 가액 부분은 이를 추징할 수 없다(대판 2009.6.11. 2009도2819).

⑪ 특정경제범죄가중처벌등에관한법률 제10조 제3항, 제1항에 의한 몰수·추징은 범죄로 인한 이득의 박탈을 목적으로 한 형법상의 몰수·추징과는 달리 재산국외도피 사범

에 대한 징벌의 정도를 강화하여 범행 대상인 재산을 필요적으로 몰수하고 그 몰수가 불능인 때에는 그 가액을 납부하게 하는 소위 징벌적 성격의 처분이라고 보는 것이 상당하므로 그 도피재산이 피고인들이 아닌 회사의 소유라거나 피고인들이 이를 점유하고 그로 인하여 이득을 취한 바가 없다고 하더라도 피고인들 모두에 대하여 그 도피재산의 가액 전부의 추징을 명하여야 한다(대판 2005.4.29. 2002도7262).

⑫ 형법 제48조, 제49조, 사면법 제5조 제1항 제2호, 제7조 등의 규정 내용 및 취지에 비추어 보면, 추징은 부가형이지만 징역형의 집행유예와 추징의 선고를 받은 사람에 대하여 징역형의 선고의 효력을 상실케 하는 동시에 복권하는 특별사면이 있는 경우에 추징에 대하여도 형 선고의 효력이 상실된다고 볼 수는 없다(대결 1996.5.14. 96모14).

⑬ 피고인이 뇌물로 받은 주식이 압수되어 있지 않고 주주명부상 피고인의 배우자 명의로 등재되어 있으며, 위 배우자는 몰수의 선고를 받은 자가 아니어서 그에 대해서는 몰수물의 제출을 명할 수도 없고, 몰수를 선고한 판결의 효력도 미치지 않는 등의 이유로 위 주식을 몰수함이 상당하지 아니하다고 보아 몰수하는 대신 그 가액을 추징할 수 있다고 한 사례(대판 2005.10.28. 2005도5822).

⑭ 변호사가 형사사건 피고인으로부터 담당 판사에 대한 교제 명목으로 받은 돈의 일부를 공동 변호 명목으로 다른 변호사에게 지급한 경우, 이는 변호사법 위반으로 취득한 재물의 소비방법에 불과하므로 위 돈을 추징에서 제외할 수 없다고 한 사례(대판 2006.11.23. 2005도3255).

5. 명예형

(1) 의의

명예형이란 범죄인의 명예 내지 자격을 박탈·정지하는 형벌이다. 엄밀히 말하면 형법은 명예가 아니라 자격만을 박탈·정지하고 있다(형벌이냐 행정처분이냐의 논란이 있지만 '청소년의성보호에관한법률'에 규정된 성범죄자의 신상공개가 명예의 박탈에 해당한다는 견해가 있음).

(2) 종류

(가) 자격상실

일정한 형(사형, 무기징역 또는 무기금고)의 선고가 있으면 부수적 효과로서 '당연히' 일정한 자격이 상실되는 것을 말한다. 즉, 자격상실은 보통의 형벌처럼 '피고인을 ○년의 자격상실에 처한다'라는 형태로 선고되는 것이 아니다. 따라서 자격상실은 일종의 부가형적인 성격을 갖고 있다.

상실되는 자격으로는 공무원이 되는 자격, 공법상의 선거권과 피선거권, 법률로 요건을 정한 공법상의 업무에 관한 자격, 법인의 이사·감사 또는 지배인 기타 법인의 업무에 관한 검사역이나 재산관리인 되는 자격이다(제43조 제1항).

(나) 자격정지

수형자의 일정한 자격을 일정한 기간 동안 정지시키는 형벌로서, 이에는 일정한 형을 선고받으면 당연히 일정한 자격이 정지되는 것(당연정지)13)과 자격정지형의 선고에 의하여 자격이 정지되는 것(선고정지)14)이 있다.

당연정지의 경우 유기징역 또는 유기금고의 판결을 받은 자에게 그 형의 집행이 종료되거나 면제될 때까지 일정한 자격이 당연히 정지되는 것을 말한다(제43조 제2항). 그 대상은 공무원이 되는 자격(제43조 제1항 제1호), 공법상의 선거권과 피선거권(제2호), 법률로 요건을 정한 공법상의 업무에 관한 자격(제3호)이다. 다만, 이 경우에 법인의 이사, 감사 또는 지배인 기타 법인의 업무에 관한 검사역이나 재산관리인이 되는 자격(제4호)은 정지되지 않는다.

선고정지는 자격정지형의 선고에 의하여 일정한 자격이 정지되는 경우로서 그 기간은 1년 이상 15년 이하이다(제44조 제1항).15)

Ⅲ. 형의 경중

> **제50조【형의 경중】** ① 형의 경중은 제41조 기재의 순서에 의한다. 단, 무기금고와 유기징역은 금고를 중한 것으로 하고 유기금고의 장기가 유기징역의 장기를 초과하는 때에는 금고를 중한 것으로 한다.
> ② 동종의 형은 장기의 긴 것과 다액의 많은 것을 중한 것으로 하고 장기 또는 다액이 동일한 때에는 그 단기의 긴 것과 소액의 많은 것을 중한 것으로 한다.
> ③ 전2항의 규정에 의한 외에는 죄질과 범정에 의하여 경중을 정한다.
> **제50조【형의 경중】** ① 형의 경중은 제41조 각 호의 순서에 따른다. 다만, 무기금고와 유기징역은 무기금고를 무거운 것으로 하고 유기금고의 장기가 유기징역의 장기를 초과하는 때에는 유기금고를 무거운 것으로 한다.

---

13) 징역 2년의 경우 2년간 자격정지

14) 징역 2년, 자격정지 5년 선고의 경우 총 자격정지는 7년(당연정지 2년 + 선고정지 5년)

15) 각칙상 자격정지가 다른 형벌과 선택형으로 규정된 경우에는 자격정지만을 단독으로 과할 수도 있고, 유기징역 또는 유기금고에 병과할 수도 있는데, 병과한 때에는 징역 또는 금고의 집행을 종료하거나 면제된 날로부터 정지기간을 기산한다(제44조 제2항). 그러나 선택형으로 과해진 때에는 판결이 확정된 날로부터 즉시 기산된다(판례).

② 같은 종류의 형은 장기가 긴 것과 다액이 많은 것을 무거운 것으로 하고 장기 또는 다액이 같은 경우에는 단기가 긴 것과 소액이 많은 것을 무거운 것으로 한다.
③ 제1항 및 제2항을 제외하고는 죄질과 범정(犯情)을 고려하여 경중을 정한다.
[전문개정 2020. 12. 8.]
[시행일 : 2021. 12. 9.] 제50조

제41조【형의 종류】형의 종류는 다음과 같다.
1. 사형 2. 징역 3. 금고 4. 자격상실 5. 자격정지
6. 벌금 7. 구류16) 8. 과료 9. 몰수17)

무기금고와 유기징역은 금고를 중한 것으로 하고, 유기금고의 장기가 유기징역의 장기를 초과하는 때에는 금고를 중한 것으로 한다(제50조 제1항 단서).

장기의 긴 것과 다액의 많은 것을 중한 것으로 하고, 장기 또는 다액이 동일한 때에는 그 단기의 긴 것과 소액의 많은 것을 중한 것으로 한다(동조 제2항). 따라서 장기가 길거나 다액이 많은 경우에는 단기가 짧거나 소액이 적더라도 중한 형이 된다.

처단형과 선고형의 경중기준은 명문규정이 없으나 판례는 제50조의 취지에 따라 그 경중을 논한다. 구체적인 판례의 경우, 형의 집행유예와 집행면제 중에는 집행면제가 더 중하며, 징역형의 선고유예와 벌금형 중에서는 벌금형이 더 중하다.18) 또한, 징역과 집행유예가 있는 징역 중에서 집행유예된 징역형의 형기가 더 길면 집행유예가 없는 더 짧은 징역형보다 중하다.

---

16) 약식재판에서 부과하지 못한다.
17) 즉결심판에서 부과하지 못한다.
18) 선고유예＜벌금＜집행유예＜집행면제

제2장

형의 양정

제1절 의의

유죄가 인정된 사건에 대하여 법정형에 법률상의 가중·감경 또는 작량감경을 하여 얻어진 처단형의 범위 내에서 범인과 범행 등에 관련된 제반정황을 고려하여 구체적으로 선고할 형의 종류와 양을 정하는 것(양형)을 말한다.

□ 관련 판례

법관은 양형을 함에 있어 법정형에서 형의 가중·감면 등을 거쳐 형성된 처단형의 범위 내에서 양형의 조건을 참작하여 선고형을 정하여야 한다(대판 2008.10.23. 2008도7543).

제2절 형의 가중·감경

Ⅰ. 형의 가중

형의 가중은 법률에 명시된 경우에만 할 수 있고, 법률의 규정 없이 법관이 가중하는 재판상 가중은 허용되지 않는다.

법률상 가중 사유도 필요적 가중만 인정되고 이를 다시 일반적 가중사유와 특수적 가중사유로 나눌 수 있다.

일반적 가중사유	일반적으로 모든 범죄에 공통되는 가중사유로 형법 총칙에 규정되어 있다.	① 특수교사·방조의 가중(제34조 제2항) 　• 교사 : 장기·다액의 2분의 1까지 가중 　• 방조 : 정법의 형으로 처벌 ② 누범가중(제35조) : 장기의 2배까지 가중 ③ 경합범가중(제38조) : 장기·다액의 2분의 1까지 가중
특수적 가중사유	특정범죄에 대해서만 가중할 수 있도록 형법 각칙의 특별구성요건이 규정하고 있는 사유를 말한다.	① 상습범 가중(제203조, 제264조, 279조, 제285조, 제332조, 제351조 등) ② 특수범죄의 가중 　• 특수공무방해죄(제144조) : 2분의 1까지 가중 　• 특수체포·감금죄(제278조) : 2분의 1까지 가중

Ⅱ. 형의 감경

법률상의 감경·감면사유에는 해당하면 반드시 감경·감면하여야 하는 필요적인 것과 당해 사유에 해당하더라도 법관의 재량에 맡겨져 있는 임의적인 것이 있다. 법률상 감경사유가 수개 있는 때에는 거듭 감경할 수 있다(제55조 제2항).

구분	분류	내용
법률상 감면	필요적 감경[1]	농아자(제11조), 종범(제32조 제2항)
	임의적 감경[2]	장애미수(제25조 제2항), 심신미약자(제10조 제2항), 범죄단체의 조직(제114조 제1항 단서), 약취·유인죄(제295조의2), 인질강요 등 죄의 인질석방(제324조의6), 작량감경(제53조)
	필요적 감면[3]	중지미수(제26조), 내란죄·외환죄·외국에 대한 사전죄·폭발물사용죄·방화죄·통화위조죄의 예비·음모자가 그 목적

---

1) 법원이 재량의 여지없이 반드시 형을 감경해야 하는 사유
2) 법원이 재량으로 형을 감경할 수 있는 사유
3) 감경이나 면제

법률상 감면	필요적 감면	한 범죄의 실행에 이르기 전에 자수한 때, 위증·모해위증(제154조)·무고죄(제157조)에 있어 재판 또는 징계처분이 확정되기 전에 자백 또는 자수한 때, 장물범과 본범 간에 제328조 제1항의 신분관계가 있는 때(제365조 제2항), 외국에서 받은 형의 집행(제7조)
	임의적 감면	과잉방위·과잉피난·과잉자구행위(제21조 제2항 등), 불능미수(제27조), 자수·자복(제52조)

Ⅲ. 재판상 감경(작량감경)

> 제53조【작량감경】범죄의 정상에 참작할 만한 사유가 있는 때에는 작량하여 그 형을 감경할 수 있다.
>
> 제53조【정상참작감경】범죄의 정상(情狀)에 참작할 만한 사유가 있는 경우에는 그 형을 감경할 수 있다.
> [전문개정 2020. 12. 8.]
> [시행일 : 2021. 12. 9.] 제53조

범죄의 정상에 참작할 만한 사유란 범죄의 모든 정황을 종합적으로 관찰하여 형을 감경함이 상당하다고 인정되는 경우를 말한다(판례).

재판상의 감경이란 법률상의 특별한 감경사유가 없을지라도 범죄의 정상에 참작할 만한 사유가 있는 때에 작량하여 그 형을 감경할 수 있는 것을 말하며, 이를 작량감경이라고도 한다.[4] 법률상 형을 감경한 후에도 제55조의 범위 내에서 다시 작량감경을 할 수 있으나, 작량감경사유가 수개 있을 경우 거듭 감경할 수는 없다. 즉, 작량감경은 1회만 가능하다.

제3절 형의 가감례

형의 가중·감경의 순서와 그 정도 및 방법에 관한 준칙을 말한다.

---

4) 판사가 마지막에 재량으로 한번만 감경 가능

Ⅰ. 형의 가중·감경의 순서

제54조【선택형과 작량감경】 1개의 죄에 정한 형이 수종인 때에는 먼저 적용할 형을 정하고 그 형을 감경한다.

제54조【선택형과 정상참작감경】 한 개의 죄에 정한 형이 여러 종류인 때에는 먼저 적용할 형을 정하고 그 형을 감경한다.

[전문개정 2020. 12. 8.]

[시행일 : 2021. 12. 9.] 제54조

제56조【가중감경의 순서】 형을 가중 · 감경할 사유가 경합된 때에는 다음 순서에 의한다.

1. 각칙 본조에 의한 가중 2. 제34조제2항의 가중 3. 누범가중 4. 법률상 감경 5. 경합범가중 6. 작량감경

제56조【가중·감경의 순서】 형을 가중·감경할 사유가 경합하는 경우에는 다음 각 호의 순서에 따른다.

1. 각칙 조문에 따른 가중

2. 제34조제2항에 따른 가중

3. 누범 가중

4. 법률상 감경

5. 경합범 가중

6. 정상참작감경

[전문개정 2020. 12. 8.]

[시행일 : 2021. 12. 9.] 제56조

　　1개의 죄에 정한 형이 다종인 때에는 먼저 적용할 형을 선택하고 그 형을 감경한다(제54조).

　　형의 가중·감경사유가 경합할 경우 가중·감경의 순서는 다음과 같다.

　　각칙 본조에 의한 가중(상습가중) → 제34조 제2항(특수교사·방조)의 가중 → 누범가중(장기 2배) → 법률상 감경(거듭감경 가능) → 경합범가중 → 작량감경(오직 1번만)의 순서에 의한다(제56조).[5]

---

5) 문제) 농아자이면서 맹인인 갑이 A죄(1년 이상 10년 이하 징역형)를 3월 5일에, B죄(2년 이하 징역형)를 4월 7일에 저질렀을 때 처단형의 범위는?

　　답) 가중사유는 1개(경합범 가중)이고, 감경사유도 1개(법률상 감경)이다. 따라서 형의 가감 순서에 의하여 법률상 감경을 먼저 해주고 경합범 가중을 다음으로 해준다. 먼저, 법률상 감경을 하는데 맹인은 해당사항이 없고 농아자의 경우 필요적 감경 대상이므로

- 일반적 가중사유 : 경합범, 누범, 특수교사·방조
- 상습범 : 상해, 폭행, 협박, 체포·감금, 강간, 절도, 사기·공갈, 아편 → 장단기 1/2 가중
- 상습범에 직접 가중된 형을 규정한 경우 : 강도죄, 도박죄, 장물죄

Ⅱ. 형의 가중·감경의 정도와 방법

형의 가중의 정도는 유기징역·금고에 대하여 형을 가중하는 때에는 50년까지로 하며(제42조 단서), 가중의 경우는 장기만을 가중한다. 누범, 경합범 및 특수교사·방조는 일반적 가중사유로 그 가중정도는 별도로 법정되어 있다(제35조, 제38조, 제34조 제2항).

형의 감경의 정도와 방법은 다음과 같다.

제55조【법률상의 감경】 ① 법률상의 감경은 다음과 같다.
1. 사형을 감경할 때에는 무기 또는 20년 이상 50년 이하의 징역 또는 금고로 한다.
2. 무기징역 또는 무기금고를 감경할 때에는 10년 이상 50년 이하의 징역 또는 금고로 한다.
3. 유기징역 또는 유기금고를 감경할 때에는 그 형기의 2분의 1로 한다.[6]
4. 자격상실을 감경할 때에는 7년 이상의 자격정지로 한다.
5. 자격정지를 감경할 때에는 그 형기의 2분의 1로 한다.
6. 벌금을 감경할 때에는 그 다액의 2분의 1로 한다.[7]
7. 구류를 감경할 때에는 그 장기의 2분의 1로 한다.
8. 과료를 감경할 때에는 그 다액의 2분의 1로 한다.
② 법률상 감경할 사유가 수개 있는 때에는 거듭 감경할 수 있다.

A죄는 장기와 단기 모두 2분의 1을 감경하여 6월 이상 5년 이하 징역이 되며, B죄도 감경을 하는데 단기가 1월로 2분의 1을 감경하면 15일로 징역형이 되지 않으므로 단기는 1월 이상으로 하고 장기는 1년 이하 징역이 된다. 다음으로 경합범 가중하여 동종의 형인 때에는 가장 중한 죄의 장기 또는 다액에 2분의 1까지 가중하므로 A죄가 중하기에 장기를 2분의 1 가중하면 7년 6개월이 되나 장기를 합산한 형기를 초과할 수 없으므로 장기는 6년 이하, 단기도 중한 것인 6월 이상 징역이 된다.
만약, 추가로 최대 감경을 해준다면 작량감경으로 이는 장기와 단기 모두 2분의 1 감경을 해주기에 3월 이상 3년 이하 징역형이 처단형의 범위가 된다(이 중에서 양형을 고려하여 한 시점을 선고하는 것이 선고형임).
6) 장기와 단기
7) 판례는 그 금액의 2분의 1, 즉 소액도 포함한다(대판 1978.4.25. 78도246 전원합의체).

제4절 형의 면제

　범죄가 성립하여 형벌권은 발생하였으나, 일정한 사유로 인하여 형벌을 과하지 아니하는 경우 법률상의 사유에 의한 면제만이 가능하며 재판상의 면제는 인정되지 않는다.

　형집행의 면제와의 구별은 형면제의 판결은 유죄판결의 일종으로 판결확정 전의 사유를 원인으로 하나, 형집행의 면제는 판결확정 후의 사유를 원인으로 형의 구체적인 집행을 면제하는 것이다.

Ⅰ. 형의 감경·감면사유

구분			내용
법률상의 사유	필요적 가중	일반적 가중사유	특수교사·방조(제34조 제2항), 누범(제35조·제36조), 경합범(제38조)
	감경	필요적 감경사유	농아자(제11조), 종범(제32조 제2항)
		임의적 감경사유	장애미수(제25조 제2항), 심신미약자(제10조 제2항), 범죄단체의 조직(제114조 제1항 단서), 약취유인죄·인질강요 등 죄의 인질석방(제295조의2·324조의6)
	감면	필요적 감면사유	중지미수(제26조), 내란죄·외환죄·외국에 대한 사전죄·폭발물사용죄·방화죄·통화위조죄의 예비·음모자가 그 목적한 범죄의 실행에 이르기 전에 자수한 때, 위증·모해위증(제154조)·무고죄(제157조)에 있어 재판 또는 징계처분이 확정되기 전에 자백 또는 자수한 때, 장물범과 본범 간에 제328조 제1항의 신분관계가 있는 때(제365조 제2항), 외국에서 받은 형의 집행(제7조)
		임의적 감면사유	과잉방위·피난·자구행위(제21조 제2항 등), 불능미수(제27조), 자수·자복(제52조)
	필요적 면제	친족간의 특례	친족 또는 동거가족의 본인을 위한 범인은닉(제151조 제2항)과 증거인멸(제155조 제4항) ※ 이 경우는 기대불가능성으로 인한 책임조각사유임(다수설).
		친족 상도례	직계혈족·배우자·동거친족·동거가족 또는 그 배우자 간의 재산범죄 ※ 강도죄·손괴죄는 적용 없음
재판상 사유 (임의적 감경)			작량감경(제53조) ※ 재판상·임의적 가중은 죄형법정주의 원칙상 인정되지 않음

Ⅱ. 자수 · 자복

> 제52조 【자수·자복】 ① 죄를 범한 후 수사책임이 있는 관서에 자수한 대에는 그 형을 감경 또는 면제할 수 있다.
> ② 피해자의 의사에 반하여 처벌할 수 없는 죄에 있어서 피해자에게 자복한 때에도 전항과 같다.
>
> 제52조 【자수, 자복】 ① 죄를 지은 후 수사기관에 자수한 경우에는 형을 감경하거나 면제할 수 있다.
> ② 피해자의 의사에 반하여 처벌할 수 없는 범죄의 경우에는 피해자에게 죄를 자복(自服)하였을 때에도 형을 감경하거나 면제할 수 있다.
> [전문개정 2020. 12. 8.]
> [시행일 : 2021. 12. 9.] 제52조

1. 자수

자수라 함은 범인이 스스로 수사책임이 있는 관서에 자기의 범행을 자발적으로 신고하고 그 처분을 구하는 의사표시를 말하며, 가령 수사기관의 직무상의 질문 또는 조사에 응하여 범죄사실을 진술하는 것은 자백일 뿐 자수로는 되지 않는다.[8)]

자수의 시기에 관하여 신고하는 시기에는 제한이 없다. 즉, 범죄사실의 발각 전후를 불문하여 소송단계 이전이면 충분하다.[9)] 자수의 상대방은 수사기관이다.[10)] 신고의 방법에는 제한이 없고,[11)] 자수의 동기도 불문한다. 단, 범죄사실을 부인하거나 죄의 뉘우침이 없는 자수는 진정한 자수가 아니다.[12)]

---

8) 대판 2006.9.22., 2006도4883.
9) 범죄사실이 발각된 후에 신고하거나, 지명수배를 받은 후에라도 체포 전에 신고한 경우에는 자수이다.
10) 수사기관이 아닌 자에게 자수의 의사를 전하기만 한 경우나 범죄사실을 신고하지 않고 수사권 있는 공무원을 만나거나 주소를 알린 경우, 그리고 제3자에게 전화로 자수의사를 전달하여 달라고 한 것만으로는 자수가 아니다.
11) 범죄인 스스로 출두하지 않고 제3자를 통하여 자수할 수 있다.
12) 형법 제52조 제1항 소정의 자수란 범인이 자발적으로 자신의 범죄사실을 수사기관에 신고하여 그 소추를 구하는 의사표시로서 이를 형의 감경사유로 삼는 주된 이유는 범인이 그 죄를 뉘우치고 있다는 점에 있으므로 범죄사실을 부인하거나 죄의 뉘우침이 없는 자수는 그 외형은 자수일지라도 법률상 형의 감경사유가 되는 진정한 자수라고는 할 수 없다(대판 1994.10.14. 94도2130).

수개의 범죄사실 중 일부에 관하여만 자수한 경우에는 그 부분 범죄사실에 대하여만 자백의 효력이 있다.13)

범죄사실을 신고한 이상 범죄성립요건을 완전히 갖춘 범죄행위라고 인식할 필요는 없으며, 범죄사실에 세부에 다소차이가 있어도 무관하다.

자수의 효과는 임의적 감면사유이다. 즉 법원은 임의적으로 형을 감경 또는 면제할 수 있다.

□ 관련 판례

① 세관 검색시 금속탐지기에 의해 대마 휴대 사실이 발각될 상황에서 세관 검색원의 추궁에 의하여 대마 수입 범행을 시인한 경우, 자발성이 결여되어 자수에 해당하지 않는다고 본 사례(대판 1999.4.13. 98도4560).

② 피고인이 금융기관 직원인 자신의 업무와 관련하여 금품을 수수하였다고 하여 특정경제범죄 가중처벌 등에 관한 법률 위반(수재)죄로 기소된 사안에서, 피고인이 수사기관에 자진 출석하여 처음 조사를 받으면서는 돈을 차용하였을 뿐이라며 범죄사실을 부인하다가 제2회 조사를 받으면서 비로소 업무와 관련하여 돈을 수수하였다고 자백한 행위를 자수라고 할 수 없고, 설령 자수하였다고 하더라도 자수한 이에 대하여는 법원이 임의로 형을 감경할 수 있음에 불과한 것으로서 원심이 자수의 착오 주장에 대하여 판단하지 아니하였다 하여 위법하다고 할 수 없다고 한 사례(대판 2011.12.22. 2011도12041).

③ 범죄사실과 범인이 누구인가가 발각된 후라 하더라도 또 수사기관에 의해 지명수배를 받은 연후라 하더라도 범인이 체포되기 전에 자발적으로 자기의 범죄사실을 수사기관에 신고한 이상 자수로 보아야 할 것이다(대판 1968.7.30. 68도754).

④ 법률상의 형의 감경사유가 되는 자수를 위하여는, 범인이 자기의 범행으로서 범죄성립요건을 갖춘 객관적 사실을 자발적으로 수사관서에 신고하여 그 처분에 맡기는 것으로 족하고, 더 나아가 법적으로 그 요건을 완전히 갖춘 범죄행위라고 적극적으로 인식하고 있을 필요까지는 없다(대판 1995.6.30. 94도1017).

⑤ 수사기관에의 신고가 자발적이라고 하더라도 그 신고의 내용이 자기의 범행을 명백히 부인하는 등의 내용으로 자기의 범행으로서 범죄성립요건을 갖추지 아니한 사실일 경우에는 자수는 성립하지 않고, 일단 자수가 성립하지 아니한 이상 그 이후의 수사과정이나 재판과정에서 범행을 시인하였다고 하더라도 새롭게 자수가 성립할 여지는 없다고 할 것이다(대판 2004.10.14. 2003도3133).

⑥ 피고인이 자수하였다 하더라도 자수한 자에 대하여는 법원이 임의로 형을 감경할 수 있음에 불과한 것으로서 원심이 자수감경을 하지 아니하였다거나 자수감경 주장에 대

---

13) 대판 1994.10.14. 94도2130.

하여 판단을 하지 아니하였다 하여 위법하다고 할 수 없다(대판 2001.4.24. 2001도872).

⑦ 법률상 자수가 성립하려면 범인이 수사기관에 대하여 자발적으로 자기의 범죄사실을 신고하여야 하는 것이므로 내심으로 자수할 것을 결심한 바 있었다 하여 자수로 볼 수 없다(대판 1986.6.10. 86도792).

⑧ 형법 제52조 제1항 소정의 자수란 범인이 자발적으로 자신의 범죄사실을 수사기관에 신고하여 그 소추를 구하는 의사표시로서 이를 형의 감경사유로 삼는 주된 이유는 범인이 그 죄를 뉘우치고 있다는 점에 있으므로 범죄사실을 부인하거나 죄의 뉘우침이 없는 자수는 그 외형은 자수일지라도 법률상 형의 감경사유가 되는 진정한 자수라고는 할 수 없다(대판 1994.10.14. 94도2130).

⑨ 자수서를 소지하고 수사기관에 자발적으로 출석하였으나 자수서를 제출하지 아니하고 범행사실도 부인하였다면 자수가 성립하지 아니하고, 그 이후 구속까지 된 상태에서 자수서를 제출하고 범행사실을 시인한 것을 자수에 해당한다고 인정할 수 없다고 한 사례(대판 2004.10.14. 2003도3133).

⑩ 수개의 범죄사실 중 일부에 관하여만 자수한 경우에는 그 부분 범죄사실에 대하여만 자수의 효력이 있다(대판 1994.10.14. 94도2130).

⑪ 피고인이 검찰의 소환에 따라 자진 출석하여 검사에게 범죄사실에 관하여 자백함으로써 형법상 자수의 효력이 발생하였다면, 그 후에 검찰이나 법정에서 범죄사실을 일부 부인하였다고 하더라도 일단 발생한 자수의 효력이 소멸하는 것은 아니다(대판 2002.8.23. 2002도46).

⑫ 수사기관에 뇌물수수의 범죄사실을 자발적으로 신고하였으나 그 수뢰액을 실제보다 적게 신고함으로써 적용법조와 법정형이 달라지게 된 경우, 자수의 성립을 부인한 사례(대판 2004.6.24. 2004도2003).

⑬ 법인의 직원 또는 사용인이 위반행위를 하여 양벌규정에 의하여 법인이 처벌받는 경우, 법인에게 자수감경에 관한 형법 제52조 제1항의 규정을 적용하기 위하여는 법인의 이사 기타 대표자가 수사책임이 있는 관서에 자수한 경우에 한하고, 그 위반행위를 한 직원 또는 사용인이 자수한 것만으로는 위 규정에 의하여 형을 감경할 수 없다(대판 1995.7.25. 95도391).

2. 자복

(1) 自服의 의의

자복이란 반의사불벌죄(해제조건부범죄), 즉 피해자의 명시한 의사에 반하여 처벌할 수 없는 범죄에서 피해자에게 범죄를 고백하는 것을 말한다.[14]

---

14) 결국, 폭행죄(반의사불벌죄)의 경우 자복과 자수 모두 할 수 있다. 자수는 모든 범죄에 대

(2) 자복의 상대방

자복은 상대방이 수사기관이 아닌 점에서 자수와 구별되나 법적 효과에 있어서는 자수와 동일하다(준자수).

(3) 친고죄 포함여부

친고죄도 포함된다는 견해도 있으나, 판례는 반의사불벌죄가 아닌 범죄(예 : 친고죄)에 대하여 피해자에게 찾아가서 사죄하는 것은 자복이라 할 수 없다고 한다.[15]

(4) 자복의 시기·방법

자수와 동일하다.

(5) 자복의 효과

임의적 감면사유이다. 즉, 법원은 임의적으로 형을 감경 또는 면제할 수 있다. 또한, 자수·자복은 이를 행한 자에게만 효력이 있고 타 공범자에게는 효력이 없으며, 총칙상의 자수·자복은 임의적 감면 사유이나, 각칙상의 자수·자백은 필요적 감면 사유이다.

3. 자수·자백·자복의 구별

구분	자수	자백	자복
의의	범인이 스스로 자기의 범죄사실을 수사기관에 신고하여 소추를 구하는 의사표시이다.	수사기관의 신문을 받고 범죄사실을 자인하는 것이다.	반의사불벌죄(해제조건부 범죄)에서 범죄인이 피해자에게 사전의 범죄를 고백하는 것이다.
주체	범인 자신, 제3자를 통해서도 가능하다.	범인 자신만 가능하다.	범인 자신, 제3자를 통해서도 가능
상대방	수사기관	수사기관	피해자
시기	범죄사실의 발각 전후 불문, 소송단계 이전이면 가능	소송단계에서도 가능(판례)	자수와 동일
효과	총칙 : 임의적 감면 각칙 : 필요적 감면	특정범죄에서 필요적 감면사유	자수와 동일

하여 할 수 있기 때문이다.

15) 원판결이 유지한 제1심 판결이 피고인에게 대하여 인정한 범죄사실은, 미성년자에 대한 간음치상죄(형법 제305조, 제301조, 제297조)에 해당하며, 동 죄는 친고죄가 아니라 할 것이니, 피해자가 고소취소를 하였다고 하여서 공소기각을 하여야 하는 것은 아니고, 또 본건 범행은 피해자의 의사에 반하여 처벌할 수 없는 범죄가 아니므로 원판결이 본건 범행 후 수사기관에 구속되기 전에 피해자의 부모를 찾아가서 사죄한 사실에 대하여 형법 제52조 제2항의 자복에 해당하지 아니한다고 판시한 조처는 정당하다(대판 1968.3.5. 68도105).

Ⅲ. 미결구금

> **제57조【판결선고 전 구금일수의 통산】** ① 판결선고 전의 구금일수는 그 전부가 유기징역, 유기금고, 벌금이나 과료에 관한 유치 또는 구류에 산입한다.
> ② 전항의 경우에는 구금일수의 1일은 징역, 금고, 벌금이나 과료에 관한 유치 또는 구류의 기간의 1일로 계산한다.

범죄의 혐의를 받는 자를 재판이 확정될 때까지 구금하는 것을 말한다(판결선고 전 구금). 판결선고 전의 구금일수는 전부를 유기의 징역 또는 금고, 벌금이나 과료에 관한 환형유치 또는 구류의 기간의 산입한다. 무기형에 대해서는 미결구금일수를 산입할 수 없다. 그리고 미결구금일수 중 그 전부를 산입해야 한다(제57조). 따라서 전혀 산입하지 않거나 구금일수보다 많은 일수를 산입하는 것은 위법이다.

□ 관련 판례

① 형법 제57조 제1항 중 "또는 일부" 부분은 헌법재판소 2009. 6. 25. 선고 2007헌바25 사건의 위헌결정으로 효력이 상실되었다. 그리하여 판결선고 전 미결구금일수는 그 전부가 법률상 당연히 본형에 산입하게 되었으므로, 판결에서 별도로 미결구금일수 산입에 관한 사항을 판단할 필요가 없다고 할 것이다(대판 2009.12.10. 2009도11448).
② 헌법재판소는 형법 제57조 제1항 중 '또는 일부' 부분은 헌법에 위반된다고 선언하였는바, 이로써 판결선고 전의 구금일수는 그 전부가 유기징역, 유기금고, 벌금이나 과료에 관한 유치기간 또는 구류에 당연히 산입되어야 하게 되었고, 병과형 또는 수개의 형으로 선고된 경우 어느 형에 미결구금일수를 산입하여 집행하느냐는 형집행 단계에서 형집행기관이 할 일이며, 법원이 주문에서 이에 관하여 선고하였더라도 이는 마찬가지라 할 것이므로 그와 같은 사유만으로 원심판결을 파기할 수는 없다(대판 2010.9.9. 2010도6924). [수개의 형이 선고된 경우의 미결구금일수 산입]
③ 피고인이 기소중지처분된 신용카드사업법위반 등 피의사실로 27일간 구속되었고, 연이어 사기 등 범행으로 구속되어 사기 등 범행으로 구속기소되었지만 결과적으로 위 구속기간이 사기 등 범행사실의 수사에 실질상 이용되었다 하더라도 위 구금일수를 사기죄의 본형에 산입할 수는 없다(대판 1990.12.11. 90도2337).
④ 판결 선고 전 구금일수의 전부를 본형에 산입하면서 판결에서 그 산입일수를 명시하지 않고 단지 그 전부를 산입한다고만 표시하더라도 구금일수의 일부를 산입하는 경우와는 달리 형의 집행단계에서 소송기록을 통하여 그 산입의 범위가 충분히 확정되므로,

이 때문에 판결주문의 내용이 명확하지 아니하다거나 또는 형사소송법 제321조 제2항에 위배되어 위법하다고 말할 수는 없다(대판 1999.4.15. 99도357 전원합의체).

⑤ 정식재판청구기간을 도과한 약식명령에 기하여 피고인을 노역장에 유치하는 것은 형의 집행이므로 그 유치기간은 형법 제57조가 규정한 미결구금일수에 해당하지 아니한다. 따라서 비록 정식재판청구권회복결정에 의하여 사건을 공판절차에 의하여 심리하는 경우라 하더라도 법원은 노역장 유치기간을 미결구금일수로 보아 이를 본형에 산입할 수는 없고, 그 유치기간은 나중에 본형의 집행단계에서 그에 상응하는 벌금형이 집행된 것으로 간주될 뿐이다(대판 2007.5.10. 2007도2517).

⑥ 형의 집행과 구속영장의 집행이 경합하고 있는 경우에는 구속 여부와 관계없이 피고인 또는 피의자는 형의 집행에 의하여 구금을 당하고 있는 것이어서, 구속은 관념상은 존재하지만 사실상은 형의 집행에 의한 구금만이 존재하는 것에 불과하므로, 즉 구속에 의하여 자유를 박탈하는 것이 아니므로, 인권보호의 관점에서 이러한 미결구금 기간을 본형에 통산할 필요가 없고, 오히려 이것을 통산한다면 하나의 구금으로써 두 개의 자유형의 집행을 동시에 하는 것과 같게 되는 불합리한 결과가 되어 피고인에게 부당한 이익을 부여하게 되므로, 이러한 경우의 미결구금은 본형에 통산하여서는 아니된다(대판 2001.10.26. 2001도4583).

⑦ 피고인이 수사기관에 의해 체포되었다가 당일 석방된 경우, 피고인에 대하여 벌금형을 선고하면서 위 미결구금일수를 노역장유치기간에 산입하여야 함에도 이를 산입하지 아니한 것이 위법하다고 한 사례(대판 2007.2.9. 2006도7837).

⑧ [다수의견]
외국에서 무죄판결을 받고 석방되기까지의 미결구금은, 국내에서의 형벌권 행사가 외국에서의 형사절차와는 별개의 것인 만큼 우리나라 형사법규에 따른 공소의 목적을 달성하기 위하여 필수불가결하게 이루어진 강제처분으로 볼 수 없고, 유죄판결을 전제로 한 것이 아니어서 해당 국가의 형사보상제도에 따라 구금 기간에 상응하는 금전적 보상을 받음으로써 구제받을 성질의 것에 불과하다. 또한 형사절차에서 미결구금이 이루어지는 목적, 미결구금의 집행 방법 및 피구금자에 대한 처우, 미결구금에 대한 법률적 취급 등이 국가별로 다양하여 외국에서의 미결구금으로 인해 피고인이 받는 신체적 자유 박탈에 따른 불이익의 양상과 정도를 국내에서의 미결구금이나 형의 집행과 효과 면에서 서로 같거나 유사하다고 단정할 수도 없다. 따라서 위와 같이 외국에서 이루어진 미결구금을 형법 제57조 제1항에서 규정한 '본형에 당연히 산입되는 미결구금'과 같다고 볼 수 없다.
[대법관 고영한, 대법관 김창석, 대법관 조희대, 대법관 김재형, 대법관 조재연의 반대의견]
형법 제57조 제1항에 의하여서는 외국에서 무죄판결을 받고 석방되기까지의 미결구금일수를 국내에서 선고하는 형에 산입할 수 없으므로, 위 조항과 형법 제7조에 공통적으

로 담긴 인권 보호의 정신을 살려 외국에서 유죄판결에 의하여 형이 집행된 피고인뿐만 아니라 외국에서 미결구금되었다가 무죄판결을 받은 피고인에 대하여도 다시 같은 행위로 국내에서 형을 선고할 경우에는 형법 제7조를 유추적용하여야 할 필요성이 더욱 크다.

다만, 형법 제57조 제1항에 의하여 본형에 산입되는 국내에서의 판결선고 전 구금일수는 공소의 목적을 달성하기 위하여 어쩔 수 없이 이루어진 강제처분기간에 한정된다는 것이 대법원의 일관된 태도이므로, 이러한 해석과의 균형을 위하여, 형법 제7조의 유추적용으로 선고하는 형에 산입할 외국에서의 미결구금은 외국에서 공소의 목적을 달성하기 위하여 이루어진 것에 한정하여야 한다(대판 2017.8.24. 2017도5977 전원합의체).

Ⅳ. 판결의 공시

피해자의 이익이나 피고인의 명예회복을 위해 형의 선고와 동시에 관보 또는 일간신문 등을 통하여 판결의 전부 또는 일부를 공적으로 알리는 것으로 임의적 공시이다.

제58조【판결의 공시】① 피해자의 이익을 위하여 필요하다고 인정할 때에는 피해자의 청구가 있는 경우에 한하여 피고인의 부담으로 판결공시의 취지를 선고할 수 있다.
② 피고사건에 대하여 무죄의 판결을 선고하는 경우에는 무죄판결공시의 취지를 선고하여야 한다. 다만, 무죄판결을 받은 피고인이 무죄판결공시 취지의 선고에 동의하지 아니하거나 피고인의 동의를 받을 수 없는 경우에는 그러하지 아니하다.
③ 피고사건에 대하여 면소의 판결을 선고하는 경우에는 면소판결공시의 취지를 선고할 수 있다.

종류로는 피해자의 이익을 위한 공시와 피고인의 이익을 위한 공시로 나눌 수 있다. 피해자의 이익을 위한 공시는 피해자의 이익을 위하여 필요하다고 인정될 때에 피해자의 청구가 있는 경우에 한하여 피고인의 부담으로 판결공시의 취지를 선고할 수 있다(제58조 제1항). 피고인의 이익을 위한 공시로는 피고사건에 관하여 무죄의 선고를 할시 판결공시의 취지를 선고해야 한다(제58조 제2항). 단, 피고인이 동의하지 않거나 동의를 구할 수 없는 때에는 공시할 수 없다. 그리고 이때는 청구를 요하지 않으며, 피고인은 공시비용을 부담하지 않는다. 아울러 면소판결을 선고할 때도 판결공시의 취지를 선고할 수 있으며(제58조 제3항), 이때도 청구를 요하지 않는다.

제5절 양형조건

Ⅰ. 의의

양형이란 처단형의 범위내에서 법원의 재량으로 범인과 범행 등에 관련된 제반정황을 고려하여 구체적으로 선고할 형을 정하는 것을 말한다.

Ⅱ. 양형의 조건

> 제51조 【양형의 조건】 형을 정함에 있어서는 다음 사항을 참작하여야 한다.
> 1. 범인의 연령, 성행, 지능과 환경
> 2. 피해자에 대한 관계
> 3. 범행의 동기, 수단과 결과
> 4. 범행 후의 정황

양형의 자료는 특별예방목적의 필요성을 판단하는 자료가 된다.[16] 여기서 범인의 성행이란 성격과 행실을 의미한다. 피해자에 대한 관계는 범인과 피해자 사이의 인적관계, 신뢰관계의 유무, 범행유발에 대한 피해자의 책임 등으로 형의 가중요소나 책임의 감경요소가 되는 기능을 한다. 범행의 동기는 행위자의 위험성과 행위책임을 판단하는 중요한 요소가 되고, 행위의 수단은 행위불법에, 행위의 결과는 결과불법에 속하는 객관적 불법요소로서 양형책임의 판단기준이 된다. 범행 후의 정황의 예로서는 개전의 정, 피해자에 대한 사과나 원상회복 등을 들 수 있다.

이중평가의 금지로 양형 참작사항을 고려할 때에 하나의 사실을 이중으로 고려해서는 안된다.[17]

---

16) 전과, 종교, 성별은 ×
17) 전과로 인해 누범가중이 된 경우 전과를 '범인의 성행'으로 다시 고려하거나, 흉기를 사용하여 특수폭행죄로서 법정형이 가중된 경우 이를 '범행수단'으로 다시 고려해서는 안된다.

제 3 장

누범

제1절 서설

제35조【누범】① 금고 이상의 형을 받아 그 집행을 종료하거나 면제를 받은 후[1] 3년
내에 금고 이상에 해당하는 죄를 범한 자는 누범으로 처벌한다.
② 누범의 형은 그 죄에 정한 형의 장기의 2배까지 가중한다.

제35조【누범】① 금고(禁錮) 이상의 형을 선고받아 그 집행이 종료되거나 면제된 후 3
년 내에 금고 이상에 해당하는 죄를 지은 사람은 누범(累犯)으로 처벌한다.
② 누범의 형은 그 죄에 대하여 정한 형의 장기(長期)의 2배까지 가중한다.
[전문개정 2020. 12. 8.]
[시행일 : 2021. 12. 9.] 제35조

Ⅰ. 의의

누범이란 형사정책학에서는 여러 개의 범죄를 반복하여 범한 경우 또는 그
범죄자를 의미하나, 형법에서는 반복된 범죄 중에서 형법 제35조의 요건을 갖춘
경우를 말한다. 즉, 갑이 A죄로 징역 1년을 선고받고 만기출소한 후 3년 이내에
징역 이상의 형에 해당하는 B죄를 범한 경우 B죄가 바로 형법상의 누범이 되는

---

[1] 석방일(종료일)

것이다.

Ⅱ. 누범과 상습범

양자의 요건이 경합하는 경우 병과가 가능하므로 상습범에도 누범가중이 가능하다.[2]

구분	누범	상습범
의미	반복된 처벌	반복된 범죄에 징표된 행위자의 범죄적 경향
판단 기준	범죄의 수	상습적 습벽
요건	– 전과를 요건으로 함. – 동일 죄질일 필요는 없음.	– 전과가 요건이 아님. – 동일죄명 또는 동일죄질 범죄의 반복요구
처벌의 근거	전판결의 경고기능을 무시했다는 행위책임의 가중	상습적 성벽이라는 행위자책임의 가중 (상습범)
형법 규정	총칙(제35조, 제36조)	각칙에서 개별적으로 규정(제246조 제2항 등)
양자의 관계		– 양자의 가중근거가 다르므로 양 사유가 경합하는 경우 거듭 가중할 수 있다. – 상습범에 대한 누범가중[3]뿐만 아니라 상습범을 가중처벌하는 특정범죄가중처벌등에 관한 법률을 위반한 경우에도 누범가중할 수 있다.[4] – 상습범과 누범은 서로 다른 개념으로서 누범에 해당한다고 하여 반드시 상습범이 되는 것이 아니며, 반대로 상습범에 해당한다고 하여 반드시 누범이 되는 것도 아니다.[5]

---

2) 특정범죄가중처벌등에관한법률 제5조의4 제5항의 규정 취지는 같은 법조 제1항, 제3항 또는 제4항에 규정된 죄 또는 그 미수죄로 3회 이상 징역형을 받은 자로서 다시 이를 범하여 누범으로 처벌할 경우에는 상습성이 인정되지 않은 경우에도 상습범에 관한 제1항 내지 제4항 소정의 법정형에 의하여 처벌한다는 뜻이라고 새겨지므로, 제1항 내지 제4항에 정한 형에 다시 누범가중한 형기범위 내에서 처단형을 정하는 것이 타당하다. 그렇다면 원심이 유지한 제1심판결이 피고인의 판시행위에 대하여 특가법 제5조의4 제5항을 적용한 후 다시 형법 제35조에 의하여 누범가중을 한 조치는 정당하고, 이와 달리 위 특가법 제5조의4 제5항이 누범가중의 특례규정임을 전제로 형법 제35조에 의하여 누범가중을 함이 부당하다는 논지는 채용할 수 없다(대판 1994.9.27. 94도1391).
3) 상습범 중 일부 소위가 누범기간 내에 이루어진 이상 나머지 소위가 누범기간 경과 후에 행하여졌더라도 그 행위 전부가 누범관계에 있는 것이다(대판 1982.5.25. 82도600, 82감도115).
4) 특정범죄가중처벌등에 관한 법률 제5조의4 제1항 위반죄가 성립되는 경우에도 형법 제35조 소정의 누범요건을 충족하는 때에는 누범가중을 하여야 한다(대판 1985.7.9. 85도1000).
5) 상습범과 누범은 서로 다른 개념으로서 누범에 해당한다고 하여 반드시 상습범이 되는 것이 아니며, 반대로 상습범에 해당한다고 하여 반드시 누범이 되는 것도 아니다. 또한, 행위자책임에 형벌가중의 본질이 있는 상습범과 행위책임에 형벌가중의 본질이 있는 누범을 단지 평면적으로 비교하여 그 경중을 가릴 수는 없고, 사안에 따라서는 폭력행위 등 처벌

제2절 누범가중의 요건

Ⅰ. 전범의 요건

누범이 되려면 행위자가 직전의 범죄에 의하여 금고 이상의 형을 받았어야 한다. 즉, 직전범죄에 의한 선고형이 금고 이상이어야 한다. 금고 이상의 형에는 금고, 징역, 사형이 해당된다.

자격상실·자격정지·벌금·구류·과료·몰수·노역장 유치 등은 금고보다 가벼운 형이므로 누범전과가 되지 않는다. 그러나 사형·무기징역·무기금고의 형을 선고받은 자가 감형으로 유기형이 되거나 특별사면 또는 형의 시효[6]로 인하여 그 집행이 면제된 때에는 누범전과가 된다.

전범은 고의범·과실범을 불문하며, 그 작용된 법률이 형법인가 특별법 또는 소년법인가도 문제되지 않는다. 형은 실형을 의미하고 집행유예가 붙은 경우에는 누범이 될 수 없다. 전과의 수도 문제되지 않는다.

또한, 형의 선고는 유효하여야 누범전과가 된다. 선고유예나 집행유예 기간을 경과한 경우나 일반사면에 의하여 전범의 형의 선고가 그 효력을 잃게 될 때에는 그 범죄는 누범전과가 될 수 없다. 복권은 사면의 경우와 같이 형의 언도의 효력을 상실시키는 것이 아니라 다만, 형의 언도의 효력으로 인하여 상실 또는 정지된 자격을 회복시킴에 지나지 아니하는 것이므로 복권이 있었다고 하더라도 그 전과사실은 누범 가중사유에 해당한다(대판 1981.4.14. 81도543).[7] 가석방은 가석방의 처분을 받은 후 그 처분의 실효 또는 취소됨이 없이 무기에 있어서는 10년, 유기형에 있어서는 그 잔형기를 경과한 때에는 형의 집행을 종료한 것으로 간주되는 것이므로 아직 가석방 기간 중일 때에는 형집행 종료라고 볼 수 없기 때문에 가석방기간 중의 재범에 대하여는 그 가석방된 전과사실 때문에 누범가중 처벌되지 아니한다.[8]

에 관한 법률 제3조 제4항에 정한 누범의 책임이 상습범의 경우보다 오히려 더 무거운 경우도 얼마든지 있을 수 있다. 이상과 같은 점을 고려하면, 같은 법 제3조 제4항의 누범에 대하여 같은 법 제3조 제3항의 상습범과 동일한 법정형을 정하였다고 하여 이를 두고 평등원칙에 반하는 위헌적인 규정이라고 할 수는 없다(대판 2007.8.23. 2007도4913).

6) 참고) 수사단계 - 공소시효, 재판단계 - 의제공소시효, 집행단계 - 형의 시효
7) 선고에 의한 자격정지 회복
8) 대판 1976.9.14. 76도2071.

외국에서 형의 집행을 받았을 때(제7조) 등 前 범죄로 인한 형의 집행을 종료하거나 면제를 받은 후여야 한다.[9] 따라서 형의 집행이 종료되어야 하므로 전범의 형의 집행 중[10] 또는 집행 전에는 누범의 문제는 일어나지 않는다.

□ 관련 판례

① 형의 선고를 받은 자가 특별사면을 받아 형의 집행을 면제받고, 또 후에 복권이 되었다 하더라도 형의 선고의 효력이 상실되는 것은 아니라 할 것이므로, 1983.5.6 광주지방법원에서 집회 및 시위에 관한 법률위반죄로 징역 1년을 선고받아 복역하다가 같은해 8.12 특별사면으로 출소한 후 3년 이내인 1986.4.2 본건 절도죄를 저지른 피고인에 대하여 누범가중을 한 원심판결은 정당하다(대판 1986.11.11. 86도2004).
② 형의실효등에관한법률에 의하여 형이 실효된 경우에는 형의 선고에 의한 법적 효과가 장래에 향하여 소멸되므로 형이 실효된 후에는 그 전과를 특정범죄가중처벌등에관한법률 제5조의4 제5항 소정의 징역형의 선고를 받은 경우로 볼 수는 없다(대판 2002.10.22. 2002감도39).

Ⅱ. 후범의 요건

전범의 형집행종료 또는 면제 후 3년 내에 금고 이상에 해당하는 죄를 범하여야 한다. 금고 이상에 해당하는 죄란 선고형이 금고 이상인 경우를 말한다(통설·판례). 따라서 유기금고나 유기징역으로 처단할 경우에 한하여 누범 가중할 수 있고, 벌금형으로 선택한 경우에는 누범 가중할 수 없다.[11]

후범의 성질은 전범과 같은 죄명이거나 죄질을 같이하는 동종의 범죄일 것을 요하지 않으며, 고의범인가 과실범인가도 문제되지 않는다. 따라서 누범에 해당하는 전과사실과 새로이 범한 범죄 사이에 일정한 상관관계가 있을 필요는 없다.[12]

누범시효는 전범의 형의 집행을 종료하거나 면제를 받은 후 3년 이내에 후범이 행하여질 것을 요한다. 따라서 전범의 전과 이전에 죄를 범한 경우는 물론 형

---

9) 종료전×/집행중×
10) 형집행정지중×, 집행유예기간중×
11) 3년 내에 범한 범죄에 징역형과 벌금형이 선택형으로 규정되어 있는 경우 징역형을 선택하여 처벌하는 때에만 누범이 될 뿐 벌금형을 선택하여 처벌하는 때에는 누범이 되지 않는다(대판 1982.9.14. 82도1702).
12) 대판 2008.12.24. 2006도1427.

집행종료 후 3년이 경과된 후에 다시 죄를 범한 경우는 누범에 해당한다고 할 수 없다.

기간의 기산점은 전범의 형의 집행을 종료한 날 또는 형집행의 면제를 받은 날이며, 금고 이상에 해당하는 죄를 범한 시기는 실행의 착수시기를 기준으로 결정한다.[13] 예비·음모를 처벌하는 범죄의 경우에는 3년 이내에 예비·음모가 있으면 된다.

상습범에 있어서는 그 일부행위가 누범기간 내(3년)에 이루어지는 한 나머지의 행위가 그 기간경과 후에 이루어졌다 하더라도 그 행위전부가 누범관계에 해당한다.[14]

경합범으로 누범기간 내(3년 이내에 행해진 범죄)에 행해진 범죄만이 누범이 된다.

□ 관련 판례

① 금고 이상의 형을 받고 그 형의 집행유예기간 중에 금고 이상에 해당하는 죄를 범하였다 하더라도 이는 누범가중의 요건을 충족시킨 것이라 할 수 없다(대판 1983.8.23. 83도1600).
② 잔형기간경과 전인 가석방기간중에 본건 범행을 저질렀다면 이를 형법 35조에서 말하는 형집행종료 후에 죄를 범한 경우에 해당한다고 볼 수 없으므로 여기에 누범가중을 할 수 없는 이치라 할 것이다(대판 1976.9.14. 76도2071).

Ⅲ. 누범의 효과

누범의 형은 그 죄의 법정형의 장기의 2배까지 가중한다(제35조 제2항). 장기의 2배까지 가중하지만 제42조 단서에 의한 50년을 초과할 수는 없다. 또한 장기만 가중되므로 단기는 당해 범죄의 형이 그대로 적용된다. 누범에 대해서도 법률상·재판상의 감경이 가능하며, 누범이 경합범인 경우 각죄에 대하여 먼저 누범가중을 한 후 가장 중한 죄의 형으로 처벌한다. 만일 누범이 상상적 경합범일 경우이때도 각죄에 대하여 먼저 누범가중을 한 후 가장 중한 죄의 형으로 처벌한다.[15]

---

13) 대판 2006.4.7. 2005도9858 전원합의체.
14) 대판 1982.5.25. 82도600.

판결선고 후 누범이 발각된 때에 그 선고한 형을 통산하여 다시 형을 정할 수 있다라는 제36조(판결선고 후의 누범발각) 규정의 취지는 범죄인 간의 형평성 및 전과사실 확인을 위한 재판지연의 방지에 있다고 짐작된다. 그러나 피고인에게 전과를 자백할 의무가 없는 이상 전과사실을 판결에 반영하지 못한 것은 법원 측의 귀책사유이고 확정판결에 대해 다시 판결하는 것은 피고인에게 유리한 경우에만 허용되어야 한다는 점에서 볼 때 본 규정은 일사부재리의 원칙에 반한다는 비판이 있다. 그러나 "다시 형을 정한다"라고 함은 다시 재판한다는 의미가 아니고 집행 중인 형에 가중되는 형만을 추가한다는 의미이다. 단, 선고한 형의 집행을 종료하거나 그 집행이 면제된 후에는 예외로 한다(동조 단서). 즉, 누범으로 가중처벌되었어야 할 범죄가 누범인 것이 발각되지 않은 채로 형이 선고되어 이미 집행되었다면 더 이상 문제 삼을 수 없다는 의미이다.

---

15) 법정형이 5년 이상의 유기징역으로 되어 있는 범죄가 누범일 경우 5년 이상의 유기징역의 단기는 5년, 장기는 30년이므로 2배를 가중하면 60년이 처단형이 되나, 제42조 단서에 의해 50년으로 제한된다. 결국, 처단형은 5년 이상 50년 이하의 징역이 된다.

제 4 장

선고유예 · 집행유예 · 가석방

제1절 선고유예[1]

제59조【선고유예의 요건】① 1년 이하의 징역이나 금고, 자격정지 또는 벌금의 형을 선고할 경우에 제51조의 사항을 참작하여 개전의 정상이 현저한 때에는 그 선고를 유예할 수 있다. 단, 자격정지 이상의 형을 받은 전과가 있는 자에 대하여는 예외로 한다.
② 형을 병과할 경우에도 형의 전부 또는 일부에 대하여 그 선고를 유예할 수 있다.
제59조【선고유예의 요건】① 1년 이하의 징역이나 금고, 자격정지 또는 벌금의 형을 선고할 경우에 제51조의 사항을 고려하여 뉘우치는 정상이 뚜렷할 때에는 그 형의 선고를 유예할 수 있다. 다만, 자격정지 이상의 형을 받은 전과가 있는 사람에 대해서는 예외로 한다.
② 형을 병과할 경우에도 형의 전부 또는 일부에 대하여 선고를 유예할 수 있다.
[전문개정 2020. 12. 8.]
[시행일 : 2021. 12. 9.] 제59조

제59조의2【보호관찰】① 형의 선고를 유예하는 경우에 재범방지를 위하여 지도 및 원호가 필요한 때에는 보호관찰을 받을 것을 명할 수 있다.
② 제1항의 규정에 의한 보호관찰의 기간은 1년으로 한다.
제60조【선고유예의 효과】형의 선고유예를 받은 날로부터 2년을 경과한 때에는 면소된 것으로 간주한다.

---

1) 유죄를 저지른 자에게 주는 가장 가벼운 혜택

> 제61조【선고유예의 실효】① 형의 선고유예를 받은 자가 <u>유예기간 중 자격정지 이상의</u> <u>형에 처한 판결이 확정</u>되거나 <u>자격정지 이상의 형에 처한 전과가 발견</u>된 때에는 유예한 형을 **선고한다.**
> ② 제59조의2의 규정에 의하여 <u>보호관찰을 명한 선고유예를 받은 자가 보호관찰기간</u> <u>중에 준수사항을 위반</u>하고 그 정도가 무거운 때에는 유예한 형을 **선고할 수 있다.**

Ⅰ. 의의와 법적 성질

1. 의의

선고유예란 범정[2])이 가벼운 범죄인에게 일정 기간 형의 선고를 미루어두되, 그 기간 동안 범의(범죄의사) 요구를 충족한 경우에는 면소된 것으로 간주하고, 충족하지 못한 때에는 미루어두었던 형을 선고하는 제도이다. 선고유예도 유죄판결의 일종이기 때문에 금고 이상의 형의 선고유예를 받은 사람은 국가공무원이 될 수 없는 등 일정한 불이익이 따른다.

본 제도의 취지는 경미한 범죄를 저지른 사람이 형을 선고받게 되면 전과자가 되어 사회복귀에 지장 받는 것을 방지하기 위한 것으로, 특별예방 목적을 강조한 제도이다.

타 제도와의 관계로 '형 선고 자체를 유예'한다는 점에서 형을 선고하되 집행만 유예하는 집행유예와 다르고, 유예기간중 법이 요구하는 조건을 충족하지 못할 경우 '형의 선고 가능성은 남아 있다'라는 점에서 형면제와 구별된다.

법적 성질은 형을 선고하지 않으므로 변형된 형 집행도 아니고, 선고할 형을 정해둔다는 점에서 보안처분도 아니므로 독자적인 제재 내지 제3의 형사제재로 보는 것이 다수설 입장이다.

2. 요건(제59조 제1항)

1년 이하의 징역이나 금고, 자격정지 또는 벌금의 형을 선고할 경우 이는 선고유예의 대상이 된다.

형은 선고형을 의미하고 법정형을 의미하는 것이 아니다. 즉, 자유형의 경우에는 1년 이하의 선고형이어야 하고, 벌금형의 경우에는 그 금액을 묻지 않고, 범

---

2) 범죄가 이루어진 정황

죄의 종류와는 무관하다. 구류나 과료의 형을 선고할 경우에는 선고유예를 할 수 없다(엄격한 해석).3)

선고유예를 할 형이란 제59조 제2항의 병과를 하는 경우를 제외하고는 주형과 부가형인 몰수나 추징을 포함한 全 처단형을 의미한다. 따라서 주형의 선고를 유예하면 부가형인 몰수나 추징에 대하여도 선고를 유예할 수 있으나, 주형의 선고를 유예하지 않으면서 몰수나 추징에 대하여만 선고를 유예할 수는 없다.4) 형의 선고를 유예하는 경우에도 몰수나 추징만을 선고할 수 있다.5)

양벌규정의 경우 개인에 대한 형벌을 선고유예하면서 법인에 대한 형은 선고유예하지 않아도 무방하다.6)

제59조 제2항에 따르면 형을 병과할 경우에는 형의 전부 또는 일부에 대하여 선고를 유예할 수 있다. 이러한 취지는 예컨대 A형과 B형을 병과할 경우 A and B, 혹은 A의 전부 or B의 전부에 대한 선고유예가 가능하다는 것이다. 따라서 1년 징역형과 100만원 벌금형을 선고할 경우 양자 모두의 선고유예, 징역형의 선고유예, 벌금형의 선고유예는 가능하다(징역형과 벌금형을 병과하면서 징역형에 대하여 집행을 유예하고 벌금형에 대하여는 선고를 유예할 수 있음).7) 이때, 제59조 제2항의 취지는 형을 병과할 경우 하나의 형의 전부에 대하여 선고유예를 선고할 수 있다는 것을 의미하고, 하나의 형의 일부에 대한 선고유예는 허용되지 않는다라는 것이 그 의미이다(1년 징역형 중 6개월만 선고유예할 수는 없음).

---

3) 대판 1993.6.22. 93오1.
4) 대판 1988.6.21. 88도551.
5) 원심은 피고인의 범죄사실에 대하여 징역1년의 주형은 그 선고를 유예하면서 부가형으로 이건 관세포탈로 인하여 취득한 물건의 몰수를 선고함으로써 당원의 종전판례와 상반되는 판결을 하고 있음에 대하여 살펴보건대, 형법 제49조 본문에 의하면 몰수는 타형에 부가하여 과한다라고 하여 몰수형의 부가성을 명정하고 있으나 같은 법조단서는 행위자에게 유죄의 재판을 아니할 때에도 몰수의 요건이 있는 때에는 몰수만을 선고할 수 있다고 규정함으로써 일정한 경우에 몰수의 부가형성에 대한 예외를 인정하고 있는 점으로 보아 형법 제59조에 의하여 형의 선고의 유예를 하는 경우에도 몰수의 요건이 있는 때에는 몰수형만의 선고를 할 수 있다고 해석함이 상당하다 할 것이므로 원판결이 피고인에 대한 형의 선고를 유예하면서 그 판시 관세포탈로 인하여 피고인이 취득한 물건을 몰수한 조치는 적법하다고 본다(대판 1973.12.11. 73도1133 전원합의체); 형법 제59조에 의하여 형의 선고를 유예하는 경우에 그 몰수의 요건이 있는 때에는 몰수형만의 형을 선고할 수 있다고 함이 당원의 견해(대판 1973.12.11. 73도1133 전원합의체 참조)인바, 추징은 그 성질상 몰수와 달리 취급할 것이 못되므로 주형을 선고유예하고 추징을 선고한 조치에 위법이 없다(대판 1981.4.14. 81도614).
6) 대판 1995.12.12. 95도1893.
7) 대판 1976.6.8. 74도1266.

선고유예도 조건부 유죄판결의 일종이므로 형의 선고를 유예하는 판결을 할 경우에는 선고가 유예된 형에 대한 형의 종류와 양을 정해 놓아야 하며, 선고유예하는 형이 벌금형인 경우에는 그 액을 정하지 아니한 채 선고유예 판결을 하면 위법이며,[8] 환형유치기간까지 정해 놓아야 한다.[9]

현저한 개전의 정상이란 모든 양형조건을 고려할 때 죄를 깊이 뉘우쳐 형을 선고하지 않더라도 '재범의 위험성이 없다'라고 인정되는 것이고, 그 판단은 판결시를 기준으로 한다는 것이 다수설의 입장이다. 따라서 범죄사실을 부인하는 경우에도 재범의 위험성이 없다면 선고유예를 할 수 있다.[10]

자격정지 이상의 형을 받은 전과가 없어야 한다는 것은 초범에 대하여만 선고유예가 가능하다는 것이다. 따라서 누범전과가 있는 자에게 벌금형의 선고를 유예하는 것은 위법하다.

형의 집행유예 기간을 무사히 경과하여 선고의 효력이 소멸한 경우라도 자격정지 이상의 전과를 받은 범죄경력 자체는 존재하므로 선고유예 결격사유인 "자격정지 이상의 형을 받은 전과가 있는 자"에 해당한다.[11] 일단 자격정지 이상의 형을 선고 받은 이상 그 후 그 형이 구 형의실효등에관한법률 제7조에 따라 추후 실효되었더라도 이는 선고유예 결격사유인 "자격정지이상의 형을 받은 전과가 있는 자"에 해당한다.[12]

형법 제39조 제1항에 의하여 형법 제37조 후단 경합범 중 판결을 받지 아니한 죄에 대하여 형을 선고하는 경우에 있어서 형법 제37조 후단에 규정된 금고이상의 형에 처한 판결이 확정된 죄의 형도 형법 제59조 제1항 단서에서 정한 선고유예의 예외 사유인 '자격정지 이상의 형을 받은 전과'에 포함된다.[13]

형의 선고를 유예하는 경우에 재범방지를 위하여 지도 및 원호가 필요한 때에는 보호관찰을 받을 것을 명할 수 있으며, 보호관찰의 기간은 1년으로 한다(제59조의2). 보호관찰을 명할 것인가는 법원의 재량이다.

---

8) 대판 1975.4.8. 74도618.
9) 대판 1988.1.9. 86도2654.
10) 대판 2003.2.20. 2001도6138 전원합의체.
11) 대판 2003.12.26. 2003도3768.
12) 대판 2004.10.15. 2004도4869.
13) 대판 2010.7.8. 2010도931.

□ 관련 판례

형법 제59조에 의하여 형의 선고유예를 하는 경우에도 몰수의 요건이 있는 때에는 몰수형만의 선고를 할 수 있다고 해석함이 상당하다(대판 1973.12.11. 73도1133 전원합의체).

Ⅱ. 효과 및 실효

선고유예의 효과로 형의 선고유예를 받은 날로부터 2년을 무사히(자격정지 이상의 형을 받음이 없이) 경과한 때에는 면소된 것으로 간주한다(제60조). 선고유예의 기간은 법관이 결정하는 것이 아니라 법률에 2년으로 정해져 있다.

선고유예의 실효는 형의 선고 자체가 없었던 선고유예에서는 요건에 해당하면 필요적(제61조 제1항) 혹은, 임의적(제61조 제2항)으로 미루어두었던 형을 선고한다.

필요적 실효는 형의 선고유예를 받은 자가 유예기간중 자격정지 이상의 형에 처한 판결이 확정되거나 자격정지 이상의 형에 처한 전과가 발견된 때에는 유예한 형을 선고한다(제61조 제1항). 그러나 사후에 자격정지 이상의 전과가 발견된 경우라 하더라도 이미 그 선고유예의 유예기간이 경과함으로써 면소된 것으로 간주된 때에는 실효시킬 선고유예판결이 존재하지 아니하므로 선고유예의 실효결정(선고유예된 형을 선고하는 결정)을 할 수 없다.[14]

임의적 실효는 보호관찰을 명한 선고유예를 받은 자가 보호관찰기간 중에 준수사항을 위반하고, 그 정도가 무거운 때에는 유예한 형을 선고할 수 있다(제61조 제2항). 유예한 형의 선고는 법원의 재량, 즉 임의적이다.

□ 관련 판례

① 형법 제61조 제1항에서 '형의 선고유예를 받은 자가 가격정지 이상의 형에 처한 전과가 발견된 때'란 형의 선고유예의 판결이 확정된 후에 위와 같은 전과가 발견된 경우를 말하고 그 판결확정 전에 이러한 전과가 발견된 경우에는 이를 취소할 수 없으며, 이때 판결확정 전에 발견되었다고 함은 검사가 명확하게 그 결격사유를 안 경우만을 말하

---

[14] 대결 2007.6.28. 2007모348.

는 것이 아니라 당연히 그 결격사유를 알 수 있는 객관적 상황이 존재함에도 부주의로 알지 못한 경우도 포함한다(대결 2008.2.14. 2007모845).

피고인에 대하여 근로기준법위반죄로 벌금 70만원의 형에 대한 선고유예의 판결이 선고되기 이전에 검사가 그 피고인이 사기죄 등으로 징역 2년의 판결을 선고받아 선고유예의 결격사유가 있음을 알았거나 이를 알 수 있는 객관적 상황이 존재하였음에도 부주의로 알지 못한 경우는 형법 제61조 제1항 소정의 '자격정지 이상의 형에 처한 전과가 발견된 때'에 해당한다고 할 수 없으므로 위 근로기준법위반죄에 대한 선고유예 판결의 실효결정을 할 수 없다.

② 형의 선고유예의 판결이 확정된 후 2년을 경과한 때에는 형법 제60조가 정하는바에 따라 면소된 것으로 간주되고, 그와 같이 유예기간이 경과함으로써 면소된 것으로 간주된 후에는 실효시킬 선고유예의 판결이 존재하지 아니하므로 선고유예 실효의 결정(선고유예된 형을 선고하는 결정)을 할 수 없다(대결 2007.6.28. 2007모348).

③ 형의 집행유예를 선고받은 사람이 형법 제65조에 의하여 그 선고가 실효 또는 취소됨이 없이 정해진 유예기간을 무사히 경과하여 형의 선고가 효력을 잃게 되었더라도, 이는 형의 선고의 법적 효과가 없어질 뿐이고 형의 선고가 있었다는 기왕의 사실 자체까지 없어지는 것은 아니므로, 그는 형법 제59조 제1항 단서에서 정한 선고유예 결격사유인 "자격정지 이상의 형을 받은 전과가 있는 자"에 해당한다고 보아야 한다(대판 2012.6.28. 2011도10570).

제2절 집행유예

제62조【집행유예의 요건】 ① 3년 이하의 징역이나 금고 또는 500만원 이하의 벌금의 형을 선고할 경우에 제51조의 사항을 참작하여 그 정상에 참작할 만한 사유가 있는 때에는 1년 이상 5년 이하의 기간 형의 집행을 유예할 수 있다. 다만, 금고 이상의 형을 선고한 판결이 확정된 때부터 그 집행을 종료하거나 면제된 후 3년까지의 기간에 범한 죄에 대하여 형을 선고하는 경우에는 그러하지 아니하다.

② 형을 병과할 경우에는 그 형의 일부에 대하여 집행을 유예할 수 있다.

제62조의2【보호관찰, 사회봉사 · 수강명령】 ① 형의 집행을 유예하는 경우에는 보호관찰을 받을 것을 명하거나 사회봉사 또는 수강을 명할 수 있다.

② 제1항의 규정에 의한 보호관찰의 기간은 집행을 유예한 기간으로 한다. 다만, 법원은 유예기간의 범위 내에서 보호관찰기간을 정할 수 있다.

③ 사회봉사명령 또는 수강명령은 집행유예기간 내에 이를 집행한다.

> 제63조【집행유예의 실효】 집행유예의 선고를 받은 자가 유예기간 중 고의로 범한 죄로 금
> 고 이상의 실형을 선고받아 그 판결이 확정된 때에는 집행유예의 선고는 효력을 잃는다.
> 제64조【집행유예의 취소】 ① 집행유예의 선고를 받은 후 제62조 단행의 사유가 발각된
> 때에는 집행유예의 선고를 취소한다.
> ② 제62조의2의 규정에 의하여 보호관찰이나 사회봉사 또는 수강을 명한 집행유예를 받
> 은 자가 준수사항이나 명령을 위반하고 그 정도가 무거운 때에는 집행유예의 선고를 취
> 소할 수 있다.
> 제65조【집행유예의 효과】 집행유예의 선고를 받은 후 그 선고의 실효 또는 취소됨이 없
> 이 유예기간을 경과한 때에는 형의 선고는 효력을 잃는다.

Ⅰ. 의의와 법적 성질

1. 의의

징역·금고·벌금형을 선고하면서 일정기간 형의 집행을 유예하되, 유예기간
을 경과한 뒤에는 형 선고의 효력을 잃게 하고, 유예기간 동안 재범을 하거나 준
수사항을 위반한 때에는 선고된 형을 집행하는 제도이다. 범죄자가 재범하지 않고
정상적으로 살아갈 수 있는데도 형을 집행하는 것은 형사정책상 무의미하므로, 형
집행에 따른 자유형의 폐해를 방지하여 사회복귀를 촉진하기 위한 것이다. 즉, 특
별예방목적을 달성하기 위하여 응보나 일반예방의 목적을 양보하는 것이다.

2. 요건

3년 이하의 징역이나 금고 또는 500만원 이하의 벌금의 형을 선고할 경우 3
년 이하의 형은 선고형을 의미하며, 소년에 대한 부정기형을 과하는 경우에도 형
의 집행유예를 선고할 수 없는 것은 아니다(판례).

정상에 참작할 만한 사유가 있을 것이란 형을 집행하지 않더라도 다시 범죄
를 범할 위험성이 없는 것을 말하며, 이것의 판단자료는 제51조의 양형의 조건
이다.

금고 이상의 형을 선고한 판결이 확정된 때부터 그 집행을 종료하거나 면제
된 후 3년까지의 기간에 범한 죄가 아니어야 하며, 여기 금고 이상의 형을 선고한
판결에서 '금고 이상의 형'의 선고란 실형의 선고뿐만 아니라 형의 집행유예의 선

고도 포함한다. 따라서, 집행유예를 선고받고 그 유예기간 중에 범한 죄에 대하여
원칙적으로 다시 집행유예를 선고할 수 없다. 그러나 집행유예기간 중에 범한 죄
라도 집행유예가 실효·취소됨이 없이 그 유예기간이 경과한 후에는 형의 선고가
이미 그 효력을 잃게 되어 다시 집행유예의 선고가 가능하다.[15] 또한, 집행유예
선고를 받은 범죄 이전에 범한 죄(여죄)에 대해서는 집행유예 중 다시 집행유예를
선고할 수 있다.

□ 관련 판례

① 집행유예의 요건에 관한 형법 제62조 제1항이 '형'의 집행을 유예할 수 있다고만 규
정하고 있다고 하더라도, 이는 같은 조 제2항이 그 형의 '일부'에 대하여 집행을 유예할
수 있는 때를 형을 '병과'할 경우로 한정하고 있는 점에 비추어 보면, 조문의 체계적 해
석상 하나의 형의 전부에 대한 집행유예에 관한 규정이라 할 것이고, 또한 하나의 자유
형에 대한 일부집행유예에 관하여는 그 요건, 효력 및 일부 실형에 대한 집행의 시기와
절차, 방법 등을 입법에 의해 명확하게 할 필요가 있어, 그 인정을 위해서는 별도의 근
거 규정이 필요하므로 하나의 자유형 중 일부에 대해서는 실형을, 나머지에 대해서는
집행유예를 선고하는 것은 허용되지 않는다(대판 2007.2.22. 2006도8555).
② 형법 제37조 후단의 경합범 관계에 있는 죄에 대하여 형법 제39조 제1항에 의하여
따로 형을 선고하여야 하기 때문에 하나의 판결로 두 개의 자유형을 선고하는 경우 그
두 개의 자유형은 각각 별개의 형이므로 형법 제62조 제1항에 정한 집행유예의 요건에
해당하면 그 각 자유형에 대하여 각각 집행유예를 선고할 수 있는 것이고, 또 그 두 개
의 자유형 중 하나의 자유형에 대하여 실형을 선고하면서 다른 자유형에 대하여 집행
유예를 선고하는 것도 우리 형법상 이러한 조치를 금하는 명문의 규정이 없는 이상 허
용되는 것으로 보아야 한다(대판 2002.2.26. 2000도4637).
③ 집행유예 기간 중에 범한 죄에 대하여 형을 선고할 때에, 집행유예의 결격사유를 정
하는 형법 제62조 제1항 단서 소정의 요건에 해당하는 경우란, 이미 집행유예가 실효
또는 취소된 경우와 그 선고 시점에 미처 유예기간이 경과하지 아니하여 형 선고의 효
력이 실효되지 않은 채로 남아 있는 경우로 국한되고, 집행유예가 실효 또는 취소됨이
없이 유예기간을 경과한 때에는 형의 선고가 이미 그 효력을 잃게 되어 '금고 이상의
형을 선고'한 경우에 해당한다고 보기 어려울 뿐 아니라, 집행가능성이 더 이상 존재하
지 아니하여 집행종료나 집행면제의 개념도 상정하기 어려우므로 위 단서 소정의 요건
에 해당하지 않는다고 할 것이므로, 집행유예 기간 중에 범한 범죄라고 할지라도 집행
유예가 실효·취소됨이 없이 그 유예기간이 경과한 경우에는 이에 대해 다시 집행유예
의 선고가 가능하다(대판 2007.2.8. 2006도6196).

---

15) 예외적 가능 : 재판을 집행유예 경과 이후에 하면 집행유예 가능

④ [1] 우리 형법이 집행유예기간의 시기(始期)에 관하여 명문의 규정을 두고 있지는 않지만 형사소송법 제459조가 "재판은 이 법률에 특별한 규정이 없으면 확정한 후에 집행한다"고 규정한 취지나 집행유예 제도의 본질 등에 비추어 보면 집행유예를 함에 있어 그 집행유예기간의 시기는 집행유예를 선고한 판결 확정일로 하여야 하고 법원이 판결 확정일 이후의 시점을 임의로 선택할 수는 없다.
[2] 형법 제37조 후단의 경합범 관계에 있는 죄에 대하여 두 개의 징역형을 선고하면서 하나의 징역형에 대하여만 집행유예를 선고하고 그 집행유예기간의 시기를 다른 하나의 징역형의 집행종료일로 한 것은 위법하다고 한 사례(대판 2002.2.26. 2000도4637).

범죄를 범한 시기에 관하여 다시 한번 살펴보면, 집행유예를 선고하려는 범죄가 '금고 이상의 형을 선고한 판결이 확정된 때부터 그 집행을 종료하거나 면제된 후 3년까지의 기간'에 범한 죄인 경우에 한하여 집행유예를 선고할 수 없으나, 금고 이상의 형을 선고한 판결이 확정되기 이전에 범한 죄(여죄)에 대하여는 집행유예가 가능하다.

형의 집행을 유예하는 경우에는 보호관찰을 받은 것을 명하거나 사회봉사 또는 수강을 명할 수 있다(제62조의2 제1항). 또한, 집행유예를 선고할 경우 보호관찰과 사회봉사 또는 수강명령을 독립적으로 또는 동시에 명할 수 있다.16)

보호관찰은 범죄인이 정상적 사회생활을 하면서 보호관찰관의 지도·감독·원호를 받게 하는 것이고, 사회봉사명령17)은 범죄인에게 일정시간 동안 무보수의 공익적 봉사활동을 하게 하는 것이며, 수강명령18)은 범죄인에게 일정시간 동안 지정된 장소에 출석하여 강의·훈련을 받도록 하는 것이다.

보호관찰의 기간은 집행을 유예한 기간으로 하되, 법원은 유예기간의 범위

---

16) 형법 제62조의2 제1항은 "형의 집행을 유예하는 경우에는 보호관찰을 받을 것을 명하거나 사회봉사 또는 수강을 명할 수 있다"고 규정하고 있는바, 그 문리에 따르면, 보호관찰과 사회봉사는 각각 독립하여 명할 수 있다는 것이지, 반드시 그 양자를 동시에 명할 수 없다는 취지로 해석되지는 아니할 뿐더러, 소년법 제32조 제3항, 성폭력범죄의처벌및피해자보호 등에관한법률 제16조 제2항, 가정폭력범죄의처벌등에관한특례법 제40조 제1항 등에는 보호관찰과 사회봉사를 동시에 명할 수 있다고 명시적으로 규정하고 있는바, 일반 형법에 의하여 보호관찰과 사회봉사를 명하는 경우와 비교하여 특별히 달리 취급할 만한 이유가 없으며, 제도의 취지에 비추어 보더라도, 범죄자에 대한 사회복귀를 촉진하고 효율적인 범죄예방을 위하여 양자를 병과할 필요성이 있는 점 등을 종합하여 볼 때, 형법 제62조에 의하여 집행유예를 선고할 경우에는 같은 법 제62조의2 제1항에 규정된 보호관찰과 사회봉사 또는 수강을 동시에 명할 수 있다고 해석함이 상당하다(대판 1998.4.24. 98도98).
17) 500시간 이내
18) 200시간 이내

내에서 보호관찰기간을 정할 수 있다(제62조의2 제2항).[19] 사회봉사명령(자연보호활동, 공공시설봉사, 제설작업, 오물청소, 공원청소 등) 또는 수강명령은 집행유예기간 내에 이를 집행한다(제62조의2 제3항). 이들의 집행은 보호관찰소에서 담당하고 있다.

□ 관련 판례

① 버스회사 노동조합 지부장인 피고인이 운전기사 신규 채용 내지 정년 도과 후 촉탁직 근로계약의 체결과 관련하여 취업을 원하거나, 정년 후 계속 근로를 원하는 운전기사들로부터 청탁의 대가로 돈을 받아 이익을 취득하였고, 원심이 위 행위에 대해 근로기준법위반죄의 성립을 인정한 뒤, 피고인에 대하여 형의 집행을 유예함과 동시에 집행유예기간 동안 보호관찰을 받을 것을 명하면서 "보호관찰기간 중 노조지부장 선거에 후보로 출마하거나 피고인을 지지하는 다른 조합원의 출마를 후원하거나 하는 등의 방법으로 선거에 개입하지 말 것"이라는 내용의 특별준수사항을 부과한 사안에서, 범행에 이르게 된 동기와 내용, 피고인의 지위, 업무 환경, 생활상태, 기타 개별적·구체적 특성들을 종합할 때, 원심이 피고인의 재범을 방지하고 개선·자립에 도움이 된다고 판단하여 위와 같은 특별준수사항을 부과한 것은 정당하다고 한 사례(대판 2010.9.30. 2010도6403).

② 보호관찰, 사회봉사·수강 또는 갱생보호는 당해 대상자의 교화·개선 및 범죄예방을 위하여 필요하고도 상당한 한도 내에서 이루어져야 하며, 당해 대상자의 연령·경력·심신상태·가정환경·교우관계 기타 모든 사정을 충분히 고려하여 가장 적합한 방법으로 실시되어야 하므로, 법원은 특별준수사항을 부과하는 경우 대상자의 생활력, 심신의 상태, 범죄 또는 비행의 동기, 거주지의 환경 등 대상자의 특성을 고려하여 대상자가 준수할 수 있다고 인정되고 자유를 부당하게 제한하지 아니하는 범위 내에서 개별화하여 부과하여야 한다는 점, 보호관찰의 기간은 집행을 유예한 기간으로 하고 다만, 법원은 유예기간의 범위 내에서 보호관찰기간을 정할 수 있는 반면, 사회봉사명령·수강명령은 집행유예기간 내에 이를 집행하되 일정한 시간의 범위 내에서 그 기간을 정하여야 하는 점, 보호관찰명령이 보호관찰기간 동안 바른 생활을 영위할 것을 요구하는 추상적 조건의 부과이거나 악행을 하지 말 것을 요구하는 소극적인 부작위조건의 부과인 반면, 사회봉사명령·수강명령은 특정시간 동안의 적극적인 작위의무를 부과하는 데 그 특징이 있다는 점 등에 비추어 보면, 사회봉사·수강명령대상자에 대한 특별준수사항은 보호관찰대상자에 대한 것과 같을 수 없고, 따라서 보호관찰대상자에 대한 특별준수사항을 사회봉사·수강명령대상자에게 그대로 적용하는 것은 적합하지 않다(대결 2009.3.30. 2008모1116).

---

19) 단축가능

Ⅱ. 효과 및 실효와 취소

1. 효과

이상의 요건이 구비되면 1년 이상 5년 이하의 범위 내에서 법원의 재량으로 집행유예를 선고할 수 있다(제62조 제1항).

둘 이상의 형이 병과되는 경우 그중 하나에 대해서만 집행유예를 하는 것은 가능하지만(제62조 제2항), 하나의 형의 일부에 대한 집행유예는 인정되지 않는다 (1년의 징역형 중 3개월만 집행하고 나머지는 집행을 유예×).

집행유예의 선고를 받은 후 그 선고의 실효 또는 취소됨이 없이 유예기간을 경과한 때에는 형의 선고는 효력을 잃는다(제65조). 이때, 형의 집행이 면제될 뿐만 아니라, 처음부터 형의 선고가 없었던 상태로 되므로 전과자가 되지 않는다. 그러나 형의 선고가 효력을 잃는다는 것은 형선고의 법률적 효과가 없어진다는 것일 뿐, 형의 선고가 있었다는 기왕의 사실 자체까지 없어진다는 뜻은 아니다. 따라서 형의 선고에 의하여 이미 발생한 법률효과에 영향을 미치지 않는다.

□ 관련 판례

선고유예의 요건으로서의 자격정지 전과가 없어야 한다는 것은 자격정지 이상의 형을 받은 범죄경력 자체를 말하고 그 형의 효력이 상실될 것은 요하지 않는 것으로 해석함이 타당하다. 따라서 형의 집행유예를 선고 받은 자는 형법 제65조에 의하여 그 선고가 실효 또는 취소됨이 없이 정해진 유효기간을 무사히 경과하여 형의 선고가 효력을 잃게 되었다고 하더라도 형의 선고의 법률적 효과가 없어진다는 것일 뿐 형의 선고가 있었다는 기왕의 사실 자체까지 없어지는 것은 아니므로 제59조 제1항 단행에서 정한 선고유예 결격사유인 자격정지 이상의 형을 받은 전과가 있는 자에 해당한다고 보아야 한다(대결 1983.4.2. 83모8; 대판 2003.12.26. 2003도3768).

2. 집행유예의 실효와 취소

집행유예의 실효는 집행유예의 선고를 받은 자가 유예기간 중 고의로 범한 죄로 금고 이상의 실형을 선고받아 그 판결이 확정된 때에는 집행유예의 선고는 효력을 잃는다(제63조).

구분		내용
실효요건		집행유예기간 중 금고 이상의 형의 실형을 선고를 받아 판결이 확정된 때
	금고 이상의 형	금고 이상의 형에는 실형의 확정만 의미한다.
	죄를 범한 시기	유예기간중 범한 고의범죄로 금고 이상의 실형을 선고 받아 그 판결이 확정된 경우만을 의미하므로, 유예기간 전 범한 죄, 과실범, 집행유예를 선고 받은 때에는 집행유예의 효력은 계속유지된다.
실효의 효과		집행유예가 실효되면 집행유예는 효력을 잃으므로 선고된 형이 집행된다.

집행유예의 취소는 집행유예의 선고를 받은 후 제62조 단서의 사유, 즉 금고 이상의 형의 선고를 받아 집행을 종료한 후 또는 집행이 면제된 후로부터 3년을 경과하지 아니한 자라는 것이 발각된 때에는 집행유예의 선고를 취소한다(제64조 제1항). 이때 취소는 필요적이다. 보호관찰이나 사회봉사 또는 수강을 명한 집행유예를 받은 자가 준수사항이나 명령을 위반하고 그 정도가 무거운 때에는 집행유예의 선고를 취소할 수 있다(제64조 제2항). 이때의 집행유예의 취소는 임의적이다.

구분	내용
취소 요건	1. 집행유예의 선고를 받은 후에 금고 이상의 형을 받아 판결이 확정된 후 집행 종료 또는 집행 면제 후로부터 3년이 경과하지 아니한 자라는 사실이 사후에 발각된 때에는 그 집행유예의 선고를 취소한다(필요적 취소). ① 사후에 발각된 경우만을 말하므로 검사가 사전에 알았거나 알 수 있었던 경우에는 취소할 수 없다(대결 2001.6.27. 2001모135). ② 여기서 사후란 집행유예기간 중을 의미하므로 집행유예기간 경과 후에는 취소할 수 없다(대결 1999.1.12. 98모151). 2. 보호관찰이나 사회봉사 또는 수강을 명한 집행유예를 받은 자가 준수사항이나 명령을 위반하고 그 정도나 무거운 때에는 집행유예를 취소할 수 있다(임의적 취소). 이때 그 위반사실이 동시에 범죄행위로 되더라도 그 기소나 재판의 확정 여부 등 형사절차와는 별도로 제64조 제2항에 의하여 집행유예를 취소할 수 있다(대결 1999.3.10. 99모33).
취소 효과	집행유예가 취소되면 유예되었던 형을 집행한다.

제3절 가석방

제72조【가석방의 요건】 ① 징역 또는 금고의 집행 중에 있는 자가 그 행상이 양호하여 개전의 정이 현저한 때에는 무기에 있어서는 20년, 유기에 있어서는 형기의 3분의 1을 경과한 후 행정처분으로 가석방을 할 수 있다.

② 전항의 경우에 벌금 또는 과료의 병과가 있는 때에는 그 금액을 완납하여야 한다.

제72조【가석방의 요건】 ① 징역이나 금고의 집행 중에 있는 사람이 행상(行狀)이 양호하여 뉘우침이 뚜렷한 때에는 무기형은 20년, 유기형은 형기의 3분의 1이 지난 후 행정처분으로 가석방을 할 수 있다.

② 제1항의 경우에 벌금이나 과료가 병과되어 있는 때에는 그 금액을 완납하여야 한다.

[전문개정 2020. 12. 8.]

[시행일 : 2021. 12. 9.] 제72조

제73조【판결선고전 구금과 가석방】 ① 형기에 산입된 판결선고전 구금의 일수는 가석방에 있어서 집행을 경과한 기간에 산입한다.

② 벌금 또는 과료에 관한 유치기간에 산입된 판결선고전 구금일수는 전조 제2항의 경우에 있어서 그에 해당하는 금액이 납입된 것으로 간주한다.

제73조【판결선고 전 구금과 가석방】 ① 형기에 산입된 판결선고 전 구금일수는 가석방을 하는 경우 집행한 기간에 산입한다.

② 제72조제2항의 경우에 벌금이나 과료에 관한 노역장 유치기간에 산입된 판결선고 전 구금일수는 그에 해당하는 금액이 납입된 것으로 본다.

[전문개정 2020. 12. 8.]

[시행일 : 2021. 12. 9.] 제73조

제73조의2【가석방의 기간 및 보호관찰】 ① 가석방의 기간은 무기형에 있어서는 10년으로 하고, 유기형에 있어서는 남은 형기로 하되, 그 기간은 10년을 초과할 수 없다.

② 가석방된 자는 가석방기간중 보호관찰을 받는다. 다만, 가석방을 허가한 행정관청이 필요가 없다고 인정한 때에는 그러하지 아니하다.

제74조【가석방의 실효】 가석방중 금고 이상의 형의 선고를 받어 그 판결이 확정된 때에는 가석방처분은 효력을 잃는다. 단 과실로 인한 죄로 형의 선고를 받았을 때에는 예외로 한다.

제74조【가석방의 실효】 가석방 기간 중 고의로 지은 죄로 금고 이상의 형을 선고받아 그 판결이 확정된 경우에 가석방 처분은 효력을 잃는다.

[전문개정 2020. 12. 8.]
[시행일 : 2021. 12. 9.] 제74조

제75조【가석방의 취소】 가석방의 처분을 받은 자가 감시에 관한 규칙을 위배하거나, 보호관찰의 준수사항을 위반하고 그 정도가 무거운 때에는 가석방처분을 취소할 수 있다.

제76조【가석방의 효과】 ① 가석방의 처분을 받은 후 그 처분이 실효 또는 취소되지 아니하고 가석방기간을 경과한 때에는 형의 집행을 종료한 것으로 본다.
② 전2조의 경우에는 가석방중의 일수는 형기에 산입하지 아니한다.

Ⅰ. 의의와 법적 성질

1. 의의

가석방은 징역 또는 금고의 집행 중에 있는 자가 그 행상이 양호하여 개전의 정이 현저한 경우에 형기만료 전에 석방하고 일정한 기간이 경과한 때에는 형의 집행을 종료한 것으로 간주하는 제도이다(제72조, 제76조). 즉, 형기 만료 전 모범수를 석방하는 제도이다.

가석방은 자유형의 집행과정에서 이루어지며 또한, 법무부장관의 행정처분이라는 점에서 형의 집행 이전에 행하여지며, 법원의 판결인 선고유예나 집행유예와는 구별된다.

2. 요건

무기에 있어서는 20년, 유기에 있어서는 형기의 3분의 1을 경과한 후일 것으로 '형기'는 선고형을 의미하고, 선고형이 사면 기타 사유로 감형된 경우에는 감형된 형기를 기준으로 한다.

가석방 대상자는 징역 또는 금고, 즉, 자유형의 집행 중에 있는 자이어야 한다(사형이나 구류에는 인정되지 않음). 이와 관련하여 벌금형의 환형유치 처분인 노역장유치의 경우에 가석방이 허용되는가에 대하여 견해가 대립한다(긍정설이 다수설).

소년범에게 부정기형이 선고된 경우에는 단기를 기준으로 형기의 3분의 1 경과 여부를 정한다(소년법 제65조 제3호).

형기에 산입된 판결선고 전 구금의 일수는 가석방에 있어서 집행을 경과한 기간에 산입한다(제73조 제1항).

행상이 양호하여 개정의 정이 현저하여야 함은 행상양호는 규율준수를, 개전의 정은 뉘우치는 마음을 인정할 수 있음을 의미하며, 이를 통해 재범하지 않으리라는 진단이 가능하여야 한다.

벌금 또는 과료가 병과된 때에 그 금액을 완납하여야 한다는 이 조건은 병과된 벌금 또는 과료를 미납하면 다시 노역장에 유치되어야 하기 때문에 요구되고 있지만, 경제적 능력이 없는 가석방 대상자에게 이를 요구하는 것은 결국 그 부담을 가족에게 전가시킬 가능성이 크므로 입법론상 재고를 요하고 있다. 또한, 벌금 또는 과료에 관한 유치기간에 산입된 판결선고 전 구금일수는 그에 해당하는 금액이 납입된 것으로 간주한다(제73조 제2항).

가석방된 자는 가석방기간 중 보호관찰을 받는 필요적 보호관찰이다(제73조의2 제2항). 즉, 가석방기간 동안에는 당연히 보호관찰이 개시된다. 다만, 가석방을 허가한 행정관청이 필요가 없다고 인정한 때에는 그러하지 아니한다(제73조의2 제2항 단서).

가석방의 기간은 무기형에 있어서 10년으로 하고, 유기형에 있어서는 남은 형기로 하되 그 기간은 10년을 초과할 수 없다(제73조의2 제1항).[20]

□ 관련 판례

사형집행을 위한 구금은 미결구금도 아니고 형의 집행기간도 아니며 특별감형은 형을 변경하는 효과만 있을 뿐이고 이로 인하여 형의 선고에 의한 기성의 효과는 변경되지 아니하므로 사형이 무기징역으로 특별감형된 경우 사형의 판결확정일에 소급하여 무기징역형이 확정된 것으로 보아 무기징역형의 형기 기산일을 사형의 판결 확정일로 인정할 수도 없고 사형집행대기 기간이 미결구금이나 형의 집행기간으로 변경된다고 볼 여지도 없으며, 또한 특별감형은 수형 중의 행장의 하나인 사형집행 대기기간까지를 참작하여 되었다고 볼 것이므로 사형집행 대기기간을 처음부터 무기징역을 받은 경우와 동일하게 가석방요건 중의 하나인 형의 집행기간에 다시 산입할 수는 없다(대결 1991.3.4. 90모59).

---

20) 무기형과 균형 맞춤.

Ⅱ. 효과 및 실효와 취소

1. 효과

가석방의 처분을 받은 후 처분이 실효 또는 취소되지 아니하고 가석방기간을 경과한 때에는 형의 집행을 종료한 것으로 본다(제76조 제1항). 형의 집행을 종료한 것으로 간주하므로 국가의 형벌 집행권이 소멸할 뿐, 형 선고의 효력이 없어지는 것은 아니다. 또한 가석방기간 동안은 형집행이 종료된 것이 아니므로 재범하더라도 누범가중이 되지 않으나, 가석방기간 경과 후에는 누범이 될 수 있다.

2. 가석방의 실효와 취소

실효란 일정한 사유가 있으면 별도의 조치 없이 효력이 상실되는 것이고, 취소란 취소처분을 통해 효력을 소급적으로 상실시키는 것을 말한다.

먼저, 가석방의 실효는 가석방 중 금고 이상의 형의 선고를 받아 그 판결이 확정된 때에는 가석방처분은 효력을 잃는다. 단, 과실로 인한 죄로 형의 선고를 받았을 때에는 예외로 한다(제74조). 금고형 이상의 판결이 선고된 것만으로는 가석방이 실효되지 않는다.

가석방의 취소는 가석방의 처분을 받은 자가 감시에 관한 규칙을 위배하거나 보호관찰의 준수사항을 위반하고 그 정도가 무거운 때에는 가석방처분을 취소할 수 있다(제75조). 취소 여부는 필요적이 아니라 임의적인 것(재량)이며 취소처분 역시 행정처분이다.

가석방이 실효되거나 취소된 경우에는 가석방 중의 일수는 형기에 산입하지 아니한다(제76조 제2항). 따라서 가석방 당시의 잔형기간에 해당하는 형을 집행한다.

제4절 선고유예·집행유예·가석방 비교

구분	선고유예	집행유예	가석방
조문	제59조~제61조	제62조~제65조	제72조~제76조
요건	① 1년 이하의 징역, 금고, 자격정지, 벌금 ② 개전의 정이 현저할 것 ③ 자격정지 이상의 전과가 없을 것	① 3년 이하의 징역·금고, 500만원 이하의 벌금 ② 정상참작 사유가 있을 것 ③ 금고 이상의 형의 선고를 받아 그 집행의 종료 또는 면제된 이후 3년 경과	① 무기 : 20년 경과, 유기 : 형기의 3분의 1 경과 ② 개전의 정이 현저할 것 ③ 벌금 또는 과료의 병과가 있으면 완납할 것
기간	2년	1년 이상 ~ 5년 이하	무기형 : 10년, 유기형 : 잔형기(10년 초과불가)
효과	면소된 것으로 간주	형선고의 효력상실	형 집행이 종료된 것으로 간주
실효	• 필요적 실효 : 유예기간 중 자격정지 이상의 형에 처한 판결의 확정 또는 자격정지 이상의 전과 발견 • 임의적 실효 : 보호관찰을 받은 자가 준수사항·명령을 위반하고 그 정도가 무거운 때	• 필요적 실효 : 집행유예기간 중 범한 고의 범죄로 금고 이상의 형의 실형을 받아 그 판결이 확정된 때	• 필요적 실효 : 가석방 중에 금고 이상의 형을 선고받아 그 판결이 확정된 때(과실범은 제외)
취소	취소제도가 없음	• 필요적 취소 : 사후에 집행유예 결격사유가 발견된 때만. • 임의적 취소 : 보호관찰, 사회봉사, 수강명령을 받은 자가 준수사항, 명령을 위반하고 그 정도가 무거운 때	• 임의적 취소 : 감시에 관한 규칙에 위반한 때, 보호관찰의 준수사항을 위반하고 그 정도가 무거운 때
보안처분 (내용/기간)	• 보호관찰(1년)	• 보호관찰(단축가능), 사회봉사·수강명령 • 유예기간(1년~5년)	• 보호관찰(가석방기간)

제 5 장

형의 시효·소멸·기간

Ⅰ. 형의 시효

1. 의의

형의 시효란 형의 선고를 받은 자가 재판확정 후 그 집행을 받지 않고 일정 기간을 경과한 때에 그 집행이 면제되는 것을 말한다. 즉, 확정된 형벌집행권을 소멸시키는 것으로 이는 미확정의 형벌권인 공소권을 소멸시키는 공소시효와 다르다. 범죄 및 형의 선고와 집행에 대한 사회의식이 감소되고, 일정기간의 경과로 이루어진 기존의 평온상태를 유지·존중하여야 할 필요에서 인정된다.

2. 시효기간

제78조 【시효의 기간】 시효는 형을 선고하는 재판이 확정된 후 그 집행을 받음이 없이 다음의 기간을 경과함으로 인하여 완성된다.
1. 사형은 30년
2. 무기의 징역 또는 금고는 20년
3. 10년 이상의 징역 또는 금고는 15년
4. 3년 이상의 징역이나 금고 또는 10년 이상의 자격정지는 10년
5. 3년 미만의 징역이나 금고 또는 5년 이상의 자격정지는 7년
6. 5년 미만의 자격정지, 벌금, 몰수 또는 추징은 5년

7. 구류 또는 과료는 1년

제78조【형의 시효의 기간】 시효는 형을 선고하는 재판이 확정된 후 그 집행을 받지 아니하고 다음 각 호의 구분에 따른 기간이 지나면 완성된다. <개정 2017. 12. 12., 2020. 12. 8.>

1. 사형 : 30년

2. 무기의 징역 또는 금고 : 20년

3. 10년 이상의 징역 또는 금고 : 15년

4. 3년 이상의 징역이나 금고 또는 10년 이상의 자격정지 : 10년

5. 3년 미만의 징역이나 금고 또는 5년 이상의 자격정지 : 7년

6. 5년 미만의 자격정지, 벌금, 몰수 또는 추징 : 5년

7. 구류 또는 과료 : 1년

[제목개정 2020. 12. 8.]

[시행일 : 2021. 12. 9.] 제78조

제79조【시효의 정지】 ① 시효는 형의 집행의 유예나 정지 또는 가석방 기타 집행할 수 없는 기간은 진행되지 아니한다.

② 시효는 형이 확정된 후 그 형의 집행을 받지 아니한 자가 형의 집행을 면할 목적으로 국외에 있는 기간 동안은 진행되지 아니한다.

3. 시효의 효과

형기는 판결확정일로부터 기산한다. 기간의 계산은 연 또는 월로써 정한 기간은 曆數에 따라 계산하고 형의 집행과 시효기간의 초일은 시간을 계산함이 없이 1일로 계산한다(2015년 3월 1일 오후 3시에 징역 1년의 확정판결을 받은 사람은 2022년 2월 28일 밤 12시에 형의 시효가 완성).

형의 선고를 받은 자는 시효의 완성으로 인하여 그 집행이 면제된다(제77조). 즉, 시효의 완성으로 당연히 집행면제의 효과가 발생하며 별도로 집행면제 또는 시효완성의 재판을 필요로 하지 않는다.

4. 시효의 정지

진행 중인 시효가 일시 그 진행을 멈추는 것을 말한다. 형의 집행의 유예나 정지 또는 가석방 기타 집행할 수 없는 기간은 진행되지 아니한다(제79조 제1항). 기타 집행할 수 없는 기간이란 천재지변이나 사변으로 인하여 집행할 수 없는 기

간을 말하는 것이므로 형을 선고받은 자가 도주하였거나 그 소재자 불명한 기간 등은 이에 해당하지 아니한다.

또한, 시효는 형이 확정된 후 그 형의 집행을 받지 아니한 자가 형의 집행을 면할 목적으로 국외에 있는 기간 동안은 진행되지 아니한다(제79조 제2항).

시효의 정지는 시효의 진행이 일시 멈추는 것이므로 정지사유가 없어지면 잔여시효기간이 계속 진행된다는 점에서 시효의 중단과 구별된다.

5. 시효의 중단

이제까지 진행된 시효기간이 없었던 것으로 인정되는 것을 말한다(처음부터 다시). 시효는 사형, 징역, 금고와 구류에 있어서는 수형자를 체포함으로써, 벌금, 과료, 몰수와 추징에 있어서는 강제처분[1]을 개시함으로써 중단된다(제80조).

시효의 중단은 중단 후 시효의 全기간이 새로이 진행되어야 시효가 완성된다는 점에서 시효의 정지와 구별된다.

□ 관련 판례

① 확정된 벌금형을 집행하기 위한 검사의 집행명령에 기하여 집달관이 집행을 개시하였다면 이로써 벌금형에 대한 시효는 중단되는 것인바(형법 제80조), 이 경우 압류물을 환가하여도 집행비용 외에 잉여가 없다는 이유로 집행불능이 되었다고 하더라도 이미 발생한 시효중단의 효력이 소멸하지는 않는다 할 것이고, 따라서 위 벌금형의 미납자에 대하여는 형사소송법 제492조에 의해 노역장유치의 집행을 할 수 있다(대결 1992.12.28. 92모39).

② 수형자가 벌금의 일부를 납부한 경우에는 이로써 집행행위가 개시된 것으로 보아 그 벌금형의 시효가 중단된다고 봄이 상당하고, 이 경우 벌금의 일부 납부란 수형자 본인이 스스로 벌금을 일부 납부한 경우, 즉 벌금의 일부를 수형자 본인 또는 그 대리인이나 사자가 수형자 본인의 의사에 따라 이를 납부한 경우를 말하는 것이고, 수형자 본인의 의사와는 무관하게 제3자가 이를 납부한 경우는 포함되지 아니한다(대결 2001.8.23. 2001모91).

---

[1] 압류

Ⅱ. 형의 소멸, 형의 실효와 복권·사면

1. 형의 소멸

형의 소멸이란 유죄판결의 확정에 의하여 발생한 국가의 형벌집행권이 소멸하는 것을 말한다. 확정형벌의 집행권을 소멸시키는 점에서 검사의 형벌청구권을 소멸시키는 공소권의 소멸과 구별된다. 형의 소멸의 사유로는 형집행의 종료, 형집행의 면제, 가석방기간의 경과, 형의 시효의 완성, 범인의 사망, 집행유예기간의 경과 등이 있다.

[구별개념]

형의 소멸	유죄판결의 확정에 의한 형의 집행권을 소멸시키는 것으로 전과사실이 남는다.
형의 실효	형선고의 효력 자체를 소멸시키는 것으로 전과사실을 말소시킨다.
공소권의 소멸	검사의 형벌청구권을 소멸시키는 것이다.

2. 형의 실효와 복권

(1) 형의 실효

> 제81조【형의 실효】징역 또는 금고의 집행을 종료하거나 집행이 면제된 자가 피해자의 손해를 보상하고 자격정지 이상의 형을 받음이 없이 7년을 경과한 때에는 본인 또는 검사의 신청에 의하여 그 재판의 실효를 선고할 수 있다.

형이 소멸되어도 전과사실이 그대로 남아 있어 형의 선고에 의한 법률상 효과는 소멸되지 않으므로 이로 인하여 여러 가지 자격에 제한을 받게 된다. 이를 고려하여 형선고의 효력 자체를 소멸시켜 전과자료를 말소시키고, 자격을 회복시켜 줌으로써 범죄인의 사회복귀를 도와주는 제도이다.

유죄판결에 의한 형선고의 효력 자체를 소멸시키는 제도인 형의 실효에는 재판에 의한 실효와 당연실효가 있는데, 당연실효는「형의실효등에관한법률」에 규정되어 있다. 형이 실효되면 형선고에 기한 법적 효과는 장래에 향하여 소멸된다.

먼저, 재판상의 실효는 징역 또는 금고의 집행을 종료하거나 집행이 면제된 자가 피해자의 손해를 보상하고 자격정지 이상의 형을 받음이 없는 7년을 경과한 때에는 본인 또는 검사의 신청에 의하여 그 재판 실효를 선고할 수 있다(제81조). 기간의 경과에 의하여 자동적으로 실효되는 것이 아니라 법원의 재판에 의해서만 실효될 수 있는 것이다.

당연실효는 제81조의 재판상의 실효가 그 대상이 자유형에 한정되어 있고, 실효의 재판을 받아야 하는 점에서 수형자의 사회복귀에 불충분하므로 실효 대상을 벌금, 구류, 과료까지 확대하고, 기간의 경과에 의해 자동적으로 실효하도록 하기 위한 것으로 형의 실효 등에 관한 법률에 있다. 동법에 의하면 수형인이 자격정지 이상의 형을 받음이 없이 형의 집행을 종료하거나 집행이 면제된 날부터 3년을 초과하는 징역·금고는 10년, 3년 이하의 징역·금고는 5년, 벌금은 2년이 경과한 때에는 그 형은 실효되며(제7조 제1항), 구류·과료는 형의 집행을 종료하거나 그 집행이 면제된 때에 그 형이 실효된다(동항 단서). 또한, 하나의 판결로 수개의 형이 선고된 경우에는 각 형의 집행을 종료하거나 그 집행이 면제된 날부터 가장 무거운 형에 대한 제1항의 기간이 경과한 때에는 형의 선고는 효력을 잃는다(제7조 제2항)라고 하여 2개 이상의 형이 병과된 경우 실효기간의 기산점 및 기간을 명확히 규정하였다. 이때 징역과 금고는 동종의 형으로 보고 형기를 합산하여 실효기간을 정한다(동항 단서).

(2) 복권

> **제82조 【복권】** 자격정지의 선고를 받은 자가 피해자의 손해를 보상하고 자격정지 이상의 형을 받음이 없이 정지기간의 2분의 1을 경과한 때에는 본인 또는 검사의 신청에 의하여 자격의 회복을 선고할 수 있다.

복권에 있어도 형선고의 효력은 소멸하지 않으므로 그 전과사실은 누범가중 사유가 될 수 있다.[2]

자격정지 중 당연정지의 경우에는 사면법에 의해 자격이 회복된다. 즉, 형집행의 종료나 면제받은 후에 복권에 의하여 상실 또는 정지된 자격을 회복한다(사면법 제5조 제1항 제5호). 선고정지의 경우에는 형법에 의해 자격이 회복된다.

---

2) 대판 1981.4.14. 81도543.

3. 사면(赦免)

국가원수의 특권에 의하여 형사소추 및 확정판결에 의한 처벌을 포기하게 하는 제도를 말한다. 종류로는 일반사면과 특별사면이 있다.

일반사면은 죄를 범한 자에 대하여 미리 죄 또는 형의 종류를 정하여 대통령령으로 행하는 사면을 말한다(사면법 제3조, 제8조). 효과는 형선고를 받은 자에 대하여 형의 선고의 효력이 상실되고, 아직 형선고를 받지 않은 자에 대해서는 공소권이 상실된다(사면법 제5조 제1항 제1호).

특별사면은 형의 선고를 받은 특정인에 대하여 대통령이 행하는 사면이다. 효과는 형의 집행만이 면제되는 것이 원칙이지만, 특별한 사정이 있는 경우에는 형선고의 효력을 상실시킬 수도 있다(사면법 제5조 제1항 제2호).

□ 관련 판례

① 형법 제41조, 사면법 제5조 제1항 제2호, 제7조 등의 규정의 내용 및 취지에 비추어 보면, 여러 개의 형이 병과된 사람에 대하여 그 병과형 중 일부의 집행을 면제하거나 그에 대한 형의 선고의 효력을 상실케 하는 특별사면이 있은 경우, 그 특별사면의 효력이 병과된 나머지 형에까지 미치는 것은 아니므로 징역형의 집행유예와 벌금형이 병과된 신청인에 대하여 징역형의 집행유예의 효력을 상실케 하는 내용의 특별사면이 그 벌금형의 선고의 효력까지 상실케 하는 것은 아니다(대결 1997.10.13. 96모33).

② 형법 제48조, 제49조, 사면법 제5조 제1항 제2호, 제7조 등의 규정 내용 및 취지에 비추어 보면, 추징은 부가형이지만 징역형의 집행유예와 추징의 선고를 받은 사람에 대하여 징역형의 선고의 효력을 상실케 하는 동시에 복권하는 특별사면이 있는 경우에 추징에 대하여도 형 선고의 효력이 상실된다고 볼 수는 없다(대결 1996.5.14. 96모14).

Ⅲ. 형의 기간

형의 기간계산은 연·월로써 정해진 기간은 중간의 일·시·분·초를 정산하지 않고, 연·월을 단위로 하는 역법의 계산방법을 따른다(제83조). 형기는 판결이 확정된 날로부터 기산한다(제84조 제1항). 단 유기징역·금고에 병과되는 자격정지의 형기는 징역·금고의 집행을 종료하거나 면제된 날로부터 기산한다(제44조 제2항). 징역·금고·구류와 유치의 경우에 구속되지 않은 일수는 형기에 산입하지 않는다(제84조 제2항).

　형의 집행과 시효기간의 초일은 시간을 계산함이 없이 1일로 산정하며(제85
조), 석방은 형기종료일에 해야 한다(제86조).

제6장

보안처분

Ⅰ. 의의

형벌은 범죄를 전제로 하며 범죄는 책임 있는 자의 위법행위를 의미하므로 책임능력이 있는 자에 대하여만 형벌이 부과될 수 있을 뿐, 책임무능력자에 대하여 형벌이 부과될 수 없다. 또한, 형벌은 책임을 초과할 수 없기 때문에 특별한 위험성을 가진 행위자에 대하여 형벌만으로는 예방의 목적을 달성하기가 불가능하다. 이러한 점을 고려하여 형벌을 과할 수 없거나 행위자의 특별한 위험성으로 인하여 형벌의 목적을 달성할 수 없는 경우에 위법한 법익침해 행위로부터 사회를 보호하고 행위자의 반사회적 성격을 개선·교육시켜 사회복귀를 용이하게 하기 위하여 형벌을 대체하거나 보완하기 위한 예방적 성격의 목적적조치가 등장하게 되었는데 이를 보안처분이라고 한다.

형벌과 보안처분은 다음의 점에 구별될 수 있다. 첫째, 형벌은 책임을 전제로 하며 책임의 범위 내에서만 과하여질 수 있음(책임원칙)에 반하여, 보안처분은 행위자의 사회적 위험성을 전제로 하며 특별예방의 목적을 달성할 수 있는 범위 내에서 과하여진다(비례성원칙). 둘째, 형벌은 행위에 대한 사회윤리적 비난을 나타내며 과거의 침해행위를 대상으로 하는 제재임에 반하여, 보안처분은 행위자의 반사회적 성격에 대한 개선필요성을 나타내며 장래에 대한 순수한 예방적인 성격을 갖는 제재이다.

Ⅱ. 형벌과 보안처분의 관계

1. 입법주의

이원주의[1]는 형벌은 책임을 전제로 하지만 보안처분은 장래의 위험성에 대한 대책이므로 형벌과 보안처분은 본질적으로 다르다는 입장이다. 즉, 국가는 반사회적인 법익침해행위에 대하여 이중의 수단으로 대처하여야 한다고 주장한다. 그리하여 형벌과 보안처분은 동시에 선고되고 중복하여 집행되지만, 일반적으로 형벌을 보안처분보다 먼저 집행하게 된다.

일원주의[2]는 형벌과 보안처분은 사회방위처분이라는 점에서 본질적으로 동일하므로 형벌 또는 보안처분의 어느 하나만을 적용하면 족하다는 입장이다. 그리하여 보안처분에 의해 사회복귀가 가능한 경우에는 형벌을 부과할 필요가 없다고 한다.

대체주의(절충주의)는 형벌을 책임원칙에 따라 선고하되 집행단계에서 보안처분의 집행에 의하여 대체하거나 보안처분의 집행이 끝난 후에 집행하는 입장이다. 즉, 보안처분을 먼저 집행하고 보안처분의 집행기간을 형기에 산입하며, 보안처분을 집행한 후에 남은 형기가 있는 경우 그에 대하여 유예할 가능성을 인정하는 태도이다.

2. 검토

이원주의에 대하여는 형벌과 보안처분의 본질적인 구별이 실제상 대단히 곤란하며, 경우에 따라서는 보안처분이 형벌보다 훨씬 가혹한 제재일 수 있고 형벌을 집행한 후 보안처분을 집행하는 것은 보안처분의 목적, 즉 교육과 치료의 목적에 반한다는 비판이 제기된다. 일원주의에 대하여는 전통적인 책임형벌에 반하는 것이며 한정책임능력자나 상습범에게 보안처분만을 선고하는 것은 형사정책상 적절한 수단이라고 할 수 없고, 한정책임능력자와 책임무능력자의 구별을 무의미하게 만든다는 비판이 있다. 또한, 대체주의(절충주의)에 대하여는 형벌과 보안처분의 대체는 책임형법에 부합하지 않고 형벌과 보안처분의 한계가 불분명해지며, 보안처분을 선고받은 자가 형벌을 선고받은 자보다도 유리하게 취급되어

---

1) 객관주의(위하력, 일반예방주의).
2) 주관주의(뉘우치면 됨, 특별예방주의).

정의관념에 반한다는 비판이 제기된다.

Ⅲ. 현행법상 보안처분

현행법상 인정되는 보안처분은 형법의 경우 보호관찰, 사회봉사명령, 수강명령이 있다. 참고로 치료감호법에는 치료감호, 보안관찰법에는 보안관찰처분, 보호관찰법에는 보호관찰, 소년법에는 보호처분이 있다.[3]

---

3) 보안감호처분, 주거제한처분, 보호감호처분, 노작처분은 현행법상 인정되지 않는 보안처분이다.

참고문헌

김일수, 새로쓴 형법총론, 박영사, 2018.

김일수/서보학, 형법각론, 박영사, 2009.

김성돈, 형법각론, SKKUP, 2020.

김종원, 형법각론(상), 법문사, 1971.

김중근, ACL 형법 총론, 에이스, 2014.

박강우, 로스쿨 형법각론, 준커뮤니게이션즈, 2018.

박상기, 형법각론, 법문사, 2008.

배종대, 형법총론, 홍문사, 2016.

배종대, 형법 총·각론, 홍문사, 2020.

손동권, 형법각론, 율곡출판사, 2010.

신호진, 형법요론, 문형사, 2021.

오영근, 형법각론, 박영사, 2021.

오영근, 로스쿨 형법, 박영사, 2009.

이영민, ECI 형법 총론, 서울고시각, 2019.

이재상, 형법각론, 박영사, 2010.

이재상/장영민/강동범, 형법총론, 박영사, 2019.

이형국, 형법각론, 법문사, 2007.

정성근/박광민, 형법각론, 삼지원, 2008.

임웅, 형법각론(제10정판), 법문사, 2019.

형법

[시행 2020. 10. 20] [법률 제17511호, 2020. 10. 20, 일부개정]

제1편 총칙

제1장 형법의 적용범위

제1조(범죄의 성립과 처벌) ① 범죄의 성립과 처벌은 행위 시의 법률에 의한다.

② 범죄후 법률의 변경에 의하여 그 행위가 범죄를 구성하지 아니하거나 형이 구법보다 경한 때에는 신법에 의한다.

③ 재판확정후 법률의 변경에 의하여 그 행위가 범죄를 구성하지 아니하는 때에는 형의 집행을 면제한다.

제1조(범죄의 성립과 처벌) ① 범죄의 성립과 처벌은 행위 시의 법률에 따른다.

② 범죄 후 법률이 변경되어 그 행위가 범죄를 구성하지 아니하게 되거나 형이 구법(舊法)보다 가벼워진 경우에는 신법(新法)에 따른다.

③ 재판이 확정된 후 법률이 변경되어 그 행위가 범죄를 구성하지 아니하게 된 경우에는 형의 집행을 면제한다.

[전문개정 2020. 12. 8.]

[시행일 : 2021. 12. 9.] 제1조

제2조(국내범) 본법은 대한민국영역내에서 죄를 범한 내국인과 외국인에게 적용한다.

제3조(내국인의 국외범) 본법은 대한민국영역외에서 죄를 범한 내국인에게 적용한다.

제4조(국외에 있는 내국선박 등에서 외국인이 범한 죄) 본법은 대한민국영역외에 있는 대한민국의 선박 또는 항공기내에서 죄를 범한 외국인에게 적용한다.

제5조(외국인의 국외범) 본법은 대한민국영역외에서 다음에 기재한 죄를 범한 외국인에게 적용한다.

1. 내란의 죄
2. 외환의 죄
3. 국기에 관한 죄
4. 통화에 관한 죄
5. 유가증권, 우표와 인지에 관한 죄
6. 문서에 관한 죄중 제225조 내지 제230조
7. 인장에 관한 죄중 제238조

제6조(대한민국과 대한민국국민에 대한 국외범) 본법은 대한민국영역외에서 대한민국 또는 대한민국국민에 대하여 전조에 기재한 이외의 죄를 범한 외국인에게 적용한다. 단 행위지의 법률에 의하여 범죄를 구성하지 아니하거나 소추 또는 형의 집행을 면제할 경우에는 예외로 한다.

제7조(외국에서 집행된 형의 산입) 죄를 지어 외국에서 형의 전부 또는 일부가 집행된 사람에 대해서는 그 집행된 형의 전부 또는 일부를 선고하는 형에 산입한다.

[전문개정 2016. 12. 20.]

[2016. 12. 20. 법률 제14415호에 의하여 2015. 5. 28. 헌법재판소에서 헌법불합치 결정된 이 조를 개정함.]

제8조(총칙의 적용) 본법 총칙은 타법령에 정한 죄에 적용한다. 단, 그 법령에 특별한 규정이 있는 때에는 예외로 한다.

제2장 죄
제1절 죄의 성립과 형의 감면

제9조(형사미성년자) 14세되지 아니한 자의 행위는 벌하지 아니한다.

제10조(심신장애인) ① 심신장애로 인하여 사물을 변별할 능력이 없거나 의사를 결정할 능력이 없는 자의 행위는 벌하지 아니한다.

② 심신장애로 인하여 전항의 능력이 미약한 자의 행위는 형을 감경할 수 있다. <개정 2018. 12. 18.>

③ 위험의 발생을 예견하고 자의로 심신장애를 야기한 자의 행위에는 전2항의 규정을 적용하지 아니한다.

[제목개정 2014. 12. 30.]

제11조(농아자) 농아자의 행위는 형을 감경한다.

제11조(청각 및 언어 장애인) 듣거나 말하는 데 모두 장애가 있는 사람의 행위에 대해서는 형을 감경한다.

[전문개정 2020. 12. 8.]

[시행일 : 2021. 12. 9.] 제11조

제12조(강요된 행위) 저항할 수 없는 폭력이나 자기 또는 친족의 생명, 신체에 대한 위해를 방어할 방법이 없는 협박에 의하여 강요된 행위는 벌하지 아니한다.

제13조(범의) 죄의 성립요소인 사실을 인식하지 못한 행위는 벌하지 아니한다. 단, 법률에 특별한 규정이 있는 경우에는 예외로 한다.

제13조(고의) 죄의 성립요소인 사실을 인식하지 못한 행위는 벌하지 아니한다. 다만, 법률에 특별한 규정이 있는 경우에는 예외로 한다.

[전문개정 2020. 12. 8.]

[시행일 : 2021. 12. 9.] 제13조

제14조(과실) 정상의 주의를 태만함으로 인하여 죄의 성립요소인 사실을 인식하지 못한 행위는 법률에 특별한 규정이 있는 경우에 한하여 처벌한다.

제14조(과실) 정상적으로 기울여야 할 주의(注意)를 게을리하여 죄의 성립요소인 사실을 인식하지 못한 행위는 법률에 특별한 규정이 있는 경우에만 처벌한다.

[전문개정 2020. 12. 8.]

[시행일 : 2021. 12. 9.] 제14조

제15조(사실의 착오) ① 특별히 중한 죄가 되는 사실을 인식하지 못한 행위는 중한 죄로 벌하지 아니한다.

② 결과로 인하여 형이 중할 죄에 있어서 그 결과의 발생을 예견할 수 없었을 때에는 중한 죄로 벌하지 아니한다.

제15조(사실의 착오) ① 특별히 무거운 죄가 되는 사실을 인식하지 못한 행위는 무거운 죄로 벌하지 아니한다.

② 결과 때문에 형이 무거워지는 죄의 경우에 그 결과의 발생을 예견할 수 없었을 때에는 무거운 죄로 벌하지 아니한다.

[전문개정 2020. 12. 8.]

[시행일 : 2021. 12. 9.] 제15조

제16조(법률의 착오) 자기의 행위가 법령에 의하여 죄가 되지 아니하는 것으로 오인한 행위는 그 오인에 정당한 이유가 있는 때에 한하여 벌하지 아니한다.

제17조(인과관계) 어떤 행위라도 죄의 요소되는 위험발생에 연결되지 아니한 때에는 그 결과로 인하여 벌하지 아니한다.

제18조(부작위범) 위험의 발생을 방지할 의무가 있거나 자기의 행위로 인하여 위험발생의 원인을 야기한 자가 그 위험발생을 방지하지 아니한 때에는 그 발생된 결과에 의하여 처벌한다.

제19조(독립행위의 경합) 동시 또는 이시의 독립행위가 경합한 경우에 그 결과발생의 원인된 행위가 판명되지 아니한 때에는 각 행위를 미수범으로 처벌한다.

제20조(정당행위) 법령에 의한 행위 또는 업무로 인한 행위 기타 사회상규에 위배되지 아니하는 행위는 벌하지 아니한다.

제21조(정당방위) ① 자기 또는 타인의 법익에 대한 현재의 부당한 침해를 방위하기 위한 행위는 상당한 이유가 있는 때에는 벌하지 아니한다.

② 방위행위가 그 정도를 초과한 때에는 정황에 의하여 그 형을 감경 또는 면제할 수 있다.

③ 전항의 경우에 그 행위가 야간 기타 불안스러운 상태하에서 공포, 경악, 흥분 또는 당황으로 인한 때에는 벌하지 아니한다.

제21조(정당방위) ① 현재의 부당한 침해로부터 자기 또는 타인의 법익(法益)을 방위하기 위하여 한 행위는 상당한 이유가 있는 경우에는 벌하지 아니한다.

② 방위행위가 그 정도를 초과한 경우에는 정황(情況)에 따라 그 형을 감경하거나 면제할 수 있다.

③ 제2항의 경우에 야간이나 그 밖의 불안한 상태에서 공포를 느끼거나 경악(驚愕)하거나 흥분하거나 당황하였기 때문에 그 행위를 하였을 때에는 벌하지 아니한다.

[전문개정 2020. 12. 8.]

[시행일 : 2021. 12. 9.] 제21조

제22조(긴급피난) ①자기 또는 타인의 법익에 대한 현재의 위난을 피하기 위한 행위는 상당한 이유가 있는 때에는 벌하지 아니한다.

② 위난을 피하지 못할 책임이 있는 자에 대하여는 전항의 규정을 적용하지 아니한다.

③ 전조 제2항과 제3항의 규정은 본조에 준용한다.

제23조(자구행위) ① 법정절차에 의하여 청구권을 보전하기 불능한 경우에 그 청구권의 실행불능 또는 현저한 실행곤란을 피하기 위한 행위는 상당한 이유가 있는 때에는 벌하지 아니한다.

② 전항의 행위가 그 정도를 초과한 때에는 정황에 의하여 형을 감경 또는 면제할 수 있다.

제23조(자구행위) ① 법률에서 정한 절차에 따라서는 청구권을 보전(保全)할 수 없는 경우에 그 청구권의 실행이 불가능해지거나 현저히 곤란해지는 상황을 피하기 위하여 한 행위는 상당한 이유가 있는 때에는 벌하지 아니한다.

② 제1항의 행위가 그 정도를 초과한 경우에는 정황에 따라 그 형을 감경하거나 면제할 수 있다.

[전문개정 2020. 12. 8.]

[시행일 : 2021. 12. 9.] 제23조

제24조(피해자의 승낙) 처분할 수 있는 자의 승낙에 의하여 그 법익을 훼손한 행위는 법률에 특별한 규정이 없는 한 벌하지 아니한다.

제2절 미수범

제25조(미수범) ① 범죄의 실행에 착수하여 행위를 종료하지 못하였거나 결과가 발생하지 아니한 때에는 미수범으로 처벌한다.

② 미수범의 형은 기수범보다 감경할 수 있다.

제26조(중지범) 범인이 자의로 실행에 착수한 행위를 중지하거나 그 행위로 인한 결

과의 발생을 방지한 때에는 형을 감경 또
는 면제한다.

제26조(중지범) 범인이 실행에 착수한 행위
를 자의(自意)로 중지하거나 그 행위로 인
한 결과의 발생을 자의로 방지한 경우에는
형을 감경하거나 면제한다.

[전문개정 2020. 12. 8.]

[시행일 : 2021. 12. 9.] 제26조

제27조(불능범) 실행의 수단 또는 대상의
착오로 인하여 결과의 발생이 불가능하더
라도 위험성이 있는 때에는 처벌한다. 단,
형을 감경 또는 면제할 수 있다.

제28조(음모, 예비) 범죄의 음모 또는 예비
행위가 실행의 착수에 이르지 아니한 때
에는 법률에 특별한 규정이 없는 한 벌하
지 아니한다.

제29조(미수범의 처벌) 미수범을 처벌할 죄
는 각 본조에 정한다.

제29조(미수범의 처벌) 미수범을 처벌할 죄
는 각칙의 해당 죄에서 정한다.

[전문개정 2020. 12. 8.]

[시행일 : 2021. 12. 9.] 제29조

제3절 공범

제30조(공동정범) 2인 이상이 공동하여 죄
를 범한 때에는 각자를 그 죄의 정범으로
처벌한다.

제31조(교사범) ① 타인을 교사하여 죄를
범하게 한 자는 죄를 실행한 자와 동일한
형으로 처벌한다.

② 교사를 받은 자가 범죄의 실행을 승낙
하고 실행의 착수에 이르지 아니한 때에
는 교사자와 피교사자를 음모 또는 예비
에 준하여 처벌한다.

③ 교사를 받은 자가 범죄의 실행을 승낙
하지 아니한 때에도 교사자에 대하여는

전항과 같다.

제32조(종범) ① 타인의 범죄를 방조한 자
는 종범으로 처벌한다.

② 종범의 형은 정범의 형보다 감경한다.

제33조(공범과 신분) 신분관계로 인하여 성
립될 범죄에 가공한 행위는 신분관계가
없는 자에게도 전3조의 규정을 적용한다.
단, 신분관계로 인하여 형의 경중이 있는
경우에는 중한 형으로 벌하지 아니한다.

제33조(공범과 신분) 신분이 있어야 성립되
는 범죄에 신분 없는 사람이 가담한 경우
에는 그 신분 없는 사람에게도 제30조부터
제32조까지의 규정을 적용한다. 다만, 신
분 때문에 형의 경중이 달라지는 경우에
신분이 없는 사람은 무거운 형으로 벌하지
아니한다.

[전문개정 2020. 12. 8.]

[시행일 : 2021. 12. 9.] 제33조

**제34조(간접정범, 특수한 교사, 방조에 대한 형
의 가중)** ① 어느 행위로 인하여 처벌되지
아니하는 자 또는 과실범으로 처벌되는
자를 교사 또는 방조하여 범죄행위의 결
과를 발생하게 한 자는 교사 또는 방조의
예에 의하여 처벌한다.

② 자기의 지휘, 감독을 받는 자를 교사 또
는 방조하여 전항의 결과를 발생하게 한
자는 교사인 때에는 정범에 정한 형의 장
기 또는 다액에 그 2분의 1까지 가중하고
방조인 때에는 정범의 형으로 처벌한다.

제4절 누범

제35조(누범) ① 금고 이상의 형을 받어 그
집행을 종료하거나 면제를 받은 후 3년내
에 금고 이상에 해당하는 죄를 범한 자는
누범으로 처벌한다.

② 누범의 형은 그 죄에 정한 형의 장기의

2배까지 가중한다.

제35조(누범) ① 금고(禁錮) 이상의 형을 선고받아 그 집행이 종료되거나 면제된 후 3년 내에 금고 이상에 해당하는 죄를 지은 사람은 누범(累犯)으로 처벌한다.
② 누범의 형은 그 죄에 대하여 정한 형의 장기(長期)의 2배까지 가중한다.
[전문개정 2020. 12. 8.]
[시행일 : 2021. 12. 9.] 제35조

제36조(판결선고후의 누범발각) 판결선고후 누범인 것이 발각된 때에는 그 선고한 형을 통산하여 다시 형을 정할 수 있다. 단, 선고한 형의 집행을 종료하거나 그 집행이 면제된 후에는 예외로 한다.

제5절 경합범

제37조(경합범) 판결이 확정되지 아니한 수개의 죄 또는 금고 이상의 형에 처한 판결이 확정된 죄와 그 판결확정전에 범한 죄를 경합범으로 한다. <개정 2004. 1. 20.>

제38조(경합범과 처벌례) ① 경합범을 동시에 판결할 때에는 다음의 구별에 의하여 처벌한다.

1. 가장 중한 죄에 정한 형이 사형 또는 무기징역이나 무기금고인 때에는 가장 중한 죄에 정한 형으로 처벌한다.

2. 각 죄에 정한 형이 사형 또는 무기징역이나 무기금고 이외의 동종의 형인 때에는 가장 중한 죄에 정한 장기 또는 다액에 그 2분의 1까지 가중하되 각 죄에 정한 형의 장기 또는 다액을 합산한 형기 또는 액수를 초과할 수 없다. 단 과료와 과료, 몰수와 몰수는 병과할 수 있다.

3. 각 죄에 정한 형이 무기징역이나 무기금고 이외의 이종의 형인 때에는 병과

한다.
② 전항 각호의 경우에 있어서 징역과 금고는 동종의 형으로 간주하여 징역형으로 처벌한다.

제38조(경합범과 처벌례) ① 경합범을 동시에 판결할 때에는 다음 각 호의 구분에 따라 처벌한다.

1. 가장 무거운 죄에 대하여 정한 형이 사형, 무기징역, 무기금고인 경우에는 가장 무거운 죄에 대하여 정한 형으로 처벌한다.

2. 각 죄에 대하여 정한 형이 사형, 무기징역, 무기금고 외의 같은 종류의 형인 경우에는 가장 무거운 죄에 대하여 정한 형의 장기 또는 다액(多額)에 그 2분의 1까지 가중하되 각 죄에 대하여 정한 형의 장기 또는 다액을 합산한 형기 또는 액수를 초과할 수 없다. 다만, 과료와 과료, 몰수와 몰수는 병과(倂科)할 수 있다.

3. 각 죄에 대하여 정한 형이 무기징역, 무기금고 외의 다른 종류의 형인 경우에는 병과한다.

② 제1항 각 호의 경우에 징역과 금고는 같은 종류의 형으로 보아 징역형으로 처벌한다.
[전문개정 2020. 12. 8.]
[시행일 : 2021. 12. 9.] 제38조

제39조(판결을 받지 아니한 경합범, 수개의 판결과 경합범, 형의 집행과 경합범) ① 경합범 중 판결을 받지 아니한 죄가 있는 때에는 그 죄와 판결이 확정된 죄를 동시에 판결할 경우와 형평을 고려하여 그 죄에 대하여 형을 선고한다. 이 경우 그 형을 감경 또는 면제할 수 있다. <개정 2005. 7. 29.>

② 삭제 <2005. 7. 29.>

③ 경합범에 의한 판결의 선고를 받은 자가 경합범 중의 어떤 죄에 대하여 사면 또는 형의 집행이 면제된 때에는 다른 죄에 대하여 다시 형을 정한다.

④전 3항의 형의 집행에 있어서는 이미 집행한 형기를 통산한다.

제40조(상상적 경합) 1개의 행위가 수개의 죄에 해당하는 경우에는 가장 중한 죄에 정한 형으로 처벌한다.

제40조(상상적 경합) 한 개의 행위가 여러 개의 죄에 해당하는 경우에는 가장 무거운 죄에 대하여 정한 형으로 처벌한다.

[전문개정 2020. 12. 8.]

[시행일 : 2021. 12. 9.] 제40조

제3장 형
제1절 형의 종류와 경중

제41조(형의 종류) 형의 종류는 다음과 같다.

1. 사형
2. 징역
3. 금고
4. 자격상실
5. 자격정지
6. 벌금
7. 구류
8. 과료
9. 몰수

제42조(징역 또는 금고의 기간) 징역 또는 금고는 무기 또는 유기로 하고 유기는 1개월 이상 30년 이하로 한다. 단, 유기징역 또는 유기금고에 대하여 형을 가중하는 때에는 50년까지로 한다. <개정 2010. 4. 15.>

제43조(형의 선고와 자격상실, 자격정지) ① 사형, 무기징역 또는 무기금고의 판결을 받은 자는 다음에 기재한 자격을 상실한다.

1. 공무원이 되는 자격
2. 공법상의 선거권과 피선거권
3. 법률로 요건을 정한 공법상의 업무에 관한 자격
4. 법인의 이사, 감사 또는 지배인 기타 법인의 업무에 관한 검사역이나 재산관리인이 되는 자격

② 유기징역 또는 유기금고의 판결을 받은 자는 그 형의 집행이 종료하거나 면제될 때까지 전항 제1호 내지 제3호에 기재된 자격이 정지된다. 다만, 다른 법률에 특별한 규정이 있는 경우에는 그 법률에 따른다. <개정 2016. 1. 6.>

[2016. 1. 6. 법률 제13719호에 의하여 2014. 1. 28. 헌법재판소에서 위헌 및 헌법불합치 결정된 이 조 제2항을 개정함.]

제44조(자격정지) ① 전조에 기재한 자격의 전부 또는 일부에 대한 정지는 1년 이상 15년 이하로 한다.

② 유기징역 또는 유기금고에 자격정지를 병과한 때에는 징역 또는 금고의 집행을 종료하거나 면제된 날로부터 정지기간을 기산한다.

제45조(벌금) 벌금은 5만원 이상으로 한다. 다만, 감경하는 경우에는 5만원 미만으로 할 수 있다. <개정 1995. 12. 29.>

제46조(구류) 구류는 1일 이상 30일 미만으로 한다.

제47조(과료) 과료는 2천원 이상 5만원 미만으로 한다. <개정 1995. 12. 29.>

제48조(몰수의 대상과 추징) ① 범인이외의 자의 소유에 속하지 아니하거나 범죄후 범인이외의 자가 정을 알면서 취득한 다음 기재의 물건은 전부 또는 일부를 몰수할 수 있다.

1. 범죄행위에 제공하였거나 제공하려고

한 물건.

2. 범죄행위로 인하여 생하였거나 이로 인하여 취득한 물건.

3. 전 2호의 대가로 취득한 물건.

② 전항에 기재한 물건을 몰수하기 불능한 때에는 그 가액을 추징한다.

③ 문서, 도화, 전자기록등 특수매체기록 또는 유가증권의 일부가 몰수에 해당하는 때에는 그 부분을 폐기한다. <개정 1995. 12. 29.>

제48조(몰수의 대상과 추징) ① 범인 외의 자의 소유에 속하지 아니하거나 범죄 후 범인 외의 자가 사정을 알면서 취득한 다음 각 호의 물건은 전부 또는 일부를 몰수할 수 있다.

1. 범죄행위에 제공하였거나 제공하려고 한 물건

2. 범죄행위로 인하여 생겼거나 취득한 물건

3. 제1호 또는 제2호의 대가로 취득한 물건

② 제1항 각 호의 물건을 몰수할 수 없을 때에는 그 가액(價額)을 추징한다.

③ 문서, 도화(圖畵), 전자기록(電磁記錄) 등 특수매체기록 또는 유가증권의 일부가 몰수의 대상이 된 경우에는 그 부분을 폐기한다.

[전문개정 2020. 12. 8.]

[시행일 : 2021. 12. 9.] 제48조

제49조(몰수의 부가성) 몰수는 타형에 부가하여 과한다. 단, 행위자에게 유죄의 재판을 아니할 때에도 몰수의 요건이 있는 때에는 몰수만을 선고할 수 있다.

제50조(형의 경중) ① 형의 경중은 제41조 기재의 순서에 의한다. 단, 무기금고와 유기징역은 금고를 중한 것으로 하고 유기금고의 장기가 유기징역의 장기를 초과하는 때에는 금고를 중한 것으로 한다.

② 동종의 형은 장기의 긴 것과 다액의 많은 것을 중한 것으로 하고 장기 또는 다액이 동일한 때에는 그 단기의 긴 것과 소액의 많은 것을 중한 것으로 한다.

③ 전 2항의 규정에 의한 외에는 죄질과 범정에 의하여 경중을 정한다.

제50조(형의 경중) ① 형의 경중은 제41조 각 호의 순서에 따른다. 다만, 무기금고와 유기징역은 무기금고를 무거운 것으로 하고 유기금고의 장기가 유기징역의 장기를 초과하는 때에는 유기금고를 무거운 것으로 한다.

② 같은 종류의 형은 장기가 긴 것과 다액이 많은 것을 무거운 것으로 하고 장기 또는 다액이 같은 경우에는 단기가 긴 것과 소액이 많은 것을 무거운 것으로 한다.

③ 제1항 및 제2항을 제외하고는 죄질과 범정(犯情)을 고려하여 경중을 정한다.

[전문개정 2020. 12. 8.]

[시행일 : 2021. 12. 9.] 제50조

제2절 형의 양정

제51조(양형의 조건) 형을 정함에 있어서는 다음 사항을 참작하여야 한다.

1. 범인의 연령, 성행, 지능과 환경

2. 피해자에 대한 관계

3. 범행의 동기, 수단과 결과

4. 범행 후의 정황

제52조(자수, 자복) ① 죄를 범한 후 수사책임이 있는 관서에 자수한 때에는 그 형을 감경 또는 면제할 수 있다.

② 피해자의 의사에 반하여 처벌할 수 없는 죄에 있어서 피해자에게 자복한 때에도 전항과 같다.

제52조(자수, 자복) ① 죄를 지은 후 수사기

관에 자수한 경우에는 형을 감경하거나 면제할 수 있다.

② 피해자의 의사에 반하여 처벌할 수 없는 범죄의 경우에는 피해자에게 죄를 자복(自服)하였을 때에도 형을 감경하거나 면제할 수 있다.

[전문개정 2020. 12. 8.]

[시행일 : 2021. 12. 9.] 제52조

제53조(작량감경) 범죄의 정상에 참작할 만한 사유가 있는 때에는 작량하여 그 형을 감경할 수 있다.

제53조(정상참작감경) 범죄의 정상(情狀)에 참작할 만한 사유가 있는 경우에는 그 형을 감경할 수 있다.

[전문개정 2020. 12. 8.]

[시행일 : 2021. 12. 9.] 제53조

제54조(선택형과 작량감경) 1개의 죄에 정한 형이 수종인 때에는 먼저 적용할 형을 정하고 그 형을 감경한다.

제54조(선택형과 정상참작감경) 한 개의 죄에 정한 형이 여러 종류인 때에는 먼저 적용할 형을 정하고 그 형을 감경한다.

[전문개정 2020. 12. 8.]

[시행일 : 2021. 12. 9.] 제54조

제55조(법률상의 감경) ①법률상의 감경은 다음과 같다. <개정 2010. 4. 15.>

1. 사형을 감경할 때에는 무기 또는 20년 이상 50년 이하의 징역 또는 금고로 한다.

2. 무기징역 또는 무기금고를 감경할 때에는 10년 이상 50년 이하의 징역 또는 금고로 한다.

3. 유기징역 또는 유기금고를 감경할 때에는 그 형기의 2분의 1로 한다.

4. 자격상실을 감경할 때에는 7년 이상의 자격정지로 한다.

5. 자격정지를 감경할 때에는 그 형기의 2분의 1로 한다.

6. 벌금을 감경할 때에는 그 다액의 2분의 1로 한다.

7. 구류를 감경할 때에는 그 장기의 2분의 1로 한다.

8. 과료를 감경할 때에는 그 다액의 2분의 1로 한다.

②법률상 감경할 사유가 수개있는 때에는 거듭 감경할 수 있다.

제56조(가중감경의 순서) 형을 가중감경할 사유가 경합된 때에는 다음 순서에 의한다.

1. 각칙 본조에 의한 가중

2. 제34조제2항의 가중

3. 누범가중

4. 법률상감경

5. 경합범가중

6. 작량감경

제56조(가중·감경의 순서) 형을 가중·감경할 사유가 경합하는 경우에는 다음 각 호의 순서에 따른다.

1. 각칙 조문에 따른 가중

2. 제34조제2항에 따른 가중

3. 누범 가중

4. 법률상 감경

5. 경합범 가중

6. 정상참작감경

[전문개정 2020. 12. 8.]

[시행일 : 2021. 12. 9.] 제56조

제57조(판결선고전 구금일수의 통산) ① 판결선고전의 구금일수는 그 전부를 유기징역, 유기금고, 벌금이나 과료에 관한 유치 또는 구류에 산입한다. <개정 2014. 12. 30.>

② 전항의 경우에는 구금일수의 1일은 징역, 금고, 벌금이나 과료에 관한 유치 또는 구류의 기간의 1일로 계산한다.

[2014. 12. 30. 법률 제12898호에 의하여 2009. 6. 25. 위헌 결정된 제57조제1항을 개정함]

제58조(판결의 공시) ① 피해자의 이익을 위하여 필요하다고 인정할 때에는 피해자의 청구가 있는 경우에 한하여 피고인의 부담으로 판결공시의 취지를 선고할 수 있다.
② 피고사건에 대하여 무죄의 판결을 선고하는 경우에는 무죄판결공시의 취지를 선고하여야 한다. 다만, 무죄판결을 받은 피고인이 무죄판결공시 취지의 선고에 동의하지 아니하거나 피고인의 동의를 받을 수 없는 경우에는 그러하지 아니하다. <개정 2014. 12. 30.>
③ 피고사건에 대하여 면소의 판결을 선고하는 경우에는 면소판결공시의 취지를 선고할 수 있다. <신설 2014. 12. 30.>

제3절 형의 선고유예

제59조(선고유예의 요건) ① 1년 이하의 징역이나 금고, 자격정지 또는 벌금의 형을 선고할 경우에 제51조의 사항을 참작하여 개전의 정상이 현저한 때에는 그 선고를 유예할 수 있다. 단, 자격정지 이상의 형을 받은 전과가 있는 자에 대하여는 예외로 한다.
② 형을 병과할 경우에도 형의 전부 또는 일부에 대하여 그 선고를 유예할 수 있다.
제59조(선고유예의 요건) ① 1년 이하의 징역이나 금고, 자격정지 또는 벌금의 형을 선고할 경우에 제51조의 사항을 고려하여 뉘우치는 정상이 뚜렷할 때에는 그 형의 선고를 유예할 수 있다. 다만, 자격정지 이상의 형을 받은 전과가 있는 사람에 대해서는 예외로 한다.
② 형을 병과할 경우에도 형의 전부 또는

일부에 대하여 선고를 유예할 수 있다.
[전문개정 2020. 12. 8.]
[시행일 : 2021. 12. 9.] 제59조
제59조의2(보호관찰) ① 형의 선고를 유예하는 경우에 재범방지를 위하여 지도 및 원호가 필요한 때에는 보호관찰을 받을 것을 명할 수 있다.
② 제1항의 규정에 의한 보호관찰의 기간은 1년으로 한다.
[본조신설 1995. 12. 29.]
제60조(선고유예의 효과) 형의 선고유예를 받은 날로부터 2년을 경과한 때에는 면소된 것으로 간주한다.
제61조(선고유예의 실효) ① 형의 선고유예를 받은 자가 유예기간 중 자격정지 이상의 형에 처한 판결이 확정되거나 자격정지 이상의 형에 처한 전과가 발견된 때에는 유예한 형을 선고한다. <개정 1995. 12. 29.>
② 제59조의2의 규정에 의하여 보호관찰을 명한 선고유예를 받은 자가 보호관찰 기간중에 준수사항을 위반하고 그 정도가 무거운 때에는 유예한 형을 선고할 수 있다. <신설 1995. 12. 29.>

제4절 형의 집행유예

제62조(집행유예의 요건) ① 3년 이하의 징역이나 금고 또는 500만원 이하의 벌금의 형을 선고할 경우에 제51조의 사항을 참작하여 그 정상에 참작할 만한 사유가 있는 때에는 1년 이상 5년 이하의 기간 형의 집행을 유예할 수 있다. 다만, 금고 이상의 형을 선고한 판결이 확정된 때부터 그 집행을 종료하거나 면제된 후 3년까지의 기간에 범한 죄에 대하여 형을 선고하는 경우에는 그러하지 아니하다. <개정 2005. 7. 29., 2016. 1. 6.>

② 형을 병과할 경우에는 그 형의 일부에 대하여 집행을 유예할 수 있다.

제62조의2(보호관찰, 사회봉사·수강명령) ① 형의 집행을 유예하는 경우에는 보호관찰을 받을 것을 명하거나 사회봉사 또는 수강을 명할 수 있다.

② 제1항의 규정에 의한 보호관찰의 기간은 집행을 유예한 기간으로 한다. 다만, 법원은 유예기간의 범위내에서 보호관찰기간을 정할 수 있다.

③ 사회봉사명령 또는 수강명령은 집행유예기간내에 이를 집행한다.

[본조신설 1995. 12. 29.]

제63조(집행유예의 실효) 집행유예의 선고를 받은 자가 유예기간 중 고의로 범한 죄로 금고 이상의 실형을 선고받아 그 판결이 확정된 때에는 집행유예의 선고는 효력을 잃는다. <개정 2005. 7. 29.>

제64조(집행유예의 취소) ① 집행유예의 선고를 받은 후 제62조 단행의 사유가 발각된 때에는 집행유예의 선고를 취소한다. <개정 1995. 12. 29.>

② 제62조의2의 규정에 의하여 보호관찰이나 사회봉사 또는 수강을 명한 집행유예를 받은 자가 준수사항이나 명령을 위반하고 그 정도가 무거운 때에는 집행유예의 선고를 취소할 수 있다. <신설 1995. 12. 29.>

제65조(집행유예의 효과) 집행유예의 선고를 받은 후 그 선고의 실효 또는 취소됨이 없이 유예기간을 경과한 때에는 형의 선고는 효력을 잃는다.

제5절 형의 집행

제66조(사형) 사형은 형무소내에서 교수하여 집행한다.

제66조(사형) 사형은 교정시설 안에서 교수(絞首)하여 집행한다.

[전문개정 2020. 12. 8.]

[시행일 : 2021. 12. 9.] 제66조

제67조(징역) 징역은 형무소내에 구치하여 정역에 복무하게 한다.

제67조(징역) 징역은 교정시설에 수용하여 집행하며, 정해진 노역(勞役)에 복무하게 한다.

[전문개정 2020. 12. 8.]

[시행일 : 2021. 12. 9.] 제67조

제68조(금고와 구류) 금고와 구류는 형무소에 구치한다.

제68조(금고와 구류) 금고와 구류는 교정시설에 수용하여 집행한다.

[전문개정 2020. 12. 8.]

[시행일 : 2021. 12. 9.] 제68조

제69조(벌금과 과료) ① 벌금과 과료는 판결확정일로부터 30일내에 납입하여야 한다. 단, 벌금을 선고할 때에는 동시에 그 금액을 완납할 때까지 노역장에 유치할 것을 명할 수 있다.

② 벌금을 납입하지 아니한 자는 1일 이상 3년 이하, 과료를 납입하지 아니한 자는 1일 이상 30일 미만의 기간 노역장에 유치하여 작업에 복무하게 한다.

제70조(노역장유치) ① 벌금 또는 과료를 선고할 때에는 납입하지 아니하는 경우의 유치기간을 정하여 동시에 선고하여야 한다. <개정 2014. 5. 14.>

② 선고하는 벌금이 1억원 이상 5억원 미만인 경우에는 300일 이상, 5억원 이상 50억원 미만인 경우에는 500일 이상, 50억원 이상인 경우에는 1,000일 이상의 유치기간을 정하여야 한다. <신설 2014. 5. 14.>

제70조(노역장 유치) ① 벌금이나 과료를 선고할 때에는 이를 납입하지 아니하는 경우의 노역장 유치기간을 정하여 동시에 선고

하여야 한다. <개정 2020. 12. 8.>

② 선고하는 벌금이 1억원 이상 5억원 미만인 경우에는 300일 이상, 5억원 이상 50억원 미만인 경우에는 500일 이상, 50억원 이상인 경우에는 1천일 이상의 노역장 유치기간을 정하여야 한다. <신설 2014. 5. 14., 2020. 12. 8.>

[제목개정 2020. 12. 8.]

[시행일 : 2021. 12. 9.] 제70조

제71조(유치일수의 공제) 벌금 또는 과료의 선고를 받은 자가 그 일부를 납입한 때에는 벌금 또는 과료액과 유치기간의 일수에 비례하여 납입금액에 상당한 일수를 제한다.

제71조(유치일수의 공제) 벌금이나 과료의 선고를 받은 사람이 그 금액의 일부를 납입한 경우에는 벌금 또는 과료액과 노역장 유치기간의 일수(日數)에 비례하여 납입금액에 해당하는 일수를 뺀다.

[전문개정 2020. 12. 8.]

[시행일 : 2021. 12. 9.] 제71조

제6절 가석방

제72조(가석방의 요건) ① 징역 또는 금고의 집행 중에 있는 자가 그 행상이 양호하여 개전의 정이 현저한 때에는 무기에 있어서는 20년, 유기에 있어서는 형기의 3분의 1을 경과한 후 행정처분으로 가석방을 할 수 있다. <개정 2010. 4. 15.>

② 전항의 경우에 벌금 또는 과료의 병과가 있는 때에는 그 금액을 완납하여야 한다.

제72조(가석방의 요건) ① 징역이나 금고의 집행 중에 있는 사람이 행상(行狀)이 양호하여 뉘우침이 뚜렷한 때에는 무기형은 20년, 유기형은 형기의 3분의 1이 지난 후 행정처분으로 가석방을 할 수 있다.

② 제1항의 경우에 벌금이나 과료가 병과되어 있는 때에는 그 금액을 완납하여야 한다.

[전문개정 2020. 12. 8.]

[시행일 : 2021. 12. 9.] 제72조

제73조(판결선고전 구금과 가석방) ① 형기에 산입된 판결선고전 구금의 일수는 가석방에 있어서 집행을 경과한 기간에 산입한다.

② 벌금 또는 과료에 관한 유치기간에 산입된 판결선고전 구금일수는 전조제2항의 경우에 있어서 그에 해당하는 금액이 납입된 것으로 간주한다.

제73조(판결선고 전 구금과 가석방) ① 형기에 산입된 판결선고 전 구금일수는 가석방을 하는 경우 집행한 기간에 산입한다.

② 제72조제2항의 경우에 벌금이나 과료에 관한 노역장 유치기간에 산입된 판결선고 전 구금일수는 그에 해당하는 금액이 납입된 것으로 본다.

[전문개정 2020. 12. 8.]

[시행일 : 2021. 12. 9.] 제73조

제73조의2(가석방의 기간 및 보호관찰) ① 가석방의 기간은 무기형에 있어서는 10년으로 하고, 유기형에 있어서는 남은 형기로 하되, 그 기간은 10년을 초과할 수 없다.

② 가석방된 자는 가석방기간중 보호관찰을 받는다. 다만, 가석방을 허가한 행정관청이 필요가 없다고 인정한 때에는 그러하지 아니하다.

[본조신설 1995. 12. 29.]

제74조(가석방의 실효) 가석방중 금고 이상의 형의 선고를 받아 그 판결이 확정된 때에는 가석방처분은 효력을 잃는다. 단 과실로 인한 죄로 형의 선고를 받았을 때에는 예외로 한다.

제74조(가석방의 실효) 가석방 기간 중 고의로 지은 죄로 금고 이상의 형을 선고받아 그 판결이 확정된 경우에 가석방 처분은 효력을 잃는다.
[전문개정 2020. 12. 8.]
[시행일 : 2021. 12. 9.] 제74조
제75조(가석방의 취소) 가석방의 처분을 받은 자가 감시에 관한 규칙을 위배하거나, 보호관찰의 준수사항을 위반하고 그 정도가 무거운 때에는 가석방처분을 취소할 수 있다.
[전문개정 1995. 12. 29.]
제76조(가석방의 효과) ① 가석방의 처분을 받은 후 그 처분이 실효 또는 취소되지 아니하고 가석방기간을 경과한 때에는 형의 집행을 종료한 것으로 본다. <개정 1995. 12. 29.>
② 전2조의 경우에는 가석방중의 일수는 형기에 산입하지 아니한다.

제7절 형의 시효
제77조(시효의 효과) 형의 선고를 받은 자는 시효의 완성으로 인하여 그 집행이 면제된다.
제77조(형의 시효의 효과) 형을 선고받은 사람에 대해서는 시효가 완성되면 그 집행이 면제된다.
[전문개정 2020. 12. 8.]
[시행일 : 2021. 12. 9.] 제77조
제78조(시효의 기간) 시효는 형을 선고하는 재판이 확정된 후 그 집행을 받음이 없이 다음의 기간을 경과함으로 인하여 완성된다. <개정 2017. 12. 12.>
1. 사형은 30년
2. 무기의 징역 또는 금고는 20년
3. 10년 이상의 징역 또는 금고는 15년
4. 3년 이상의 징역이나 금고 또는 10년 이상의 자격정지는 10년
5. 3년 미만의 징역이나 금고 또는 5년 이상의 자격정지는 7년
6. 5년 미만의 자격정지, 벌금, 몰수 또는 추징은 5년
7. 구류 또는 과료는 1년
제78조(형의 시효의 기간) 시효는 형을 선고하는 재판이 확정된 후 그 집행을 받지 아니하고 다음 각 호의 구분에 따른 기간이 지나면 완성된다. <개정 2017. 12. 12., 2020. 12. 8.>
1. 사형: 30년
2. 무기의 징역 또는 금고: 20년
3. 10년 이상의 징역 또는 금고: 15년
4. 3년 이상의 징역이나 금고 또는 10년 이상의 자격정지: 10년
5. 3년 미만의 징역이나 금고 또는 5년 이상의 자격정지: 7년
6. 5년 미만의 자격정지, 벌금, 몰수 또는 추징: 5년
7. 구류 또는 과료: 1년
[제목개정 2020. 12. 8.]
[시행일 : 2021. 12. 9.] 제78조
제79조(시효의 정지) ① 시효는 형의 집행의 유예나 정지 또는 가석방 기타 집행할 수 없는 기간은 진행되지 아니한다. <개정 2014. 5. 14.>
② 시효는 형이 확정된 후 그 형의 집행을 받지 아니한 자가 형의 집행을 면할 목적으로 국외에 있는 기간 동안은 진행되지 아니한다. <신설 2014. 5. 14.>
제80조(시효의 중단) 시효는 사형, 징역, 금고와 구류에 있어서는 수형자를 체포함으로, 벌금, 과료, 몰수와 추징에 있어서는 강제처분을 개시함으로 인하여 중단된다.

제8절 형의 소멸

제81조(형의 실효) 징역 또는 금고의 집행을 종료하거나 집행이 면제된 자가 피해자의 손해를 보상하고 자격정지 이상의 형을 받음이 없이 7년을 경과한 때에는 본인 또는 검사의 신청에 의하여 그 재판의 실효를 선고할 수 있다.

제82조(복권) 자격정지의 선고를 받은 자가 피해자의 손해를 보상하고 자격정지 이상의 형을 받음이 없이 정지기간의 2분의 1을 경과한 때에는 본인 또는 검사의 신청에 의하여 자격의 회복을 선고할 수 있다.

제4장 기간

제83조(기간의 계산) 연 또는 월로써 정한 기간은 역수에 따라 계산한다.

제83조(기간의 계산) 연(年) 또는 월(月)로 정한 기간은 연 또는 월 단위로 계산한다.
[전문개정 2020. 12. 8.]

[시행일 : 2021. 12. 9.] 제83조

제84조(형기의 기산) ① 형기는 판결이 확정된 날로부터 기산한다.

② 징역, 금고, 구류와 유치에 있어서는 구속되지 아니한 일수는 형기에 산입하지 아니한다.

제85조(형의 집행과 시효기간의 초일) 형의 집행과 시효기간의 초일은 시간을 계산함이 없이 1일로 산정한다.

제86조(석방일) 석방은 형기종료일에 하여야 한다.

제2편 각칙

제1장 내란의 죄

제87조(내란) 국토를 참절하거나 국헌을 문란할 목적으로 폭동한 자는 다음의 구별에 의하여 처단한다.

1. 수괴는 사형, 무기징역 또는 무기금고에 처한다.
2. 모의에 참여하거나 지휘하거나 기타 중요한 임무에 종사한 자는 사형, 무기 또는 5년 이상의 징역이나 금고에 처한다. 살상, 파괴 또는 약탈의 행위를 실행한 자도 같다.
3. 부화수행하거나 단순히 폭동에만 관여한 자는 5년 이하의 징역 또는 금고에 처한다.

제87조(내란) 대한민국 영토의 전부 또는 일부에서 국가권력을 배제하거나 국헌을 문란하게 할 목적으로 폭동을 일으킨 자는 다음 각 호의 구분에 따라 처벌한다.

1. 우두머리는 사형, 무기징역 또는 무기금고에 처한다.
2. 모의에 참여하거나 지휘하거나 그 밖의 중요한 임무에 종사한 자는 사형, 무기 또는 5년 이상의 징역이나 금고에 처한다. 살상, 파괴 또는 약탈 행위를 실행한 자도 같다.
3. 부화수행(附和隨行)하거나 단순히 폭동에만 관여한 자는 5년 이하의 징역이나 금고에 처한다.

[전문개정 2020. 12. 8.]

[시행일 : 2021. 12. 9.] 제87조

제88조(내란목적의 살인) 국토를 참절하거나 국헌을 문란할 목적으로 사람을 살해한 자는 사형, 무기징역 또는 무기금고에 처한다.

제88조(내란목적의 살인) 대한민국 영토의 전부 또는 일부에서 국가권력을 배제하거나 국헌을 문란하게 할 목적으로 사람을 살해한 자는 사형, 무기징역 또는 무기금고에 처한다.

[전문개정 2020. 12. 8.]

[시행일 : 2021. 12. 9.] 제88조

제89조(미수범) 전2조의 미수범은 처벌한다.

제90조(예비, 음모, 선동, 선전) ① 제87조 또는 제88조의 죄를 범할 목적으로 예비 또는 음모한 자는 3년 이상의 유기징역이나 유기금고에 처한다. 단, 그 목적한 죄의 실행에 이르기 전에 자수한 때에는 그 형을 감경 또는 면제한다.

② 제87조 또는 제88조의 죄를 범할 것을 선동 또는 선전한 자도 전항의 형과 같다.

제91조(국헌문란의 정의) 본장에서 국헌을 문란할 목적이라 함은 다음 각호의 1에 해당함을 말한다.

1. 헌법 또는 법률에 정한 절차에 의하지 아니하고 헌법 또는 법률의 기능을 소멸시키는 것

2. 헌법에 의하여 설치된 국가기관을 강압에 의하여 전복 또는 그 권능행사를 불가능하게 하는 것

제2장 외환의 죄

제92조(외환유치) 외국과 통모하여 대한민국에 대하여 전단을 열게 하거나 외국인과 통모하여 대한민국에 항적한 자는 사형 또는 무기징역에 처한다.

제93조(여적) 적국과 합세하여 대한민국에 항적한 자는 사형에 처한다.

제94조(모병이적) ① 적국을 위하여 모병한 자는 사형 또는 무기징역에 처한다.

② 전항의 모병에 응한 자는 무기 또는 5년 이상의 징역에 처한다.

제95조(시설제공이적) ① 군대, 요새, 진영 또는 군용에 공하는 선박이나 항공기 기타 장소, 설비 또는 건조물을 적국에 제공한 자는 사형 또는 무기징역에 처한다.

② 병기 또는 탄약 기타 군용에 공하는 물건을 적국에 제공한 자도 전항의 형과 같다.

제96조(시설파괴이적) 적국을 위하여 전조에 기재한 군용시설 기타 물건을 파괴하거나 사용할 수 없게 한 자는 사형 또는 무기징역에 처한다.

제97조(물건제공이적) 군용에 공하지 아니하는 병기, 탄약 또는 전투용에 공할 수 있는 물건을 적국에 제공한 자는 무기 또는 5년 이상의 징역에 처한다.

제98조(간첩) ① 적국을 위하여 간첩하거나 적국의 간첩을 방조한 자는 사형, 무기 또는 7년 이상의 징역에 처한다.

② 군사상의 기밀을 적국에 누설한 자도 전항의 형과 같다.

제99조(일반이적) 전7조에 기재한 이외에 대한민국의 군사상 이익을 해하거나 적국에 군사상 이익을 공여한 자는 무기 또는 3년 이상의 징역에 처한다.

제100조(미수범) 전8조의 미수범은 처벌한다.

제101조(예비, 음모, 선동, 선전) ① 제92조 내지 제99조의 죄를 범할 목적으로 예비 또는 음모한 자는 2년 이상의 유기징역에 처한다. 단 그 목적한 죄의 실행에 이르기 전에 자수한 때에는 그 형을 감경 또는 면제한다.

② 제92조 내지 제99조의 죄를 선동 또는 선전한 자도 전항의 형과 같다.

제102조(준적국) 제93조 내지 전조의 죄에 있어서는 대한민국에 적대하는 외국 또는 외국인의 단체는 적국으로 간주한다.

제103조(전시군수계약불이행) ① 전쟁 또는 사변에 있어서 정당한 이유없이 정부에 대한 군수품 또는 군용공작물에 관한 계약을 이행하지 아니한 자는 10년 이하의

징역에 처한다.

② 전항의 계약이행을 방해한 자도 전항의 형과 같다.

제104조(동맹국) 본장의 규정은 동맹국에 대한 행위에 적용한다.

제104조의2 삭제 <1988. 12. 31.>

제3장 국기에 관한 죄

제105조(국기, 국장의 모독) 대한민국을 모욕할 목적으로 국기 또는 국장을 손상, 제거 또는 오욕한 자는 5년 이하의 징역이나 금고, 10년 이하의 자격정지 또는 700만원 이하의 벌금에 처한다. <개정 1995. 12. 29.>

제106조(국기, 국장의 비방) 전조의 목적으로 국기 또는 국장을 비방한 자는 1년 이하의 징역이나 금고, 5년 이하의 자격정지 또는 200만원 이하의 벌금에 처한다. <개정 1995. 12. 29.>

제4장 국교에 관한 죄

제107조(외국원수에 대한 폭행 등) ① 대한민국에 체재하는 외국의 원수에 대하여 폭행 또는 협박을 가한 자는 7년 이하의 징역이나 금고에 처한다.

② 전항의 외국원수에 대하여 모욕을 가하거나 명예를 훼손한 자는 5년 이하의 징역이나 금고에 처한다.

제108조(외국사절에 대한 폭행 등) ① 대한민국에 파견된 외국사절에 대하여 폭행 또는 협박을 가한 자는 5년 이하의 징역이나 금고에 처한다.

② 전항의 외국사절에 대하여 모욕을 가하거나 명예를 훼손한 자는 3년 이하의 징역이나 금고에 처한다

제109조(외국의 국기, 국장의 모독) 외국을 모욕할 목적으로 그 나라의 공용에 공하는 국기 또는 국장을 손상, 제거 또는 오욕한 자는 2년 이하의 징역이나 금고 또는 300만원 이하의 벌금에 처한다. <개정 1995. 12. 29.>

제110조(피해자의 의사) 제107조 내지 제109조의 죄는 그 외국정부의 명시한 의사에 반하여 공소를 제기할 수 없다. <개정 1995. 12. 29.>

제111조(외국에 대한 사전) ① 외국에 대하여 사전한 자는 1년 이상의 유기금고에 처한다.

② 전항의 미수범은 처벌한다.

③ 제1항의 죄를 범할 목적으로 예비 또는 음모한 자는 3년 이하의 금고 또는 500만원 이하의 벌금에 처한다. 단 그 목적한 죄의 실행에 이르기 전에 자수한 때에는 감경 또는 면제한다. <개정 1995. 12. 29.>

제112조(중립명령위반) 외국간의 교전에 있어서 중립에 관한 명령에 위반한 자는 3년 이하의 금고 또는 500만원 이하의 벌금에 처한다. <개정 1995. 12. 29.>

제113조(외교상기밀의 누설) ① 외교상의 기밀을 누설한 자는 5년 이하의 징역 또는 1천만원 이하의 벌금에 처한다. <개정 1995. 12. 29.>

② 누설할 목적으로 외교상의 기밀을 탐지 또는 수집한 자도 전항의 형과 같다.

제5장 공안(公安)을 해하는 죄
<개정 2013. 4. 5.>

제114조(범죄단체 등의 조직) 사형, 무기 또는 장기 4년 이상의 징역에 해당하는 범죄를 목적으로 하는 단체 또는 집단을 조직하거나 이에 가입 또는 그 구성원으로 활

동한 사람은 그 목적한 죄에 정한 형으로 처벌한다. 다만, 형을 감경할 수 있다.
[전문개정 2013. 4. 5.]
제115조(소요) 다중이 집합하여 폭행, 협박 또는 손괴의 행위를 한 자는 1년 이상 10년 이하의 징역이나 금고 또는 1천500만원 이하의 벌금에 처한다. <개정 1995. 12. 29.>
제116조(다중불해산) 폭행, 협박 또는 손괴의 행위를 할 목적으로 다중이 집합하여 그를 단속할 권한이 있는 공무원으로부터 3회 이상의 해산명령을 받고 해산하지 아니한 자는 2년 이하의 징역이나 금고 또는 300만원 이하의 벌금에 처한다. <개정 1995. 12. 29.>
제117조(전시공수계약불이행) ① 전쟁, 천재 기타 사변에 있어서 국가 또는 공공단체와 체결한 식량 기타 생활필수품의 공급계약을 정당한 이유없이 이행하지 아니한 자는 3년 이하의 징역 또는 500만원 이하의 벌금에 처한다. <개정 1995. 12. 29.>
② 전항의 계약이행을 방해한 자도 전항의 형과 같다.
③ 전 2항의 경우에는 그 소정의 벌금을 병과할 수 있다.
제118조(공무원자격의 사칭) 공무원의 자격을 사칭하여 그 직권을 행사한 자는 3년 이하의 징역 또는 700만원 이하의 벌금에 처한다. <개정 1995. 12. 29.>

제6장 폭발물에 관한 죄
제119조(폭발물사용) ① 폭발물을 사용하여 사람의 생명, 신체 또는 재산을 해하거나 기타 공안을 문란한 자는 사형, 무기 또는 7년 이상의 징역에 처한다.
② 전쟁, 천재 기타 사변에 있어서 전항의

죄를 범한 자는 사형 또는 무기징역에 처한다.
③ 전2항의 미수범은 처벌한다.
제119조(폭발물 사용) ① 폭발물을 사용하여 사람의 생명, 신체 또는 재산을 해하거나 그 밖에 공공의 안전을 문란하게 한 자는 사형, 무기 또는 7년 이상의 징역에 처한다.
② 전쟁, 천재지변 그 밖의 사변에 있어서 제1항의 죄를 지은 자는 사형이나 무기징역에 처한다.
③ 제1항과 제2항의 미수범은 처벌한다.
[전문개정 2020. 12. 8.]
[시행일 : 2021. 12. 9.] 제119조
제120조(예비, 음모, 선동) ① 전조 제1항, 제2항의 죄를 범할 목적으로 예비 또는 음모한 자는 2년 이상의 유기징역에 처한다. 단, 그 목적한 죄의 실행에 이르기 전에 자수한 때에는 그 형을 감경 또는 면제한다.
② 전조 제1항, 제2항의 죄를 범할 것을 선동한 자도 전항의 형과 같다.
제121조(전시폭발물제조 등) 전쟁 또는 사변에 있어서 정당한 이유없이 폭발물을 제조, 수입, 수출, 수수 또는 소지한 자는 10년 이하의 징역에 처한다.

제7장 공무원의 직무에 관한 죄
제122조(직무유기) 공무원이 정당한 이유없이 그 직무수행을 거부하거나 그 직무를 유기한 때에는 1년 이하의 징역이나 금고 또는 3년 이하의 자격정지에 처한다.
제123조(직권남용) 공무원이 직권을 남용하여 사람으로 하여금 의무없는 일을 하게 하거나 사람의 권리행사를 방해한 때에는 5년 이하의 징역, 10년 이하의 자격정지 또는 1천만원 이하의 벌금에 처한다. <개

정 1995. 12. 29. >

제124조(불법체포, 불법감금) ① 재판, 검찰, 경찰 기타 인신구속에 관한 직무를 행하는 자 또는 이를 보조하는 자가 그 직권을 남용하여 사람을 체포 또는 감금한 때에는 7년 이하의 징역과 10년 이하의 자격정지에 처한다.

② 전항의 미수범은 처벌한다.

제125조(폭행, 가혹행위) 재판, 검찰, 경찰 기타 인신구속에 관한 직무를 행하는 자 또는 이를 보조하는 자가 그 직무를 행함에 당하여 형사피의자 또는 기타 사람에 대하여 폭행 또는 가혹한 행위를 가한 때에는 5년 이하의 징역과 10년 이하의 자격정지에 처한다.

제125조(폭행, 가혹행위) 재판, 검찰, 경찰 그 밖에 인신구속에 관한 직무를 수행하는 자 또는 이를 보조하는 자가 그 직무를 수행하면서 형사피의자나 그 밖의 사람에 대하여 폭행 또는 가혹행위를 한 경우에는 5년 이하의 징역과 10년 이하의 자격정지에 처한다.

[전문개정 2020. 12. 8.]

[시행일 : 2021. 12. 9.] 제125조

제126조(피의사실공표) 검찰, 경찰 기타 범죄수사에 관한 직무를 행하는 자 또는 이를 감독하거나 보조하는 자가 그 직무를 행함에 당하여 지득한 피의사실을 공판청구전에 공표한 때에는 3년 이하의 징역 또는 5년 이하의 자격정지에 처한다.

제126조(피의사실공표) 검찰, 경찰 그 밖에 범죄수사에 관한 직무를 수행하는 자 또는 이를 감독하거나 보조하는 자가 그 직무를 수행하면서 알게 된 피의사실을 공소제기 전에 공표(公表)한 경우에는 3년 이하의 징역 또는 5년 이하의 자격정지에 처한다.

[전문개정 2020. 12. 8.]

[시행일 : 2021. 12. 9.] 제126조

제127조(공무상 비밀의 누설) 공무원 또는 공무원이었던 자가 법령에 의한 직무상 비밀을 누설한 때에는 2년 이하의 징역이나 금고 또는 5년 이하의 자격정지에 처한다.

제128조(선거방해) 검찰, 경찰 또는 군의 직에 있는 공무원이 법령에 의한 선거에 관하여 선거인, 입후보자 또는 입후보자되려는 자에게 협박을 가하거나 기타 방법으로 선거의 자유를 방해한 때에는 10년 이하의 징역과 5년 이상의 자격정지에 처한다.

제129조(수뢰, 사전수뢰) ① 공무원 또는 중재인이 그 직무에 관하여 뇌물을 수수, 요구 또는 약속한 때에는 5년 이하의 징역 또는 10년 이하의 자격정지에 처한다.

② 공무원 또는 중재인이 될 자가 그 담당할 직무에 관하여 청탁을 받고 뇌물을 수수, 요구 또는 약속한 후 공무원 또는 중재인이 된 때에는 3년 이하의 징역 또는 7년 이하의 자격정지에 처한다.

[한정위헌, 2011헌바117, 2012. 12. 27. 형법(1953. 9. 18. 법률 제293호로 제정된 것) 제129조 제1항의 '공무원'에 구 '제주특별자치도 설치 및 국제자유도시 조성을 위한 특별법'(2007. 7. 27. 법률 제8566호로 개정되기 전의 것) 제299조 제2항의 제주특별자치도통합영향평가심의위원회 심의위원 중 위촉위원이 포함되는 것으로 해석하는 한 헌법에 위반된다.]

제130조(제삼자뇌물제공) 공무원 또는 중재인이 그 직무에 관하여 부정한 청탁을 받고 제3자에게 뇌물을 공여하게 하거나 공여를 요구 또는 약속한 때에는 5년 이하의 징역 또는 10년 이하의 자격정지에 처한다.

제131조(수뢰후부정처사, 사후수뢰) ① 공무원 또는 중재인이 전2조의 죄를 범하여 부정한 행위를 한 때에는 1년 이상의 유기징역에 처한다.

② 공무원 또는 중재인이 그 직무상 부정한 행위를 한 후 뇌물을 수수, 요구 또는 약속하거나 제삼자에게 이를 공여하게 하거나 공여를 요구 또는 약속한 때에도 전항의 형과 같다.

③ 공무원 또는 중재인이었던 자가 그 재직 중에 청탁을 받고 직무상 부정한 행위를 한 후 뇌물을 수수, 요구 또는 약속한 때에는 5년 이하의 징역 또는 10년 이하의 자격정지에 처한다.

④ 전3항의 경우에는 10년 이하의 자격정지를 병과할 수 있다.

제132조(알선수뢰) 공무원이 그 지위를 이용하여 다른 공무원의 직무에 속한 사항의 알선에 관하여 뇌물을 수수, 요구 또는 약속한 때에는 3년 이하의 징역 또는 7년 이하의 자격정지에 처한다.

제133조(뇌물공여등) ① 제129조 내지 제132조에 기재한 뇌물을 약속, 공여 또는 공여의 의사를 표시한 자는 5년 이하의 징역 또는 2천만원 이하의 벌금에 처한다. <개정 1995. 12. 29.>

② 전항의 행위에 공할 목적으로 제삼자에게 금품을 교부하거나 그 정을 알면서 교부를 받은 자도 전항의 형과 같다.

제133조(뇌물공여 등) ① 제129조부터 제132조까지에 기재한 뇌물을 약속, 공여 또는 공여의 의사를 표시한 자는 5년 이하의 징역 또는 2천만원 이하의 벌금에 처한다.

② 제1항의 행위에 제공할 목적으로 제3자에게 금품을 교부한 자 또는 그 사정을 알면서 금품을 교부받은 제3자도 제1항의 형에 처한다.

[전문개정 2020. 12. 8.]
[시행일 : 2021. 12. 9.] 제133조

제134조(몰수, 추징) 범인 또는 정을 아는 제삼자가 받은 뇌물 또는 뇌물에 공할 금품은 몰수한다. 그를 몰수하기 불능한 때에는 그 가액을 추징한다.

제134조(몰수, 추징) 범인 또는 사정을 아는 제3자가 받은 뇌물 또는 뇌물로 제공하려고 한 금품은 몰수한다. 이를 몰수할 수 없을 경우에는 그 가액을 추징한다.

[전문개정 2020. 12. 8.]
[시행일 : 2021. 12. 9.] 제134조

제135조(공무원의 직무상 범죄에 대한 형의 가중) 공무원이 직권을 이용하여 본장 이외의 죄를 범한 때에는 그 죄에 정한 형의 2분의 1까지 가중한다. 단 공무원의 신분에 의하여 특별히 형이 규정된 때에는 예외로 한다.

제8장 공무방해에 관한 죄

제136조(공무집행방해) ① 직무를 집행하는 공무원에 대하여 폭행 또는 협박한 자는 5년 이하의 징역 또는 1천만원 이하의 벌금에 처한다. <개정 1995. 12. 29.>

② 공무원에 대하여 그 직무상의 행위를 강요 또는 조지하거나 그 직을 사퇴하게 할 목적으로 폭행 또는 협박한 자도 전항의 형과 같다.

제137조(위계에 의한 공무집행방해) 위계로써 공무원의 직무집행을 방해한 자는 5년 이하의 징역 또는 1천만원 이하의 벌금에 처한다. <개정 1995. 12. 29.>

제138조(법정 또는 국회회의장모욕) 법원의 재판 또는 국회의 심의를 방해 또는 위협할 목적으로 법정이나 국회회의장 또는

그 부근에서 모욕 또는 소동한 자는 3년 이하의 징역 또는 700만원 이하의 벌금에 처한다. <개정 1995. 12. 29.>

제139조(인권옹호직무방해) 경찰의 직무를 행하는 자 또는 이를 보조하는 자가 인권옹호에 관한 검사의 직무집행을 방해하거나 그 명령을 준수하지 아니한 때에는 5년 이하의 징역 또는 10년 이하의 자격정지에 처한다.

제140조(공무상비밀표시무효) ① 공무원이 그 직무에 관하여 실시한 봉인 또는 압류 기타 강제처분의 표시를 손상 또는 은닉하거나 기타 방법으로 그 효용을 해한 자는 5년 이하의 징역 또는 700만원 이하의 벌금에 처한다. <개정 1995. 12. 29.>

② 공무원이 그 직무에 관하여 봉함 기타 비밀장치한 문서 또는 도화를 개봉한 자도 제1항의 형과 같다. <개정 1995. 12. 29.>

③ 공무원이 그 직무에 관하여 봉함 기타 비밀장치한 문서, 도화 또는 전자기록등 특수매체기록을 기술적 수단을 이용하여 그 내용을 알아낸 자도 제1항의 형과 같다. <신설 1995. 12. 29.>

제140조의2(부동산강제집행효용침해) 강제집행으로 명도 또는 인도된 부동산에 침입하거나 기타 방법으로 강제집행의 효용을 해한 자는 5년 이하의 징역 또는 700만원 이하의 벌금에 처한다.

[본조신설 1995. 12. 29.]

제141조(공용서류 등의 무효, 공용물의 파괴) ① 공무소에서 사용하는 서류 기타 물건 또는 전자기록등 특수매체기록을 손상 또는 은닉하거나 기타 방법으로 그 효용을 해한 자는 7년 이하의 징역 또는 1천만원 이하의 벌금에 처한다. <개정 1995. 12.

29.>

② 공무소에서 사용하는 건조물, 선박, 기차 또는 항공기를 파괴한 자는 1년 이상 10년 이하의 징역에 처한다.

제142조(공무상 보관물의 무효) 공무소로부터 보관명령을 받거나 공무소의 명령으로 타인이 관리하는 자기의 물건을 손상 또는 은닉하거나 기타 방법으로 그 효용을 해한 자는 5년 이하의 징역 또는 700만원 이하의 벌금에 처한다. <개정 1995. 12. 29.>

제143조(미수범) 제140조 내지 전조의 미수범은 처벌한다.

제144조(특수공무방해) ① 단체 또는 다중의 위력을 보이거나 위험한 물건을 휴대하여 제136조, 제138조와 제140조 내지 전조의 죄를 범한 때에는 각조에 정한 형의 2분의 1까지 가중한다.

② 제1항의 죄를 범하여 공무원을 상해에 이르게 한 때에는 3년 이상의 유기징역에 처한다. 사망에 이르게 한 때에는 무기 또는 5년 이상의 징역에 처한다. <개정 1995. 12. 29.>

제9장 도주와 범인은닉의 죄

제145조(도주, 집합명령위반) ① 법률에 의하여 체포 또는 구금된 자가 도주한 때에는 1년 이하의 징역에 처한다.

② 전항의 구금된 자가 천재, 사변 기타 법령에 의하여 잠시 해금된 경우에 정당한 이유없이 그 집합명령에 위반한 때에도 전항의 형과 같다.

제145조(도주, 집합명령위반) ① 법률에 따라 체포되거나 구금된 자가 도주한 경우에는 1년 이하의 징역에 처한다.

② 제1항의 구금된 자가 천재지변이나 사

변 그 밖에 법령에 따라 잠시 석방된 상황에서 정당한 이유없이 집합명령에 위반한 경우에도 제1항의 형에 처한다.
[전문개정 2020. 12. 8.]
[시행일 : 2021. 12. 9.] 제145조
제146조(특수도주) 수용설비 또는 기구를 손괴하거나 사람에게 폭행 또는 협박을 가하거나 2인 이상이 합동하여 전조제1항의 죄를 범한 자는 7년 이하의 징역에 처한다.
제147조(도주원조) 법률에 의하여 구금된 자를 탈취하거나 도주하게 한 자는 10년 이하의 징역에 처한다.
제148조(간수자의 도주원조) 법률에 의하여 구금된 자를 간수 또는 호송하는 자가 이를 도주하게 한 때에는 1년 이상 10년 이하의 징역에 처한다.
제149조(미수범) 전4조의 미수범은 처벌한다.
제150조(예비, 음모) 제147조와 제148조의 죄를 범할 목적으로 예비 또는 음모한 자는 3년 이하의 징역에 처한다.
제151조(범인은닉과 친족간의 특례) ①벌금 이상의 형에 해당하는 죄를 범한 자를 은닉 또는 도피하게 한 자는 3년 이하의 징역 또는 500만원 이하의 벌금에 처한다. <개정 1995. 12. 29.>
②친족 또는 동거의 가족이 본인을 위하여 전항의 죄를 범한 때에는 처벌하지 아니한다. <개정 2005. 3. 31.>

제10장 위증과 증거인멸의 죄

제152조(위증, 모해위증) ① 법률에 의하여 선서한 증인이 허위의 진술을 한 때에는 5년 이하의 징역 또는 1천만원 이하의 벌금에 처한다. <개정 1995. 12. 29.>
② 형사사건 또는 징계사건에 관하여 피고인, 피의자 또는 징계혐의자를 모해할 목적으로 전항의 죄를 범한 때에는 10년 이하의 징역에 처한다.
제153조(자백, 자수) 전조의 죄를 범한 자가 그 공술한 사건의 재판 또는 징계처분이 확정되기 전에 자백 또는 자수한 때에는 그 형을 감경 또는 면제한다.
제154조(허위의 감정, 통역, 번역) 법률에 의하여 선서한 감정인, 통역인 또는 번역인이 허위의 감정, 통역 또는 번역을 한 때에는 전2조의 예에 의한다.
제155조(증거인멸 등과 친족간의 특례) ① 타인의 형사사건 또는 징계사건에 관한 증거를 인멸, 은닉, 위조 또는 변조하거나 위조 또는 변조한 증거를 사용한 자는 5년 이하의 징역 또는 700만원 이하의 벌금에 처한다. <개정 1995. 12. 29.>
② 타인의 형사사건 또는 징계사건에 관한 증인을 은닉 또는 도피하게 한 자도 제1항의 형과 같다. <개정 1995. 12. 29.>
③피고인, 피의자 또는 징계혐의자를 모해할 목적으로 전2항의 죄를 범한 자는 10년 이하의 징역에 처한다.
④ 친족 또는 동거의 가족이 본인을 위하여 본조의 죄를 범한 때에는 처벌하지 아니한다. <개정 2005. 3. 31.>

제11장 무고의 죄

제156조(무고) 타인으로 하여금 형사처분 또는 징계처분을 받게 할 목적으로 공무소 또는 공무원에 대하여 허위의 사실을 신고한 자는 10년 이하의 징역 또는 1천500만원 이하의 벌금에 처한다. <개정 1995. 12. 29.>
제157조(자백·자수) 제153조는 전조에 준용한다.

제12장 신앙에 관한 죄

제158조(장례식등의 방해) 장례식, 제사, 예배 또는 설교를 방해한 자는 3년 이하의 징역 또는 500만원 이하의 벌금에 처한다. <개정 1995. 12. 29.>

제159조(사체 등의 오욕) 사체, 유골 또는 유발을 오욕한 자는 2년 이하의 징역 또는 500만원 이하의 벌금에 처한다. <개정 1995. 12. 29.>

제159조(시체 등의 오욕) 시체, 유골 또는 유발(遺髮)을 오욕한 자는 2년 이하의 징역 또는 500만원 이하의 벌금에 처한다.

[전문개정 2020. 12. 8.]

[시행일 : 2021. 12. 9.] 제159조

제160조(분묘의 발굴) 분묘를 발굴한 자는 5년 이하의 징역에 처한다.

제161조(사체 등의 영득) ① 사체, 유골, 유발 또는 관내에 장치한 물건을 손괴, 유기, 은닉 또는 영득한 자는 7년 이하의 징역에 처한다.

② 분묘를 발굴하여 전항의 죄를 범한 자는 10년 이하의 징역에 처한다.

제161조(시체 등의 유기 등) ① 시체, 유골, 유발 또는 관 속에 넣어 둔 물건을 손괴(損壞), 유기, 은닉 또는 영득(領得)한 자는 7년 이하의 징역에 처한다.

② 분묘를 발굴하여 제1항의 죄를 지은 자는 10년 이하의 징역에 처한다.

[전문개정 2020. 12. 8.]

[시행일 : 2021. 12. 9.] 제161조

제162조(미수범) 전2조의 미수범은 처벌한다.

제163조(변사체검시방해) 변사자의 사체 또는 변사의 의심있는 사체를 은닉 또는 변경하거나 기타 방법으로 검시를 방해한 자는 700만원 이하의 벌금에 처한다.

[전문개정 1995. 12. 29.]

제163조(변사체 검시 방해) 변사자의 시체 또는 변사(變死)로 의심되는 시체를 은닉하거나 변경하거나 그 밖의 방법으로 검시(檢視)를 방해한 자는 700만원 이하의 벌금에 처한다.

[전문개정 2020. 12. 8.]

[시행일 : 2021. 12. 9.] 제163조

제13장 방화와 실화의 죄

제164조(현주건조물등에의 방화) ① 불을 놓아 사람이 주거로 사용하거나 사람이 현존하는 건조물, 기차, 전차, 자동차, 선박, 항공기 또는 광갱을 소훼한 자는 무기 또는 3년 이상의 징역에 처한다.

② 제1항의 죄를 범하여 사람을 상해에 이르게 한 때에는 무기 또는 5년 이상의 징역에 처한다. 사망에 이르게 한 때에는 사형, 무기 또는 7년 이상의 징역에 처한다.

[전문개정 1995. 12. 29.]

제164조(현주건조물 등 방화) ① 불을 놓아 사람이 주거로 사용하거나 사람이 현존하는 건조물, 기차, 전차, 자동차, 선박, 항공기 또는 지하채굴시설을 불태운 자는 무기 또는 3년 이상의 징역에 처한다.

② 제1항의 죄를 지어 사람을 상해에 이르게 한 경우에는 무기 또는 5년 이상의 징역에 처한다. 사망에 이르게 한 경우에는 사형, 무기 또는 7년 이상의 징역에 처한다.

[전문개정 2020. 12. 8.]

[시행일 : 2021. 12. 9.] 제164조

제165조(공용건조물 등에의 방화) 불을 놓아 공용 또는 공익에 공하는 건조물, 기차, 전차, 자동차, 선박, 항공기 또는 광갱을 소훼한 자는 무기 또는 3년 이상의 징역에 처한다.

제165조(공용건조물 등 방화) 불을 놓아 공용(公用)으로 사용하거나 공익을 위해 사용하는 건조물, 기차, 전차, 자동차, 선박, 항공기 또는 지하채굴시설을 불태운 자는 무기 또는 3년 이상의 징역에 처한다.
[전문개정 2020. 12. 8.]
[시행일 : 2021. 12. 9.] 제165조

제166조(일반건조물 등에의 방화) ① 불을 놓아 전2조에 기재한 이외의 건조물, 기차, 전차, 자동차, 선박, 항공기 또는 광갱을 소훼한 자는 2년 이상의 유기징역에 처한다.
② 자기소유에 속하는 제1항의 물건을 소훼하여 공공의 위험을 발생하게 한 자는 7년 이하의 징역 또는 1천만원 이하의 벌금에 처한다. <개정 1995. 12. 29.>

제166조(일반건조물 등 방화) ① 불을 놓아 제164조와 제165조에 기재한 외의 건조물, 기차, 전차, 자동차, 선박, 항공기 또는 지하채굴시설을 불태운 자는 2년 이상의 유기징역에 처한다.
② 자기 소유인 제1항의 물건을 불태워 공공의 위험을 발생하게 한 자는 7년 이하의 징역 또는 1천만원 이하의 벌금에 처한다.
[전문개정 2020. 12. 8.]
[시행일 : 2021. 12. 9.] 제166조

제167조(일반물건에의 방화) ① 불을 놓아 전3조에 기재한 이외의 물건을 소훼하여 공공의 위험을 발생하게 한 자는 1년 이상 10년 이하의 징역에 처한다.
② 제1항의 물건이 자기의 소유에 속한 때에는 3년 이하의 징역 또는 700만원 이하의 벌금에 처한다. <개정 1995. 12. 29.>

제167조(일반물건 방화) ① 불을 놓아 제164조부터 제166조까지에 기재한 외의 물건을 불태워 공공의 위험을 발생하게 한 자는 1년 이상 10년 이하의 징역에 처한다.
② 제1항의 물건이 자기 소유인 경우에는 3년 이하의 징역 또는 700만원 이하의 벌금에 처한다.
[전문개정 2020. 12. 8.]
[시행일 : 2021. 12. 9.] 제167조

제168조(연소) ① 제166조제2항 또는 전조제2항의 죄를 범하여 제164조, 제165조 또는 제166조제1항에 기재한 물건에 연소한 때에는 1년 이상 10년 이하의 징역에 처한다.
② 전조제2항의 죄를 범하여 전조제1항에 기재한 물건에 연소한 때에는 5년 이하의 징역에 처한다.

제169조(진화방해) 화재에 있어서 진화용의 시설 또는 물건을 은닉 또는 손괴하거나 기타 방법으로 진화를 방해한 자는 10년 이하의 징역에 처한다.

제170조(실화) ① 과실로 인하여 제164조 또는 제165조에 기재한 물건 또는 타인의 소유에 속하는 제166조에 기재한 물건을 소훼한 자는 1천500만원 이하의 벌금에 처한다. <개정 1995. 12. 29.>
② 과실로 인하여 자기의 소유에 속하는 제166조 또는 제167조에 기재한 물건을 소훼하여 공공의 위험을 발생하게 한 자도 전항의 형과 같다.

제170조(실화) ① 과실로 제164조 또는 제165조에 기재한 물건 또는 타인 소유인 제166조에 기재한 물건을 불태운 자는 1천500만원 이하의 벌금에 처한다.
② 과실로 자기 소유인 제166조의 물건 또는 제167조에 기재한 물건을 불태워 공공의 위험을 발생하게 한 자도 제1항의 형에 처한다.
[전문개정 2020. 12. 8.]
[시행일 : 2021. 12. 9.] 제170조

제171조(업무상실화, 중실화) 업무상과실 또는 중대한 과실로 인하여 제170조의 죄를 범한 자는 3년 이하의 금고 또는 2천만원 이하의 벌금에 처한다. <개정 1995. 12. 29.>

제172조(폭발성물건파열) ① 보일러, 고압가스 기타 폭발성있는 물건을 파열시켜 사람의 생명, 신체 또는 재산에 대하여 위험을 발생시킨 자는 1년 이상의 유기징역에 처한다.

② 제1항의 죄를 범하여 사람을 상해에 이르게 한 때에는 무기 또는 3년 이상의 징역에 처한다. 사망에 이르게 한 때에는 무기 또는 5년 이상의 징역에 처한다.

[전문개정 1995. 12. 29.]

제172조의2(가스·전기등 방류) ① 가스, 전기, 증기 또는 방사선이나 방사성 물질을 방출, 유출 또는 살포시켜 사람의 생명, 신체 또는 재산에 대하여 위험을 발생시킨 자는 1년 이상 10년 이하의 징역에 처한다.

② 제1항의 죄를 범하여 사람을 상해에 이르게 한 때에는 무기 또는 3년 이상의 징역에 처한다. 사망에 이르게 한 때에는 무기 또는 5년 이상의 징역에 처한다.

[본조신설 1995. 12. 29.]

제173조(가스·전기등 공급방해) ① 가스, 전기 또는 증기의 공작물을 손괴 또는 제거하거나 기타 방법으로 가스, 전기 또는 증기의 공급이나 사용을 방해하여 공공의 위험을 발생하게 한 자는 1년 이상 10년 이하의 징역에 처한다. <개정 1995. 12. 29.>

② 공공용의 가스, 전기 또는 증기의 공작물을 손괴 또는 제거하거나 기타 방법으로 가스, 전기 또는 증기의 공급이나 사용을 방해한 자도 전항의 형과 같다. <개정 1995. 12. 29.>

③ 제1항 또는 제2항의 죄를 범하여 사람을 상해에 이르게 한 때에는 2년 이상의 유기징역에 처한다. 사망에 이르게 한 때에는 무기 또는 3년이상의 징역에 처한다. <개정 1995. 12. 29.>

[제목개정 1995. 2. 29.]

제173조의2(과실폭발성물건파열등) ① 과실로 제172조제1항, 제172조의2제1항, 제173조제1항과 제2항의 죄를 범한 자는 5년 이하의 금고 또는 1천500만원 이하의 벌금에 처한다.

② 업무상과실 또는 중대한 과실로 제1항의 죄를 범한 자는 7년 이하의 금고 또는 2천만원 이하의 벌금에 처한다.

[본조신설 1995. 12. 29.]

제174조(미수범) 제164조제1항, 제165조, 제166조제1항, 제172조제1항, 제172조의2제1항, 제173조제1항과 제2항의 미수범은 처벌한다.

[전문개정 1995. 12. 29.]

제175조(예비, 음모) 제164조제1항, 제165조, 제166조제1항, 제172조제1항, 제172조의2제1항, 제173조제1항과 제2항의 죄를 범할 목적으로 예비 또는 음모한 자는 5년 이하의 징역에 처한다. 단 그 목적한 죄의 실행에 이르기 전에 자수한 때에는 형을 감경 또는 면제한다. <개정 1995. 12. 29.>

제176조(타인의 권리대상이 된 자기의 물건) 자기의 소유에 속하는 물건이라도 압류 기타 강제처분을 받거나 타인의 권리 또는 보험의 목적물이 된 때에는 본장의 규정의 적용에 있어서 타인의 물건으로 간주한다.

제14장 일수와 수리에 관한 죄
제177조(현주건조물등에의 일수) ① 물을 넘겨 사람이 주거에 사용하거나 사람이 현존하는 건조물, 기차, 전차, 자동차, 선박, 항공기 또는 광갱을 침해한 자는 무기 또는 3년 이상의 징역에 처한다.
② 제1항의 죄를 범하여 사람을 상해에 이르게 한 때에는 무기 또는 5년 이상의 징역에 처한다. 사망에 이르게 한 때에는 무기 또는 7년 이상의 징역에 처한다.
[전문개정 1995. 12. 29.]
제178조(공용건조물 등에의 일수) 물을 넘겨 공용 또는 공익에 공하는 건조물, 기차, 전차, 자동차, 선박, 항공기 또는 광갱을 침해한 자는 무기 또는 2년 이상의 징역에 처한다.
제179조(일반건조물 등에의 일수) ① 물을 넘겨 전2조에 기재한 이외의 건조물, 기차, 전차, 자동차, 선박, 항공기 또는 광갱 기타 타인의 재산을 침해한 자는 1년 이상 10년 이하의 징역에 처한다.
② 자기의 소유에 속하는 전항의 물건을 침해하여 공공의 위험을 발생하게 한 때에는 3년 이하의 징역 또는 700만원 이하의 벌금에 처한다. <개정 1995. 12. 29.>
③ 제176조의 규정은 본조의 경우에 준용한다.
제180조(방수방해) 수재에 있어서 방수용의 시설 또는 물건을 손괴 또는 은닉하거나 기타 방법으로 방수를 방해한 자는 10년 이하의 징역에 처한다.
제181조(과실일수) 과실로 인하여 제177조 또는 제178조에 기재한 물건을 침해한 자 또는 제179조에 기재한 물건을 침해하여 공공의 위험을 발생하게 한 자는 1천만원 이하의 벌금에 처한다. <개정 1995. 12. 29.>
제182조(미수범) 제177조 내지 제179조제1항의 미수범은 처벌한다.
제183조(예비, 음모) 제177조 내지 제179조제1항의 죄를 범할 목적으로 예비 또는 음모한 자는 3년 이하의 징역에 처한다.
제184조(수리방해) 제방을 결궤하거나 수문을 파괴하거나 기타 방법으로 수리를 방해한 자는 5년 이하의 징역 또는 700만원 이하의 벌금에 처한다. <개정 1995. 12. 29.>
제184조(수리방해) 둑을 무너뜨리거나 수문을 파괴하거나 그 밖의 방법으로 수리(水利)를 방해한 자는 5년 이하의 징역 또는 700만원 이하의 벌금에 처한다.
[전문개정 2020. 12. 8.]
[시행일 : 2021. 12. 9.] 제184조

제15장 교통방해의 죄
제185조(일반교통방해) 육로, 수로 또는 교량을 손괴 또는 불통하게 하거나 기타 방법으로 교통을 방해한 자는 10년 이하의 징역 또는 1천500만원 이하의 벌금에 처한다. <개정 1995. 12. 29.>
제186조(기차, 선박 등의 교통방해) 궤도, 등대 또는 표지를 손괴하거나 기타 방법으로 기차, 전차, 자동차, 선박 또는 항공기의 교통을 방해한 자는 1년 이상의 유기징역에 처한다.
제187조(기차 등의 전복 등) 사람의 현존하는 기차, 전차, 자동차, 선박 또는 항공기를 전복, 매몰, 추락 또는 파괴한 자는 무기 또는 3년 이상의 징역에 처한다.
제188조(교통방해치사상) 제185조 내지 제187조의 죄를 범하여 사람을 상해에 이르게 한 때에는 무기 또는 3년 이상의 징역

에 처한다. 사망에 이르게 한 때에는 무기 또는 5년 이상의 징역에 처한다.
[전문개정 1995. 12. 29.]

제189조(과실, 업무상과실, 중과실) ① 과실로 인하여 제185조 내지 제187조의 죄를 범한 자는 1천만원 이하의 벌금에 처한다. <개정 1995. 12. 29.>

② 업무상과실 또는 중대한 과실로 인하여 제185조 내지 제187조의 죄를 범한 자는 3년 이하의 금고 또는 2천만원 이하의 벌금에 처한다. <개정 1995. 12. 29.>

제190조(미수범) 제185조 내지 제187조의 미수범은 처벌한다.

제191조(예비, 음모) 제186조 또는 제187조의 죄를 범할 목적으로 예비 또는 음모한 자는 3년 이하의 징역에 처한다.

제16장 음용수에 관한 죄
제16장 먹는 물에 관한 죄
<개정 2020. 12. 8.>
[시행일 : 2021. 12. 9.]

제192조(음용수의 사용방해) ①일상음용에 공하는 정수에 오물을 혼입하여 음용하지 못하게 한 자는 1년 이하의 징역 또는 500만원 이하의 벌금에 처한다. <개정 1995. 12. 29.>

②전항의 음용수에 독물 기타 건강을 해할 물건을 혼입한 자는 10년 이하의 징역에 처한다.

제192조(먹는 물의 사용방해) ① 일상생활에서 먹는 물로 사용되는 물에 오물을 넣어 먹는 물로 쓰지 못하게 한 자는 1년 이하의 징역 또는 500만원 이하의 벌금에 처한다.

② 제1항의 먹는 물에 독물(毒物)이나 그밖에 건강을 해하는 물질을 넣은 사람은 10년 이하의 징역에 처한다.

[전문개정 2020. 12. 8.]
[시행일 : 2021. 12. 9.] 제192조

제193조(수도음용수의 사용방해) ① 수도에 의하여 공중의 음용에 공하는 정수 또는 그 수원에 오물을 혼입하여 음용하지 못하게 한 자는 1년 이상 10년 이하의 징역에 처한다.

② 전항의 음용수 또는 수원에 독물 기타 건강을 해할 물건을 혼입한 자는 2년 이상의 유기징역에 처한다.

제193조(수돗물의 사용방해) ① 수도(水道)를 통해 공중이 먹는 물로 사용하는 물 또는 그 수원(水原)에 오물을 넣어 먹는 물로 쓰지 못하게 한 자는 1년 이상 10년 이하의 징역에 처한다.

② 제1항의 먹는 물 또는 수원에 독물 그밖에 건강을 해하는 물질을 넣은 자는 2년 이상의 유기징역에 처한다.

[전문개정 2020. 12. 8.]
[시행일 : 2021. 12. 9.] 제193조

제194조(음용수혼독치사상) 제192조제2항 또는 제193조제2항의 죄를 범하여 사람을 상해에 이르게 한 때에는 무기 또는 3년 이상의 징역에 처한다. 사망에 이르게 한 때에는 무기 또는 5년 이상의 징역에 처한다.
[전문개정 1995. 12. 29.]

제194조(먹는 물 혼독치사상) 제192조제2항 또는 제193조제2항의 죄를 지어 사람을 상해에 이르게 한 경우에는 무기 또는 3년 이상의 징역에 처한다. 사망에 이르게 한 경우에는 무기 또는 5년 이상의 징역에 처한다.

[전문개정 2020. 12. 8.]
[시행일 : 2021. 12. 9.] 제194조

제195조(수도불통) 공중의 음용수를 공급하는 수도 기타 시설을 손괴 기타 방법으로

불통하게 한 자는 1년 이상 10년 이하의 징역에 처한다.

제195조(수도불통) 공중이 먹는 물을 공급하는 수도 그 밖의 시설을 손괴하거나 그 밖의 방법으로 불통(不通)하게 한 자는 1년 이상 10년 이하의 징역에 처한다.
[전문개정 2020. 12. 8.]
[시행일 : 2021. 12. 9.] 제195조

제196조(미수범) 제192조제2항, 제193조제2항과 전조의 미수범은 처벌한다.

제197조(예비, 음모) 제192조제2항, 제193조제2항 또는 제195조의 죄를 범할 목적으로 예비 또는 음모한 자는 2년 이하의 징역에 처한다.

제17장 아편에 관한 죄

제198조(아편 등의 제조 등) 아편, 몰핀 또는 그 화합물을 제조, 수입 또는 판매하거나 판매할 목적으로 소지한 자는 10년 이하의 징역에 처한다.

제199조(아편흡식기의 제조 등) 아편을 흡식하는 기구를 제조, 수입 또는 판매하거나 판매할 목적으로 소지한 자는 5년 이하의 징역에 처한다.

제200조(세관 공무원의 아편 등의 수입) 세관의 공무원이 아편, 몰핀이나 그 화합물 또는 아편흡식기구를 수입하거나 그 수입을 허용한 때에는 1년 이상의 유기징역에 처한다.

제201조(아편흡식 등, 동장소제공) ① 아편을 흡식하거나 몰핀을 주사한 자는 5년 이하의 징역에 처한다.
② 아편흡식 또는 몰핀 주사의 장소를 제공하여 이익을 취한 자도 전항의 형과 같다.

제202조(미수범) 전4조의 미수범은 처벌한다.

제203조(상습범) 상습으로 전5조의 죄를 범한 때에는 각조에 정한 형의 2분의 1까지 가중한다.

제204조(자격정지 또는 벌금의 병과) 제198조 내지 제203조의 경우에는 10년 이하의 자격정지 또는 2천만원 이하의 벌금을 병과할 수 있다. <개정 1995. 12. 29.>

제205조(아편 등의 소지) 아편, 몰핀이나 그 화합물 또는 아편흡식기구를 소지한 자는 1년 이하의 징역 또는 500만원 이하의 벌금에 처한다. <개정 1995. 12. 29.>

제206조(몰수, 추징) 본장의 죄에 제공한 아편, 몰핀이나 그 화합물 또는 아편흡식기구는 몰수한다. 그를 몰수하기 불능한 때에는 그 가액을 추징한다.

제18장 통화에 관한 죄

제207조(통화의 위조 등) ① 행사할 목적으로 통용하는 대한민국의 화폐, 지폐 또는 은행권을 위조 또는 변조한 자는 무기 또는 2년 이상의 징역에 처한다.
② 행사할 목적으로 내국에서 유통하는 외국의 화폐, 지폐 또는 은행권을 위조 또는 변조한 자는 1년 이상의 유기징역에 처한다.
③ 행사할 목적으로 외국에서 통용하는 외국의 화폐, 지폐 또는 은행권을 위조 또는 변조한 자는 10년 이하의 징역에 처한다.
④ 위조 또는 변조한 전3항 기재의 통화를 행사하거나 행사할 목적으로 수입 또는 수출한 자는 그 위조 또는 변조의 각 죄에 정한 형에 처한다.

제208조(위조통화의 취득) 행사할 목적으로 위조 또는 변조한 제207조 기재의 통화를 취득한 자는 5년 이하의 징역 또는 1천500만원 이하의 벌금에 처한다. <개정 1995. 12. 29.>

제209조(자격정지 또는 벌금의 병과) 제207조 또는 제208조의 죄를 범하여 유기징역에 처할 경우에는 10년 이하의 자격정지 또는 2천만원 이하의 벌금을 병과할 수 있다. <개정 1995. 12. 29.>

제210조(위조통화취득후의 지정행사) 제207조기재의 통화를 취득한 후 그 정을 알고 행사한 자는 2년 이하의 징역 또는 500만원 이하의 벌금에 처한다. <개정 1995. 12. 29.>

제210조(위조통화 취득 후의 지정행사) 제207조에 기재한 통화를 취득한 후 그 사정을 알고 행사한 자는 2년 이하의 징역 또는 500만원 이하의 벌금에 처한다.

[전문개정 2020. 12. 8.]

[시행일 : 2021. 12. 9.] 제210조

제211조(통화유사물의 제조 등) ① 판매할 목적으로 내국 또는 외국에서 통용하거나 유통하는 화폐, 지폐 또는 은행권에 유사한 물건을 제조, 수입 또는 수출한 자는 3년 이하의 징역 또는 700만원 이하의 벌금에 처한다. <개정 1995. 12. 29.>

② 전항의 물건을 판매한 자도 전항의 형과 같다.

제212조(미수범) 제207조, 제208조와 전조의 미수범은 처벌한다.

제213조(예비, 음모) 제207조제1항 내지 제3항의 죄를 범할 목적으로 예비 또는 음모한 자는 5년 이하의 징역에 처한다. 단, 그 목적한 죄의 실행에 이르기 전에 자수한 때에는 그 형을 감경 또는 면제한다.

제19장 유가증권, 우표와 인지에 관한 죄

제214조(유가증권의 위조 등) ① 행사할 목적으로 대한민국 또는 외국의 공채증서 기타 유가증권을 위조 또는 변조한 자는 10년 이하의 징역에 처한다.

② 행사할 목적으로 유가증권의 권리의무에 관한 기재를 위조 또는 변조한 자도 전항의 형과 같다.

제215조(자격모용에 의한 유가증권의 작성) 행사할 목적으로 타인의 자격을 모용하여 유가증권을 작성하거나 유가증권의 권리 또는 의무에 관한 사항을 기재한 자는 10년 이하의 징역에 처한다.

제216조(허위유가증권의 작성 등) 행사할 목적으로 허위의 유가증권을 작성하거나 유가증권에 허위사항을 기재한 자는 7년 이하의 징역 또는 3천만원 이하의 벌금에 처한다. <개정 1995. 12. 29.>

제217조(위조유가증권 등의 행사 등) 위조, 변조, 작성 또는 허위기재한 전3조 기재의 유가증권을 행사하거나 행사할 목적으로 수입 또는 수출한 자는 10년 이하의 징역에 처한다.

제218조(인지·우표의 위조등) ① 행사할 목적으로 대한민국 또는 외국의 인지, 우표 기타 우편요금을 표시하는 증표를 위조 또는 변조한 자는 10년 이하의 징역에 처한다. <개정 1995. 12. 29.>

② 위조 또는 변조된 대한민국 또는 외국의 인지, 우표 기타 우편요금을 표시하는 증표를 행사하거나 행사할 목적으로 수입 또는 수출한 자도 제1항의 형과 같다. <개정 1995. 12. 29.>

[제목개정 1995. 2. 29.]

제219조(위조인지·우표등의 취득) 행사할 목적으로 위조 또는 변조한 대한민국 또는 외국의 인지, 우표 기타 우편요금을 표시하는 증표를 취득한 자는 3년 이하의 징역 또는 1천만원 이하의 벌금에 처한다. <개정 1995. 12. 29.>

제220조(자격정지 또는 벌금의 병과) 제214조 내지 제219조의 죄를 범하여 징역에 처하는 경우에는 10년 이하의 자격정지 또는 2천만원 이하의 벌금을 병과할 수 있다.
[전문개정 1995. 12. 29.]

제221조(소인말소) 행사할 목적으로 대한민국 또는 외국의 인지, 우표 기타 우편요금을 표시하는 증표의 소인 기타 사용의 표지를 말소한 자는 1년 이하의 징역 또는 300만원 이하의 벌금에 처한다.
[전문개정 1995. 12. 29.]

제222조(인지 · 우표유사물의 제조 등) ① 판매할 목적으로 대한민국 또는 외국의 공채증서, 인지, 우표 기타 우편요금을 표시하는 증표와 유사한 물건을 제조, 수입 또는 수출한 자는 2년 이하의 징역 또는 500만원 이하의 벌금에 처한다. <개정 1995. 12. 29.>
② 전항의 물건을 판매한 자도 전항의 형과 같다.
[제목개정 1995. 2. 29.]

제223조(미수범) 제214조 내지 제219조와 전조의 미수범은 처벌한다.

제224조(예비, 음모) 제214조, 제215조와 제218조제1항의 죄를 범할 목적으로 예비 또는 음모한 자는 2년 이하의 징역에 처한다.

제20장 문서에 관한 죄

제225조(공문서등의 위조 · 변조) 행사할 목적으로 공무원 또는 공무소의 문서 또는 도화를 위조 또는 변조한 자는 10년 이하의 징역에 처한다. <개정 1995. 12. 29.>

제226조(자격모용에 의한 공문서 등의 작성) 행사할 목적으로 공무원 또는 공무소의 자격을 모용하여 문서 또는 도화를 작성한 자는 10년 이하의 징역에 처한다. <개정 1995. 12. 29.>

제227조(허위공문서작성등) 공무원이 행사할 목적으로 그 직무에 관하여 문서 또는 도화를 허위로 작성하거나 변개한 때에는 7년 이하의 징역 또는 2천만원 이하의 벌금에 처한다.
[전문개정 1995. 12. 29.]

제227조의2(공전자기록위작 · 변작) 사무처리를 그르치게 할 목적으로 공무원 또는 공무소의 전자기록등 특수매체기록을 위작 또는 변작한 자는 10년 이하의 징역에 처한다.
[본조신설 1995. 12. 29.]

제228조(공정증서원본 등의 부실기재) ① 공무원에 대하여 허위신고를 하여 공정증서원본 또는 이와 동일한 전자기록등 특수매체기록에 부실의 사실을 기재 또는 기록하게 한 자는 5년 이하의 징역 또는 1천만원 이하의 벌금에 처한다. <개정 1995. 12. 29.>
② 공무원에 대하여 허위신고를 하여 면허증, 허가증, 등록증 또는 여권에 부실의 사실을 기재하게 한 자는 3년 이하의 징역 또는 700만원 이하의 벌금에 처한다. <개정 1995. 12. 29.>

제229조(위조등 공문서의 행사) 제225조 내지 제228조의 죄에 의하여 만들어진 문서, 도화, 전자기록등 특수매체기록, 공정증서원본, 면허증, 허가증, 등록증 또는 여권을 행사한 자는 그 각 죄에 정한 형에 처한다.
[전문개정 1995. 12. 29.]

제230조(공문서 등의 부정행사) 공무원 또는 공무소의 문서 또는 도화를 부정행사한 자는 2년 이하의 징역이나 금고 또는 500만원 이하의 벌금에 처한다. <개정 1995.

12. 29. >

제231조(사문서등의 위조·변조) 행사할 목적으로 권리·의무 또는 사실증명에 관한 타인의 문서 또는 도화를 위조 또는 변조한 자는 5년 이하의 징역 또는 1천만원 이하의 벌금에 처한다. <개정 1995. 12. 29.>

[제목개정 1995. 2. 29.]

제232조(자격모용에 의한 사문서의 작성) 행사할 목적으로 타인의 자격을 모용하여 권리·의무 또는 사실증명에 관한 문서 또는 도화를 작성한 자는 5년 이하의 징역 또는 1천만원 이하의 벌금에 처한다. <개정 1995. 12. 29.>

제232조의2(사전자기록위작·변작) 사무처리를 그르치게 할 목적으로 권리·의무 또는 사실증명에 관한 타인의 전자기록등 특수매체기록을 위작 또는 변작한 자는 5년 이하의 징역 또는 1천만원 이하의 벌금에 처한다.

[본조신설 1995. 12. 29.]

제233조(허위진단서등의 작성) 의사, 한의사, 치과의사 또는 조산사가 진단서, 검안서 또는 생사에 관한 증명서를 허위로 작성한 때에는 3년 이하의 징역이나 금고, 7년 이하의 자격정지 또는 3천만원 이하의 벌금에 처한다.

[전문개정 1995. 12. 29.]

제234조(위조사문서등의 행사) 제231조 내지 제233조의 죄에 의하여 만들어진 문서, 도화 또는 전자기록등 특수매체기록을 행사한 자는 그 각 죄에 정한 형에 처한다.

[전문개정 1995. 12. 29.]

제235조(미수범) 제225조 내지 제234조의 미수범은 처벌한다. <개정 1995. 12. 29.>

제236조(사문서의 부정행사) 권리·의무 또는 사실증명에 관한 타인의 문서 또는 도화를 부정행사한 자는 1년 이하의 징역이나 금고 또는 300만원 이하의 벌금에 처한다. <개정 1995. 12. 29.>

제237조(자격정지의 병과) 제225조 내지 제227조의2 및 그 행사죄를 범하여 징역에 처할 경우에는 10년 이하의 자격정지를 병과할 수 있다. <개정 1995. 12. 29.>

제237조의2(복사문서등) 이 장의 죄에 있어서 전자복사기, 모사전송기 기타 이와 유사한 기기를 사용하여 복사한 문서 또는 도화의 사본도 문서 또는 도화로 본다.

[본조신설 1995. 12. 29.]

제21장 인장에 관한 죄

제238조(공인 등의 위조, 부정사용) ①행사할 목적으로 공무원 또는 공무소의 인장, 서명, 기명 또는 기호를 위조 또는 부정사용한 자는 5년 이하의 징역에 처한다.

②위조 또는 부정사용한 공무원 또는 공무소의 인장, 서명, 기명 또는 기호를 행사한 자도 전항의 형과 같다.

③전 2항의 경우에는 7년 이하의 자격정지를 병과할 수 있다.

제239조(사인등의 위조, 부정사용) ①행사할 목적으로 타인의 인장, 서명, 기명 또는 기호를 위조 또는 부정사용한 자는 3년 이하의 징역에 처한다.

②위조 또는 부정사용한 타인의 인장, 서명, 기명 또는 기호를 행사한 때에도 전항의 형과 같다.

제240조(미수범) 본장의 미수범은 처벌한다.

제22장 성풍속에 관한 죄
<개정 1995. 12. 29.>

제241조 삭제 <2016. 1. 6.>

[2016. 1. 6. 법률 제13719호에 의하여 2015. 2. 26. 헌법재판소에서 위헌 결정된 이 조를 삭제함.]

제242조(음행매개) 영리의 목적으로 사람을 매개하여 간음하게 한 자는 3년 이하의 징역 또는 1천500만원 이하의 벌금에 처한다. <개정 1995. 12. 29., 2012. 12. 18.>

제243조(음화반포등) 음란한 문서, 도화, 필름 기타 물건을 반포, 판매 또는 임대하거나 공연히 전시 또는 상영한 자는 1년 이하의 징역 또는 500만원 이하의 벌금에 처한다.

[전문개정 1995. 12. 29.]

제244조(음화제조 등) 제243조의 행위에 공할 목적으로 음란한 물건을 제조, 소지, 수입 또는 수출한 자는 1년 이하의 징역 또는 500만원 이하의 벌금에 처한다. <개정 1995. 12. 29.>

[제목개정 1995. 2. 29.]

제245조(공연음란) 공연히 음란한 행위를 한 자는 1년 이하의 징역, 500만원 이하의 벌금, 구류 또는 과료에 처한다. <개정 1995. 12. 29.>

제23장 도박과 복표에 관한 죄
<개정 2013. 4. 5.>

제246조(도박, 상습도박) ① 도박을 한 사람은 1천만원 이하의 벌금에 처한다. 다만, 일시오락 정도에 불과한 경우에는 예외로 한다.

② 상습으로 제1항의 죄를 범한 사람은 3년 이하의 징역 또는 2천만원 이하의 벌금에 처한다.

[전문개정 2013. 4. 5.]

제247조(도박장소 등 개설) 영리의 목적으로 도박을 하는 장소나 공간을 개설한 사람은 5년 이하의 징역 또는 3천만원 이하의 벌금에 처한다.

[전문개정 2013. 4. 5.]

제248조(복표의 발매 등) ① 법령에 의하지 아니한 복표를 발매한 사람은 5년 이하의 징역 또는 3천만원 이하의 벌금에 처한다.

② 제1항의 복표발매를 중개한 사람은 3년 이하의 징역 또는 2천만원 이하의 벌금에 처한다.

③ 제1항의 복표를 취득한 사람은 1천만원 이하의 벌금에 처한다.

[전문개정 2013. 4. 5.]

제249조(벌금의 병과) 제246조제2항, 제247조와 제248조제1항의 죄에 대하여는 1천만원 이하의 벌금을 병과할 수 있다.

[전문개정 2013. 4. 5.]

제24장 살인의 죄

제250조(살인, 존속살해) ① 사람을 살해한 자는 사형, 무기 또는 5년 이상의 징역에 처한다.

②자기 또는 배우자의 직계존속을 살해한 자는 사형, 무기 또는 7년 이상의 징역에 처한다. <개정 1995. 12. 29.>

제251조(영아살해) 직계존속이 치욕을 은폐하기 위하거나 양육할 수 없음을 예상하거나 특히 참작할 만한 동기로 인하여 분만중 또는 분만직후의 영아를 살해한 때에는 10년 이하의 징역에 처한다.

제252조(촉탁, 승낙에 의한 살인 등) ①사람의 촉탁 또는 승낙을 받어 그를 살해한 자는 1년 이상 10년 이하의 징역에 처한다.

②사람을 교사 또는 방조하여 자살하게 한 자도 전항의 형과 같다.

제252조(촉탁, 승낙에 의한 살인 등) ① 사람의 촉탁이나 승낙을 받아 그를 살해한 자

는 1년 이상 10년 이하의 징역에 처한다.
② 사람을 교사하거나 방조하여 자살하게 한 자도 제1항의 형에 처한다.
[전문개정 2020. 12. 8.]
[시행일 : 2021. 12. 9.] 제252조
제253조(위계 등에 의한 촉탁살인 등) 전조의 경우에 위계 또는 위력으로써 촉탁 또는 승낙하게 하거나 자살을 결의하게 한 때에는 제250조의 예에 의한다.
제254조(미수범) 전4조의 미수범은 처벌한다.
제255조(예비, 음모) 제250조와 제253조의 죄를 범할 목적으로 예비 또는 음모한 자는 10년 이하의 징역에 처한다.
제256조(자격정지의 병과) 제250조, 제252조 또는 제253조의 경우에 유기징역에 처할 때에는 10년 이하의 자격정지를 병과할 수 있다.

제25장 상해와 폭행의 죄
제257조(상해, 존속상해) ① 사람의 신체를 상해한 자는 7년 이하의 징역, 10년 이하의 자격정지 또는 1천만원 이하의 벌금에 처한다. <개정 1995. 12. 29.>
② 자기 또는 배우자의 직계존속에 대하여 제1항의 죄를 범한 때에는 10년 이하의 징역 또는 1천500만원 이하의 벌금에 처한다. <개정 1995. 12. 29.>
③전 2항의 미수범은 처벌한다.
제258조(중상해, 존속중상해) ① 사람의 신체를 상해하여 생명에 대한 위험을 발생하게 한 자는 1년 이상 10년 이하의 징역에 처한다.
② 신체의 상해로 인하여 불구 또는 불치나 난치의 질병에 이르게 한 자도 전항의 형과 같다.

③ 자기 또는 배우자의 직계존속에 대하여 전2항의 죄를 범한 때에는 2년 이상 15년 이하의 징역에 처한다. <개정 2016. 1. 6.>
제258조의2(특수상해) ① 단체 또는 다중의 위력을 보이거나 위험한 물건을 휴대하여 제257조제1항 또는 제2항의 죄를 범한 때에는 1년 이상 10년 이하의 징역에 처한다.
② 단체 또는 다중의 위력을 보이거나 위험한 물건을 휴대하여 제258조의 죄를 범한 때에는 2년 이상 20년 이하의 징역에 처한다.
③ 제1항의 미수범은 처벌한다.
[본조신설 2016. 1. 6.]
제259조(상해치사) ① 사람의 신체를 상해하여 사망에 이르게 한 자는 3년 이상의 유기징역에 처한다. <개정 1995. 12. 29.>
② 자기 또는 배우자의 직계존속에 대하여 전항의 죄를 범한 때에는 무기 또는 5년 이상의 징역에 처한다.
제260조(폭행, 존속폭행) ① 사람의 신체에 대하여 폭행을 가한 자는 2년 이하의 징역, 500만원 이하의 벌금, 구류 또는 과료에 처한다. <개정 1995. 12. 29.>
② 자기 또는 배우자의 직계존속에 대하여 제1항의 죄를 범한 때에는 5년 이하의 징역 또는 700만원 이하의 벌금에 처한다. <개정 1995. 12. 29.>
③ 제1항 및 제2항의 죄는 피해자의 명시한 의사에 반하여 공소를 제기할 수 없다. <개정 1995. 12. 29.>
제261조(특수폭행) 단체 또는 다중의 위력을 보이거나 위험한 물건을 휴대하여 제260조제1항 또는 제2항의 죄를 범한 때에는 5년 이하의 징역 또는 1천만원 이하의 벌금에 처한다. <개정 1995. 12. 29.>

제262조(폭행치사상) 전2조의 죄를 범하여 사람을 사상에 이르게 한때에는 제257조 내지 제259조의 예에 의한다.

제262조(폭행치사상) 제260조와 제261조의 죄를 지어 사람을 사망이나 상해에 이르게 한 경우에는 제257조부터 제259조까지의 예에 따른다.
[전문개정 2020. 12. 8.]
[시행일 : 2021. 12. 9.] 제262조

제263조(동시범) 독립행위가 경합하여 상해의 결과를 발생하게 한 경우에 있어서 원인된 행위가 판명되지 아니한 때에는 공동정범의 예에 의한다.

제264조(상습범) 상습으로 제257조, 제258조, 제258조의2, 제260조 또는 제261조의 죄를 범한 때에는 그 죄에 정한 형의 2분의 1까지 가중한다. <개정 2016. 1. 6.>

제265조(자격정지의 병과) 제257조제2항, 제258조, 제258조의2, 제260조제2항, 제261조 또는 전조의 경우에는 10년 이하의 자격정지를 병과할 수 있다. <개정 2016. 1. 6.>

제26장 과실치사상의 죄
<개정 1995. 12. 29.>

제266조(과실치상) ① 과실로 인하여 사람의 신체를 상해에 이르게 한 자는 500만원 이하의 벌금, 구류 또는 과료에 처한다. <개정 1995. 12. 29.>
② 제1항의 죄는 피해자의 명시한 의사에 반하여 공소를 제기할 수 없다. <개정 1995. 12. 29.>

제267조(과실치사) 과실로 인하여 사람을 사망에 이르게 한 자는 2년 이하의 금고 또는 700만원 이하의 벌금에 처한다. <개정 1995. 12. 29.>

제268조(업무상과실·중과실 치사상) 업무상과실 또는 중대한 과실로 인하여 사람을 사상에 이르게 한 자는 5년 이하의 금고 또는 2천만원 이하의 벌금에 처한다. <개정 1995. 12. 29.>

제268조(업무상과실·중과실 치사상) 업무상과실 또는 중대한 과실로 사람을 사망이나 상해에 이르게 한 자는 5년 이하의 금고 또는 2천만원 이하의 벌금에 처한다.
[전문개정 2020. 12. 8.]
[시행일 : 2021. 12. 9.] 제268조

제27장 낙태의 죄

제269조(낙태) ① 부녀가 약물 기타 방법으로 낙태한 때에는 1년 이하의 징역 또는 200만원 이하의 벌금에 처한다. <개정 1995. 12. 29.>
② 부녀의 촉탁 또는 승낙을 받아 낙태하게 한 자도 제1항의 형과 같다. <개정 1995. 12. 29.>
③ 제2항의 죄를 범하여 부녀를 상해에 이르게 한때에는 3년 이하의 징역에 처한다. 사망에 이르게 한때에는 7년 이하의 징역에 처한다. <개정 1995. 12. 29.>
[헌법불합치, 2017헌바127, 2019. 4. 11. 형법(1995. 12. 29. 법률 제5057호로 개정된 것) 제269조 제1항, 제270조 제1항 중 '의사'에 관한 부분은 모두 헌법에 합치되지 아니한다. 위 조항들은 2020. 12. 31.을 시한으로 입법자가 개정할 때까지 계속 적용된다]

제270조(의사 등의 낙태, 부동의낙태) ① 의사, 한의사, 조산사, 약제사 또는 약종상이 부녀의 촉탁 또는 승낙을 받아 낙태하게 한 때에는 2년 이하의 징역에 처한다. <개정 1995. 12. 29.>

② 부녀의 촉탁 또는 승낙없이 낙태하게 한 자는 3년 이하의 징역에 처한다

③ 제1항 또는 제2항의 죄를 범하여 부녀를 상해에 이르게 한때에는 5년 이하의 징역에 처한다. 사망에 이르게 한때에는 10년 이하의 징역에 처한다. <개정 1995. 12. 29.>

④ 전 3항의 경우에는 7년 이하의 자격정지를 병과한다.

[헌법불합치, 2017헌바127, 2019. 4. 11. 형법(1995. 12. 29. 법률 제5057호로 개정된 것) 제269조 제1항, 제270조 제1항 중 '의사'에 관한 부분은 모두 헌법에 합치되지 아니한다. 위 조항들은 2020. 12. 31.을 시한으로 입법자가 개정할 때까지 계속 적용된다]

제28장 유기와 학대의 죄
<개정 1995. 12. 29.>

제271조(유기, 존속유기) ① 노유, 질병 기타 사정으로 인하여 부조를 요하는 자를 보호할 법률상 또는 계약상의무 있는 자가 유기한 때에는 3년 이하의 징역 또는 500만원 이하의 벌금에 처한다. <개정 1995. 12. 29.>

② 자기 또는 배우자의 직계존속에 대하여 제1항의 죄를 범한 때에는 10년 이하의 징역 또는 1천500만원 이하의 벌금에 처한다. <개정 1995. 12. 29.>

③ 제1항의 죄를 범하여 사람의 생명에 대한 위험을 발생하게 한 때에는 7년 이하의 징역에 처한다.

④ 제2항의 죄를 범하여 사람의 생명에 대하여 위험을 발생한 때에는 2년 이상의 유기징역에 처한다.

제271조(유기, 존속유기) ① 나이가 많거나 어림, 질병 그 밖의 사정으로 도움이 필요한 사람을 법률상 또는 계약상 보호할 의무가 있는 자가 유기한 경우에는 3년 이하의 징역 또는 500만원 이하의 벌금에 처한다.

② 자기 또는 배우자의 직계존속에 대하여 제1항의 죄를 지은 경우에는 10년 이하의 징역 또는 1천500만원 이하의 벌금에 처한다.

③ 제1항의 죄를 지어 사람의 생명에 위험을 발생하게 한 경우에는 7년 이하의 징역에 처한다.

④ 제2항의 죄를 지어 사람의 생명에 위험을 발생하게 한 경우에는 2년 이상의 유기징역에 처한다.

[전문개정 2020. 12. 8.]

[시행일 : 2021. 12. 9.] 제271조

제272조(영아유기) 직계존속이 치욕을 은폐하기 위하거나 양육할 수 없음을 예상하거나 특히 참작할 만한 동기로 인하여 영아를 유기한 때에는 2년 이하의 징역 또는 300만원 이하의 벌금에 처한다. <개정 1995. 12. 29.>

제273조(학대, 존속학대) ① 자기의 보호 또는 감독을 받는 사람을 학대한 자는 2년 이하의 징역 또는 500만원 이하의 벌금에 처한다. <개정 1995. 12. 29.>

② 자기 또는 배우자의 직계존속에 대하여 전항의 죄를 범한 때에는 5년 이하의 징역 또는 700만원 이하의 벌금에 처한다. <개정 1995. 12. 29.>

제274조(아동혹사) 자기의 보호 또는 감독을 받는 16세 미만의 자를 그 생명 또는 신체에 위험한 업무에 사용할 영업자 또는 그 종업자에게 인도한 자는 5년 이하의 징역에 처한다. 그 인도를 받은 자도 같다.

제275조(유기등 치사상) ① 제271조 내지 제

273조의 죄를 범하여 사람을 상해에 이르게 한 때에는 7년 이하의 징역에 처한다. 사망에 이르게 한 때에는 3년 이상의 유기징역에 처한다.

② 자기 또는 배우자의 직계존속에 대하여 제271조 또는 제273조의 죄를 범하여 상해에 이르게 한 때에는 3년 이상의 유기징역에 처한다. 사망에 이르게 한 때에는 무기 또는 5년이상의 징역에 처한다.

[전문개정 1995. 12. 29.]

제29장 체포와 감금의 죄

제276조(체포, 감금, 존속체포, 존속감금) ① 사람을 체포 또는 감금한 자는 5년 이하의 징역 또는 700만원 이하의 벌금에 처한다. <개정 1995. 12. 29.>

② 자기 또는 배우자의 직계존속에 대하여 제1항의 죄를 범한 때에는 10년 이하의 징역 또는 1천500만원 이하의 벌금에 처한다. <개정 1995. 12. 29.>

제277조(중체포, 중감금, 존속중체포, 존속중감금) ① 사람을 체포 또는 감금하여 가혹한 행위를 가한 자는 7년 이하의 징역에 처한다.

② 자기 또는 배우자의 직계존속에 대하여 전항의 죄를 범한 때에는 2년 이상의 유기징역에 처한다.

제278조(특수체포, 특수감금) 단체 또는 다중의 위력을 보이거나 위험한 물건을 휴대하여 전 2조의 죄를 범한 때에는 그 죄에 정한 형의 2분의 1까지 가중한다.

제279조(상습범) 상습으로 제276조 또는 제277조의 죄를 범한 때에는 전조의 예에 의한다.

제280조(미수범) 전4조의 미수범은 처벌한다.

제281조(체포·감금등의 치사상) ① 제276조 내지 제280조의 죄를 범하여 사람을 상해에 이르게 한 때에는 1년 이상의 유기징역에 처한다. 사망에 이르게 한 때에는 3년 이상의 유기징역에 처한다.

② 자기 또는 배우자의 직계존속에 대하여 제276조 내지 제280조의 죄를 범하여 상해에 이르게 한 때에는 2년 이상의 유기징역에 처한다. 사망에 이르게 한 때에는 무기 또는 5년이상의 징역에 처한다.

[전문개정 1995. 12. 29.]

제282조(자격정지의 병과) 본장의 죄에는 10년 이하의 자격정지를 병과할 수 있다.

제30장 협박의 죄

제283조(협박, 존속협박) ① 사람을 협박한 자는 3년 이하의 징역, 500만원 이하의 벌금, 구류 또는 과료에 처한다. <개정 1995. 12. 29.>

② 자기 또는 배우자의 직계존속에 대하여 제1항의 죄를 범한 때에는 5년 이하의 징역 또는 700만원 이하의 벌금에 처한다. <개정 1995. 12. 29.>

③제1항 및 제2항의 죄는 피해자의 명시한 의사에 반하여 공소를 제기할 수 없다. <개정 1995. 12. 29.>

제284조(특수협박) 단체 또는 다중의 위력을 보이거나 위험한 물건을 휴대하여 전조제1항, 제2항의 죄를 범한 때에는 7년 이하의 징역 또는 1천만원 이하의 벌금에 처한다. <개정 1995. 12. 29.>

제285조(상습범) 상습으로 제283조제1항, 제2항 또는 전조의 죄를 범한 때에는 그 죄에 정한 형의 2분의 1까지 가중한다.

제286조(미수범) 전3조의 미수범은 처벌한다.

제31장 약취(略取), 유인(誘引) 및
인신매매의 죄 〈개정 2013. 4. 5.〉
제287조(미성년자의 약취, 유인) 미성년자를
약취 또는 유인한 사람은 10년 이하의 징
역에 처한다.
[전문개정 2013. 4. 5.]
제288조(추행 등 목적 약취, 유인 등) ① 추
행, 간음, 결혼 또는 영리의 목적으로 사
람을 약취 또는 유인한 사람은 1년 이상
10년 이하의 징역에 처한다.
② 노동력 착취, 성매매와 성적 착취, 장
기적출을 목적으로 사람을 약취 또는 유
인한 사람은 2년 이상 15년 이하의 징역
에 처한다.
③ 국외에 이송할 목적으로 사람을 약취
또는 유인하거나 약취 또는 유인된 사람
을 국외에 이송한 사람도 제2항과 동일한
형으로 처벌한다.
[전문개정 2013. 4. 5.]
제289조(인신매매) ① 사람을 매매한 사람
은 7년 이하의 징역에 처한다.
② 추행, 간음, 결혼 또는 영리의 목적으
로 사람을 매매한 사람은 1년 이상 10년
이하의 징역에 처한다.
③ 노동력 착취, 성매매와 성적 착취, 장
기적출을 목적으로 사람을 매매한 사람은
2년 이상 15년 이하의 징역에 처한다.
④ 국외에 이송할 목적으로 사람을 매매
하거나 매매된 사람을 국외로 이송한 사
람도 제3항과 동일한 형으로 처벌한다.
[전문개정 2013. 4. 5.]
제290조(약취, 유인, 매매, 이송 등 상해 · 치상)
① 제287조부터 제289조까지의 죄를 범하
여 약취, 유인, 매매 또는 이송된 사람을
상해한 때에는 3년 이상 25년 이하의 징
역에 처한다.

② 제287조부터 제289조까지의 죄를 범하
여 약취, 유인, 매매 또는 이송된 사람을
상해에 이르게 한 때에는 2년 이상 20년
이하의 징역에 처한다.
[전문개정 2013. 4. 5.]
제291조(약취, 유인, 매매, 이송 등 살인 · 치사)
① 제287조부터 제289조까지의 죄를 범하
여 약취, 유인, 매매 또는 이송된 사람을
살해한 때에는 사형, 무기 또는 7년 이상
의 징역에 처한다.
② 제287조부터 제289조까지의 죄를 범하
여 약취, 유인, 매매 또는 이송된 사람을
사망에 이르게 한 때에는 무기 또는 5년
이상의 징역에 처한다.
[전문개정 2013. 4. 5.]
제292조(약취, 유인, 매매, 이송된 사람의 수
수 · 은닉 등) ① 제287조부터 제289조까지
의 죄로 약취, 유인, 매매 또는 이송된 사
람을 수수(授受) 또는 은닉한 사람은 7년
이하의 징역에 처한다.
② 제287조부터 제289조까지의 죄를 범할
목적으로 사람을 모집, 운송, 전달한 사람
도 제1항과 동일한 형으로 처벌한다.
[전문개정 2013. 4. 5.]
제293조 삭제 <2013. 4. 5.>
제294조(미수범) 제287조부터 제289조까지,
제290조제1항, 제291조제1항과 제292조제
1항의 미수범은 처벌한다.
[전문개정 2013. 4. 5.]
제295조(벌금의 병과) 제288조부터 제291조
까지, 제292조제1항의 죄와 그 미수범에
대하여는 5천만원 이하의 벌금을 병과할
수 있다.
[전문개정 2013. 4. 5.]
제295조의2(형의 감경) 제287조부터 제290
조까지, 제292조와 제294조의 죄를 범한

사람이 약취, 유인, 매매 또는 이송된 사람을 안전한 장소로 풀어준 때에는 그 형을 감경할 수 있다.

[전문개정 2013. 4. 5.]

제296조(예비, 음모) 제287조부터 제289조까지, 제290조제1항, 제291조제1항과 제292조제1항의 죄를 범할 목적으로 예비 또는 음모한 사람은 3년 이하의 징역에 처한다.

[본조신설 2013. 4. 5.]

제296조의2(세계주의) 제287조부터 제292조까지 및 제294조는 대한민국 영역 밖에서 죄를 범한 외국인에게도 적용한다.

[본조신설 2013. 4. 5.]

제32장 강간과 추행의 죄
<개정 1995. 12. 29.>

제297조(강간) 폭행 또는 협박으로 사람을 강간한 자는 3년 이상의 유기징역에 처한다. <개정 2012. 12. 18.>

제297조의2(유사강간) 폭행 또는 협박으로 사람에 대하여 구강, 항문 등 신체(성기는 제외한다)의 내부에 성기를 넣거나 성기, 항문에 손가락 등 신체(성기는 제외한다)의 일부 또는 도구를 넣는 행위를 한 사람은 2년 이상의 유기징역에 처한다.

[본조신설 2012. 12. 18.]

제298조(강제추행) 폭행 또는 협박으로 사람에 대하여 추행을 한 자는 10년 이하의 징역 또는 1천500만원 이하의 벌금에 처한다. <개정 1995. 12. 29.>

제299조(준강간, 준강제추행) 사람의 심신상실 또는 항거불능의 상태를 이용하여 간음 또는 추행을 한 자는 제297조, 제297조의2 및 제298조의 예에 의한다. <개정 2012. 12. 18.>

제300조(미수범) 제297조, 제297조의2, 제298조 및 제299조의 미수범은 처벌한다. <개정 2012. 12. 18.>

제301조(강간 등 상해·치상) 제297조, 제297조의2 및 제298조부터 제300조까지의 죄를 범한 자가 사람을 상해하거나 상해에 이르게 한 때에는 무기 또는 5년 이상의 징역에 처한다. <개정 2012. 12. 18.>

[전문개정 1995. 12. 29.]

제301조의2(강간등 살인·치사) 제297조, 제297조의2 및 제298조부터 제300조까지의 죄를 범한 자가 사람을 살해한 때에는 사형 또는 무기징역에 처한다. 사망에 이르게 한 때에는 무기 또는 10년 이상의 징역에 처한다. <개정 2012. 12. 18.>

[본조신설 1995. 12. 29.]

제302조(미성년자 등에 대한 간음) 미성년자 또는 심신미약자에 대하여 위계 또는 위력으로써 간음 또는 추행을 한 자는 5년 이하의 징역에 처한다.

제303조(업무상위력 등에 의한 간음) ① 업무, 고용 기타 관계로 인하여 자기의 보호 또는 감독을 받는 사람에 대하여 위계 또는 위력으로써 간음한 자는 7년 이하의 징역 또는 3천만원 이하의 벌금에 처한다. <개정 1995. 12. 29., 2012. 12. 18., 2018. 10. 16.>

② 법률에 의하여 구금된 사람을 감호하는 자가 그 사람을 간음한 때에는 10년 이하의 징역에 처한다. <개정 2012. 12. 18., 2018. 10. 16.>

제304조 삭제 <2012. 12. 18.>

[2012. 12. 18. 법률 제11574호에 의하여 2009. 11. 26. 위헌 결정된 이 조를 삭제함.]

제305조(미성년자에 대한 간음, 추행) ① 13세

미만의 사람에 대하여 간음 또는 추행을 한 자는 제297조, 제297조의2, 제298조, 제301조 또는 제301조의2의 예에 의한다. <개정 1995. 12. 29., 2012. 12. 18., 2020. 5. 19.>

② 13세 이상 16세 미만의 사람에 대하여 간음 또는 추행을 한 19세 이상의 자는 제297조, 제297조의2, 제298조, 제301조 또는 제301조의2의 예에 의한다. <신설 2020. 5. 19.>

제305조의2(상습범) 상습으로 제297조, 제297조의2, 제298조부터 제300조까지, 제302조, 제303조 또는 제305조의 죄를 범한 자는 그 죄에 정한 형의 2분의 1까지 가중한다. <개정 2012. 12. 18.>

[본조신설 2010. 4. 15.]

제305조의3(예비, 음모) 제297조, 제297조의2, 제299조(준강간죄에 한정한다), 제301조(강간 등 상해죄에 한정한다) 및 제305조의 죄를 범할 목적으로 예비 또는 음모한 사람은 3년 이하의 징역에 처한다.

[본조신설 2020. 5. 19.]

제306조 삭제 <2012. 12. 18.>

제33장 명예에 관한 죄

제307조(명예훼손) ① 공연히 사실을 적시하여 사람의 명예를 훼손한 자는 2년 이하의 징역이나 금고 또는 500만원 이하의 벌금에 처한다. <개정 1995. 12. 29.>

② 공연히 허위의 사실을 적시하여 사람의 명예를 훼손한 자는 5년 이하의 징역, 10년 이하의 자격정지 또는 1천만원 이하의 벌금에 처한다. <개정 1995. 12. 29.>

제308조(사자의 명예훼손) 공연히 허위의 사실을 적시하여 사자의 명예를 훼손한 자는 2년 이하의 징역이나 금고 또는 500만원 이하의 벌금에 처한다. <개정 1995. 12. 29.>

제309조(출판물 등에 의한 명예훼손) ① 사람을 비방할 목적으로 신문, 잡지 또는 라디오 기타 출판물에 의하여 제307조제1항의 죄를 범한 자는 3년 이하의 징역이나 금고 또는 700만원 이하의 벌금에 처한다. <개정 1995. 12. 29.>

② 제1항의 방법으로 제307조제2항의 죄를 범한 자는 7년 이하의 징역, 10년 이하의 자격정지 또는 1천500만원 이하의 벌금에 처한다. <개정 1995. 12. 29.>

제310조(위법성의 조각) 제307조제1항의 행위가 진실한 사실로서 오로지 공공의 이익에 관한 때에는 처벌하지 아니한다.

제311조(모욕) 공연히 사람을 모욕한 자는 1년 이하의 징역이나 금고 또는 200만원 이하의 벌금에 처한다. <개정 1995. 12. 29.>

제312조(고소와 피해자의 의사) ① 제308조와 제311조의 죄는 고소가 있어야 공소를 제기할 수 있다. <개정 1995. 12. 29.>

② 제307조와 제309조의 죄는 피해자의 명시한 의사에 반하여 공소를 제기할 수 없다. <개정 1995. 12. 29.>

제34장 신용, 업무와 경매에 관한 죄

제313조(신용훼손) 허위의 사실을 유포하거나 기타 위계로써 사람의 신용을 훼손한 자는 5년 이하의 징역 또는 1천500만원 이하의 벌금에 처한다. <개정 1995. 12. 29.>

제314조(업무방해) ① 제313조의 방법 또는 위력으로써 사람의 업무를 방해한 자는 5년 이하의 징역 또는 1천500만원 이하의

벌금에 처한다. <개정 1995. 12. 29.>

② 컴퓨터등 정보처리장치 또는 전자기록등 특수매체기록을 손괴하거나 정보처리장치에 허위의 정보 또는 부정한 명령을 입력하거나 기타 방법으로 정보처리에 장애를 발생하게 하여 사람의 업무를 방해한 자도 제1항의 형과 같다. <신설 1995. 12. 29.>

제315조(경매, 입찰의 방해) 위계 또는 위력 기타 방법으로 경매 또는 입찰의 공정을 해한 자는 2년 이하의 징역 또는 700만원 이하의 벌금에 처한다. <개정 1995. 12. 29.>

제35장 비밀침해의 죄

제316조(비밀침해) ① 봉함 기타 비밀장치한 사람의 편지, 문서 또는 도화를 개봉한 자는 3년 이하의 징역이나 금고 또는 500만원 이하의 벌금에 처한다. <개정 1995. 12. 29.>

② 봉함 기타 비밀장치한 사람의 편지, 문서, 도화 또는 전자기록등 특수매체기록을 기술적 수단을 이용하여 그 내용을 알아낸 자도 제1항의 형과 같다. <신설 1995. 12. 29.>

제317조(업무상비밀누설) ① 의사, 한의사, 치과의사, 약제사, 약종상, 조산사, 변호사, 변리사, 공인회계사, 공증인, 대서업자나 그 직무상 보조자 또는 차등의 직에 있던 자가 그 직무처리중 지득한 타인의 비밀을 누설한 때에는 3년 이하의 징역이나 금고, 10년 이하의 자격정지 또는 700만원 이하의 벌금에 처한다. <개정 1995. 12. 29., 1997. 12. 13.>

② 종교의 직에 있는 자 또는 있던 자가 그 직무상 지득한 사람의 비밀을 누설한 때에도 전항의 형과 같다.

제318조(고소) 본장의 죄는 고소가 있어야 공소를 제기할 수 있다. <개정 1995. 12. 29.>

제36장 주거침입의 죄

제319조(주거침입, 퇴거불응) ① 사람의 주거, 관리하는 건조물, 선박이나 항공기 또는 점유하는 방실에 침입한 자는 3년 이하의 징역 또는 500만원 이하의 벌금에 처한다. <개정 1995. 12. 29.>

② 전항의 장소에서 퇴거요구를 받고 응하지 아니한 자도 전항의 형과 같다.

제320조(특수주거침입) 단체 또는 다중의 위력을 보이거나 위험한 물건을 휴대하여 전조의 죄를 범한 때에는 5년 이하의 징역에 처한다.

제321조(주거·신체 수색) 사람의 신체, 주거, 관리하는 건조물, 자동차, 선박이나 항공기 또는 점유하는 방실을 수색한 자는 3년 이하의 징역에 처한다. <개정 1995. 12. 29.>

[제목개정 1995. 2. 29.]

제322조(미수범) 본장의 미수범은 처벌한다.

제37장 권리행사를 방해하는 죄

제323조(권리행사방해) 타인의 점유 또는 권리의 목적이 된 자기의 물건 또는 전자기록등 특수매체기록을 취거, 은닉 또는 손괴하여 타인의 권리행사를 방해한 자는 5년 이하의 징역 또는 700만원 이하의 벌금에 처한다. <개정 1995. 12. 29.>

제324조(강요) ①폭행 또는 협박으로 사람의 권리행사를 방해하거나 의무없는 일을

하게 한 자는 5년 이하의 징역 또는 3천만 원 이하의 벌금에 처한다. <개정 1995. 12. 29., 2016. 1. 6.>

② 단체 또는 다중의 위력을 보이거나 위험한 물건을 휴대하여 제1항의 죄를 범한 자는 10년 이하의 징역 또는 5천만원 이하의 벌금에 처한다. <신설 2016. 1. 6.>

제324조의2(인질강요) 사람을 체포·감금·약취 또는 유인하여 이를 인질로 삼아 제3자에 대하여 권리행사를 방해하거나 의무없는 일을 하게 한 자는 3년 이상의 유기징역에 처한다.

[본조신설 1995. 12. 29.]

제324조의3(인질상해·치상) 제324조의2의 죄를 범한 자가 인질을 상해하거나 상해에 이르게 한 때에는 무기 또는 5년 이상의 징역에 처한다.

[본조신설 1995. 12. 29.]

제324조의4(인질살해·치사) 제324조의2의 죄를 범한 자가 인질을 살해한 때에는 사형 또는 무기징역에 처한다. 사망에 이르게 한 때에는 무기 또는 10년 이상의 징역에 처한다.

[본조신설 1995. 12. 29.]

제324조의5(미수범) 제324조 내지 제324조의4의 미수범은 처벌한다.

[본조신설 1995. 12. 29.]

제324조의6(형의 감경) 제324조의2 또는 제324조의3의 죄를 범한 자 및 그 죄의 미수범이 인질을 안전한 장소로 풀어준 때에는 그 형을 감경할 수 있다.

[본조신설 1995. 12. 29.]

제325조(점유강취, 준점유강취) ① 폭행 또는 협박으로 타인의 점유에 속하는 자기의 물건을 강취한 자는 7년 이하의 징역 또는 10년 이하의 자격정지에 처한다.

② 타인의 점유에 속하는 자기의 물건을 취거함에 당하여 그 탈환을 항거하거나 체포를 면탈하거나 죄적을 인멸할 목적으로 폭행 또는 협박을 가한 때에도 전항의 형과 같다.

③전 2항의 미수범은 처벌한다.

제325조(점유강취, 준점유강취) ① 폭행 또는 협박으로 타인의 점유에 속하는 자기의 물건을 강취(强取)한 자는 7년 이하의 징역 또는 10년 이하의 자격정지에 처한다.

② 타인의 점유에 속하는 자기의 물건을 취거(取去)하는 과정에서 그 물건의 탈환에 항거하거나 체포를 면탈하거나 범죄의 흔적을 인멸할 목적으로 폭행 또는 협박한 때에도 제1항의 형에 처한다.

③ 제1항과 제2항의 미수범은 처벌한다.

[전문개정 2020. 12. 8.]

[시행일 : 2021. 12. 9.] 제325조

제326조(중권리행사방해) 제324조 또는 제325조의 죄를 범하여 사람의 생명에 대한 위험을 발생하게 한 자는 10년 이하의 징역에 처한다. <개정 1995. 12. 29.>

제327조(강제집행면탈) 강제집행을 면할 목적으로 재산을 은닉, 손괴, 허위양도 또는 허위의 채무를 부담하여 채권자를 해한 자는 3년 이하의 징역 또는 1천만원 이하의 벌금에 처한다. <개정 1995. 12. 29.>

제328조(친족간의 범행과 고소) ① 직계혈족, 배우자, 동거친족, 동거가족 또는 그 배우자간의 제323조의 죄는 그 형을 면제한다. <개정 2005. 3. 31.>

② 제1항이외의 친족간에 제323조의 죄를 범한 때에는 고소가 있어야 공소를 제기할 수 있다. <개정 1995. 12. 29.>

③ 전 2항의 신분관계가 없는 공범에 대하여는 전 이항을 적용하지 아니한다.

제38장 절도와 강도의 죄

제329조(절도) 타인의 재물을 절취한 자는 6년 이하의 징역 또는 1천만원 이하의 벌금에 처한다. <개정 1995. 12. 29.>

제330조(야간주거침입절도) 야간에 사람의 주거, 간수하는 저택, 건조물이나 선박 또는 점유하는 방실에 침입하여 타인의 재물을 절취한 자는 10년 이하의 징역에 처한다.

제330조(야간주거침입절도) 야간에 사람의 주거, 관리하는 건조물, 선박, 항공기 또는 점유하는 방실(房室)에 침입하여 타인의 재물을 절취(竊取)한 자는 10년 이하의 징역에 처한다.

[전문개정 2020. 12. 8.]

[시행일 : 2021. 12. 9.] 제330조

제331조(특수절도) ① 야간에 문호 또는 장벽 기타 건조물의 일부를 손괴하고 전조의 장소에 침입하여 타인의 재물을 절취한 자는 1년 이상 10년 이하의 징역에 처한다.

② 흉기를 휴대하거나 2인 이상이 합동하여 타인의 재물을 절취한 자도 전항의 형과 같다.

제331조(특수절도) ① 야간에 문이나 담 그 밖의 건조물의 일부를 손괴하고 제330조의 장소에 침입하여 타인의 재물을 절취한 자는 1년 이상 10년 이하의 징역에 처한다.

② 흉기를 휴대하거나 2명 이상이 합동하여 타인의 재물을 절취한 자도 제1항의 형에 처한다.

[전문개정 2020. 12. 8.]

[시행일 : 2021. 12. 9.] 제331조

제331조의2(자동차등 불법사용) 권리자의 동의없이 타인의 자동차, 선박, 항공기 또는 원동기장치자전거를 일시 사용한 자는 3년 이하의 징역, 500만원 이하의 벌금, 구류 또는 과료에 처한다.

[본조신설 1995. 12. 29.]

제332조(상습범) 상습으로 제329조 내지 제331조의2의 죄를 범한 자는 그 죄에 정한 형의 2분의 1까지 가중한다. <개정 1995. 12. 29.>

제333조(강도) 폭행 또는 협박으로 타인의 재물을 강취하거나 기타 재산상의 이익을 취득하거나 제삼자로 하여금 이를 취득하게 한 자는 3년 이상의 유기징역에 처한다.

제334조(특수강도) ① 야간에 사람의 주거, 관리하는 건조물, 선박이나 항공기 또는 점유하는 방실에 침입하여 제333조의 죄를 범한 자는 무기 또는 5년 이상의 징역에 처한다. <개정 1995. 12. 29.>

② 흉기를 휴대하거나 2인 이상이 합동하여 전조의 죄를 범한 자도 전항의 형과 같다.

제335조(준강도) 절도가 재물의 탈환을 항거하거나 체포를 면탈하거나 죄적을 인멸할 목적으로 폭행 또는 협박을 가한 때에는 전2조의 예에 의한다.

제335조(준강도) 절도가 재물의 탈환에 항거하거나 체포를 면탈하거나 범죄의 흔적을 인멸할 목적으로 폭행 또는 협박한 때에는 제333조 및 제334조의 예에 따른다.

[전문개정 2020. 12. 8.]

[시행일 : 2021. 12. 9.] 제335조

제336조(인질강도) 사람을 체포·감금·약취 또는 유인하여 이를 인질로 삼아 재물 또는 재산상의 이익을 취득하거나 제3자로 하여금 이를 취득하게 한 자는 3년 이상의 유기징역에 처한다.

[전문개정 1995. 12. 29.]

제337조(강도상해, 치상) 강도가 사람을 상

해하거나 상해에 이르게 한때에는 무기 또는 7년 이상의 징역에 처한다. <개정 1995. 12. 29.>

제338조(강도살인 · 치사) 강도가 사람을 살해한 때에는 사형 또는 무기징역에 처한다. 사망에 이르게 한 때에는 무기 또는 10년 이상의 징역에 처한다.
[전문개정 1995. 12. 29.]

제339조(강도강간) 강도가 사람을 강간한 때에는 무기 또는 10년 이상의 징역에 처한다. <개정 2012. 12. 18.>

제340조(해상강도) ① 다중의 위력으로 해상에서 선박을 강취하거나 선박내에 침입하여 타인의 재물을 강취한 자는 무기 또는 7년 이상의 징역에 처한다.
② 제1항의 죄를 범한 자가 사람을 상해하거나 상해에 이르게 한때에는 무기 또는 10년 이상의 징역에 처한다. <개정 1995. 12. 29.>
③제1항의 죄를 범한 자가 사람을 살해 또는 사망에 이르게 하거나 강간한 때에는 사형 또는 무기징역에 처한다. <개정 1995. 12. 29., 2012. 12. 18.>

제341조(상습범) 상습으로 제333조, 제334조, 제336조 또는 전조제1항의 죄를 범한 자는 무기 또는 10년 이상의 징역에 처한다.

제342조(미수범) 제329조 내지 제341조의 미수범은 처벌한다.
[전문개정 1995. 12. 29.]

제343조(예비, 음모) 강도할 목적으로 예비 또는 음모한 자는 7년 이하의 징역에 처한다.

제344조(친족간의 범행) 제328조의 규정은 제329조 내지 제332조의 죄 또는 미수범에 준용한다.

제345조(자격정지의 병과) 본장의 죄를 범하여 유기징역에 처할 경우에는 10년 이하의 자격정지를 병과할 수 있다.

제346조(동력) 본장의 죄에 있어서 관리할 수 있는 동력은 재물로 간주한다.

제39장 사기와 공갈의 죄

제347조(사기) ① 사람을 기망하여 재물의 교부를 받거나 재산상의 이익을 취득한 자는 10년 이하의 징역 또는 2천만원 이하의 벌금에 처한다. <개정 1995. 12. 29.>
② 전항의 방법으로 제삼자로 하여금 재물의 교부를 받게 하거나 재산상의 이익을 취득하게 한 때에도 전항의 형과 같다.

제347조의2(컴퓨터등 사용사기) 컴퓨터등 정보처리장치에 허위의 정보 또는 부정한 명령을 입력하거나 권한 없이 정보를 입력·변경하여 정보처리를 하게 함으로써 재산상의 이익을 취득하거나 제3자로 하여금 취득하게 한 자는 10년 이하의 징역 또는 2천만원 이하의 벌금에 처한다.
[전문개정 2001. 12. 29.]

제348조(준사기) ① 미성년자의 지려천박 또는 사람의 심신장애를 이용하여 재물의 교부를 받거나 재산상의 이익을 취득한 자는 10년 이하의 징역 또는 2천만원 이하의 벌금에 처한다. <개정 1995. 12. 29.>
② 전항의 방법으로 제삼자로 하여금 재물의 교부를 받게 하거나 재산상의 이익을 취득하게 한 때에도 전항의 형과 같다.

제348조(준사기) ① 미성년자의 사리분별력 부족 또는 사람의 심신장애를 이용하여 재물을 교부받거나 재산상 이익을 취득한 자는 10년 이하의 징역 또는 2천만원 이하의 벌금에 처한다.
② 제1항의 방법으로 제3자로 하여금 재

물을 교부받게 하거나 재산상 이익을 취득하게 한 경우에도 제1항의 형에 처한다. [전문개정 2020. 12. 8.]

[시행일 : 2021. 12. 9.] 제348조

제348조의2(편의시설부정이용) 부정한 방법으로 대가를 지급하지 아니하고 자동판매기, 공중전화 기타 유료자동설비를 이용하여 재물 또는 재산상의 이익을 취득한 자는 3년 이하의 징역, 500만원 이하의 벌금, 구류 또는 과료에 처한다.

[본조신설 1995. 12. 29.]

제349조(부당이득) ① 사람의 궁박한 상태를 이용하여 현저하게 부당한 이익을 취득한 자는 3년 이하의 징역 또는 1천만원 이하의 벌금에 처한다. <개정 1995. 12. 29.>

② 전항의 방법으로 제삼자로 하여금 부당한 이익을 취득하게 한 때에도 전항의 형과 같다.

제349조(부당이득) ① 사람의 곤궁하고 절박한 상태를 이용하여 현저하게 부당한 이익을 취득한 자는 3년 이하의 징역 또는 1천만원 이하의 벌금에 처한다.

② 제1항의 방법으로 제3자로 하여금 부당한 이익을 취득하게 한 경우에도 제1항의 형에 처한다.

[전문개정 2020. 12. 8.]

[시행일 : 2021. 12. 9.] 제349조

제350조(공갈) ① 사람을 공갈하여 재물의 교부를 받거나 재산상의 이익을 취득한 자는 10년 이하의 징역 또는 2천만원 이하의 벌금에 처한다. <개정 1995. 12. 29.>

② 전항의 방법으로 제삼자로 하여금 재물의 교부를 받게 하거나 재산상의 이익을 취득하게 한 때에도 전항의 형과 같다.

제350조의2(특수공갈) 단체 또는 다중의 위력을 보이거나 위험한 물건을 휴대하여 제350조의 죄를 범한 자는 1년 이상 15년 이하의 징역에 처한다.

[본조신설 2016. 1. 6.]

제351조(상습범) 상습으로 제347조 내지 전조의 죄를 범한 자는 그 죄에 정한 형의 2분의 1까지 가중한다.

제352조(미수범) 제347조 내지 제348조의2, 제350조, 제350조의2와 제351조의 미수범은 처벌한다. <개정 2016. 1. 6.>

[전문개정 1995. 12. 29.]

제353조(자격정지의 병과) 본장의 죄에는 10년 이하의 자격정지를 병과할 수 있다.

제354조(친족간의 범행, 동력) 제328조와 제346조의 규정은 본장의 죄에 준용한다.

제40장 횡령과 배임의 죄

제355조(횡령, 배임) ① 타인의 재물을 보관하는 자가 그 재물을 횡령하거나 그 반환을 거부한 때에는 5년 이하의 징역 또는 1천500만원 이하의 벌금에 처한다. <개정 1995. 12. 29.>

② 타인의 사무를 처리하는 자가 그 임무에 위배하는 행위로써 재산상의 이익을 취득하거나 제삼자로 하여금 이를 취득하게 하여 본인에게 손해를 가한 때에도 전항의 형과 같다.

제356조(업무상의 횡령과 배임) 업무상의 임무에 위배하여 제355조의 죄를 범한 자는 10년 이하의 징역 또는 3천만원 이하의 벌금에 처한다. <개정 1995. 12. 29.>

제357조(배임수증재) ① 타인의 사무를 처리하는 자가 그 임무에 관하여 부정한 청탁을 받고 재물 또는 재산상의 이익을 취득하거나 제3자로 하여금 이를 취득하게 한

때에는 5년 이하의 징역 또는 1천만원 이하의 벌금에 처한다. <개정 2016. 5. 29.>

② 제1항의 재물 또는 이익을 공여한 자는 2년 이하의 징역 또는 500만원 이하의 벌금에 처한다. <개정 1995. 12. 29.>

③ 범인 또는 정(情)을 아는 제3자가 취득한 제1항의 재물은 몰수한다. 그 재물을 몰수하기 불가능하거나 재산상의 이익을 취득한 때에는 그 가액을 추징한다. <개정 2016. 5. 29.>

[제목개정 2016. 5. 29.]

제357조(배임수증재) ① 타인의 사무를 처리하는 자가 그 임무에 관하여 부정한 청탁을 받고 재물 또는 재산상의 이익을 취득하거나 제3자로 하여금 이를 취득하게 한 때에는 5년 이하의 징역 또는 1천만원 이하의 벌금에 처한다. <개정 2016. 5. 29.>

② 제1항의 재물 또는 재산상 이익을 공여한 자는 2년 이하의 징역 또는 500만원 이하의 벌금에 처한다. <개정 2020. 12. 8.>

③ 범인 또는 그 사정을 아는 제3자가 취득한 제1항의 재물은 몰수한다. 그 재물을 몰수하기 불가능하거나 재산상의 이익을 취득한 때에는 그 가액을 추징한다. <개정 2016. 5. 29., 2020. 12. 8.>

[제목개정 2016. 5. 29.]

[시행일 : 2021. 12. 9.] 제357조

제358조(자격정지의 병과) 전조의 죄에는 10년 이하의 자격정지를 병과할 수 있다.

제359조(미수범) 제355조 내지 제357조의 미수범은 처벌한다.

제360조(점유이탈물횡령) ① 유실물, 표류물 또는 타인의 점유를 이탈한 재물을 횡령한 자는 1년 이하의 징역이나 300만원 이하의 벌금 또는 과료에 처한다. <개정 1995. 12. 29.>

② 매장물을 횡령한 자도 전항의 형과 같다.

제361조(친족간의 범행, 동력) 제328조와 제346조의 규정은 본장의 죄에 준용한다.

제41장 장물에 관한 죄

제362조(장물의 취득, 알선 등) ① 장물을 취득, 양도, 운반 또는 보관한 자는 7년 이하의 징역 또는 1천500만원 이하의 벌금에 처한다. <개정 1995. 12. 29.>

② 전항의 행위를 알선한 자도 전항의 형과 같다.

제363조(상습범) ① 상습으로 전조의 죄를 범한 자는 1년 이상 10년 이하의 징역에 처한다.

② 제1항의 경우에는 10년 이하의 자격정지 또는 1천500만원 이하의 벌금을 병과할 수 있다. <개정 1995. 12. 29.>

제364조(업무상과실, 중과실) 업무상과실 또는 중대한 과실로 인하여 제362조의 죄를 범한 자는 1년 이하의 금고 또는 500만원 이하의 벌금에 처한다. <개정 1995. 12. 29.>

제365조(친족간의 범행) ① 전3조의 죄를 범한 자와 피해자간에 제328조제1항, 제2항의 신분관계가 있는 때에는 동조의 규정을 준용한다.

② 전3조의 죄를 범한 자와 본범간에 제328조제1항의 신분관계가 있는 때에는 그 형을 감경 또는 면제한다. 단, 신분관계가 없는 공범에 대하여는 예외로 한다.

제42장 손괴의 죄

제366조(재물손괴등) 타인의 재물, 문서 또는 전자기록등 특수매체기록을 손괴 또는 은닉 기타 방법으로 기 효용을 해한 자는

3년이하의 징역 또는 700만원 이하의 벌금에 처한다. <개정 1995. 12. 29.>
[제목개정 1995. 2. 29.]

제367조(공익건조물파괴) 공익에 공하는 건조물을 파괴한 자는 10년 이하의 징역 또는 2천만원 이하의 벌금에 처한다. <개정 1995. 12. 29.>

제368조(중손괴) ① 전2조의 죄를 범하여 사람의 생명 또는 신체에 대하여 위험을 발생하게 한 때에는 1년 이상 10년 이하의 징역에 처한다.
② 제366조 또는 제367조의 죄를 범하여 사람을 상해에 이르게 한 때에는 1년 이상의 유기징역에 처한다. 사망에 이르게 한 때에는 3년 이상의 유기징역에 처한다. <개정 1995. 12. 29.>

제369조(특수손괴) ① 단체 또는 다중의 위력을 보이거나 위험한 물건을 휴대하여 제366조의 죄를 범한 때에는 5년 이하의 징역 또는 1천만원 이하의 벌금에 처한다. <개정 1995. 12. 29.>
② 제1항의 방법으로 제367조의 죄를 범한 때에는 1년 이상의 유기징역 또는 2천만원 이하의 벌금에 처한다. <개정 1995. 12. 29.>

제370조(경계침범) 경계표를 손괴, 이동 또는 제거하거나 기타 방법으로 토지의 경계를 인식 불능하게 한 자는 3년 이하의 징역 또는 500만원 이하의 벌금에 처한다. <개정 1995. 12. 29.>

제371조(미수범) 제366조, 제367조와 제369조의 미수범은 처벌한다.

제372조(동력) 본장의 죄에는 제346조를 준용한다.

부칙<제17511호, 2020. 10. 20.>
이 법은 공포한 날부터 시행한다.

판례색인

대판 1958. 4. 11. 4290형상360 ······· 220
대판 1959. 7. 24. 4291형상556 ········· 92
대판 1960. 3. 9. 4292형상573 ······· 231
대판 1962. 3. 29. 4294형상598 ······· 166
대판 1965. 9. 28. 65도695 ············· 225
대판 1966. 3. 22. 65도1164 ············· 130
대판 1966. 5. 3. 66도383 ············· 144
대판 1966. 12. 6. 66도1317 ············· 141
대판 1967. 10. 4. 67도1115 ············· 131
대판 1968. 3. 5. 68도105 ············· 277
대판 1968. 5. 7. 68도370 ············· 91
대판 1968. 7. 30. 68도754 ············· 275
대판 1968. 12. 17. 68도1324 ············· 47
대판 1969. 1. 21. 68도1672 ············· 259
대판 1969. 6. 24. 69도692 ············· 248
대판 1970. 6. 30. 70도861 ············· 146
대판 1970. 7. 21. 70도1133 ············· 220
대판 1971. 8. 31. 71도1204 ············· 179
대판 1972. 3. 31. 72도64 ······· 120, 121
대판 1972. 5. 9. 72도579 ············· 244
대판 1973. 12. 11. 73도1133(전) ·· 290, 292
대판 1974. 7. 23. 74도778 ············· 167
대판 1974. 10. 22. 74도2441 ············· 228
대판 1974. 11. 12. 74도2662 ············· 143
대판 1974. 11. 12. 74도2676 ············· 123
대판 1974. 11. 26. 74도2817 ············· 229
대판 1975. 3. 25. 74도2882 ············· 122
대판 1975. 4. 8. 74도618 ············· 291

대판 1975. 4. 22. 73도1963 ············· 262
대판 1975. 8. 29. 75도1996 ············· 228
대판 1976. 1. 13. 74도3680 ············· 122
대판 1976. 5. 25. 75도1549 ···· 138, 179
대판 1976. 6. 8. 74도1266 ············· 290
대판 1976. 7. 13. 75도1205 ············· 96
대판 1976. 9. 14. 75도414 ············· 133
대판 1976. 9. 14. 76도2071 ···· 284, 286
대판 1976. 9. 28. 75도3607 ············· 259
대판 1976. 9. 28. 76도2607 ············· 258
대판 1976. 12. 14. 76도3375 ············· 226
대판 1977. 3. 8. 76도1982 ············· 262
대판 1977. 5. 24. 76도400 ············· 260
대판 1977. 6. 28. 77도403 ············· 203
대판 1977. 7. 26. 77도1802 ············· 145
대판 1977. 9. 28. 77도405 ············· 24
대판 1977. 9. 28. 77도1350 ············· 247
대판 1978. 1. 17. 77도2193 ············· 214
대판 1978. 4. 25. 78도246(전) ········ 272
대판 1978. 6. 27. 76도2196 ············· 126
대판 1978. 9. 26. 78도1787 ············· 226
대판 1979. 2. 27. 78도1690 ············· 50
대판 1979. 2. 27. 78도3113 ············· 178
대판 1979. 7. 10. 79도840 ············· 247
대판 1979. 8. 21. 79도1249 ············· 166
대판 1979. 12. 26. 78도957 ············· 138
대판 1980. 5. 13. 78도2259 ············· 141
대판 1980. 10. 14. 80도2155 ············· 228

대판 1980. 11. 25. 80도2310 ············· 228
대판 1980. 12. 9. 80도587 ············· 259
대판 1981. 3. 24. 80도3305 ············· 205
대판 1981. 4. 14. 81도543 ············· 309
대판 1981. 9. 8. 81도53 ········· 78, 200
대판 1982. 1. 19. 81도646 ············· 123
대판 1982. 4. 27. 82도122 ············· 177
대판 1982. 5. 25. 82도600, 82감도115
···························· 283, 286
대판 1982. 6. 8. 82도884 ············· 165
대판 1982. 6. 22. 82도705 ············· 226
대판 1982. 9. 14. 82도1702 ············· 285
대판 1982. 10. 26. 81도1409 ············· 221
대판 1982. 10. 26. 82도1861 ············· 54
대판 1982. 11. 23. 82도1446 ······ 78, 211
대판 1982. 11. 23. 82도2024 ············· 190
대판 1982. 11. 23. 82도2201 ············· 230
대판 1982. 12. 14. 82도2442 ············· 220
대판 1983. 1. 18. 82도2341 ····· 210, 247
대판 1983. 2. 8. 81도165 ············· 50
대판 1983. 2. 22. 81도2763 ····· 121, 122
대판 1983. 3. 8. 82도2873 ············· 132
대판 1983. 3. 8. 82도2944 ············· 141
대판 1983. 4. 2. 83모8 ············· 298
대판 1983. 4. 12. 82도43 ············· 178
대판 1983. 4. 26. 82도3079 ············· 228
대판 1983. 4. 26. 83도323 ············· 238
대판 1983. 7. 26. 83도1378 ············· 239
대판 1983. 8. 23. 82도3222 ············· 78
대판 1983. 8. 23. 83도1600 ············· 286
대판 1983. 9. 13. 83도1927 ············· 126
대판 1983. 10. 11. 83도1897 ············· 114
대판 1983. 10. 11. 83도2057 ············· 145
대판 1983. 10. 25. 83도1566 ············· 148
대판 1983. 10. 25. 83도2432, 83감도420
144
대판 1983. 11. 22. 83도2590 ············· 141
대판 1983. 12. 13. 83도2276 ············· 133
대판 1983. 12. 13. 83도2467 ············· 195
대판 1983. 12. 13. 83도2543 ············· 132
대판 1983. 12. 27. 83도2629, 83감도446
···························· 152
대판 1984. 2. 14. 83도2967 ············· 156
대판 1984. 2. 28. 83도3321 ············· 169
대판 1984. 2. 28. 83도3331 ············· 156
대판 1984. 3. 13. 82도3136 ············· 167
대판 1984. 5. 15. 84도418 ············· 173
대판 1984. 5. 22. 83도3020 ············· 92
대판 1984. 8. 21. 84도781 ············· 179
대판 1984. 8. 21. 84모1297 ············· 244
대판 1984. 9. 11. 84도1381 ····· 144, 151
대판 1984. 11. 27. 84도1906 ············· 177
대판 1984. 11. 27. 84도2263 ············· 228
대판 1984. 12. 11. 84도413 ············· 54
대판 1984. 12. 11. 84도2524 ············· 144
대판 1984. 12. 26. 82도1373 ············· 163
대판 1984. 12. 26. 84도2433 ············· 147
대판 1985. 1. 15. 84도2397 ············· 212
대판 1985. 3. 12. 84도2747 ············· 159
대판 1985. 3. 26. 85도206 ············· 156
대판 1985. 4. 9. 85도25 ············· 119
대판 1985. 4. 23. 85도464 ············· 141
대판 1985. 5. 14. 84도2118 ············· 163
대판 1985. 5. 28. 81도1045(전) ········ 54
대판 1985. 7. 9. 85도1000 ············· 283
대판 1985. 9. 10. 84도1572 ············· 203
대판 1985. 10. 8. 85도1537 ············· 211
대판 1985. 10. 22. 85도1457 ············· 232

대판 1985. 11. 26. 85도1906 ············ 177

대판 1986. 1. 21. 85도2339 ············ 151

대판 1986. 1. 21. 85도2371 ············ 167

대판 1986. 2. 25. 85도2773) ··········· 145

대판 1986. 5. 27. 86도614 ············ 131

대판 1986. 6. 10. 86도792 ············ 276

대판 1986. 6. 24. 86도403 ············ 57

대판 1986. 7. 8. 86도1048 ············· 76

대판 1986. 7. 22. 85도108 ············ 195

대판 1986. 8. 19. 86도1123 ············ 199

대판 1986. 9. 23. 86도1526 ············ 214

대판 1986. 10. 28. 86도1753 ············ 141

대판 1986. 11. 11. 86도1109, 86감도143

·································· 141

대판 1986. 11. 11. 86도2004 ············ 285

대판 1986. 11. 25. 86도2090, 86감도231

·································· 156

대판 1986. 12. 23. 86도2256 ············ 145

대판 1987. 1. 20. 85도221 ············ 96

대판 1987. 1. 20. 86도874 ············ 130

대판 1987. 1. 20. 86도1728 ············ 227

대판 1987. 1. 20. 86도2199, 86감도245

·································· 147

대판 1987. 1. 20. 86도2395 ············ 170

대판 1987. 2. 24. 86도2731 ····· 238, 239

대판 1987. 3. 24. 86도2673 ············ 117

대판 1987. 5. 26. 87도712 ············ 149

대판 1987. 7. 7. 86도1724(전) ······ 132

대판 1987. 7. 21. 87도564 ············ 242

대판 1987. 11. 24. 87도1571 ············ 149

대판 1987. 12. 22. 86도1175 ············ 125

대판 1987. 12. 22. 87도1699 ············ 159

대판 1987. 12. 22. 87도2168 ············ 241

대판 1988. 1. 9. 86도2654 ············ 291

대판 1988. 2. 23. 87도2358 ············ 133

대판 1988. 3. 22. 88도47 ············ 52

대판 1988. 4. 12. 88도178 ············ 212

대판 1988. 6. 21. 88도551 ····· 259, 290

대판 1988. 6. 28. 88도820 ············ 242

대판 1988. 8. 23. 88도855 ············ 197

대판 1988. 9. 13. 88도55 ············ 142

대판 1988. 9. 27. 88도833 ············ 199

대판 1988. 11. 8. 88도1628 ············ 214

대판 1989. 2. 14. 87도1860 ············ 125

대판 1989. 2. 14. 88도2211 ············ 46

대판 1989. 2. 14. 88도899 ············ 103

대판 1989. 2. 28. 88도1141 ············ 122

대판 1989. 2. 28. 88도1165 ············ 142

대판 1989. 5. 23. 89도570 ············ 46

대판 1989. 8. 8. 89도358 ············ 91

대판 1989. 8. 8. 89도664 ············ 220

대판 1989. 9. 12. 89도866 ············ 77

대판 1989. 9. 12. 89도1084 ············ 78

대판 1989. 9. 12. 89도1153 ············ 146

대판 1989. 10. 24. 89도1605 ············ 229

대판 1989. 11. 28. 89도201 ············ 213

대판 1989. 12. 12. 89도875 ············ 108

대판 1990. 1. 25. 89도1211 ············ 226

대판 1990. 5. 22. 90도580 ············ 76

대판 1990. 5. 25. 90도607 ············ 141

대판 1990. 7. 24. 90도1149 ············ 156

대판 1990. 8. 28. 90도1217 ············ 143

대판 1990. 9. 25. 90 도1596 ············ 79

대판 1990. 10. 16. 90도1786 ············ 77

대판 1990. 11. 27. 90도2262 ············ 169

대판 1990. 12. 11. 90도2178 ············ 179

대판 1990. 12. 11. 90도2337 ············ 278

대판 1991. 1. 15. 90도2257 ············ 159

대판 1991.   1. 25. 90도2560 ············· 46
대판 1991.   1. 29. 90도2445 ············· 234
대판 1991.   2. 12. 90도2547 ············· 76
대판 1991.   2. 26. 90도2856 ············· 78
대판 1991.   2. 26. 90도2900 ············· 234
대결 1991.   3.   4. 90모59 ············· 302
대판 1991.   4.   9. 91도288 ············· 146
대판 1991.   5. 14. 91도542 ············· 173
대판 1991.   5. 28. 91도352 ············· 262
대판 1991.   6. 25. 91도643 ············· 241
대판 1991.   9. 10. 91도376 ············· 106
대판 1991. 10.   8. 91도1911 ············· 46
대판 1991. 10. 11. 91도1755 ············· 214
대판 1991. 11. 12. 91도2211 ············· 132
대판 1992.   2. 11. 91도2951 ············· 190
대판 1992.   5. 26. 91도894 ············· 125
대판 1992.   7. 28. 92도1137 ····· 202, 205
대판 1992.   7. 28. 92도917 151, 238, 241
대판 1992.   8. 14. 92도1246 ············· 131
대판 1992.   8. 18. 92도1140 ············· 123
대판 1992.   8. 18. 92도934 ············· 202
대판 1992. 10. 27. 92도1377 ············· 173
대판 1992. 11. 13. 92도2194 ············· 47
대판 1992. 11. 27. 92도2106 ············· 50
대판 1992. 12. 22. 92도2540 ······· 89, 92
대결 1992. 12. 28. 92모39 ············· 307
대판 1993.   2. 23. 92도2077 ············· 203
대판 1993.   3. 26. 92도3405 ············· 232
대판 1993.   4. 13. 92도3035 ············· 242
대판 1993.   4. 13. 93도347 ············· 151
대판 1993.   4. 27. 92도3229 ············· 212
대판 1993.   6. 22. 93오1 ············· 290
대판 1993.   7. 13. 93도14 ············· 191
대판 1993.   7. 27. 93도135 ············· 197

대판 1993.   9. 14. 93도915 ············· 144
대판 1993. 10.   8. 93도1873 ············· 215
대판 1993. 10. 12. 93도875 ············· 102
대판 1993. 10. 12. 93도1851 ············· 150
대판 1993. 11. 23. 93도604 ············· 145
대판 1994.   3. 22. 93도3612 ············· 75
대판 1994.   4. 15. 93도2899 ····· 102, 103
대판 1994.   4. 26. 92도3283 ············· 205
대판 1994.   5. 10. 94도563 ············· 44
대판 1994.   5. 13. 94도581 ············· 114
대판 1994.   8. 23. 94도1484 ············· 163
대판 1994.   8. 26. 94도780 ············· 124
대판 1994.   9. 27. 94도1391 ············· 283
대판 1994. 10. 14. 94도2130 ·················
················· 274, 275, 276
대결 1994. 12. 20. 94모32(전) ············· 23
대판 1995.   1. 12. 94도2781 ············· 96
대판 1995.   1. 13. 94도2662 ············· 255
대판 1995.   5. 12. 95도425 ············· 75
대판 1995.   6. 16. 94도1793 ············· 124
대판 1995.   6. 16. 94도2413 ············· 15
대판 1995.   6. 30. 94도1017 ············· 275
대판 1995.   7. 11. 94도1814 ············· 123
대판 1995.   7. 25. 95도391 ············· 276
대판 1995.   7. 28. 95도997 ············· 247
대판 1995.   8. 25. 95도717 ············· 123
대판 1995.   9.   5. 95도577 ············· 165
대판 1995.   9. 15. 94도2561 ············· 145
대판 1995.   9. 29. 95도803 ············· 164
대판 1995. 11. 10. 95도2088 ············· 123
대판 1995. 12. 12. 95도1893 ············· 290
대판 1995. 12. 26. 95도715 ············· 199
대판 1996.   2. 23. 95도2858 ············· 55
대판 1996.   3.   8. 95도2114 ············· 244

대판 1996. 3. 26. 95도3073 ············· 26

대판 1996. 4. 9. 95도2466 ············· 234

대판 1996. 4. 9. 96도241 ············· 92

대판 1996. 4. 26. 96도485 ············· 210

대판 1996. 5. 8. 96도221 ············· 262

대판 1996. 5. 10. 96도51 ············· 225

대판 1996. 5. 10. 96도620 ············· 128

대결 1996. 5. 14. 96모14 ········ 265, 310

대판 1996. 7. 12. 96도1181 ············· 233

대판 1996. 7. 26. 96도1158 ············· 47

대판 1996. 7. 30. 95도2408 ············· 106

대판 1996. 7. 30. 96도1285 ············· 220

대판 1996. 9. 6. 95도2551 ····· 177, 188

대판 1996. 9. 24. 96도2151 ············· 226

대판 1996. 10. 11. 95도1706 ············· 171

대판 1996. 10. 29. 96도1324 ············· 55

대판 1996. 11. 12. 96도2214 ············· 107

대판 1997. 1. 24. 95도2125 ············· 202

대판 1997. 1. 24. 96도1731 ············· 18

대판 1997. 3. 14. 96도1639 ····· 178, 189

대판 1997. 3. 20. 96도1167(전) ········ 24

대판 1997. 4. 8. 96도3082 ············· 200

대판 1997. 4. 17. 96도3376(전) ············

·· 171, 226

대판 1997. 4. 22. 97도538 ············· 197

대판 1997. 6. 13. 97도703 ············· 19

대판 1997. 6. 13. 97도957 ············· 152

대판 1997. 6. 24. 97도1075 ············· 215

대판 1997. 6. 27. 97도163 ············· 165

대판 1997. 8. 29. 97도675 ············· 231

대판 1997. 9. 26. 97도1469 ············· 235

대판 1997. 9. 30. 97도1940 ············· 164

대결 1997. 10. 13. 96모33 ············· 310

대판 1997. 11. 28. 97도1740 ····· 166, 206

대판 1997. 12. 9. 97도2682 ············· 56

대판 1998. 2. 27. 97도2786 ············· 147

대판 1998. 2. 27. 97도2812 ············· 204

대판 1998. 3. 13. 98도159 ············· 114

대판 1998. 3. 24. 97도2956 ············· 242

대판 1998. 4. 14. 97도3340 ············· 233

대판 1998. 4. 24. 98도98 ············· 296

대판 1998. 5. 21. 95도2002(전) ······· 264

대판 1998. 5. 21. 98도321(전) ·············

·· 160, 167, 168

대판 1998. 6. 18. 97도2231(전) ········ 12

대판 1998. 6. 23. 97도1189 ············· 125

대판 1998. 9. 22. 98도1854 ············· 205

대판 1998. 10. 15. 98도1759(전) ·········· 7

대판 1998. 12. 8. 98도3416 ····· 209, 238

대결 1999. 1. 12. 98모151 ············· 299

대판 1999. 2. 11. 98도2816(전) ·········· 8

대판 1999. 2. 23. 98도1869 ············· 107

대판 1999. 2. 24. 98도3140 ············· 28

대결 1999. 3. 10. 99모33 ············· 299

대판 1999. 3. 12. 98도3443 ············· 141

대판 1999. 4. 9. 99도424 ············· 138

대판 1999. 4. 13. 98도4560 ············· 275

대판 1999. 4. 13. 99도640 ············· 151

대판 1999. 4. 15. 99도357(전) ········ 279

대판 1999. 4. 23. 99도636 ············· 163

대판 1999. 5. 25. 99도983 ············· 106

대판 1999. 7. 9. 98도1719 ············· 26

대판 1999. 7. 9. 99도1695 ············· 48

대판 1999. 9. 17. 97도3349 ············· 21

대판 1999. 11. 12. 99도3567 ············· 54

대판 1999. 11. 26. 99도2461 ············· 145

대판 1999. 12. 10. 99도3711 ······· 79, 200

대판 1999. 12. 24. 99도3003 ············· 22

대판 2000.　1. 14. 99도5187 ············· 146
대판 2000.　1. 21. 99도4940 ············· 231
대판 2000.　1. 28. 99도2884 ············· 191
대판 2000.　4.　7. 2000도576 ············· 162
대판 2000.　4. 21. 99도5563 ············· 126
대판 2000.　4. 25. 2000도223 ············· 28
대판 2000.　5. 12. 2000도745 ············· 215
대판 2000.　6.　9. 2000도764 ············· 55
대판 2000.　6.　9. 2000도1253 ············· 146
대판 2000.　7.　7. 2000도1899 ·········· 224
대판 2000.　8. 18. 2000도1914 ·········· 179
대판 2000.　8. 18. 2000도2704 ·········· 113
대판 2000.　8. 18. 2000도2943 ··· 55, 124
대판 2000.　9.　5. 2000도2671 ···············
··· 202, 203
대판 2000. 10. 27. 2000도1007 ············· 15
대판 2000. 10. 27. 2000도4187 ············· 11
대판 2000. 11. 10. 99도782 ··············· 221
대판 2000. 11. 24. 2000도3945 ·········· 257
대판 2000. 12.　8. 2000도2626 ············· 50
대판 2001.　2. 23. 2000도4415 ·········· 106
대판 2001.　2. 23. 2001도204 ············· 131
대판 2001.　3.　9. 2000도938 ············· 170
대판 2001.　3. 13. 2000도4880 · 221, 244
대판 2001.　4. 24. 2001도872 ············· 276
대판 2001.　5. 29. 2001도1570 · 259, 263
대판 2001.　6.　1. 99도5086 ··············· 76
대결 2001.　6. 27. 2001모135 ············· 299
대판 2001.　7. 27. 2000도4298 ·········· 143
대판 2001.　8. 21. 2001도3447 ·········· 231
대결 2001.　8. 23. 2001모91 ··············· 307
대판 2001. 10. 26. 2001도4583 ·········· 279
대판 2001. 12. 11. 2001도5005 ············· 75
대판 2002.　2. 26. 2000도4637 · 295, 296

대판 2002.　3. 26. 2001도6503 ············· 26
대판 2002.　3. 26. 2001도6641 ········· 148
대판 2002.　4. 12. 2002도150 ············· 27
대판 2002.　5. 10. 2000도2807 ········· 126
대판 2002.　5. 24. 2000도1731 ········· 188
대판 2002.　7. 18. 2002도669(전) ····· 241
대판 2002.　8. 23. 2002도46 ············· 276
대판 2002.　9. 24. 2002도3589 ········· 260
대판 2002.　9. 24. 2002도4300 ············· 51
대판 2002. 10. 22. 2002감도39 ········· 285
대판 2002. 12. 27. 2002도2539 ············· 27
대판 2003.　1. 10. 2001도3292 ···············
··· 198, 204
대판 2003.　1. 10. 2002도4380 ········· 247
대판 2003.　2. 20. 2001도6138(전) ··· 291
대판 2003.　3. 25. 2002도7134 ········· 143
대판 2003.　3. 28. 2001도2479 ············· 25
대판 2003.　3. 28. 2002도7477 ········· 164
대판 2003.　4.　8. 2002도6033 ········· 225
대판 2003.　4.　8. 2003도382 ··· 176, 221
대판 2003.　5. 13. 2003도939 ············· 127
대판 2003.　5. 30. 2003도705 ············· 260
대판 2003.　6. 13. 2003도1279 ········· 142
대판 2003.　6. 24. 2002도6829 ············· 37
대판 2003.　6. 24. 2003도1985, 2003감도
26 ·· 144
대판 2003.　7.　8. 2001도1335 ············· 39
대판 2003.　7. 22. 2003도1951 ········· 148
대판 2003.　7. 22. 2003도2297 ············· 26
대판 2003.　7. 22. 2003도2432 ············· 25
대판 2003.　8. 19. 2001도3667 ········· 204
대판 2003.　9. 26. 2003도3000 ········· 106
대판 2003. 10. 10. 2003도2770 ············· 51
대판 2003. 10. 24. 2003도4417 ···············

································· 146, 147
대판 2003. 10. 30. 2003도4382 ········ 164
대판 2003. 12. 26. 2001도6484 ········ 131
대판 2003. 12. 26. 2003도3768 · 291, 298
대판 2003. 12. 26. 2003도5980 ········· 15
대판 2004. 1. 15. 2001도1429 ········ 125
대판 2004. 2. 12. 2003도6282 ········ 127
대판 2004. 2. 13. 2003도7393 ······· 103
대판 2004. 2. 27. 2003도6535 ·········· 27
대판 2004. 4. 27. 2004도482 ·········· 263
대판 2004. 5. 14. 2003도3487 ·········· 27
대판 2004. 6. 24. 2002도4151 ······· 148
대판 2004. 6. 24. 2002도995 ········· 178
대판 2004. 6. 24. 2004도2003 ······· 276
대판 2004. 6. 25. 2003도4934 ·········· 92
대판 2004. 7. 15. 2004도2965(전) ··· 130
대판 2004. 8. 16. 2004도3062 ··········· 51
대판 2004. 8. 20. 2003도4732 ········ 103
대판 2004. 9. 16. 2001도3206(전) ··· 232
대판 2004. 10. 14. 2003도3133 ··············
································· 275, 276
대판 2004. 10. 15. 2004도4869 ········ 291
대판 2004. 10. 28. 2004도3994 ········ 159
대판 2005. 1. 13. 2004도7360 ············· 9
대판 2005. 1. 14. 2004도5890 ·········· 56
대판 2005. 1. 28. 2002도6931 ············ 16
대판 2005. 2. 25. 2004도7615 ············ 28
대판 2005. 4. 15. 2004도7977 ············ 25
대판 2005. 4. 29. 2002도7262 ········· 265
대판 2005. 5. 27. 2004도62 ············· 123
대판 2005. 7. 15. 2003도4293 ········· 262
대판 2005. 7. 22. 2005도3034 ········· 191
대판 2005. 9. 15. 2005도1952 ········· 230
대판 2005. 9. 28. 2005도3065 ········· 142

대판 2005. 9. 30. 2005도4051 ········· 232
대판 2005. 10. 28. 2005도4915 ········· 229
대판 2005. 10. 28. 2005도5822 ········· 265
대판 2006. 1. 13. 2005 도8873 ········ 128
대판 2006. 2. 4. 2005도9114 ··········· 38
대판 2006. 3. 9. 2003도6733 ··········· 40
대판 2006. 3. 24. 2005도3717 ········· 121
대판 2006. 4. 7. 2005도9858(전) ·········
································· 148, 286
대판 2006. 4. 13. 2003도3902 ········· 103
대판 2006. 4. 27. 2005도8074 ········· 127
대판 2006. 4. 28. 2003도4128 ··············
································ 125, 177, 191
대판 2006. 5. 11. 2005도798 ············· 63
대판 2006. 5. 12. 2005도6525 ··········· 40
대판 2006. 5. 25. 2003도3945 ········· 171
대판 2006. 6. 30. 2005도8933 ··········· 39
대판 2006. 9. 14. 2006도2824 · 144, 147
대판 2006. 9. 14. 2006도4075 ········· 260
대판 2006. 9. 22. 2006도4842 ·········· 28
대판 2006. 9. 22., 2006도4883 ········ 274
대판 2006. 11. 23. 2005도3255 ········· 265
대판 2006. 11. 23. 2006도5586 ········· 260
대판 2007. 1. 11. 2006도5288 ········· 144
대판 2007. 2. 8. 2006도6196 ········· 295
대판 2007. 2. 9. 2006도7837 ········· 279
대판 2007. 2. 22. 2005도9229 ········· 204
대판 2007. 2. 22. 2006도8555 ········· 295
대판 2007. 2. 23. 2005도7430 ········· 143
대판 2007. 3. 15. 2006도9453 ··········· 39
대판 2007. 4. 26. 2006도9216 ········· 202
대판 2007. 4. 27. 2007도1038 ············· 9
대판 2007. 4. 27. 2007도694 ············· 43
대판 2007. 5. 10. 2007도2517 ········· 279

대판 2007. 6. 14. 2007도2162 ··········· 37
대결 2007. 6. 28. 2007모348 ··· 292, 293
대판 2007. 7. 12. 2006도2339 ········· 173
대판 2007. 7. 26. 2007도3687 ········· 156
대판 2007. 7. 26. 2007도4556 ········· 259
대판 2007. 8. 23. 2007도4913 ········· 284
대판 2007. 9. 6. 2007도4197 ····· 54, 56
대판 2007. 9. 6. 2007도4739 ········· 229
대판 2007. 9. 20. 2006도294 ············ 204
대판 2007. 9. 20. 2006도9157 ········· 104
대판 2007. 10. 25. 2007도6712 ········· 160
대판 2007. 10. 26. 2007도4702 ········· 179
대판 2007. 11. 29. 2007도8050 ········· 178
대판 2007. 12. 28. 2007도8401 ········· 263
대결 2008. 2. 14. 2007모845 ············ 293
대판 2008. 2. 14. 2007도10034 ···········
··· 258, 260
대판 2008. 2. 28. 2007도9354 ········· 190
대판 2008. 2. 29. 2007도10120 ········· 77
대판 2008. 3. 13. 2007도10804 158, 173
대판 2008. 3. 27. 2008도89 ············· 193
대판 2008. 3. 27. 2008도563 ············· 40
대판 2008. 3. 27. 2008도917 ··········· 142
대판 2008. 4. 10. 2008도1274 ········· 167
대판 2008. 4. 10. 2008도1464 ········· 142
대판 2008. 4. 11. 2007도8373 ············· 9
대판 2008. 4. 24. 2006도8644 ············ 39
대판 2008. 5. 8. 2008도533 ············· 28
대판 2008. 5. 29. 2008도1857 ············ 16
대판 2008. 7. 10. 2008도1433 ········· 104
대결 2008. 7. 24. 2008어4 ················· 20
대판 2008. 8. 11. 2008도3090 ········· 198
대판 2008. 8. 21. 2008도2695 ········· 108
대판 2008. 9. 11. 2006도8376 ········· 247

대판 2008. 9. 11. 2007도6706 ········· 163
대판 2008. 9. 11. 2007도7204 ········· 171
대판 2008. 9. 11. 2008도5364 ········· 229
대판 2008. 10. 9. 2008도7034 ········· 264
대판 2008. 10. 23. 2005도10101 ······· 131
대판 2008. 10. 23. 2008도6940 ········· 199
대판 2008. 10. 23. 2008도7543 ········· 268
대판 2008. 11. 27. 2008도7311 ········· 225
대판 2008. 12. 11. 2006도7642 ··········· 10
대판 2008. 12. 24. 2006도1427 ········· 285
대판 2008. 12. 24. 2008도9581 ··········· 16
대판 2009. 1. 30. 2008도8607 ········· 126
대판 2009. 2. 26. 2006도9311 ··········· 52
대결 2009. 3. 30. 2008모1116 ········· 297
대판 2009. 4. 23. 2008도6829 ········· 131
대판 2009. 4. 23. 2008도11017 ··· 10, 19
대판 2009. 4. 23. 2008도11921 ········· 29
대판 2009. 5. 14. 2008도11040 ········· 17
대판 2009. 5. 14. 2009도2223 ········· 263
대판 2009. 5. 28. 2008도3598 ········· 127
대판 2009. 6. 11. 2008도10373 ······· 127
대판 2009. 6. 11. 2009도2819 ········· 264
대판 2009. 6. 25. 2009도3505 ········· 242
대판 2009. 7. 23. 2009도840 ············ 104
대판 2009. 8. 20. 2009도3452 ········· 146
대판 2009. 9. 24. 2007도6185 ··········· 17
대판 2009. 9. 24. 2009도4998 ········· 143
대판 2009. 9. 24. 2009도5595 ········· 146
대판 2009. 10. 15. 2008도9433 ········· 146
대판 2009. 10. 29. 2009도5704 ··········· 40
대판 2009. 10. 29. 2009도7150 ········· 137
대판 2009. 10. 29. 2009도7973 ··········· 40
대판 2009. 12. 10. 2009도11151 ······· 242
대판 2009. 12. 10. 2009도11448 · 22, 278

대판 2009. 12. 24. 2007도1915 ········· 126
대판 2009. 12. 24. 2007도6243 ········· 104
대판 2010. 1. 14. 2009도12109, 2009감도
  38 ··· 190
대판 2010. 2. 11. 2009도9807 ········· 79
대판 2010. 3. 11. 2009도5008 ········· 108
대판 2010. 3. 11. 2009도12930 ······· 52
대판 2010. 3. 25. 2008도4228 ········· 176
대판 2010. 4. 29. 2009도14554 ······· 142
대판 2010. 4. 29. 2009도8537 ··········· 11
대판 2010. 5. 13. 2009도10477 ········· 40
대판 2010. 5. 13. 2009도13332 ········· 37
대판 2010. 5. 13. 2010도2468 ········· 234
대판 2010. 5. 27. 2007도10056 ······· 235
대판 2010. 5. 27. 2010도2680 ··········· 68
대판 2010. 7. 8. 2010도931 ··········· 291
대판 2010. 7. 15. 2007도7523 ··········· 53
대판 2010. 7. 15. 2010도3544 ········· 164
대판 2010. 7. 22. 2010도1911 ········· 199
대판 2010. 9. 9. 2010도6924 ········· 278
대판 2010. 9. 30. 2010도6403 ········· 297
대판 2010. 11. 11. 2007도8645 ········· 132
대판 2010. 12. 23. 2008도4233 ··········· 12
대판 2010. 12. 23. 2010도11996 ········· 20
대판 2011. 2. 10. 2010도16742 ········· 248
대판 2011. 3. 10. 2010도14394 ········· 29
대판 2011. 3. 24. 2009도7230 ··········· 46
대판 2011. 3. 24. 2010도14393 ········· 20
대판 2011. 4. 14. 2008도6693 ··········· 38
대판 2011. 4. 14. 2010도10104 ········· 80
대판 2011. 4. 14. 2011도277 ··········· 248
대판 2011. 4. 28. 2009도3642 ········· 160
대판 2011. 5. 26. 2009도6980 ········· 109
대판 2011. 5. 26. 2010도6090 ·· 235, 249

대판 2011. 6. 9. 2010도10677 ······· 149
대판 2011. 6. 10. 2011도4260 ··········· 48
대판 2011. 7. 14. 2011도 639 ········· 105
대판 2011. 7. 14. 2011도1303 ··········· 56
대판 2011. 8. 18. 2010도9570 ········· 108
대판 2011. 8. 25. 2011도7725 ··········· 25
대판 2011. 9. 8. 2009도13959 ········· 200
대판 2011. 10. 13. 2011도6287 ··· 38, 108
대판 2011. 11. 10. 2011도10539 ········· 152
대판 2011. 11. 10. 2011도3934 ··········· 41
대판 2011. 12. 8. 2010도4129 ········· 242
대판 2011. 12. 22. 2011도12041 ······· 275
대판 2012. 1. 27. 2010도8336 ··········· 25
대판 2012. 2. 23. 2010도8981 ··········· 18
대판 2012. 3. 22. 2011도15057, 2011전도
  249(전) ··· 29
대판 2012. 5. 9. 2011도11264 ··· 46, 53
대판 2012. 5. 10. 2011도12131 ········· 233
대판 2012. 6. 28. 2011도10570 ······· 293
대판 2012. 7. 5. 2011도16167 ········· 41
대판 2012. 9. 13. 2012도7760 ··········· 47
대판 2012. 10. 11. 2012도1895 ········· 243
대판 2012. 10. 11. 2012도7455 ··········· 17
대판 2012. 12. 13. 2012도11505 ········· 41
대판 2013. 2. 21. 2010도10500(전) · 229
대판 2013. 5. 23. 2012도11586 ········· 261
대판 2013. 6. 13. 2010도 13609 ······ 108
대판 2013. 7. 11. 2013도4862, 2013전도
  101 ··· 53
대판 2013. 7. 25. 2011도12482 ······· 235
대판 2013. 7. 25. 2011도14687 ··········· 30
대판 2013. 9. 12. 2012도2744 ··········· 77
대판 2013. 9. 12. 2013도502 ············· 37
대판 2013. 12. 12. 2013도4555 ··········· 41

대판 2014. 1. 23. 2013도9690 ………… 30
대판 2014. 3. 27. 2012도11204 ……… 105
대판 2014. 4. 10. 2012도11361 ……… 199
대판 2014. 7. 24. 2014도6206 ………… 78
대판 2015. 1. 15. 2010도15213 ……… 31
대판 2015. 2. 26. 2015도354 ………… 31
대판 2015. 3. 12. 2014도10612 ……… 31
대판 2015. 3. 20. 2014도16920 ……… 144
대판 2015. 4. 9. 2014도14191 ……… 31
대판 2016. 1. 14. 2015도9133 ………… 32
대판 2016. 3. 10. 2015도17847 ……… 32
대판 2016. 3. 24. 2016도1131 ………… 53
대판 2016. 6. 9. 2013도8503 ………… 36
대판 2016. 11. 24. 2015도18765 ……… 36
대판 2017. 2. 16. 2015도16014(전) ……9
대판 2017. 3. 22. 2016도17465 ……… 59
대판 2017. 8. 18. 2016도8957 ………… 35
대판 2017. 8. 24. 2017도5977(전) ………
……………………………………… 62, 280
대판 2017. 12. 21. 2015도8335(전) …… 35

대구고등법원 1975. 12. 3. 75노502 ·· 151

서울고등법원 2005. 5. 31. 2005노502 …
………………………………………… 98
창원지방법원 2016. 9. 29. 2015노2836
………………………………………… 98
부산지방법원 2015. 9. 11. 2015노1466 ·
………………………………………… 98

헌재 1992. 4. 28. 90헌바24 …………… 42
헌재 1996. 1. 25. 95헌가5 …………… 42
헌재 1996. 11. 28. 95헌바1 ………… 255
헌재 1998. 10. 15. 98헌마168 ………… 14
헌재 1999. 7. 22. 97헌바76 …………… 21
헌재 2000. 7. 20. 99헌가15 …………… 7
헌재 2002. 2. 28. 99헌가8 …………… 14
헌재 2002. 6. 27. 99헌마480 ………… 12
헌재 2005. 2. 24. 2003헌마289 …… 7, 42
헌재 2007. 11. 29. 2005헌가10 ………… 73
헌재 2007. 11. 29. 2006헌가13 ………… 42
헌재 2010. 12. 28. 2008헌바157, 2009헌바
88(병합) …………………………… 12
헌재 2011. 4. 28. 2009헌바90 전원재판부
………………………………………… 17

사항색인

ㄱ

가석방　300
가석방기간　301
가석방의 기간 및 보호관찰　300
가석방의 실효　300
가석방의 요건　300
가석방의 취소　301
가석방의 효과　301
가설적 규범　4
가중주의　245
강요된 행위　132
개괄적 고의　84
객관적 구성요건요소　72
객관적 귀속　74
객관적 위법성론　86
객관적 처벌조건　67
객체의 착오　83
거동범　69
결과범　69
결과적 가중범과 위법성　213
결과적 가중범과 책임　213
결과적 가중범의 공동정범　214
결과적 가중범의 미수　213
결과적 가중범의 성립요건　210
결과적 가중범의 의의　207
경과실　197
경합범(실체적 경합)　243
경합범의 처벌　245
계속범　69

계약(법률행위)에 의한 작위의무　188
고의설　118
고의의 의의　80
고의의 인식대상　80
고전적 범죄체계　69
공동실행의 사실　167
공동실행의 의사(공모)　162
공동정범　162
공동정범의 처벌　168
공범　157
공범과 신분　180
공범의 정범에의 종속성 문제　161
공법(公法)　3
공소권의 소멸　308
과료　257
과실범의 공동정범　206
과실범의 미수　206
과실범의 부작위범　206
과실범의 의의　194
과실범 처벌규정　195
과실에 의한 교사·방조　206
과잉금지의 원칙　42
과잉방위　90
과잉자구행위　97
과잉피난　95
광의의 공범　157
교사범　172
교사의 착오　174
구류　256

구성요건착오   82
구성요건표준설   220
규범적 구성요건요소   71
규범적 책임론   111
극단적 종속형식   161
금고   256
기국주의   57
기대가능성   129
기수   134
기술적 구성요건요소   71
긴급피난의 의의   92
긴급피난의 특칙   94

ㄴ

농아자   115
누범   282
누범가중의 요건   284
누범의 효과   286

ㄷ

대상의 착오   154
대향범   158
동시적 경합범의 요건(제37조 전단)   243
동시적 경합범의 처벌   245

ㅁ

망각범   70
명예형   265
명확성의 원칙   11
목적범   70
목적적 범죄체계   69
몰수   257
몰수의 대상과 추징   257
몰수의 부가성   258

미결구금   278
미수범   134
미필적 고의   81

ㅂ

반의사불벌죄(해제조건부범죄)   67
방법의 착오   83
방위의사   90
방조행위   176
벌금   256
범죄사실   81
범죄의 성립요건   67
범죄의 소추조건   67
범죄의 처벌조건   67
범죄체계론   68
법령에 의한 작위의무   187
법령에 의한 행위   100
법률의 부지   119
법률의 착오   119
법률이념 변화   49
법률주의   6
법익의 박탈   253
법익표준설   219
법인의 범죄능력   73
법인의 처벌   73
법조경합   224
병과주의   246
병발사례   83
보안처분   312
보증인적 지위   186
보충성원칙   4
보호관찰   293
보호법익   74
보호주의   58

복권   309
부작위범   184
부작위범과 공범   192
부작위범의 미수   192
부작위범의 종류   185
부작위에 의한 교사   174
부작위의 의의   184
부진정결과적 가중범   208
부진정부작위범   186
부진정신분범   180
불가벌적 사후행위   226
불가벌적 수반행위   224
불능미수   135
불능범   153
비난가능성   110
비례성의 원칙   42

ㅅ
사면   310
사법법(司法法)   3
사실관계 변화   53
사실의 착오   82
사형   254
사회봉사   293
사회상규에 반하지 않는 행위   102
사후적 경합범의 요건(제37조 후단)   244
사후적 경합범의 처벌   246
상당인과관계설   75
상당한 이유   90
상상적 경합   237
상상적 경합의 법적 효과   240
상습범   283
선고유예   288
선고유예의 실효   292

선고유예의 요건   288
선고유예의 효과   292
세계주의   59
소극적 구성요건표지이론   72
소극적 신분   181
소급효금지의 예외   18
소급효금지의 원칙   18
속인주의   57
속지주의   57
수강명령   293
수단의 착오   155
수죄(경합론)   236
시간적 적용범위   44
시효기간   305
시효의 정지   306
시효의 중단   307
시효의 효과   306
신고전적 범죄체계   69
신뢰의 원칙   201
신분범   70
실체법(實體法)   3
실패한 교사   172
실패한 방조   178
실행의 착수   140
실행의 착수 시기를 실행행위시로 보는
    견해   116
실행의 착수 시기를 원인행위로 보는
    견해   116
실행중지   152
심리적 책임론   111
심신미약자   115
심신상실자   114

ㅇ

양벌규정에 의한 법인처벌   73
양해와 승낙   99
양형   268
양형의 조건   281
엄격고의설   118
엄격책임설   118
업무로 인한 행위   101
업무상 과실   196
예방적 성격   312
예비·음모   134
예비의 공동정범   138
예비의 교사   138
예비의 방조범(종범)   138
예비죄의 중지   138
외국에서 받은 형집행의 효력   59
원인에 있어서의 자유로운 행위   115
원인행위와 범죄실행행위의 불가분적 연관
　　성으로 보는 견해   117
위법성   86
위법성의 인식   117
위법성의 착오   119
위법성조각사유 전제사실에 대한 착오
　　120
위법성조각사유 존재에 대한 착오   120
위법성조각사유 한계에 대한 착오   120
위임입법의 한계   7
위험범   69
위험성 판단   155
유추해석금지의 원칙   22
의도적 고의   81
의무의 충돌   95
의사결정규범   4
의사표준설   220

이중적 고의   172
인과관계   74
인과관계의 착오   84
인식 없는 과실   81, 196
인식 있는 과실   81, 196
인적 적용범위   63
인적 처벌 조각사유   67
일죄   223
임의적 감경   269
임의적 감면   270

ㅈ

자격상실   265
자격정지   266
자구행위의 의의   96
자복   276
자수   274
자수범   70
자유형   255
자의성   150
작위와의 동가치성   187
장소적 적용범위   57
장애미수   135
재산형   256
재판규범   4
재판시법주의   45
적정성의 원칙   42
정당방위   88
정당행위   100
정범   157
정상참작감경   270
제59조 제1항   289
제한고의설   118
제한적 종속형식   161

제한책임설   118

조건설   74

조리에 의한 작위의무   190

죄수론의 의의   219

죄형법정주의의 내용   6

죄형법정주의의 의의   6

주관적 구성요건요소   72

주관적 위법성론   86

주관적 위법성조각요소   87

주관적 정당화요소   87

주관주의   88

주의의무위반   198

중과실   197

중지미수   135

중한 결과에 대한 예견가능성   211

즉시범   69

지정 고의   81

진정결과적 가중범   208

진정신분범   180

집합범   158

집행유예   293

집행유예의 실효   294

집행유예의 요건   293

집행유예의 취소   294

집행유예의 효과   294

징역   255

ㅊ

착수중지   152

책임능력   112

책임무능력자   113

책임설   118

책임조각사유   129

책임주의   110

초과 주관적 구성요건요소   81

초극단적 종속형식   161

최소한 종속형식   161

추급효 인정여부   49

추정적 승낙   99

추징   261

친고죄(정지조건부범죄)   67

침해범   69

ㅍ

판결선고 전 구금과 가석방   300

판결의 공시   280

편면적 종범   176

평가규범   4

포괄일죄   229

포섭의 착오   120

피교사자의 범죄실행   174

피난행위   94

피해자의 승낙   99

필요적 감경   269

필요적 감면   269

ㅎ

한시법과 추급효   49

한정책임능력자   114

함정수사   173

합동범   158

합법칙적 조건설   75

합일태적 범죄체계   69

합일태적 책임론   112

행위객체   74

행위규범   4

행위시법주의   44

행위표준설   219

허용된 위험　201

현재의 부당한 침해　89

현재의 위난　93

현행법상 보안처분　314

협의의 공범　157

형벌　253

형벌과 보안처분의 관계　313

형벌의 종류(형법 제41조)　254

형법 제10조 제3항의 해석　117

형법 제16조의 해석　120

형법 제1조 제2항　45

형법 제1조 제2항 및 제3항의 적용배제
　48

형법 제1조 제3항　48

형법 제33조 단서의 해석　181

형법 제33조 본문의 해석　181

형법의 기능　4

형법의 의의　3

형법의 적용범위　44

형법의 지위와 성격　3

형법학파　5

형사미성년자　113

형의 가중　269

형의 가중·감경의 순서　271

형의 기간　310

형의 면제　273

형의 소멸　308

형의 시효　305

형의 실효　308

효과없는 교사　172

효과없는 방조　178

효력의 착오　119

흡수주의　245

공저자약력

이정기
현재) 대구 수성대학교 경찰행정학과 조교수
고려대학교 대학원 박사과정 졸업(형법 전공)
중앙경찰학교 수사학과, 형사학과, 생활안전학과 교수
경기광주경찰서 수사과, 청문감사실
서울혜화경찰서 수사과
한남대학교 경찰학과 외래교수
한경대학교 법학과 외래교수

[저서 및 논문]
중앙경찰학교 형법 교재 저
중앙경찰학교 생활질서(경범, 즉결심판) 교재 저
특별한 유형의 사기범죄에 대한 대응방안 연구
경찰법상 개괄적 수권조항의 입법필요성에 관한 연구
경범죄처벌법의 실효성 있는 개선방안 외 다수

김철희
현재) 경기북부경찰청 연천경찰서 수사과 형사팀장
건국대학교 독어독문학과 졸업
한성대학교 대학원 석사과정 졸업(마약범죄수사 전공)
중앙경찰학교 생활안전학과 교수
경기시흥경찰서 형사과 폭력범죄수사팀
경기파주경찰서 형사과 강력범죄수사팀
법무부 생활법률 법교육 출장강사

[저서 및 편저]
중앙경찰학교 생활질서(경범, 즉결심판) 교재 저
중앙경찰학교 주취자 유형별 대응방법과 대화법 편저(감수)

경찰형법총론

초판발행	2021년 9월 10일
지은이	이정기·김철희
펴낸이	안종만·안상준
편 집	심성보
기획/마케팅	장규식
표지디자인	벤스토리
제 작	우인도·고철민·조영환
펴낸곳	(주) **박영사**
	서울특별시 금천구 가산디지털2로 53, 210호(가산동, 한라시그마밸리)
	등록 1959. 3. 11. 제300-1959-1호(倫)
전 화	02)733-6771
f a x	02)736-4818
e-mail	pys@pybook.co.kr
homepage	www.pybook.co.kr
ISBN	979-11-303-3997-9 93360

copyright©이정기·김철희, 2021, Printed in Korea

정 가   26,000원